Kohlhammer

Geschichte im Unterricht Band 9

Michael Maset

Bilingualer Geschichtsunterricht
Didaktik und Praxis

Verlag W. Kohlhammer

1. Auflage 2015

Gesamtherstellung: W. Kohlhammer GmbH, Stuttgart
Print:
ISBN 978-3-17-029254-3
E-Book-Formate:
pdf: ISBN 978-3-17-029255-0
epub: ISBN 978-3-17-029256-7
mobi: ISBN 978-3-17-029257-4

Inhaltsverzeichnis

1 Einleitung

1.1 Gründe für bilingualen Geschichtsunterricht

Es gibt ihn, den bilingualen Unterricht. Er tritt unter verschiedenen Namen auf, wie z. B. bilingualer Sachfachunterricht, CLIL oder EMILÉ – manche reden sogar von einem „babylonischen Sprachengewirr" (Keßler/Schlemminger 2013). Die Zahl der Schulen, die ihn anbieten, wächst beständig: 1999 waren es 366, 2005/2006 schon 840, nun sind es wohl schon über 1000 (Küppers/Trautmann 2013, S. 285). Während die meisten bilingualen Züge an Gymnasien eingerichtet werden, lässt sich mittlerweile auch eine Ausweitung auf andere Schulformen feststellen. So wurde zum Beispiel im Jahr 2007 in Nordrhein-Westfalen das Programm „Bilingual für alle" aufgelegt und in Baden-Württemberg startete im gleichen Jahr ein 6-jähriger Schulversuch mit der Schwerpunktsetzung „Bilinguale Züge an Realschulen" (MSW 2011; Hollm u. a. 2013a; Schwab 2013). Von Anfang an war Geschichte eines der Fächer, die bilingual unterrichtet wurden. Welche Gründe gibt es dafür? Eine mögliche Antwort könnte so lauten: Im Vergleich zu anderen Fächern bietet der Geschichtsunterricht die besondere Möglichkeit, über das Lernziel einer erhöhten Sprachkompetenz hinaus, durch Multiperspektivität und Kontroversität das interkulturelle Lernen und Fremdverstehen zu fördern (vgl. auch Kuhn 2009, S. 6). Somit stellt der bilinguale Geschichtsunterricht für die Fremdsprachendidaktik Englisch eine Art Eldorado dar. Neben dem Zuwachs an Sprachfertigkeit bietet diese Unterrichtsform die Chance eines tiefgründigen Englischunterrichts, in dem die Lernenden vielleicht auch „transkulturelle Kompetenz" entwickeln und das übergeordnete Ziel der fremdsprachigen „Diskursfähigkeit" erreichen können (HKM 2011a, S. 11). Es leuchtet unmittelbar ein, dass z. B. in der Jahrgangsstufe 8 bei der Behandlung des Themas *the crusades* kognitiv mehr in den Köpfen der Schülerinnen und Schüler stattfindet als bei der Auseinandersetzung mit dem Freizeitparkangebot in Florida. Diese vorherrschende Goldgräbermentalität führt gelegentlich sogar zu Erfolgsmeldungen, die deutlich über das Ziel hinausschießen. So berichtet Oliver Meyer (2009, S. 9) in einem Werbemagazin des Cornelsen-Verlags folgendes: „Mittlerweile ist der Mehrwert sowohl aus Sicht der Fremdsprachen als auch aus der der beteiligten Sachfächer in zahlreichen Studien wissenschaftlich bestätigt worden." Das stimmt allerdings so nicht. Die Belege fehlen, da es bisher zu wenige empirische Befunde zur Durchführung und zu den Wirkungen des bilingualen Lernens gibt. Meistens handelt es sich um Werkstatt- oder Zwischenergebnisse auf sehr schmaler Materialbasis, die aufgrund der fehlenden Nähe zum geschichtsdidaktischen Diskurs die Untersuchungskategorien aus historischer Sicht nicht präzise genug erfassen. Diese Studien sind nicht reliabel und dementsprechend im Ergebnis nicht valide, worauf Wolfgang Hasberg (2004; 2007, S. 38) wiederholt hingewiesen hat. John Hattie, momentan der vielleicht bekannteste und meistdiskutierte Vertreter der empirischen Unterrichtsforschung, hat in seinem metaanalytischen Werk *Visible Learning* (Hattie 2009) deutlich darauf hingewiesen, dass eigentlich jede Maßnahme bzw. Intervention im schulischen Bereich für sich beanspruchen kann, eine positive Auswirkung auf die Lernentwicklung von Schülerinnen und Schülern zu haben:

> „When teachers claim that they are having a positive effect on achievement, it is a trivial claim, because virtually everything works: the bar for deciding 'what works' in teaching and learning is so often, inappropriately, set at zero. [...] Setting the bar at an effect size of d = 0.0 is so low as to be dangerous. We need to be more discriminating. For any particular intervention to be considered worthwhile, it needs to show an improvement in student learning of at least an average gain – that is, an effect size of at least 0.40" (Hattie 2012, S. 2f.).

Im Bereich des bilingualen Geschichtsunterrichts sind wir weit davon entfernt, Metaanalysen zu betreiben und Effektmaße zu bestimmen. Die bisher vorliegenden empirischen Untersuchungen, wobei es sich vor allem um Dissertationsprojekte aus dem Bereich der Fremdsprachendidaktik handelt, können uns nur Hinweise und Anhaltspunkte geben – Tendenzen, die in weiteren Forschungen genauer untersucht werden müssten.

Im Hinblick auf die Theoriebildung gab (und gibt) es viele meinungsbildende Postulate, aber wenig gesichertes Wissen. Die Diskussion über die mit dem bilingualen Unterricht verbundenen Möglichkeiten und Chancen bewegte sich vor allem auf politischem, weniger auf im engeren Sinne wissenschaftlichem bzw. didaktischem Gebiet (Breidbach 2007, S. 16). Stefan Breidbach hat 2007 eine umfassende Ideen- und Problemgeschichte der Theoriebildung zum bilingualen Sachfachunterricht vorgelegt. Darin stellt er drei große Begründungslinien für diese Unterrichtsform dar, deren Gedankenführung sich zum Teil noch in neueren Positionen wiederfindet:

Ansätze zur Rechtfertigung von bilingualem Unterricht	
Bildungspolitische Begründungslinie	• vor dem Hintergrund der Europäisierung der Bildungspolitik seit Beginn der 1960er Jahre • stellt sozialpolitisch die europäische Integration und wirtschaftspolitisch die Europäische Union als ökonomischen Raum in den Vordergrund
Sprachenpolitische Begründungslinie	• bilingualer Sachfachunterricht erscheint in ihr als wichtiger Baustein innerhalb eines Ansatzes zur Förderung europäischer Mehrsprachigkeit
Fremdsprachendidaktische Begründungslinie	• übt Kritik am Fremdsprachenunterricht • entwirft bilingualen Unterricht als Alternative

Abb. 1.1: Drei Begründungslinien für bilingualen Unterricht nach Breidbach (2007, S. 49ff.)

Ein Postulat, das sich sehr häufig in Beiträgen zum bilingualen Unterricht findet und bis heute eines der zentralen Argumente zur bildungspolitischen Legitimation dieser Unterrichtsform darstellt, ist die Annahme, dass dieser quasi automatisch, aus sich heraus, reflexive Lernprozesse auslöse. Diese Lernprozesse werden als interkulturelles Lernen beschrieben, vermittelt durch das Aufeinandertreffen zweier Weltdeutungen, die durch die Schulsprache Deutsch und die fremde Arbeitssprache des bilingualen Unterrichts repräsentiert würden (ebd., S. 17). Laut Stefan Breidbach hat sich diese Hypothese mit Blick auf erste empirische Lernprozessstudien – wie die von Andreas Bonnet (2004) für das Fach Chemie – als wenig überzeugend erwiesen, da Lernende nicht bereits dadurch in eine interkulturelle Kommunikationssituation eintreten, dass sie sich im Unterricht einer (Fremd-)Sprache bedienen (vgl. Breidbach 2007, S. 17, 238).

Oliver Meyer spricht wie viele andere – seit Uwe Krambröckers (2002) diese Bezeichnung wohl zum ersten Mal verwendete – vom „Mehrwert" des bilingualen Unterrichts für Fremdsprache und Sachfach und europaweit scheint sich die Bezeichnung „CLIL" (*Content and Language Integrated Learning*) als pragmatische Kombination von Sachfach- und Sprachunterricht durchzusetzten (vgl. Vollmer 2000, S. 60; die französische Version heißt EMILÉ: *enseignement d'une matière par l'intégration d'une langue étrangère*). Bei Mehrwert denke ich an Marx und Engels und daran, dass der Kapitalist durch Abschöpfung des Mehrwerts den Arbeiter ausbeutet. Bedient sich der Englischunterricht hier nicht anderer Fächer, um auf deren Kosten seine Lern- bzw. Kompetenzziele (besser) zu erreichen? Ziele, die im Fach Geschichte schon lange im „monolingualen" deutschsprachigen Unterricht angestrebt werden. Ist hier ein Gewinn für das Fach Geschichte erkennbar oder wird das historische Lernen eher einem verbesserten Fremdsprachenunterricht geopfert? Solche Skepsis würde Helge Schröder, Vorsitzender des Hamburgischen Verbandes der Lehrer für Geschichte und Politik, zurückweisen, da seine Erfahrungen in eine andere Richtung deuten:

> „Als bilinguales und damit profilgebendes Fach ergeben sich neue Entwicklungsmöglichkeiten für das Fach Geschichte. Kürzungen zugunsten anderer Fächer drohen nicht mehr. […] Europäische und globale Perspektiven sind gleichsam eine ‚Normalität', die durch die englische Sprache mitgebracht werden. […] So ergeben sich europäische und globale Geschichte, Multiperspektivität, der Blick von ‚außen' auf die deutsche Geschichte und vieles mehr gleichsam ‚automatisch' aus der Bilingualität!" (Schröder 2010, S. 29f.).

Im Zeichen von Globalisierung und der europäischen Einigung wird Englisch zunehmend als *lingua franca* und Konzernsprache vorausgesetzt. Der Arbeitsmarkt stellt angeblich hohe fremdsprachliche Anforderungen an die Berufsanfänger. Somit wird von vielen im Kontext der Einheit und Vielfalt Europas die Ausbildung von Mehrsprachigkeit als notwendige Kulturkompetenz betrachtet (vgl. Bach 2000; HKM 2002, S. 2; Wolff 2013). Viele Fremdsprachendidaktiker/innen sehen deshalb im in einer Fremdsprache erteilten Sachfachunterricht eine „Antwort auf die Herausforderungen von Lebensbedingungen der Heranwachsenden im 21. Jahrhundert" (Doff 2010, S. 11). Bilingualer Unterricht ist eine Trumpfkarte der Bildungsbürokratie im Hinblick auf die Herausforderungen des europäischen Einigungsprozesses. Dementsprechend ist dieses Schulangebot politisch gewollt und erfreut sich einer gewissen Fürsorge der Ministerien und des Europarates sowie eines großen Interesses der Eltern, scheinen bilinguale Angebote doch besonders geeignet, um auf die Anforderungen eines europaweiten Arbeitsmarktes vorzubereiten (vgl. Hollm 2013b; Schlemminger/Buchmann 2013; Dallinger 2013 für den Schulversuch in Baden-Württemberg) und einen Abschluss mit höherer sozialer Reputation zu erlangen (vgl. Bernhardt 2011, S. 223). Für Schulleitungen im Konkurrenzkampf um die knapper werdenden Schüler/innen stellt diese Unterrichtsform eine Möglichkeit zur Profilbildung dar, um sich vorteilhaft von Schulen ohne bilinguales Angebot abheben zu können (vgl. auch schon Wittenbrock 1995, S. 107; Breidbach 2013, S. 13).

Breidbach (2000, S. 179) hat kritisch darauf hingewiesen, dass das Begründungsangebot „Globalisierungsrelevanz" dem Wunschdenken der Fremdsprachendidaktik entspringt und als „strategisches Alliierungsangebot" an die Fachdidaktiken zu verstehen ist, das dort auf fruchtbaren Boden fällt, „wo selbst keine rechte Klarheit über die eigene Globalisierungsrelevanz besteht". Ein Blick auf die Geschichtsdidaktik macht dies deutlich: So heißt es in einer ersten größeren Stellungnahme des ansonsten eher lange Zeit mit Zurückhaltung begegneten Trends in der Zeitschrift *Geschichte in Wissenschaft und Unterricht* (GWU) von 2002 bei Rohlfes (2002, S. 75), dass Fremdverstehen, interkulturelles Lernen, europäische und globale Perspektiven und komparatistische Herangehensweisen „in der Welt von heute zu den für unser Fach konstitutiven Schlüsselqualifikationen gehören, die sich im bilingualen Zugriff besonders wirksam entfalten lassen". Woid (2002, S. 78) geht davon aus, dass es für die Verbesserung der Studien- und Berufschancen zunehmend notwendig wird, die Fremdsprache als Arbeitssprache im Geschichtsunterricht zu nutzen: „In einem zusammenwachsenden Europa und in einer Welt, die von zunehmender Globalisierung bestimmt wird, führt am bilingualen Unterricht kein Weg vorbei". In dieselbe Richtung gehen Überlegungen, das zentrale didaktische Konzept „Geschichtsbewusstsein" europaweit in die Diskussion zu bringen. „EUSTORY", das von der Körber-Stiftung initiierte Geschichtsnetzwerk für junge Europäer, hat eine Reihe mit dem Titel *Shaping European History* publiziert. Ziel dieser Anstrengungen ist die Verständigung über und die Bildung eines *European Historical Consciousness*, das aus den Perspektiven der Teilnehmerstaaten zentrifugale und zentripedale Kräfte der europäischen Geschichte aufzeigt und kritische Anfragen aus der Geschichte an die Gegenwart stellt (vgl. Macdonald/Fausser 2000; Woid 2002, S. 81). Diese hochgradig normativen Überlegungen gehen vom politisch Wünschenswerten aus, nicht von der Realität und werden außerhalb Europas durchaus kritisch wahrgenommen (vgl. Laville 2004). Auch der sogenannte Bologna-Prozess scheint eher eine „Mobilitätsbremse" zu sein. Aktuelle Studien zeigen tendenziell eher eine Abnahme, zumindest aber keine Zunahme der studentischen Mobilität, die durch die Reform vereinfacht werden sollte (Grigat 2011; Pflüger 2013, S. 237). In Zeiten der Übernahme des Bildungssystems durch die Wirtschaft bzw. der Ausrichtung desselben an ökonomischen Denkmodellen und der damit einhergehenden Output-Orientierung wird der Erwerb ökonomischer Wettbewerbsvorteile zunehmend als wichtig erachtet. Aber können diese dadurch erworben werden, dass historische Sachverhalte in einer zweiten Sprache ausgedrückt werden können? Breidbach hat dazu kritisch angemerkt:

> „Den Verkehrswert, den historisches Wissen auf nationalen wie übernationalen Arbeitsmärkten hat bzw. eben nicht hat, lassen jedenfalls Zweifel daran aufkommen. Der Zugang zu einkommensträchtigen Tätigkeiten, die als zukunftsorientiert gelten und mit einem entsprechend hohen sozialen Prestige belegt sind, scheint doch eher über ökonomisches, technisches und naturwissenschaftliches Wissen eröffnet zu werden" (Breidbach 2000, S. 178).

1.2 Bilingualer Geschichtsunterricht zwischen Geschichts- und Fremdsprachendidaktik

Bislang beherrscht die Fremdsprachendidaktik das Feld des bilingualen Geschichtsunterrichts. Im *Handbuch Bilingualer Unterricht* (Hallet/Königs 2013) wird der Verbreitungsbewegung Rechnung getragen, indem der aktuelle Stand von Forschung und Praxis des bilingualen Unterrichts in Deutschland in kompakter und selbstbewusster Form zusammengefasst wird. Das besondere Interesse der Fremdsprachendidaktik an dieser Unterrichtsform ist nicht weiter verwunderlich, verbindet sich mit ihr doch eine Aufwertung der Sprachen im Fächerkanon. Erstaunlich ist jedoch die Zurückhaltung der Geschichtsdidaktik, deren Vertreterinnen und Vertretern vorgeworfen werden kann, eine folgenschwere Entwicklung in der schulischen Praxis lange Zeit ignoriert zu haben. Die Themenhefte der Zeitschriften *GWU* und *Praxis Geschichte* aus dem Jahr 2002 zeigten zwar, dass die Geschichtsdidaktik nun langsam aufwachte, über einige Warnhinweise und die Reproduktion von Positionen der Fremdsprachendidaktik ist sie aber bisher kaum hinausgekommen (vgl. Woid 2002, S. 78; Wildhage 2002; Geschichte für heute 3/2010). Der Jahresband 2009 der *Zeitschrift für Geschichtsdidaktik* mit dem Themenschwerpunkt „Geschichte bilingual" zeigt vielleicht eine Trendwende zu einer eingehenderen Beschäftigung an. Auf jeden Fall lässt sich feststellen, dass die Vernetzung von Fremdsprachen- und Geschichtsdidaktik bisher nicht ausreichend ist, hier ist eine Intensivierung der Auseinandersetzung und Kooperation dringend angezeigt. Dabei mangelt es – seit vielen Jahren – nicht an konkreten Diskussionsangeboten der Fremdsprachendidaktik.

Das existierende Theoriedesign des bilingualen Sachfachunterrichts ist unbefriedigend. Von einer konzeptionellen Absicherung der Unterrichtspraxis durch eine Didaktik des bilingualen Sachfachunterrichts kann nicht die Rede sein und es wird auch von Seiten der Geschichtsdidaktik in Frage gestellt, ob es eine solche überhaupt geben soll, da es sich um ein Unterrichtsprinzip, nicht aber um eine zu vermittelnde Sache handelt (Hasberg 2007, S. 55). Wolfgang Hallet hat auf das Fehlen einer Didaktik wiederholt hingewiesen. Mit seinem *Bilingual Triangle* hat er versucht, allgemeine Ziele für den bilingualen Sachfachunterricht zu formulieren. Dabei bestehen die Seiten des bilingualen Dreiecks aus drei Feldern, welche die Ziele, Inhalte und Gegenstände des bilingualen Sachfachunterrichts konstituieren: (1) Die Grundseite umfasst Phänomene und Sachverhalte der eigensprachlichen Kultur und Gesellschaft, während die oberen Seiten des Dreiecks (2) Phänomene und Sachverhalte der zielsprachlichen Kulturen und Gesellschaften sowie (3) kulturunabhängige, kulturübergreifende, globale und universale Phänomene und Sachverhalte umfassen (Hallet 1999; S. 23 ff.). Hallets bilinguales Dreieck in seiner damaligen Form bot Auswahlkriterien für Unterrichtsinhalte, aber keine lerntheoretische Absicherung der Unterrichtspraxis. Dennoch wurde und wird es in der Literatur oft als didaktisches Modell für den bilingualen Sachfachunterricht diskutiert (so z. B. in Finkbeiner 2002; einschränkend bei Gruner 2009, S. 41). Mittlerweile gibt es auch Positionen innerhalb der Fremdsprachendidaktik, die davon ausgehen, dass eine einzige integrative Didaktik aufgrund der Unterschiedlichkeit der Fächer nicht zu verwirklichen sein wird. So halten beispielsweise Bärbel Diehr und Lars Schmelter die Entwicklung „einer eigenständigen Didaktik des bilingualen Lehrens und Lernens in einer jeweils fachspezifischen Ausprägung bei intensivem interdisziplinären Austausch" für ein tatsächliches Desiderat (Diehr/Schmelter 2012, S. 10).

1.3 Welche Wirkungen hat bilingualer Geschichtsunterricht?

Die Geschichtsdidaktikerin Bettina Alavi hat sich mit Begriffsbildung im Geschichtsunterricht beschäftigt und berichtet über folgende Seminarerfahrung:

> „Eine ruhige, aber angestrengt aufmerksame Studentin gab in einem Seminar zur Weimarer Republik eine Hausarbeit ab, die aufgrund ihrer ungewöhnlichen Begrifflichkeit schwer verständlich war. Statt ‚Völkerbund' benutzte sie beispielsweise ‚Bund der Nationen'. Daraufhin angesprochen erklärte mir die Studentin, dass sie in ihrer Schulzeit Geschichtsunterricht auf Englisch gehabt und deshalb in ihrem Studium mit erheblichen Verstehensproblemen zu kämpfen hätte. Den Terminus ‚bilingualer Geschichtsunterricht' wies sie weit von sich, weil sie in diesem eben nicht in zwei Sprachen kompetent wurde. Bei Diskussionen könne sie sich

kaum beteiligen, weil ihr die Begriffe fehlten, bei Begriffen, die Problemstellungen beinhalten (‚Vertrag von Versailles') verstünde sie die mitschwingenden Wertungen nicht" (Alavi 2004, S. 39).

Bei der Begriffsbildung im Fach Geschichte geht es um mehr als nur Vokabellernen, da die Begriffe in einen historischen Kontext eingeordnet werden müssen, um Vorstellungen und mitschwingende Wertungen abrufen zu können, es geht somit „um eine kulturelle Teilhabe, die Inklusion ermöglicht und Teilhabe auch verweigern kann" (ebd., S. 39). Dieser Studentin hat der bilinguale Geschichtsunterricht augenscheinlich nicht geholfen, eine zweisprachige Diskursfähigkeit und interkulturelle Kompetenz aufzubauen. Ich glaube nicht, dass es sich hier um Einzelfälle handelt, ich habe selbst rein englischsprachigen Geschichtsunterricht beobachtet, der – unter Gesichtspunkten des historischen Lernens betrachtet – sehr problematisch war. Wenn der Unterrichtsgegenstand auch in der Vergangenheit liegt, ist das noch kein ausreichendes Kriterium dafür, dass es sich bei bilingualem Unterricht um Geschichtsunterricht handelt. Die eingesetzten Lehrkräfte besitzen Narrenfreiheit – wer will sie denn kontrollieren? – und die Schulleitungen sind häufig froh, wenn sie jemanden finden, der „es macht", auf die Lehrbefähigung im Fach Geschichte wird dabei gerne auch einmal verzichtet. Die Dominanz der Fremdsprachendidaktik birgt in der Tat die Gefahr, dass der bilinguale Geschichtsunterricht in erster Linie als Stütze des Fremdsprachenunterrichts verwendet wird. Bei dem, was ich im Rahmen von Hospitationen gesehen habe, handelte es sich meistens um Sprach-, nicht jedoch um Geschichtsunterricht. Hier führt die „pädagogische Freiheit" aufgrund des fehlenden lerntheoretischen Fundaments, die häufig mit einem gravierenden Mangel an didaktischer Grundlagenbewusstheit einhergeht, zu sehr bedenklichen Entwicklungen in der Unterrichtspraxis. Diese könnten sich nicht zuletzt auch darin zeigen, dass Unsicherheiten der eingesetzten Lehrkräfte durch eine verschärfte Leistungsselektion auf Seiten der Lernenden ausgeglichen werden (vgl. Breidbach 2007, S. 32). Der Beweis des Postulats, dass sich bilingualer Unterricht „als qualitätssteigerndes Element des fachlichen Arbeitens in den so genannten Sachfächern" erwiesen habe (Otten/Wildhage 2003, S. 16), steht jedenfalls noch aus.

Seit über 13 Jahren betrachte ich die Entwicklung des bilingualen Geschichtsunterrichts mit sehr gemischten Gefühlen und stelle mir die Frage, was dieser Unterricht nun ist – ein Königsweg oder ein Irrweg, eine Chance oder eine Gefahr für das historische Lernen? Auf jeden Fall ist es ein steiniger Weg, da die Unterrichtspraxis der Theoriebildung weiterhin vorausgeht oder in ganz andere Richtungen läuft. Und was das Laufenlernen angeht, so liegt die Ausbildung von Lehrkräften für den bilingualen Unterricht an den Universitäten meistens in den Händen der Fremdsprachen und im Vorbereitungsdienst bei Ausbildern aus dem Sprachbereich, die – zumindest zu dem Zeitpunkt als ich in der Ausbildung war – häufig nur zwei bis drei Aufsätze zum Thema gelesen hatten, aber Zusatzzertifikate vergaben. Es wurde bisher von den bildungs- und sprachenpolitischen Entscheidungsträgern versäumt, transparente und verbindliche Ausbildungsstrukturen für die Qualifizierung von Lehrkräften für den bilingualen Unterricht zu schaffen (Königs 2013, S. 50; vgl. auch Mentz 2013). Während in der Anfangszeit des bilingualen Unterrichts in Deutschland die Aus- und Weiterbildung von Lehrkräften vor allem in Eigeninitiative stattfand, wird mittlerweile die Notwendigkeit einer systematischen Ausbildung und die verstärkte Einbeziehung der Fachdidaktiken in die Konzeption und Gestaltung bilingualer Studienangebote gesehen (Gnutzmann/Rabe 2013, S. 102ff.). Insofern ist die Forderung von

Christine Pflüger zu begrüßen, dass die Lehrerausbildung für den bilingualen Geschichtsunterricht nicht allein im Zuständigkeitsbereich der Fremdsprachendidaktiken liegen sollte (Pflüger 2013, S. 231). Die Professionalisierung der Geschichtslehrerausbildung für den bilingualen Unterricht ist ein wichtiges Unterfangen, bei dem die Geschichtsdidaktik sich einmischen und beteiligen sollte. Solange eine einseitig fremdsprachenbezogene Perspektive eingenommen wird und die Konzepte fremdsprachendidaktisch hergeleitet werden, kann die Entwicklung des bilingualen Geschichtsunterrichts nicht vorankommen, da in den didaktischen Überlegungen oftmals nur die Förderung jener Fähigkeiten eine Rolle spielt, die mit Sprache zu tun haben. So befasst sich Beate Helbig z. B. in ihrer 2001 erschienenen Dissertation mit Texterschließungstechniken im deutsch-französischen Geschichtsunterricht, betrachtet ihre Fragestellung aber aus der Perspektive der Sprachlehrforschung und stellt den fremdsprachendidaktischen Aspekt französischsprachiger Quellen in den Vordergrund (Helbig 1998; 2001). Ulrich Wannagat stellt bilingualen Geschichtsunterricht in einen internationalen Fokus, in dem er EMI-Unterricht (*English as a Medium of Instruction*) in Hongkong mit CLIL-Unterricht in Nordrhein-Westfalen vergleicht – allerdings nur unter der Frage, inwiefern der Unterrichtsdiskurs Sprachlernprozesse im bilingualen Sachfachunterricht beeinflusst (Wannagat 2010; 2013). Inhaltslernen wird ausdrücklich nicht berücksichtigt, aber die Verwendung der Fremdsprache im integrierten Sachfach- und Sprachlernen des CLIL-Unterrichts führt dann angeblich doch zur Erarbeitung „sachfachlicher Konzepte mit einer größeren Verarbeitungstiefe" (Wannagat 2010, S. 225). Hier werden – was nicht weiter verwundert, da es sich um Qualifikationsarbeiten in der Domäne der Fremdsprachendidaktik handelt – oft einseitig fremdsprachendidaktische Fragestellungen und Erwartungshaltungen an einen Unterricht herangetragen, der kein Fremdsprachenunterricht ist (vgl. Breidbach 2000, S. 176), denn die Fremdsprache ist nicht Lerngegenstand, sondern nur Lernmedium. Folglich müssten didaktische Konzepte für den bilingualen Geschichtsunterricht davon ausgehen, dass es sich in erster Linie um Fachunterricht handelt – der zum Teil in einer fremden Sprache stattfindet (vgl. Hallet 1999, S. 24). Deshalb ist eine Klärung des Verhältnisses von Sprachlernen und Fachlernen im bilingualen Unterricht dringend notwendig. Die Vorstellung, dass durch die Verbindung von Fremdsprachen- und Fachdidaktik quasi automatisch ein völlig anderer Unterricht entsteht, dass die Begegnung von Sprache und Fach bzw. Inhalt einen eigentümlichen Zauber verursacht, der zum Erwerb besonderen Wissens und zur Entwicklung spezieller Kompetenzen führt, halte ich für naiv. Wenn fachliches Lernen immer auch sprachliches Lernen ist, da der Wissenserwerb über Sprache stattfindet, stellt die Integration von Sprache und Inhalt keine Besonderheit von CLIL dar. Auch der monolinguale deutsche Geschichtsunterricht ist erst einmal CLIL – auch wenn er nicht oder nicht immer „sprachbewusst" gestaltet wird. Ebenso dringlich ist eine Klärung des Verhältnisses von Fremdsprache und Schulsprache Deutsch. Wo ist im Schulalltag die Zeit für den Aufbau einer „fachsprachlichen Diskursfähigkeit" in zwei Sprachen, wenn es doch meistens nur eine Zusatzstunde für den sprachlichen Mehraufwand gibt und der bilinguale Geschichtsunterricht häufig erst in der Jahrgangsstufe 9 einsetzt? Dies ist eine gewaltige Doppelbelastung für die Schüler/innen – ein Scheitern ist hier vorprogrammiert. Zumal die deutsche Sprache nicht für alle „Muttersprache" ist und ihre Verwendung in der Literatur durchaus umstritten ist. Bilingualer Geschichtsunterricht kann Geschichtsunterricht mit fremdsprachlichen Anteilen sein, wobei es unterschiedliche Gewichtungen gibt (wieviel Prozent

Deutsch, wieviel Fremdsprache?), er kann aber auch Geschichtsunterricht in einer Fremdsprache sein. Auffallend ist jedenfalls, dass mit zunehmender Progression eine Zunahme des fremdsprachlichen Anteils empfohlen wird und die Idealvorstellung einen Geschichtsunterricht entwirft, der komplett in der Fremdsprache ablaufen kann. Tendenziell ist also in dieser Programmatik – so viel Deutsch wie nötig, so viel Fremdsprache wie möglich – eine Verdrängung der deutschen Sprache vorgegeben. Sofern die Praktiker/innen in der Schule natürlich bemüht sind, die Lernenden so zu fördern, dass sie dazu in der Lage sind, den Unterricht weitgehend in der Fremdsprache zu bewältigen, gerät die immer wieder beschworene fachwissenschaftliche Diskursfähigkeit in der deutschen Sprache schnell in den Hintergrund. In Ulrich Wannagats (2010, S. 99, 132) Studie liegt der Anteil der Fremdsprache am Unterrichtsdiskurs der 10. Klasse bei 93,54 % und er findet Hinweise darauf, „dass durch den überwiegenden Gebrauch" der Fremdsprache historische Fachbegriffe in der Schulsprache Deutsch „in den Hintergrund treten". Jetzt kann man natürlich argumentieren, dass ja die englischen und deutschen Fachbegriffe gelernt werden, geübt wird die fachwissenschaftliche Diskursfähigkeit vor allem auf Englisch, aber prinzipiell lernen die Schüler/innen da ja, wie es geht und müssen – wenn sie beispielsweise eine historische Erzählung auf Deutsch verfassen sollen – nur ins Deutsche „zurückübersetzen". Die Studentin von Bettina Alavi konnte das augenscheinlich nicht.

Bärbel Diehr hat einen Typologisierungsvorschlag zum Verhältnis der Sprachen im bilingualen Unterricht vorgelegt:

Positionen zum Verhältnis der Sprachen im bilingualen Unterricht	
Typ	Beschreibung
A: Fremdsprache als Medium des Lernens	• Im Zentrum steht der fremdsprachig erzielte Zugewinn im fachlichen Kompetenzerwerb und der fachspezifischen Diskursfähigkeit; • die Fremdsprache ist dominant; • der Gebrauch der Schulsprache Deutsch wird nicht als zielführend erachtet, teilweise als kontraproduktiv; • Lernende sollen mit entsprechenden sprachlichen Mitteln ausgestattet werden (*scaffolding*), um anspruchsvolle kognitive Leistungen in der Fremdsprache erbringen zu können.
B: Fremdsprache als Leitsprache	• Eingeschränkter, aber planvoller Einbezug der Schulsprache Deutsch, von dem Vorteile für den Lernprozess erwartet werden; • auch hier ist die Fremdsprache dominant, Deutsch bleibt untergeordnet, kann als Stützmaßnahme bei Verständnis- oder Ausdrucksproblemen eingesetzt werden; • verschiedene Argumentationsstrukturen, z. B.: funktionale Fremdsprachigkeit (Butzkamm), funktionale Mehrsprachigkeit (Otten/Wildhage), differenzierte Mehrsprachigkeit (Heimes); • Notwendigkeit der Vermittlung der deutschen Fachbegriffe wird gesehen.

C: Fremdsprache und Schulsprache als komplementäre Bestandteile des bilingualen Unterrichts	• Verwendung der Schulsprache Deutsch und der Fremdsprache in sinnvoll aufeinander bezogener Weise; • der Schulsprache Deutsch wird ein eigenständiger Beitrag zum Lernfortschritt der Schüler/innen und zum Bildungsgehalt des bilingualen Unterrichts zugesprochen, sie ist nicht nur Helfer, sondern gleichberechtigter Partner der Fremdsprache; • keine paritätische Aufteilung von Zeitkontingenten, Nutzung der Fremdsprache kann durchaus überwiegen, Deutsch muss aber im angemessenen Umfang berücksichtigt werden; • Schüler/innen müssen Fachbegriffe in ihrer Komplexität auch auf Deutsch konstruieren und im fachlichen Diskurs angemessen verwenden können; • Komparatives und kontrastives Vorgehen wird als sinnvoll erachtet, um die kulturelle Konstruiertheit der Fachterminologie thematisieren zu können.

Abb. 1.2: Positionen zum Verhältnis der Sprachen nach Diehr (2012, S. 23ff.)

Eine Weiterentwicklung ihrer Übersicht hält Diehr für wünschenswert und formuliert damit zugleich einen Auftrag an die Fachdidaktiken, die Aufgaben, welche den Sprachen im bilingualen Unterricht zugewiesen werden, gut zu durchdenken, fortzuentwickeln und empirisch zu überprüfen (vgl. Diehr 2012, S. 27). So empfiehlt sie z. B. Untersuchungen durchzuführen, in denen Lernende, die Unterricht in den verschiedenen Typen A, B und C erhalten haben, ihre Fachkompetenz zu einem fachspezifischen Thema in beiden Sprachen nachweisen, um herauszufinden, „inwieweit und unter welchen Bedingungen sich ein Kompetenztransfer von einer Sprache zur anderen einstellt – oder auch nicht" (ebd., S. 31).

Die Entwicklung einer die Unterrichtspraxis fundierende Methodik kann nur in enger Verzahnung mit dem Fach Geschichte erfolgen. Streng genommen ist der bilinguale Geschichtsunterricht eine curriculare Struktur, nicht jedoch eine ausgearbeitete Methode (so schon Bach 2000, S. 13). Ein Blick auf die schulische Praxis zeigt jedoch, dass bilingualer Geschichtsunterricht auf eine langjährige Tradition zurückblicken kann und durchaus als Erfolgsgeschichte gehandelt wird, obwohl es bisher keineswegs zahlreiche, eindeutige bzw. empirisch abgesicherte Ergebnisse gibt, welche die zentralen Annahmen und Ansprüche sowie die Wirksamkeit dieser Unterrichtsart belegen: „Erstaunlich ist vor allem, dass die positive Grundhaltung, die sich in Erfahrungsberichten, aber auch in politischen Positionspapieren findet, häufig ohne forschungsbasierte Evidenz auskommt" (Viebrock 2013, S. 226). Andreas Bonnet fasst diese eigenartige Dynamik wie folgt zusammen.

> „Therefore, the powerful metaphors of 'two for the price of one' and the 'added value of CLIL' seem to have become accepted truths in the general CLIL-discourse rather than hypotheses to be tested through evidence-based research. Still, they create a powerful atmosphere of optimism and almost limitless belief in the potential of CLIL" (Bonnet 2012a, S. 66).

Erstaunlich ist auch, dass die vorliegenden Studien häufig dem sozialen Hintergrund der beteiligten Schüler/innen keine besondere Aufmerksamkeit gewidmet haben. Wenn diese Studien die Überlegenheit bilingual unterrichteter Schüler/innen bei der Quellenarbeit und beim historischen Denken gegenüber monolingualen Vergleichsklassen dokumentieren, stellt sich somit die Frage, ob die bilingual unterrichteten Schüler/innen die festgestellten Fähigkeiten erst im bilingualen Geschichtsunterricht erworben haben oder bereits vorher besaßen (Bernhardt 2011, S. 223; Breidbach/Viebrock 2012; 2013b; Rumlich 2013). Insofern ist es sicherlich hilfreich, dass mittlerweile auch im Diskurs der Fremdsprachendidaktik kritischere Stimmen laut werden, die eine solidere Grundlage an Forschungsbelegen fordern, die politische Entscheidungen auf struktureller Ebene, aber auch pädagogische Überlegungen auf der Ebene des Klassenzimmers informieren könnten (vgl. z. B. Apsel 2012, der sich mit Lernenden befasst, die bilinguale Züge verlassen haben, oder einen Teil der Beiträge in Breidbach/Viebrock 2013a). Solche empirische Forschung ist auch nötig, um zu überprüfen, inwiefern bilingualer Unterricht im deutschen Kontext oder anderswo (für Andalusien vgl. Bruton 2011) eher der Selektion als einer Verbesserung des Lernens dient (Bonnet 2012a, S. 67; Bonnet/Dalton-Puffer 2013). Für Almut Küppers und Matthias Trautmann stellt sich die Frage, ob CLIL oder eher die daran teilnehmenden Schüler/innen den Erfolg darstellen:

> „CLIL programmes obviously attract high achievement and better motivated learners, and, although not deliberately discussed, current CLIL research thus supports our assumption that it is not CLIL that is a success but rather CLIL students are. [...] As a result, the underlying secrets of the outstanding CLIL reputation cannot only be attributed to its theoretical underpinnings or sophisticated teaching methodology. The biggest secret seems, quite simply: bright and enthusiastic learners" (Küppers/Trautmann 2013, S. 294).

Im Hinblick auf die fremdsprachlichen Leistungen im Fach Englisch liegt mit der Studie *Deutsch-Englisch-Schülerleistungen-International* (DESI) im Auftrag der Ständigen Konferenz der Kultusminister der Länder in der Bundesrepublik Deutschland eine bundesweit repräsentative Untersuchung vor, bei der etwa 11 000 Schüler/innen von einem interdisziplinär zusammengesetzten Konsortium aus Fachdidaktikern, Psychologen und Schulforschern unter Federführung des Deutschen Instituts für Internationale Pädagogische Forschung im Schuljahr 2003/2004 befragt und getestet wurden (DESI-Konsortium 2008). Die Studie kommt u. a. zu folgenden Ergebnissen:

- Die Teilnahme an bilingualen Unterrichtsprogrammen, die sich überwiegend an Gymnasien finden, geht einher mit generell höheren sprachlichen Kompetenzen der Schüler/innen (auch in Deutsch), einem höheren sozialen Status und dem Geschlecht (Mädchen nehmen an diesem Programmen überproportional häufig teil);
- Schüler/innen in bilingualen Klassen haben einen sehr deutlichen Kompetenzvorsprung in allen Bereichen, im Hörverständnis kommen sie fast doppelt so schnell voran wie andere Klassen;
- in bilingualen Klassen sind „ethnorelative interkulturelle Orientierungen" signifikant häufiger zu beobachten als in der Vergleichsgruppe (DESI-Konsortium 2006, S. 59f.).

Ein forschungsmethodisches Problem von Studien wie DESI oder auch DEZIBEL in Berlin (Zydatiß 2007) besteht allerdings darin, dass die bilingual unterrichtete Lerngruppe deutlich mehr Kontakt zur Fremdsprache hatte als die Vergleichsgruppe, was in beiden Studien nicht berücksichtigt wurde (Diehr 2013, S. 210). Während die DESI-Studie zeigt, dass der Erwerb fremdsprachlicher Kompetenzen durch den bilingualen Unterricht gefördert wird, fehlt es aber immer noch an repräsentativen Studien, welche die spezifischen Stärken bilingualer Lerner in fachlicher – nicht fremdsprachlicher – Hinsicht nachweisen können (so schon Vollmer 2000, S. 54 f.). Bisher dominiert in der europäischen Diskussion dieser Unterrichtsform das Thema der fremdsprachlichen Kompetenz und die methodischen Vorschläge zum Unterrichtsdesign heben sich oftmals nicht von fremdsprachendidaktischen Zugriffsweisen ab. Die fachliche Kompetenz wird in Theorie, Forschung und

Praxis noch nicht im ausreichenden Maße berücksichtigt (vgl. Diehr/Schmelter 2012, S. 9).

1.4 Praxis des bilingualen Geschichtsunterrichts – zwischen Vielfalt und Beliebigkeit?

Bilingualer Geschichtsunterricht ist keine vorübergehende Modeerscheinung in der deutschen Schullandschaft, keine vernachlässigungswürdige Größe, sondern eine dauerhafte Einrichtung, die sehr unterschiedlich realisiert wird. Beim bilingualen Geschichtsunterricht ist die Unterrichtspraxis der Theoriebildung lange vorausgegangen. Das hört sich erst einmal ganz gut an, zeugt aber von einem Regulierungsdefizit, das in der von mir in der letzten Dekade beobachteten Unterrichtspraxis zu problematischen Ergebnissen führen kann. Auch im Hinblick auf die Theoriebildung besteht die Gefahr, dass die Entwicklungen in der Unterrichtspraxis durch angepasste Fragestellungen nachträglich legitimiert werden und somit im Nachvollzug der Unterrichtspraxis eine apologetische Theoriebildung erfolgt (Decke-Cornill 1999, S. 165; vgl. auch Breidbach 2007, S. 35). So gibt es natürlich in den Plänen der Bundesländer eine Vielzahl von formalen Organisationsregeln und in den Überlegungen der Fremdsprachendidaktik finden sich viele Hinweise zur Ausgestaltung des Unterrichts. Entscheidend ist aber, dass die Qualität dieser Unterrichtsform davon abhängt, wie die jeweilige Lehrkraft sie versteht und arrangiert. Wenn Handlungskonzepte auf subjektiven Theorien beruhen, stehen diese für John Hattie häufig einer Verbesserung der Unterrichtsqualität im Weg, da diese Überzeugungen oftmals den Forschungsergebnissen widersprechen (Hattie 2009, S. 1, 6, 239f.). Britta Viebrock (2007) kommt in ihrer Dissertation zu den subjektiven didaktischen Theorien von Lehrenden im bilingualen Erdkundeunterricht zu dem Ergebnis, dass es von der einzelnen Lehrkraft abhängt, inwiefern sich das Potenzial des bilingualen Unterrichts entfalten kann. Dabei bestimmen die in der Praxis gewonnenen Alltagstheorien das Vorgehen von Lehrkräften und ihr methodisches Repertoire (Viebrock 2010, S. 108f.). Viebrock warnt sogar vor einem gegenläufigen Trend, demzufolge die Theorie des bilingualen Sachfachunterrichts, die lange Zeit hinter der Praxis her hinkte, nun ihrerseits diese überholt habe und jetzt eine Lücke klaffe zwischen den didaktischen Forderungen an diese Unterrichtsform und der Relevanz und Umsetzung dieser Ziele in der Unterrichtspraxis (Viebrock 2006, S. 171; vgl. auch Doff 2010, S. 15; Kollenrott 2008). Der Faktor „subjektive Theorien" beeinflusst natürlich alle Fächer, nicht nur den bilingualen Unterricht, aber aufgrund der doch eher unklaren Strukturierung dieser Unterrichtsform stehen Lehrkräften kaum Instrumente zur Reflexion ihrer Praxis zur Verfügung. Was kann eine neu im bilingualen Geschichtsunterricht eingesetzte Lehrkraft also tun, wenn sie sich orientieren möchte? Sie kann z. B. die Vorgaben der Bildungsadministration zurate ziehen. Diese variieren aber von Bundesland zu Bundesland sehr stark – so hieß es zum Beispiel 2001 in Rheinland-Pfalz (MBWW 2001, S. 337): „Bilingualer Unterricht ist Sachfachunterricht in einer Fremdsprache, er vertieft und erweitert interkulturelle und fremdsprachliche Kommunikationsfähigkeit und Kompetenz." Wenn nun Sachfach durch Geschichte ersetzt wird, stellt sich die Frage, wo die historischen Lernziele bleiben, hier steht eindeutig der Spracherwerb im Vordergrund. Zehn Jahre später heißt es im hessischen Kerncurriculum für Geschichte in der Sekundarstufe I:

> „Im bilingualen Sachfachunterricht vollzieht sich der Erwerb der fachlichen Kompetenzen in der Fremdsprache und verknüpft inhaltliches Lernen mit sprachlichem Lernen. Bilingualer Unterricht im Fach Geschichte bedient sich authentischer Materialien aus dem nichtdeutschen Sprachraum und konfrontiert die Lernenden mit unterschiedlichen kulturellen Deutungsmustern („Perspektivwechsel"). Die fremdsprachliche Verständigung über historische Inhalte bereitet die Lernenden auf den fachsprachlichen Diskurs mit Menschen aus anderen Ländern vor" (HKM 2011b, S. 13).

Das hessische Kerncurriculum geht vom Erwerb der fachlichen Kompetenzen aus, dieser findet aber in der Fremdsprache statt. Inwiefern ist dieser Unterricht dann noch bilingual?

Da die Geschichtsdidaktik bisher eher durch Abwesenheit glänzt, bietet die Fremdsprachendidaktik eine weitere Anlaufstelle für orientierungsbedürftige Lehrkräfte. Dort ist der konzeptionelle Entwicklungsstand lange Zeit durch praxisnahe Modellbildung bestimmt gewesen (Otten/Wildhage 2003, S. 15). Vielfalt kann gut sein, bedeutet aber in der Unterrichtspraxis nur zu häufig Beliebigkeit, da die Fremdsprachendidaktik meines Erachtens – trotz des z. B. von Doff konstatierten *theoretical turn* (Doff 2010, S. 12, 15) – über eine Phase beginnender Theoriebildung bisher nicht hinausgekommen ist. Theoriegeleitete Konzepte, sofern sie denn entwickelt werden, müssen fachspezifische Komponenten enthalten, deren Spezifität dem Allgemeinheitsanspruch dieser Überlegungen, der sich in dem Platzhalter „Sachfach" zeigt, zuwiderlaufen würden. Die Fremdsprachendidaktik arbeitet sich jedoch verständlicherweise an dem Potenzial ab, das sie in der Ausweitung des fremdsprachlichen Lernens auf unterschiedliche Schulfächer sieht.

1.5 Bilingualer Geschichtsunterricht – Chance oder Gefahr für das historische Lernen?

Meine Beschäftigung mit der Theorie, Empirie und Unterrichtspraxis des bilingualen Geschichtsunterrichts hat bis heute mehr Fragen aufgeworfen als sie beantworten konnte. Das existierende Theoriedesign dieser Unterrichtsform basiert auf bildungs- und sprachpolitischen Vorstellungen, in denen dem bilingualen Unterricht eine hohe Relevanz in der schulischen Praxis zugewiesen wird. Er gilt hier als eine Antwort auf die Herausforderungen, vor denen Kinder und Jugendliche in ihrem zukünftigen Leben stehen werden – und als Vermittler des dafür notwendigen Sprach- und Fachwissens bzw. der erforderlichen Sprach- und Fachkompetenz. Die wissenschaftliche Grundlage des bilingualen Geschichtsunterrichts ist aber problematisch, weil die theoretischen Konzepte der Fremdsprachdidaktik, die dem Fach Geschichte wichtige Zugewinne versprechen, aus fachspezifischer Perspektive eher fragwürdig sind:

Multiperspektivität: Dieses für den Geschichtsunterricht zentrale Konzept scheint trivialisiert zu werden, indem es häufig auf die Gegenüberstellung von „zwei Sichtweisen" verkürzt wird. Es werden Typen, Meinungen, Interessen und Vorstellungen gegenübergestellt, der Zusammenhang von Standort und Perspektive, auf den Multiperspektivität abzielt, wird – wenn überhaupt – nur selten wahrgenommen (vgl. Bergmann 1999; 2000; 2011; Lücke 2012). Das Konzept stellt hohe Anforderungen an die Materialauswahl und

-beschaffung für den bilingualen Geschichtsunterricht. Die gängigen Lehrwerke bieten nur selten ein den Ansprüchen dieses Konzeptes genügendes multiperspektivisches Materialarrangement. Eine weitere Einschränkung in der Unterrichtsrealität erfährt die Multiperspektivität durch Prinzipien wie didaktische Reduktion und Exemplarität. Die Vielzahl der zu behandelnden Themen und die wenige Zeit, die für den Unterricht zur Verfügung steht, führen schnell dazu, dass kleine Häppchen serviert werden, maximal zwei Perspektiven gegenübergestellt werden und eher die Mehrheitenperspektive als die Minderheitenperspektive behandelt wird. Wenn nun beispielsweise die Bedeutung eines historischen Sachverhalts in verschiedenen Ländern zum Thema einer arbeitsteiligen Gruppenarbeit mit anschließender Podiumsdiskussion gemacht wird, kann es aus Zeit- oder Materialgründen dazu kommen, dass sich die Lehrkraft entscheidet, nur eine Position/Perspektive pro Land als Materialangebot zur Verfügung zu stellen. Dann wird sich im Unterricht zwar über eine Mehrzahl von Perspektiven auseinander gesetzt, es besteht aber die Gefahr, dass die Schüler/innen die eine Position/Perspektive mit der Sichtweise des ganzen Landes gleichsetzen: „Die Briten" sehen den historischen Sachverhalt so, „die Deutschen" sehen das aber anders. Aus dem Urteil eines einzelnen historischen Akteurs wird so in den Köpfen der Lernenden schnell die Meinung einer ganzen Nation – aus einem einzelnen Beispiel wird eine landesspezifische bzw. kulturelle Sichtweise konstruiert und somit kann der Unterricht zur Stereotypisierung führen und damit den Zielen von Multiperspektivität und interkulturellem Lernen zuwiderlaufen. Es reicht also keinesfalls aus, im bilingualen Geschichtsunterricht nur sich widersprechende Aussagen gegenüberzustellen, also z. B. zwei konträre Positionen zu einem Ereignis, weil dann Multiperspektivität nur zur trivialen Einsicht führt, dass Menschen Dinge so oder so sehen können (vgl. Pandel 2010, S. 194).

Fremdverstehen und interkulturelles Lernen: In der Kontrastivität bzw. im komparatistischen Prinzip wird ein Gewinn an Tiefe und Reflexionsfähigkeit gesehen (vgl. Otto 1993; Geiss 2009; Theis 2010; Schlemminger/Balzereit 2013). Da der Perspektivenwechsel und die kontrastierenden Betrachtungsweisen dem bilingualen Geschichtsunterricht inhärent seien, soll er das Fremdverstehen und das interkulturelle Lernen besonders – quasi als Automatismus dieser Unterrichtsform – fördern. Dabei wird Sprache mit Kultur gleichgesetzt und das Aufeinandertreffen von Schulsprache Deutsch und Fremdsprache im bilingualen Unterricht als Aufeinandertreffen zweier Weltdeutungen interpretiert. Dieser Vorstellung, die vor allem den deutsch-französischen Geschichtsunterricht prägt, liegt ein überkommener essentialistischer Kulturbegriff (Kultur als Nationalkultur) zugrunde (vgl. Breidbach 2007, S. 81ff.; Altmayer 2001). Damit ist zu befürchten, dass ein solcher Unterricht eher zur Bildung von Stereotypen führt als zu einem differenzierterem Fremdverstehen und interkulturellem Lernen.

Verwendung von Fremdsprache und Schulsprache Deutsch: Bilingualer Geschichtsunterricht bedeutet häufig keinen Unterricht in zwei Sprachen, sondern einen weitgehend oder ausschließlich in der Fremdsprache stattfindenden Unterricht. Es gibt keine Regelungen, die den Erwerb der historischen Fachsprache in der Schulsprache Deutsch gewährleisten. Die empirische Forschung zur fachspezifischen Konzeptentwicklung wird noch nicht (ausreichend) wahrgenommen. Die monolinguale Unterrichtspraxis kann so zu Sprachmängeln und Verstehensproblemen im Studium führen.

Doppelte Sachfachliteralität bzw. fachbasierte Diskursfähigkeit/-kompetenz in zwei Sprachen: Es gibt keine überzeugenden Umsetzungsvorschläge zum Erreichen dieses sehr anspruchsvollen Lernziels. Auch der Anteil des Fremdsprachenunterrichts an dieser Aufgabe bleibt unklar. Von einer Umsetzung in der Unterrichtspraxis ist der bilinguale Unterricht meines Erachtens weit entfernt.

Content and Language Integrated Learning: Sofern im Unterricht Wissen über den Erwerb und den Ausbau sprachlicher Strukturen entwickelt wird, ist sprachliches Lernen ein inhärenter Bestandteil schulischer Lernprozesse in allen Fächern und somit kein Alleinstellungsmerkmal des bilingualen Unterrichts (vgl. Badertscher/Bieri 2009, S. 196ff.). Die Hypothese, dass sprachlicher und fachlicher Wissens- und Kompetenzerwerb in einer engen wechselseitigen Abhängigkeit stehen, die enge Verknüpfung von Sprache und Denken, kann bezweifelt werden (vgl. auch Bonnet 2012b, S. 202). Die Bezeichnung CLIL erweist sich somit als wenig trennscharf und ungeeignet, um den bilingualen Geschichtsunterricht vom herkömmlichen abzugrenzen. Auch monolingualer deutschsprachiger Geschichtsunterricht ist CLIL.

Ignoranz der Fächer gegenüber Sprache/Fachlichkeit und sprachliches Lernen: Der Hinweis auf den Zusammenhang von Sprach- und Fachlernen führt bisher zu keiner deutlicheren Konturierung des Fremdspracheneffekts im bilingualen Geschichtsunterricht. Während dieser Effekt anfangs vor allem in der Interkulturalität gesehen wurde, wird er nun zunehmend in der Verarbeitungstiefe der Unterrichtsinhalte lokalisiert (vgl. Lamsfuß-Schenk 2008; 2010; Heine 2007; 2010a; 2010b). Die bilinguale Theoriebildung weist meines Erachtens zu Recht auf eine mangelnde Sprachbewusstheit des monolingualen Unterrichts hin, dringt aber nicht tief genug in den jeweils fachspezifischen Zusammenhang von Denken, Inhalt und Sprache ein.

Auswirkungen der Fremdsprache/gesteigerte Verarbeitungstiefe: Es ist sehr schwierig, allgemeine Aussagen über die Auswirkung der Fremdsprache in fachlichen Lernzusammenhängen zu machen, da systematische Forschung, die einen deutlichen Einfluss der Verwendung der Fremdsprache auf fachliche Denkweisen zeigen kann, bisher noch fehlt. Die Frage, ob der Wissenserwerb und das historische Denken im bilingualen Geschichtsunterricht von anderer Qualität sind als im monolingualen, wird für die Legitimation dieser Unterrichtsform als bedeutsam erachtet. Wenn sich Besonderheiten sprachlicher Struktur in konzeptuellen Wissensstrukturen widerspiegeln, könnte daraus abgeleitet werden, dass die Verwendung einer Fremdsprache im bilingualen Sachfachunterricht kognitive Auswirkungen habe und sich diese Unterrichtsform vom Regelunterricht unterscheide (Heine 2010a, S. 200). Solche Auswirkungen können bisher nicht belegt werden. Heine kommt für den Geographieunterricht zu dem Ergebnis, dass in fremdsprachlich dominierten Lernarrangements mit fachlichen Fokus die vordergründig als Schwierigkeit erscheinende begrenzte Kompetenz in der Fremdsprache – Lücken im Wortschatz – zu tieferer semantischer Verarbeitung von Fachinhalten führen kann (Heine 2010b, S. 187). Aber weder Heines Aufarbeitung des Forschungsstandes noch ihre empirischen Daten legen nahe, dass es Besonderheiten in der fremdsprachlichen Bearbeitung von Fachinhalten gibt, die nicht ihrem Wesen nach auch bei einer Verarbeitung auf Deutsch gegeben sind. Die Hypothese der größeren Verarbeitungstiefe, die auf die kanadischen Psychologen Fergus Craik und Robert Lockhart (1972) zurückgeht, findet sich auch bei Stefanie Lamsfuß-Schenk, die 2008 eine exemplarische Fallstudie zum Thema „Fremdverstehen im bilingualen Unterricht" publiziert hat. In der gesteigerten Verarbeitungstiefe der Unterrichtsinhalte sieht auch sie die Ursache für die höhere Qualität des Perspektivenwechsels und des Fremdverstehens in der bilingual unterrichteten Lerngruppe.

Fremdspracheneffekt oder Prozesstruktur? Bei empirischen Untersuchungen zum bilingualen Unterricht scheint mir der Blick auf die konkrete Unterrichtspraxis in der Experimental- und Kontrollgruppe wichtig zu sein: Im bilingualen Geschichtsunterricht sind Lehrer/innen aufgrund der zweisprachigen Lernsituation stärker dafür sensibilisiert, den Unterricht und die darin angestrebten Lernprozesse durch die Brille der Lernenden zu sehen, um mögliche Probleme bei der Erarbeitung von Unterrichtsinhalten in der Fremdsprache durch die Lernenden zu antizipieren und nach Lösungsmöglichkeiten zu suchen. Insofern ist der bilinguale Geschichtsunterricht in solchen Untersuchungen/Forschungsvorhaben vielleicht der besser geplante und durchgeführte Unterricht, da er in der Prozessstruktur der sprachlichen Verarbeitung mehr Aufmerksamkeit schenkt, während der deutschsprachige Geschichtsunterricht zu oberflächlicheren Ergebnissen führt, weil er auch oberflächlicher geplant und durchgeführt wurde, da die sprachliche Durchdringung der Unterrichtsinhalte und die damit verbundenen notwendigen Konstruktionsprozesse in der Unterrichtssprache Deutsch nicht für nötig erachtet wurden. Auch Elke Müller-Schneck kommt in ihrer Arbeit zum bilingualen Geschichtsunterricht in Nordrhein-Westfalen, die auf Befragungen von Lehrkräften basiert, zu dem Schluss, dass bilingualer Geschichtsunterricht „aufgrund seiner besonderen Herausforderungen bewusster geplant und strukturiert" wird als der deutschsprachige Geschichtsunterricht (Müller-Schneck 2006, S. 303).

Entwicklung einer Didaktik des bilingualen Unterrichts/fächerübergreifender Ansatz: Aufgrund der mangelnden Fachspezifik, die aus dem Allgemeinheitsanspruch der bilingualen Theoriebildung resultiert, steckt sie meines Erachtens in einer Sachgasse. Fachkompetenz muss in Theorie, Forschung und Praxis stärker berücksichtigt werden, eine allein fremdsprachenbezogene Herleitung der didaktischen und methodischen Konzepte bilingualen Unterrichts reicht nicht aus. Die Verwirklichung einer einzigen integrativen Didaktik wird an der Unterschiedlichkeit der Fächer scheitern, insofern sind maximal fachspezifische Ausprägungen einer solchen Didaktik möglich. Ohne Hilfe der Geschichtsdidaktik wird sich kein praktikables Modell für den Geschichtsunterricht entwickeln lassen, das eine konzeptionelle Absicherung der Unterrichtspraxis leisten kann.

Abgesehen von der Förderung der Fremdsprachenkompetenz und den bildungs- und sprachpolitischen Gründen, die vertretbar, aber auch anfechtbar sind, sehe ich somit keine überzeugenden Gründe, warum es bilingualen Geschichtsunterricht geben sollte. Die empirische Erforschung dieser Unterrichtsform basiert bisher noch auf einer schmalen Datenbasis, wissenschaftlich abgesicherte Ergebnisse, welche die theoretischen Überlegungen und hohen Erwartungen bestätigen, finden sich bisher nicht. Somit gibt es auch keine empirisch fundierten Anzeichen dafür, dass Fremdverstehen und interkulturelles Lernen im bilingualen besser als im deutschsprachigen Geschichtsunterricht realisiert werden können. Die These von der gesteigerten Verarbeitungstiefe der Unterrichtsinhalte benötigt weitere Untersuchungen, welche die Entwicklung von Schülervorstellungen zu historischen Denkkonzepten berücksichtigen müssten (siehe Kapitel 2 und 5), ebenso die Beantwortung der Frage, warum bilingual unterrichteten Lerngruppen der Perspektivenwechsel besser gelingt (Clemen/Sauer 2007; Lamsfuß-Schenk 2008). Bisher kann das bessere Abschneiden der bilingualen Lerner nicht eindeutig auf den Unterricht zurückgeführt werden. Der Vergleich von bilingualen Lerngruppen mit monolingualen Kontrollgruppen erinnert dabei an den Vergleich von Äpfeln mit Birnen, das es sich um zwei verschiedene Unterrichtsformen mit unterschiedlichen Voraussetzungen handelt (Stundenvolumen, Selektion der Schüler/innen, etc.; vgl. Viebrock 2010, S. 115f.). Entscheidender ist aber der Hinweis aus empirischen Untersuchungen, dass die Unterrichtsplanung oftmals pragmatischen Gründen und weniger der didaktischen Theorie folgt. Es scheint eine große Diskrepanz zwischen unterrichtstheoretischen Konzeptionen und unterrichtspraktischen Sichtweisen zu geben. Interkulturellem Lernen wird in der Praxis scheinbar nur wenig Relevanz beigemessen und der bilinguale Geschichtsunterricht wird von den Lehrkräften als eine Unterrichtsform angesehen, die nur in eingeschränktem Maße zu bewältigen ist (vgl. Kollenrott 2008). So ist zu befürchten, dass die mangelnde konzeptionelle Absicherung der Unterrichtspraxis und das Fehlen geeigneter Materialien zu einer verstärkten Bildung von subjektiven Theorien führen. In der Unterrichtspraxis des bilingualen Geschichtsunterrichts kann das gravierende Mängel zur Folge haben, sofern der Unterricht nicht das einlöst, was die Theorie verspricht. Die Probleme der sprachlichen Überforderung, der Lehrerzentrierung, einer Senkung des Unterrichtsniveaus lassen sich nicht allein durch *scaffolding* beheben, wenn der Unterricht überwiegend monolingual in der Fremdsprache erfolgt und viel Spracharbeit, aber wenig problemorientierte Reflexion enthält. Wie sollen Lehrkräfte die angestrebte fachbasierte Diskursfähigkeit in zwei Sprachen im Geschichtsunterricht aufbauen, wo ist dazu im Schulalltag die Zeit? Jede Lehrkraft wählt hier ihr eigenes Verfahren, ob daraus dann Probleme, wie bei der Studentin von Bettina Alavi, entstehen oder nicht, ist dem Zufall bzw. der Willkür überlassen. In seiner gegenwärtig praktizierten Form sehe ich im bilingualen Geschichtsunterricht eher eine Gefahr als eine Chance für das historische Lernen. Sicherlich gibt es in der Praxis „guten bilingualen Geschichtsunterricht", aber wie könnte dieser aussehen? Beim bisherigen Stand der Entwicklung zeichnen sich seine Konturen nur äußerst vage ab. Dabei bedürfen u. a. folgende Aspekte einer dringenden Bearbeitung:

1. Wenn er den regulären Geschichtsunterricht ersetzt, kann es nicht angehen, dass ein Großteil des bilingualen Geschichtsunterrichts als Unterricht in der Fremdsprache stattfindet. Nur Typ C in Diehrs Typologie oder Heimes differenzierte Mehrsprachigkeit (vgl. Heimes 2011) können hier als Diskussionsbasis dienen, um schul- und fremdsprachliche Anteile in dieser Unterrichtsform jahrgangs- und themenspezifisch festzulegen;
2. die Ausbildung von Lehrkräften für den bilingualen Geschichtsunterricht kann nicht weiter allein den Fremdsprachen überlassen werden;
3. Geschichte hat ein großes Potenzial für die sprachliche Bildung, es ist aber ein schwieriges Fach, das hohe Anforderungen an Schüler/innen und Lehrer/innen stellt. Die spezifischen Probleme des historischen Lernens müssten von der Geschichtsdidaktik stärker in die Auseinandersetzung und Kooperation mit der Fremdsprachendidaktik getragen werden. Dann könnten die gutgemeinten Vorschläge der Fremdsprachendidaktik auch die geschichtsdidaktische Perspektive stärker berücksichtigen;
4. es müssen Gütekriterien für bilingualen Geschichtsunterricht entwickelt werden, um eine konzeptionelle Absicherung der Unterrichtspraxis zu erreichen. Dabei geht es auch darum, die Forderung der fachbasierten Diskursfähigkeit in zwei Sprachen in ein realisierbares Modell zu überführen, dass in der Schule greifen kann.

1.6 Ziele und Gliederung

Im Zentrum der nachfolgenden Kapitel steht der englischsprachige bilinguale Unterricht, da ich diesen selbst praktiziere, es finden sich aber auch Bezüge zum französischsprachigen bilingualen Unterricht. Die folgenden Kapitel widmen sich der Frage, wie guter bilingualer Geschichtsunterricht in der Praxis aussehen kann. Dabei argumentiere ich für einen fachspezifischeren Zugang zu dieser Unterrichtsform (Kapitel 2) und versuche darzustellen, wie dieser in der Unterrichtspraxis gelingen kann (Kapitel 3 bis 5). Insgesamt versuchen die nachfolgenden Kapitel ein Lernmodell für bilingualen Geschichtsunterricht bereitzustellen, das auf eine schultaugliche Integration von Theorie, empirischer Forschung und Praxis abzielt und auf meiner Auseinandersetzung mit der fremdsprachen- und geschichtsdidaktischen Literatur sowie meiner Unterrichtserfahrung basiert. Zu diesem Zweck werde ich Ansätze der deutschen Geschichtsdidaktik mit denen der britischen und nordamerikanischen Forschung verbinden, aber auch versuchen, Ideen der funktionalen Linguistik zum Erwerb von *disciplinary literacy* für den bilingualen Geschichtsunterricht nutzbar zu machen. Dabei geht es immer um *historisches* Lesen, Schreiben und Denken und die innere Verbundenheit und gegenseitige Unterstützung dieser Unterrichtstätigkeiten beim historischen Lernen, beim Erwerb von Wissen und Können in einer schlecht strukturierten Domäne. Das abschließende sechste Kapitel beschäftigt sich in bilanzierender Form mit der Frage nach einer Didaktik des bilingualen Geschichtsunterrichts.

2 Was ist guter bilingualer Geschichtsunterricht?

Ist guter bilingualer Geschichtsunterricht eine Kombination von gutem Geschichts- und gutem Fremdsprachenunterricht? Ein Blick auf die in den Kerncurricula und Bildungsstandards der Länder ausgewiesenen Kompetenzbereiche ergibt wenige Berührungspunkte. Die Kompetenzbereiche der modernen Fremdsprachen und des Fachs Geschichte haben erst einmal wenig miteinander zu tun. Verknüpfungen fach- und fremdsprachenspezifischer Kompetenzen sind eher auf der Ebene der übergeordneten Bildungsziele ersichtlich: Weiterhin sind Fremdverstehen und Perspektivenübernahme wichtige Bestandteile im legitimatorischen Diskurs beider Fächer. Das mittlerweile *transkulturelle* Lernen wird im Kerncurriculum der modernen Fremdsprachen als eigener Kompetenzbereich ausgewiesen. Wenn man davon ausgeht, dass die Fremdsprache und die Schulsprache Deutsch nur die Lernmedien darstellen, sollten Vorstellungen von gutem Geschichtsunterricht auch für bilingualen Geschichtsunterricht Gültigkeit besitzen.

2.1 Was ist guter Geschichtsunterricht?

Die Frage nach der Qualität von Geschichtsunterricht wird in den letzten Jahren und in Verbindung mit der Kompetenzmodelldebatte wieder stärker in der deutschen Geschichtsdidaktik diskutiert (Meyer-Hamme/Thünemann/Zülsdorf-Kersting 2012). Aus schulischer Sicht ist eine Rückbesinnung auf dieses Kerngeschäft sehr zu begrüßen. Ausschlaggebend dafür war die Analyse von videografierten Unterrichtslektionen aus der Schweiz, die im Rahmen eines empirischen Forschungsprojektes entstanden (Gautschi u. a. 2007). Guter Geschichtsunterricht kann viele Ausprägungen haben (Gautschi 2009), er ist laut Gautschi, Bernhardt und Mayer (2012, S. 328) dann gut, wenn Schüler/innen „anhand von fachspezifisch bedeutsamen Inhalten und Themen mittels eines Unterrichtsprozesses, der den Ansprüchen der Bezugswissenschaften entspricht, relevantes geschichtliches Wissen und für historisches Lernen grundlegende Kompetenzen sowie Überzeugungen erwerben und ausdifferenzieren". Wenn sich Gütekriterien identifizieren lassen, die es erlauben, die spezifische fachliche Qualität des Unterrichts zu identifizieren, zu beschreiben und zu beurteilen, dann kann auch die Frage der Besonderheit des Geschichtsunterrichts beantwortet werden (Gautschi 2009, S. 88). Gautschi, Bernhardt und Mayer haben 18 Prinzipien guten Geschichtsunterrichts identifiziert. Diese stellen keinen Maßnahmenkatalog dar, der in jeder Unterrichtsstunde oder -einheit umgesetzt werden kann und soll. Sie bilden einen orientierenden Rahmen und sollen dabei helfen, die tägliche Praxis zu verbessern, indem sie das Wesentliche von gutem Geschichtsunterricht benennen. Für Gautschi manifestiert sich das Fachspezifische des Geschichtsunterrichts in spezifischen Themen und Inhalten sowie darin, dass in ihm historisches Denken gelernt wird. Dementsprechend sieht er im Lerngegenstand und in der Nutzung, also im Umgang der Schüler/innen mit dem Lerngegenstand das eigentlich Fachspezifische, während die Prozessstruktur des Geschichtsunterrichts zwar fachspezifische Eigenheiten aufweise, sich aber insgesamt nicht grundlegend von vielen anderen Schulfächern unterscheide (Gautschi 2009, S. 96). Kristina Lange hat darauf hingewiesen, dass sich das 18. Prinzip guten Geschichtsunterrichts, das Strukturiertheit und Klarheit als fachunspezifisches Qualitätsmerkmal ausweist, durchaus in eine fachbezogene Kategorie zur Beschreibung von Geschichtsunterricht transformieren lässt, wenn fachbezogene Strukturierungskonzepte hinzugezogen werden (Lange 2012). Neben inhaltsbezogenen Strukturierungskonzepten (Darstellungsprinzipien: chronologisches Verfahren, Längsschnitt, Querschnitt, Fallanalyse) und unterrichtsmethodischen Strukturierungskonzepten (Zugriffe: problemorientierter und handlungsorientierter Geschichtsunterricht) spielen hier auch historische Erkenntnisverfahren (Lernwege: Historische Methode, historischer Vergleich, multiperspektivisches Verfahren) eine Rolle (Günther-Arndt 2011b, S. 158–172). In der fachbezogenen Konkretisierung dieses Qualitätsmerkmals sieht Lange eine wesentliche Grundlage für das Gelingen von Geschichtsunterricht (Lange 2012, S. 172). Ich denke, dass die Unterrichtsgestaltung durch die Lehrkraft, die durch die Prozessstruktur-Prinzipien beschrieben werden soll, eine fundamentale Basis für das Gelingen von bilingualem Geschichtsunterricht bildet. Damit die auf der Nutzungsseite beschriebenen Prinzipien greifen können und historisches Lernen stattfinden kann, bedarf es im bilingualen Geschichtsunterricht einer fachspezifischen Prozessstruktur. Beides hängt untrennbar miteinander zusammen. Haben die häufig konstatierten Defizite, die empirische Arbeiten zum historischen Lernen ergeben haben, vielleicht eine Ursache darin, dass die Prozessstruktur im (bilingualen) Geschichtsunterricht oftmals keine fachspezifische Ausgestaltung erfährt, da sie nicht die Arbeitsweise von Historikerinnen und Historikern modelliert und damit den Ansprüchen der Bezugswissenschaft nicht genügt?

18 Prinzipien für guten Geschichtsunterricht	
LERNGEGENSTAND (Angebot)	(1) Die Themenauswahl im Geschichtsunterricht (GU) ermöglicht die Verständigung aufeinander folgender Generationen (unterschiedlicher gesellschaftlicher Gruppen) und sichert die transkulturelle Identität der Lernenden. (2) Die Themen des GUs behandeln exemplarisch ausgewählte Aspekte von Schlüsselproblemen (Klafki) und verdeutlichen die lokale und globale Verantwortung von Mitgliedern einer Gesellschaft. (3) Der GU thematisiert Ausschnitte aus der Vergangenheit, die sich geschichtswissenschaftlichen Dimensionen (Pandel/Mayer) zuordnen lassen und die hinsichtlich Sachrichtigkeit, Multiperspektivität, Kontroversität und Methodenangemessenheit den Standards der Geschichtswissenschaft entsprechen. (4) Die Vergangenheit wird durch die Lerngegenstände exemplarisch repräsentiert und durch Medien zielgruppenangepasst und verständlich dargestellt.

NUTZUNG (fachwissenschaftliches Lernen)	(5) Die Themen des GUs beziehen sich auf die Situation der Schüler/innen und helfen ihnen, grundlegende/existentielle Fragen zu beantworten. (6) Schüler/innen wenden im GU Methoden historischer Erkenntnis an und erfahren durch diese, wie sie herausfinden können, was früher war. (7) Sie beschäftigen sich im GU mit Veränderungen in der Zeit und Entwicklungszusammenhängen. (8) Sie thematisieren menschliches Handeln in gesellschaftlicher Praxis. (9) Sie nehmen historische Zeugnisse wahr. (10) Sie erarbeiten historische Sachanalysen, stellen diese dar und überprüfen sie. (11) Sie verknüpfen verschiedene Sachanalysen, gehen Ursachen und Wirkungen vergangener Ereignisse nach und interpretieren Geschichte. (12) Sie bilden Sinn über Zeiterfahrung und prüfen ihre Werturteile an eigenen/fremden bzw. heutigen/früheren Zeiterfahrungen. (13) Sie eignen sich neues Wissen über Vergangenes in Form von Begriffen und Konzepten an und differenzieren ihr Wissen/Verständnis von Geschichte aus. (14) Sie geben ihr erworbenes Wissen über Vergangenes wieder und überprüfen es im Hinblick auf Plausibilität und Triftigkeit.
PROZESS-STRUKTUR	(15) Lehrkräfte und Schüler/innen sichern ein effizientes und zielgerichtetes Arbeiten und nutzen die Lernzeit effektiv. (16) Sie sorgen für ein lernförderndes und unterstützendes Klassenklima. (17) Sie sorgen für und nutzen anregende, aktivierende und angepasste Lerngelegenheiten. (18) Sie schaffen angemessene Transparenz, Klarheit und Strukturiertheit.

Abb. 2.1: Guter Geschichtsunterricht nach Gautschi/Bernhardt/Mayer (2012, S. 345f.)

2.1.1 Warum ist eine Diskussion über Gütekriterien/Qualitätsmerkmale notwendig?

Bodo von Borries hat in einem seiner provokativen Schadensberichte zugespitzte Antworten auf die Frage formuliert, warum Geschichtslernen so schwierig ist:

Warum ist Geschichtslernen so schwierig?
„Wie wissen nicht recht, unter welchen Bedingungen eigentlich historisch gelernt wird!" „Wir wissen nicht recht, warum eigentlich Geschichte gelernt werden soll!" „Wir wissen gar nicht, was eigentlich historisch gelernt werden soll!" „Wir wissen gar nicht, wie eigentlich Geschichte gelernt werden soll!" „Wir wissen gar nicht, wie weit der Weg von Geschichtseinsicht zu Verhaltensänderung ist!" „Wir kennen die Anforderungen an ein Modell des Geschichtslernens mit ‚Lernprogression', können sie aber zur Zeit nicht einlösen."

Abb. 2.2: Problemfelder der Geschichtsdidaktik nach Borries (2008, S. 15-46)

Wenn theoretisch nicht geklärt ist, was Geschichtsunterricht nun eigentlich leisten soll und wie er systematisch von anderen Lernfeldern abzugrenzen ist (Zülsdorf-Kersting 2012, S. 9), hat das für die Unterrichtspraxis eine Vielzahl von Folgen. Auf der Basis welcher Kriterien Geschichtsunterricht geplant, analysiert und beurteilt wird, ist relativ unklar. Hier scheint mir insbesondere das Referendariat ein große Leerstelle darzustellen. Nach welchen Kriterien beobachten und bewerten Fachleiter/innen in den Studienseminaren Geschichtsunterricht? Hierüber wissen wir empirisch viel zu wenig:

> „Gemessen an der Wichtigkeit dieser zentralen Herausforderung ist es schwer zu erklären, warum die deutschsprachige Geschichtsdidaktik in den Bereichen Theorie, Empirie und Pragmatik insgesamt wenig Nachlesbares vorzuweisen hat. Er gibt keine Theorie des Geschichtsunterrichts und ebenso wenig eine Theorie der Diagnose von Geschichtsunterricht. Abgesehen von wenigen Ausnahmen gibt es kaum empirische oder pragmatische Literatur zur Praxis der Geschichtsunterrichtsanalyse" (ebd., S. 8).

Meine eigenen Beobachtungen und Erfahrungen in der Betreuung von Referendar(inn)en deuten darauf hin, dass die spärliche, aber vorhandene fachspezifische Literatur zur Unterrichtsplanung (Mayer/Pandel 1976; Mayer 2004; 2005; Barricelli/ Sauer 2006; Gautschi 2009; Zülsdorf-Kersting 2010; Gautschi/Bernhardt/Mayer 2012; Peters 2014) kaum Berücksichtigung findet und damit die Prozessstruktur des Geschichtsunterrichts nicht fachspezifisch, sondern – wie in den Prinzipien guten Geschichtsunterrichts – eher allgemeinpädagogischer Natur ist. Wenn nun im Rahmen der Diskussion um Kompetenzen und Bildungsstandards Bewegung in die Frage nach Gütekriterien/Qualitätsmerkmalen von Geschichtsunterricht kommt, stellt das eine notwendige Ergänzung zu den verschiedenen, momentan existierenden Kompetenzmodellen historischen Denkens dar. Diese Modelle stellen keine Instrumente zur Bestimmung von Unterrichtsqualität dar und sofern sie keine Entwicklungsmodelle sind, bedürfen sie der Flankierung durch empirische Forschung, um zu einer relevanten und nicht nur legitimatorischen Bezugsgröße für Lehr-Lern-Prozesse bzw. für die Unterrichtplanung und -praxis zu werden. Meik Zülsdorf-Kersting fordert eine „testtheoretisch transparente Überprüfung der Kompetenzkonstrukte“, um Kompetenzbereiche sinnvoll stufen oder graduieren zu können und zu überprüfen, inwiefern sie sich zur Modellierung von Lehr-Lern-Wegen eignen (Zülsdorf-Kersting 2012, S. 10). Ich glaube, dass die Erwartungshaltung hier zu groß ist. Historisches Denken von Kindern und Jugendlichen möglichst objektiv, reliabel und valide in Kompetenzbereiche fassen zu wollen, die bestenfalls eine saubere und grauzonenfreie Stufung und Graduierung ermöglichen, könnte einer Quadratur des Kreises nahekommen. Was aber helfen kann, ist der Blick über den eigenen Tellerrand, denn es gibt international gesehen mittlerweile zahlreiche empirische Studien kleineren Maßstabs, die natürlich keine repräsentativen Ergebnisse liefern, aber in einer Vielzahl von konvergierenden Forschungsprojekten zeigen, dass historisches Denken eine schwierige, aber auch eminent wichtige und durchaus im schulischen Unterricht in einem bestimmten Ausmaß (Schüler/innen sind keine Minihistoriker/innen!) erlernbare Fähigkeit/Kompetenz ist. Im Gegensatz zu den ernüchternden Befunden der repräsentativen Studien von Bodo von Borries zeichnen sie sich weniger durch Defizitorientierung als durch ein produktives Suchen nach unterrichtlichen Möglichkeiten aus, nach Lernwegen, auf denen Schüler/innen ihre Vorstellungen über Geschichte in ein (ansatzweise) historisches Denken transformieren und ausdifferenzieren können.

2.1.2 Gütekriterien als Orientierungsrahmen für bilingualen Geschichtsunterricht?

Die „18 Prinzipien für guten Geschichtsunterricht“ stellen auch ein mögliches Orientierungsraster für die Planung von bilingualem Geschichtsunterricht dar, sie sind aber doch sehr weit und im Bereich der Prozessstruktur noch nicht fachspezifisch genug gefasst und bedürfen auch der Anpassung an bilinguales Lernen. Wie sieht es neben den fachlichen mit den (fremd-)sprachlichen Herausforderungen bilingualen historischen Lernens aus? Im Angebotsbereich wird im 4. Prinzip gefordert, dass die Lerngegenstände mittels Medien zielgruppenangepasst und verständlich dargestellt sind. Hier bedarf es besonderer Maßnahmen, welche die sprachliche Dimension der verwendeten Medien betreffen, um ihr Verständnis zu gewährleisten. Die bilinguale Theoriebildung empfiehlt hier den Einsatz von sprachlichen Lerngerüsten (*scaffolding*). Diese müssen im bilingualen Geschichtsunterricht auf der Angebotsseite bedacht werden, sie stellen aber auch auf einen wichtigen

Bestandteil der Prozessstruktur des Unterrichts dar. Auf der Nutzungsseite wird der fachspezifische Zugang zu den Unterrichtsgegenständen konkretisiert. Gautschis Kompetenzmodell zielt dabei insbesondere auch auf eine strukturierte Abfolge von Sachanalyse, Sach- und Werturteil ab, die zur Entwicklung von Geschichtsbewusstsein und narrativer Kompetenz führen soll (Prinzipien 10–12). Das Geschichtsbewusstsein stellt seit drei Jahrzehnten eine wichtige Kategorie in der universitären Reflexion der Ziele des Geschichtsunterrichts in Deutschland dar. Es handelt sich dabei um einen Sinnbildungsmodus, in dem Zeiterfahrung und Wahrnehmung von Wandel konzeptualisiert bzw. verarbeitet werden. Das Geschichtsbewusstsein ist somit kein Speichermedium zur Anhäufung von historischem Wissen, sondern eine komplexe, sich entwickelnde Disposition, die der Orientierung in der Zeit dient und somit den komplexen Zusammenhang von Vergangenheitsdeutungen, Gegenwartswahrnehmungen und Zukunftserwartungen meint (Borries 1995, S. 12; Pandel 2009, S. 81). Historiker/innen sind also gewissermaßen retrofuturistisch – aus der kritischen Beschäftigung mit der Vergangenheit erhoffen sie sich Orientierung in der Gegenwart und Gestaltungskraft für die Zukunft. Indem der Geschichtsunterricht versucht, das Geschichtsbewusstsein von Kindern und Jugendlichen zu entwickeln, leistet er einen Beitrag zur historisch-politischen Bildung, da eine demokratische Gesellschaft mündige Bürger benötigt, die deren Gegenwart und Zukunft gestalten. Geschichtsbewusstsein zeigt sich somit z. B. darin, die geschichtlichen Voraussetzungen und die Entwicklungsperspektiven unserer heutigen Gesellschaft zu erkennen. So oder ähnlich lauten jedenfalls die Legitimationslinien in den Curricula (vgl. z. B. HKM 2011b, S. 11). Auf die Ebene der Lernenden heruntergebrochen, beschreibt die geschichtsdidaktische Kategorie „Geschichtsbewusstsein" somit die psychische Struktur und die variablen Erscheinungsformen des historischen Denkens bei Lernenden, also ihre Vorstellungen von der Vergangenheit oder ihre Geschichtsbilder. Solche Vorstellungen stellen mentale Modelle dar, mit denen Lernende sich denkend Teile der Welt erschließen können, die sie nicht unmittelbar aus eigener Anschauung oder eigenem Erleben erfahren können, sondern ausschließlich durch die Vermittlung von Erzählungen oder von Überresten. Dazu gehören in räumlicher Perspektive fremde Kulturen und fremde Länder, in zeitlicher Perspektive Vergangenheit und Zukunft. Wenn Schüler/innen also über die Imagination von Vergangenheit hinausgehen und Geschichte auf ihr eigenes Leben und ihre Gegenwart beziehen, kann laut Heinrich Ammerer von Geschichtsbewusstsein geredet werden (Ammerer 2012, S. 3f.).

Zentral für die Entwicklung der Fundamentalkategorie des Geschichtsbewusstseins waren die Arbeiten von Karl-Ernst Jeismann, dessen strukturanalytischer Ansatz drei methodisch differenzierbare Dimensionen im Geschichtsbewusstsein unterscheidet: Analyse, Sach- und Werturteil (Jeismann 1980, S. 207). Die drei Dimensionen wirken aufeinander und durchdringen sich gegenseitig und werden von Jeismann nur in fachdidaktischer Absicht analytisch getrennt, um das Geschichtsbewusstsein für Unterrichtszwecke zu operationalisieren (Schönemann 2012, S. 102; Becker 2012, S. 319). Unabhängig davon, welchem der gegenwärtig diskutierten geschichtsdidaktischen Kompetenzmodelle man folgt, wird der Dreischritt aus Sachanalyse, Sach- und Werturteil als konstitutiver Bestandteil von historischem Lernen gesehen. Es gehört zu den Stärken von Gautschis Kompetenzmodell, die Notwendigkeit dieses Dreischrittes den Lernenden vor Augen zu führen. Er sollte im bilingualen Geschichtsunterricht ausreichend berücksichtigt werden und führt meines Erachtens auch zu einer fachspezifischen Ausgestaltung der Prozessstruktur des

Geschichtsunterrichts, indem beispielsweise Werturteile kritisch hinterfragt und auf ihre Plausibilität geprüft werden. Das 13. Prinzip geht auf den Wissenserwerb im Geschichtsunterricht ein: Lernende eignen sich dort neues Wissen über Vergangenes in Form von Begriffen und Konzepten an. Auch im bilingualen Geschichtsunterricht wird der Konzeptentwicklung eine wichtige Funktion beim Wissenserwerb zugesprochen, wobei hier der Versuch unternommen wird, dem Verhältnis von Wissen, Denken und Sprache eine spezifisch bilinguale Qualität zu verleihen, welche die Besonderheit dieser Unterrichtsform und des bilingualen Geschichtslernens herausstellen soll. So geht Lars Schmelter in einem Aufsatz zu den (fremd-)sprachlichen Herausforderungen bilingualen historischen Lernens auf das Verhältnis von historischem Denken und Sprache ein, die er für so verwoben hält, dass sie nicht „ohne Verlust voneinander getrennt werden können" (Schmelter 2012, S. 39). Schmelter kritisiert, dass sich Geschichtswissenschaft und Geschichtsdidaktik zwar schon länger mit dem komplexen Verhältnis von Geschichte und Sprache befassen, ein Großteil der Geschichtsdidaktik es aber bis zum PISA-Schock versäumt habe, Konsequenzen für die Unterrichtsgestaltung und Schwierigkeiten, die sich aus den sprachlichen Anteilen historischen Denkens oder historischer Narrationen für das Lehren und Lernen im Geschichtsunterricht ergeben können, in Theorie und Empirie zu bearbeiten (ebd., S. 41). Deshalb fordert Schmelter, dass im Geschichtsunterricht die sprachlichen Anforderungen Berücksichtigung finden und eine gezielte Förderung stattfindet. Dabei sieht er den Geschichtsunterricht in der Sekundarstufe I als einen Unterricht, in dem „wenig komplexe, vor allem reproduktive Anforderungen" an die Schüler/innen gestellt werden, wobei mündliche Formen der Unterrichtskommunikation überwiegen, in denen Lehrkräfte und Lernende „in Experten-Novizen-Gesprächen" Geschichte rekonstruieren (ebd., S. 47ff.). Dieses Bild vom Geschichtsunterricht in der Sekundarstufe I kann ich nicht teilen. Um einen Vergleich zu den Leistungen bilingualer Schüler/innen ziehen zu können, hält er die „empirisch abgesicherte Kenntnis der kognitiven und sprachlichen Möglichkeiten" von Lernenden „unterschiedlicher Altersstufen beim Verstehen von Quellentexten" für eine wichtige Voraussetzung (ebd., S. 46). Ja, wenn das so einfach wäre. Die Fähigkeit zum historischen Denken lässt sich nicht ohne weiteres an einer Altersstufe festmachen. Die Ergebnisse des britischen Projekts CHATA (*Concepts of History and Teaching Approaches 7–14*) deuten darauf hin, dass die Fähigkeiten innerhalb einer Altersgruppe weit auseinander gehen können. In der Studie gab es 7-jährige, die über differenziertere Vorstellungen in Hinblick auf historisches Erklären verfügten als ein Großteil der 12- oder 14-jährigen (vgl. Lee/Ashby 2000). Schmelters Kritik, die sprachlichen Anforderungen im Geschichtsunterricht stärker zu berücksichtigen, ist sicherlich berechtigt, zumal sie auch in den Prinzipien guten Geschichtsunterrichts nicht deutlich werden, aber seine Wahrnehmung des Geschichtsunterrichts und seiner empirischen Erforschung ist eher begrenzt. Daher wirkt seine Empfehlung, dass der bilinguale Unterricht, obwohl er noch nicht alle Herausforderungen der Vermittlung einer doppelten Sachfachliteralität beantworten, der Geschichtsdidaktik wichtige Anregungen bei der Verzahnung des Erwerbs von Sprache und historischer Kompetenz geben könne (Schmelter 2012, S. 51), wenig überzeugend. Eine Voraussetzung dafür, brauchbare Anregungen geben zu können, bestände erst einmal in der genaueren Wahrnehmung von domänenspezifischen Problemen des Wissens- bzw. Kompetenzerwerbs. Diese werden aber von der fremdsprachendidaktischen Theoriebildung noch nicht ausreichend wahrgenommen. Wie wird das Verhältnis von historischem Denken und (Fremd-)Sprache in der bilingualen Theoriebildung gesehen? Zur Beantwortung dieser Frage bietet sich ein Blick auf die Vorstellungen zur Begriffs- bzw. Konzeptentwicklung und zum Wissenserwerb im bilingualen Unterricht an.

2.2 Modellvorstellungen zur Konzeptentwicklung und zum Wissenserwerb im bilingualen Geschichtsunterricht

Ein zentrales Element der bilingualen Theoriebildung stellt der Gedanke dar, dass es einen qualitativen Unterschied zwischen sprachlichen Fähigkeiten gibt, die in lebensweltlichen, alltagsbezogenen Zusammenhängen gebraucht werden und solchen, die in schulischen und fachlichen Kontexten nötig sind. Während Alltagsbegriffe ein situationsspezifisches Allgemeinverständnis der Wirklichkeit widerspiegeln, das an die individuelle Erfahrung der Lernenden und gegenständliche Anschauung geknüpft ist, folgen wissenschaftliche Begriffe dem Prinzip systematischer Verallgemeinerungen und Abstraktion (Breidbach 2007, S. 102). Um die Art der Sprache zu beschreiben, die für fachliche Lernprozesse charakteristisch ist, greift die Fremdsprachendidaktik auf die Unterscheidung in BICS *(Basic Interpersonal Communicative Skills)* und CALP *(Cognitive Academic Linguistic Proficiency)* von Cummins (1979; 1984) zurück. Mit diesem Modell kann die Veränderung der kognitiven Konzepte von Lernenden als zentrales Moment des sachfachlichen Lernens beschrieben werden. Dabei geht es einerseits darum, wie sich die Bildung wissenschaftlicher Begriffe vollzieht und welche Bedingungen sich als auslösende Impulse dieses Prozesses angeben lassen, anderseits aber auch darum, wie sich das Verhältnis von Sprache und Konzepten denken lässt, insbesondere auch im Hinblick auf die Fremdsprachlichkeit im bilingualen Unterricht (vgl. Breidbach 2007, S. 102). Dem lernpsychologischen Problem, wie wissenschaftliche Begriffe erworben werden, wird sich häufig über Vygotskij genähert, der Begriffsbildung als einen Akt der Verallgemeinerung (Vygotskij 2002, S. 255) sieht. Die Entwicklung von Alltagsbegriffen und wissenschaftlichen Begriffen ist nach Vygotskij miteinander verbunden, da die Entwicklung der Alltagsbegriffe ein bestimmtes Niveau erreicht haben muss, bevor sich ein Kind einen wissenschaftlichen Begriff bewusst aneignen kann. Vygotskij geht davon aus, dass nicht nur die Alltagsbegriffe auf die wissenschaftlichen Begriffe einwirken, sondern dass die wissenschaftlichen Begriffe auch auf die Alltagsbegriffe zurückwirken (ebd., S. 346f.; Breidbach 2007, S. 106f.). Hallet geht bei seinen Überlegungen zum bilingualen Konzepterwerb ebenfalls von einer Rückwirkung von wissenschaftlichen Begriffen auf Alltagsbegriffe aus und folgert daraus, dass es wichtig ist in welcher Sprache und welcher kulturellen Praxis die Begriffsbildung erfolgt. Für ihn ist es ein zentrales Merkmal des bilingualen Unterrichts, dass der Erwerb wissenschaftlicher Begriffe in der Fremdsprache – auf der Basis von Alltagsbegriffen, die in der Erstsprache gebildet worden seien – stattfindet. Im Vergleich der möglichen konzeptuellen Differenzen, die sich aus den verschiedenartigen Verbindungen zwischen Alltagsbegriffen und wissenschaftlichen Begriffen und der Erst- und Fremdsprache ergeben können, sieht Hallet die Möglichkeit zur Ausbildung metakognitiver Strukturen, die es den Lernenden ermöglichen, diese Unterschiede gewinnbringend/bildend in Beziehung zu setzen (Hallet 2002; Breidbach 2007, S. 107). Da wissenschaftliche Begriffe im Gegensatz zu Alltagsbegriffen keine Grundlage im Erfahrungshorizont der Schüler/innen haben und sich deshalb nicht im handelnden Umgang mit der Umwelt ergeben, haben Lernende eigentlich keine Möglichkeit, sich die Begriffe eines Faches und deren Systematik von sich aus zu erarbeiten (Zydatiß 2002, S. 40; Breidbach 2007, S. 107). Während Alltagsbegriffe gewöhnlich dadurch entstehen, dass Kinder mit realen Dingen konfrontiert werden, die von Erwachsenen erklärt werden, beginnt der Erwerb eines wissenschaftlichen Begriffs nicht mit einer unmittelbaren Konfrontation, sondern einer vermittelten Beziehung zum Objekt (Breidbach 2007, S. 108; Vygotskij 2002, S. 345). Zentral für den Erwerb von wissenschaftlichen Begriffen und Konzepten, die nicht intuitiv sind, sondern das Ergebnis eines historischen, mitunter langwierigen Erkenntnisprozesses darstellen, ist also laut Vygotskij die Interaktion zwischen Erwachsenen und Kind. Dabei kommt der Schule eine besondere Rolle zu, da sie einen großen Anteil an der Entwicklungsarbeit von spontanen, alltäglichen zu wissenschaftlichen Begriffen leistet. Um das nächsthöhere Niveau der Begriffsbildung zu erreichen – Vygotskij nennt das auch die „Zone der nächsten Entwicklung", die durch das aktuelle Entwicklungsniveau, das durch selbstständig gelöste Aufgaben und dem Niveau, das das Kind beim Lösen von Aufgaben in Zusammenarbeit bzw. unter Anleitung erreichen kann, bestimmt wird – sind Lernende auf die „Zusammenarbeit mit dem Denken des Erwachsenen" angewiesen (Vygotskij 2002, S. 327, 348):

> „Die Entwicklung eines gesellschaftskundlichen wissenschaftlichen Begriffs erfolgt unter den Bedingungen des Bildungsprozesses, der eine spezifische Form der Zusammenarbeit zwischen dem Pädagogen und dem Kind darstellt, in deren Verlauf die höheren psychischen Funktionen mit Hilfe und unter Teilnahme des Erwachsenen heranreifen. [...] Aus dieser spezifischen Zusammenarbeit zwischen Kind und Erwachsenen, die [...] das zentrale Moment im Bildungsprozess darstellt, erklärt sich die frühe Reifung wissenschaftlicher Begriffe sowie der Umstand, dass ihr Entwicklungsniveau als Zone der nächsten Möglichkeiten hinsichtlich der Alltagsbegriffe wirkt, indem es ihnen als eine Art Propädeutik den Weg bahnt" (ebd., S. 253).

Im Hinblick auf die Theoriebildung des bilingualen Unterrichts ist der Ansatz von Vygotskij sehr attraktiv, da es sich bei Vygotskijs Vorstellung von der Erzeugung von Wissen im Dialog zwischen Lehrenden und Lernenden und der Schüler/innen untereinander um eine Lerntheorie handelt, die Fach- und Sprachlernen erfasst und der Sprache eine zentrale Rolle im menschlichen Lernen zuspricht (vgl. Dalton-Puffer 2013, S. 139). Das überaus anspruchsvolle Ziel der bilingualen Theoriebildung heißt dann „fremdsprachiges Weltverstehen", das voraussetzt, dass Schüler/innen in bestimmten Wissensgebieten systematisch ein fachlich-wissenschaftliches Begriffs- und Wissenssystem in der Fremdsprache entwickeln. Hallet verdeutlicht seine Vorstellungen am Beispiel des Begriffs „Regen". In Begriffen bzw. Konzepten, die Lernende für die Deutung und das Verstehen von Welt erwerben (im Sinne einer sozialen Konstruktion), wird für ihn die „unauflösliche Integration von Sprache und Kognition" sichtbar und alltagsweltlich, aber auch unterrichtlich, erfahrbar (Hallet 2011, S. 228f.):

Regen/*rain* als Alltagsbegriff	Regen/*rain* als wissenschaftlicher Begriff
vorwissenschaftliches und Erfahrungswissen	wissenschaftliches Wissen
„Wasser von oben" „Nässe" Nutzen und Gefahren	„Niederschlag"/ *precipitation* Teil des Wasserkreislaufs Teil größerer Systeme (Wetter, Klima usw.)
gegenständlich, intuitiv, spontan, erfahrungsbasiert	abstrakt, systemisch, theoriegeleitet
subjektiv	intersubjektiv

muttersprachliche Ausformung fremdsprachliche ‚Minikonzepte' im Englischunterricht	fremdsprachiges Konzept im bilingualen Sachfachunterricht

Abb. 2.3: Unterscheidung nach Hallet (2011, S. 230; 2005, S. 7, zuerst in Hallet 2002)

Hallet geht davon aus, dass die Alltagskonzepte in der „Muttersprache" oder Schulsprache Deutsch vorliegen und die daran anknüpfenden sachfachlichen Konzepte im bilingualen Unterricht in der Fremdsprache entwickelt und vernetzt werden: „Man muss annehmen, dass dieses Zusammenwirken zweier Sprachen beim Weltverstehen auch zur Ausbildung von metakognitiven Strategien führt, mit deren Hilfe die Konzepte in beiden Sprachen reflektiert und vernetzt werden" (Hallet 2005, S. 5). Diese Annahme ist aber problematisch, zumal geschichtswissenschaftliche Konzepte den Lernenden nicht unbedingt als Alltagskonzepte vorliegen und existierende Alltagskonzepte häufig zu Problemen beim historischen Verstehen führen. Eine Vernetzung von lebensweltlichen und wissenschaftlichen Begriffen muss häufig erst hergestellt werden – in beiden Sprachen. Damit diese Verknüpfung gelingen und eine Lernprogression stattfinden kann, ist es aber wichtig, das Novizen-Denken (die Vorstellungen, die Schüler/innen über Geschichte mit in den Unterricht bringen) und das Experten-Denken (Denkstrategien von Historikerinnen und Historikern als Modell für unterrichtliche Lernprozesse) zu berücksichtigen. Beides leistet die fremdsprachendidaktische Theoriebildung zum bilingualen Unterricht noch nicht im ausreichenden Maße. Das Beispiel *rain*/Regen, das Hallet anführt, ist kein historisches und nicht komplex genug, da sich historische Konzepte oft der unmittelbaren Erfahrung entziehen. In den an Vygotskijs Überlegungen angelehnten Vorstellungen der Fremdsprachendidaktik wird die Begriffsentwicklung als Bewegung von den Alltags- zu den Fachbegriffen bzw. als Umstrukturierung des alltagskonzeptuellen Wissens durch schulisches Lernen gesehen, wobei davon ausgegangen wird, dass das Alltagswissen häufig mit den in der Schule vermittelten wissenschaftsbasierenden Wissen nicht kompatibel ist (Fries 2013, S. 147). Diese Gedanken lassen sich prinzipiell mit den geschichtsdidaktischen Überlegungen zum *conceptual change* zusammenbringen, wie sie von Hilke Günther-Arndt in die Diskussion eingebracht worden sind (Günther-Arndt 2006).

Schüler/innen bringen nicht nur Vorstellungen zu historischen Begriffen aus ihrem Alltag mit in den Geschichtsunterricht, sondern auch lebensweltliche Vorstellungen zu historischen Ereignissen, Verläufen oder Erklärungen, die ein wissenschaftlich adäquates Verstehen und Erklären von historischen Sachverhalten – ebenso wie fehlendes Wissen – verkomplizieren können. Geschichtslehrer/innen stehen dann vor dem Problem, wie diese dem Alltagsverständnis entspringenden „naiven" Vorstellungen durch fachlich angemessene erweitert oder sogar ersetzt werden können. Mit dieser Frage beschäftigt sich die *Conceptual-Change*-Forschung, die seit den 1980er Jahren ein wichtiges Forschungsfeld innerhalb der Lehr-Lern-Forschung darstellt (vgl. Limón 2002). Ausgehend von der Beobachtung, dass Individuen erworbenes Wissen über einen bestimmten Sachverhalt, das sich später als nicht mehr richtig oder passend erweist, trotzdem weiterhin verwenden, zielt der kognitivistische Ansatz der *Conceptual-Change*-Forschung auf die Veränderung ganzer Wissensstrukturen ab. Silvia Caravita und Ola Halldén gehen davon aus, dass Schüler/innen und Geschichtslehrer/innen ein unterschiedliches konzeptuelles Verständnis von Geschichte haben, somit unterschiedliche Kontexte und Erklärungsprinzipien im Geschichtsunterricht aufrufen und häufig aneinander vorbei reden (vgl. Caravita/Halldén 1994; Halldén 1994; 1997; 1998). Während Schüler/innen ein intentionales Verständnis von Geschichte haben, historische Ereignisse mit den Motiven und dem Handeln von Menschen begründen, besäßen Geschichtslehrer/innen ein theoretisches Verständnis und würden von Strukturen ausgehen:

Konzeptuelles Verständnis von Geschichte bei Lernenden und Lehrenden	
Vorstellungen der Schüler/innen (intentionales Verständnis)	**Vorstellungen der Historiker/innen und der Geschichtslehrer/innen (theoretisches Verständnis)**
Linear-eindimensionale bzw. monokausale Erklärungen; Menschen machen Geschichte (Motive); Personalisierung von Strukturen, von staatlichen Organen und Organisationen; Anthropomorphisierung; kein Verständnis für unterschiedliche Kontexte; äußerlicher Perspektivenwechsel; …	Multikausale Erklärungen; Menschen handeln in Strukturen (Bedingungen); Strukturelle Erklärungen (Funktion); Kontext; Randbedingungen; Handlungs- und Entscheidungsalternativen; Ursachen und Folgen; Organisierende Konzepte (= Theorie)
Fehlende Distanz zur Vergangenheit, Analogie	Differenz von Vergangenheit und Gegenwart, Vergleich
„Wie es eigentlich gewesen ist": Wirklichkeit und Wahrheit	Prozess der Interpretation , Deutung
Generalisierung	Historisierung
Referenzsystem: Gegenwart	Referenzsystem: Vergangenheit

Abb. 2.4: Konzeptuelle Verständnisse nach Günther-Arndt (2006, S. 257; 2014, S. 33)

Die lebensweltlichen Vorstellungen der Schüler/innen prägen die Vorstellungen und das Verstehen von Geschichte. Mit der Lebenswelt ist die Erfahrungswelt der Schüler/innen gemeint, ein Raum vor- bzw. nichtwissenschaftlicher menschlicher Praxis, aus dem Lernende ihre Denkwerkzeuge zum Wahrnehmen, Erklären und Deuten von Objekten und Ereignissen beziehen, die ihnen im Geschichtsunterricht begegnen. Die Übertragung der lebensweltlichen Erklärungs- und Deutungsmuster auf die Geschichte ist dabei weniger das Problem, sondern das damit einhergehende Übertragen des Gegenwartskontexts dieser Muster auf historische Situationen, welches ein angemessenes geschichtswissenschaftlichen Denken und Verstehen be- oder gar verhindern kann (Günther-Arndt 2006, S. 267):

> „Im Zentrum aller Erklärungen und Deutungen von Geschichte mit Alltagserfahrungen steht ein undifferenzierter Gegenwartsbezug. Geschichte ist zwar eine Konstruktion der Vergangenheit, die von Gegenwartserfahrungen ausgeht und Zukunft perspektiviert. Bei Schülerinnen und Schülern zeigt sich jedoch dieses historische Denken selten. […] Der chronologische Geschichtsunterricht […] verstärkt bei Schülerinnen und Schülern unter Umständen das allmächtige Gegenwartsdenken, weil die gerade behandelte historische Zeit immer auf die Gegenwart bezogen wird" (Günther-Arndt 2011a, S. 29f.).

In der englischsprachigen Diskussion wird in Anlehnung an David Lowenthal (2000) im Zusammenhang mit der Gegenwartsfixierung von Lernenden von *presentism* gesprochen. Verena Fries stellt in ihrem Beitrag zur Begriffsbildung und zum Begriffslernen im *Handbuch Bilingualer Unterricht* eine Verknüpfung zur *Conceptual-Change*-Forschung her und markiert die Ausbildung fremdsprachiger Begriffe als zentralen Aspekt des Lernens im CLIL-Unterricht: „Nicht rein sprachliches oder rein fachliches Lernen findet hier statt, sondern konzeptuales, begriffliches Lernen in der Fremdsprache, bei dem fachliches und sprachliches Lernen zusammenfallen" (Fries 2013, S. 146). Da auch deutschsprachiger

Geschichtsunterricht CLIL-Unterricht ist, fallen hier sprachliches und inhaltliches Lernen ebenfalls zusammen, insofern kann der bilinguale Unterricht nicht beanspruchen, hier einen besonderen Beitrag zum *conceptual change* zu leisten, zumal bisher die Ebene der Identifikation und Weiterentwicklung von Schülervorstellungen über Geschichte von der Theoriebildung nicht erfasst wurde.

Insgesamt spiegelt sich in diesen fächerübergreifenden Vorschlägen der Fremdsprachendidaktik das Spannungsverhältnis in der Diskussion über Kompetenzorientierung wieder, da einerseits im Sinne von *content area literacy* allgemeine Sprachhandlungsfähigkeiten fächerübergreifend modelliert werden, andererseits aber die Fachwissenschaften – mit guten Gründen – auf einer fachspezifischen Ausdifferenzierung von Kompetenzen beharren. Mit *literacy* bzw. dem Begriff der *Sachfachliteralität* wird die Fähigkeit beschrieben, mit dekontextualisierter Fachsprache umzugehen. Dabei wird *literacy* als eine Kulturtechnik gesehen, deren Erwerb zu den Sozialisationsaufgaben moderner Gesellschaften zählt (Breidbach 2007, S.117). Dem bilingualen Sachfachunterricht wird dabei eine besondere Rolle zugewiesen, die Aufgabe einer wissenschaftlich-kognitiven und sprachlich-fachlichen Sozialisation in zwei Sprachen. Sachfachspezifische Lernsituationen führen zu kognitiven Anforderungen (z. B. analysieren, beurteilen, bewerten), die komplexe sprachliche Prozesse erfordern und von der Fremdsprachendidaktik als Elemente einer allgemeinen sprachlichen Handlungsfähigkeit interpretiert werden, die in der Versprachlichung fachlicher Denk- und Erkenntnisweisen besteht. Lernen und Denken findet im Unterricht – unabhängig davon, ob es auf Deutsch oder in der Fremdsprache stattfindet – nur über Sprache statt, jedes Lernen wird somit als Sprachlernen gesehen, Fachkompetenz wird als fachbasierte Diskursfähigkeit verstanden (Vollmer 2000; 2013). Diese Sichtweise setzt einerseits eine unauflösliche Verbindung zwischen Sprache und Denken voraus, andererseits legitimiert sie den Zugriff der Didaktik des bilingualen Unterrichts auf diverse Sachfächer, deren Unterrichtshandeln ja letztlich nur aus Sprachhandlungen bestehe. Wenn Fachwissen sprachlich vermittelt ist und Fachkompetenz eine unaufhebbare Sprachlichkeit besitzt, dann ist es aber ein sehr großes Problem, wenn ein Großteil des bilingualen Unterrichts monolingual in der Fremdsprache stattfindet, weil dann nicht einfach von einer einfachen bzw. automatischen Übertragbarkeit und Verfügbarkeit des fremdsprachig erworbenen Wissens und Könnens in der Schulsprache Deutsch ausgegangen werden kann. Was genau sind die sprachlichen Lernziele und wie sehen die Wege dorthin aus? Neben theoretischen Konzeptionen bedarf es konkreter Handreichungen für Lehrkräfte. Für eine solche Operationalisierung im bilingualen Geschichtsunterricht scheint es mir notwendig, folgende Fragen zu klären:

Fragen zum Aufbau einer fachbasierten Diskursfähigkeit

- Wie kann der systematische Aufbau einer fachbasierten Diskursfähigkeit in der Schulsprache Deutsch und der Fremdsprache auf die Jahrgänge heruntergebrochen werden *(downsizing)*?
- Kann ein solcher Aufbau überhaupt gelingen, wenn der bilinguale Geschichtsunterricht erst in der Jahrgangsstufe 9 einsetzt und vorher andere Fächer, also beispielsweise Erdkunde, Kunst, Biologie oder Politik & Wirtschaft bilingual unterrichtet wurden? Was ist je nach Modell und zur Verfügung stehender Zeit machbar? Wo sind die Grenzen?
- Worin liegt der Beitrag des Englischunterrichts, wie kann er dem bilingualen Geschichtsunterricht zuarbeiten?
- Wie lässt sich die zweisprachige Verfügbarkeit wichtiger Konzepte überprüfen?

Abb. 2.5: Fragen zur fachbasierten Diskursfähigkeit in zwei Sprachen

Während in geschichtsdidaktischen Publikationen und Kompetenzmodellen die Wichtigkeit von Sprache für das historische Lernen implizit betont wird (vgl. Handro 2013), bleibt häufig unklar, wie fachspezifische Sprache im Geschichtsunterricht konkret zu fassen ist und ausgebildet werden soll. Somit überlässt die Geschichtsdidaktik die Ausbildung von Fachsprachlichkeit – sowohl für den deutschsprachigen als auch für den fremdsprachigen Geschichtsunterricht – den Lehrkräften, die das entweder als ihre Aufgabe erkennen und sich selbstständig erarbeiten und didaktisch im Unterricht umsetzen – oder auch nicht. Es bleibt dann häufig bei der Vermittlung eines eher eingeschränkten Fachvokabulars. Folgerichtig weisen Fremdsprachendidaktiker/innen also darauf hin, dass zum Erwerb von Wissen und Können in einem Fach auch die Einführung in die Verwendung fachspezifischer Kommunikationssysteme gehöre (Heine 2012, S. 106). Der „Fachhabitus" besteht aber erst einmal aus fachspezifischem Denken, dessen sprachliche Realisierungsformen wichtig sind, aber dem Denken nicht logisch vorausgehen. In den Überlegungen der Fremdsprachendidaktik bleibt dieses Denken häufig eine Leerstelle, weshalb die Integration von Sprache und Fach nicht wirklich gelingt.

2.2.1 Bildungssprache oder Fachsprache? *Content Area Literacy* vs. *Disciplinary Literacy*

Wenn das Lernen im Fachunterricht ohne Sprache nicht möglich ist, welcher Art ist dann aber diese Sprache, die den Erwerb von Wissen und Können im Unterricht bestimmt, und welche spezifischen sprachlichen Anforderungen stellt sie an die Lernenden? Diese Frage wird in der Sprachdidaktiken unter den Bezeichnungen Schul- oder Bildungssprache diskutiert (vgl. Gogolin u. a. 2011). Sprache wird in dieser Diskussion als Lernvoraussetzung, Bildungsressource bzw. kulturelles Kapital (bildungsökonomisches Argument), aber auch als Denk- und Lernstruktur (linguistisches Argument) verstanden (Handro 2013, S. 318). Sabine Schmölzer-Eibinger geht davon aus, dass die für das Lernen im Fach grundlegenden sprachlichen Fähigkeiten häufig vorausgesetzt und im Unterricht nicht besonders geschult werden. Meistens wird vorausgesetzt, dass Schüler/innen etwas erklären, beschreiben oder begründen können, obwohl viele Lernende nicht genau wissen, was darunter genau zu verstehen ist (Schmölzer-Eibinger 2013, S. 27). Fachlicher Kompetenzerwerb erfordert aber für Schmölzer-Eibinger literale Fähigkeiten und deren Ausbau, er evoziert die Entwicklung literaler Fähigkeiten. Deshalb empfiehlt sie einen „sprachbewussten" Fachunterricht, zu dessen Prinzipien ein integriertes Sprach- und Fachlernen, Sprachaufmerksamkeit und Sprachbewusstheit, aktives Sprachhandeln und Interaktion sowie der Fokus auf Schriftsprachlichkeit und Texte gehöre (ebd., S. 32ff.). Für einen sprachsensiblen Fachunterricht plädiert auch Josef Leisen (2013), der vor allem den handelnden Umgang von Lernenden mit Fach- und Sprachwissen im Zusammenhang mit Darstellungs- und Symbolisierungsformen betont.

Für das wechselseitige Bedingungsgefüge von kognitiven und sprachlichen Operationen verweist Thürmann auf die modernisierte Form des taxonomischen Lernmodells von Bloom durch Lorin Anderson und David Krathwohl (2001, 67f.) und Bernard Mohans *knowledge framework* (Mohan 1986). Als fächerübergreifendes Hilfsmittel für den Erwerb schulsprachlicher Kompetenzen fordert er die Entwicklung eines Inventars von „kognitiv-sprachlichen Makrofunktionen", die für alle Fächer relevant sein sollen (Thürmann 2012, S. 8). Im Auftrag des Europarates und seinen Mehrsprachigkeitsbestrebungen sind Vorüberlegungen für ein solches Inventar zur Entwicklung von Geschichtslehrplänen von

Jean-Claude Beacco (2010) erarbeitet worden. Thürmanns Makrofunktionen werden – im Rahmen der bildungs- und lerntheoretischen Neubewertung des Verhältnisses von Fach und Sprache durch die Kompetenzorientierung – in der Fremdsprachendidaktik unter der Bezeichnung (akademische) Diskursfunktionen diskutiert. Im Hinblick auf den Kompetenzerwerb sieht Wolfgang Zydatiß im bilingualen Unterricht ein großes Potenzial, die „diskursiv-fachkommunikativen Anforderungen einer absolut notwendigen disziplinenübergreifenden fremdsprachlichen Studierfähigkeit" einzulösen und fragt nach „generalisierbaren Kompetenzen", die über die Fächergrenzen hinweg transferierbar sind und im bilingualen Unterricht gezielt entwickelt werden sollen (Zydatiß 2013a, S. 131f.). Dabei sieht er in den Diskursfunktionen ein wichtiges Zwischenglied bei der „diskursiven Verarbeitung fachlicher Inhalte" mit einem hohen Transferwert für die verschiedenen Fächer, in denen bilingualer Unterricht stattfindet (ebd., S. 134):

> „Inhalte, Denken und Sprache stehen in engen Wechselbeziehungen zueinander, wenn unterrichtliche Lernaufgaben in den Sachfächern zu bearbeiten sind. [...] Konkretisiert werden die von den Schülern erwarteten sprachproduktiven Leistungen in einem spezifischen ‚verbalen Operator' [...], dessen Begriffsinhalt und Anforderungspotenzial den Lernenden transparent sein muss [...] (*from lower to higher order thinking skills: recall, understand, apply, analyse, synthesize and evaluate*)" (ebd., S. 133).

Zydatiß bezieht sich im obigen Zitat auf Mohans *knowledge framework* und auch auf Andersons und Krathwohls Taxonomie. Beide Bezugsrahmen bilden aber keine historischen Lese-, Schreib- und Denkprozesse ab. In einem Aufsatz hat er den Zusammenhang von Inhalten, Denken und Sprache beschrieben. Dabei stellt er den Zusammenhang in Form vom Schnittmengen dar: In der Schnittmenge von Sprache und Denken sieht er die Wissensstrukturen und kognitiven Operationen, in der von Sprache und Inhalt fachspezifische Konzepte und Kategorien, in der von Inhalt und Denken fachspezifische Methoden und Arbeitstechniken. Die gemeinsame Schnittmenge von Denken, Inhalt und Sprache bilden dann die Diskursfunktionen (Zydatiß 2005, S. 166). Diskursfunktionen sind also gewissermaßen Sprachhandlungen. Vollmer hält den Begriff für genauer als den der „Operatoren" in den *Einheitlichen Prüfungsanforderungen* der Abiturprüfung, da der enge Zusammenhang einer kognitiven Operation und ihrer sprachlichen Realisierung bezeichnet wird (Vollmer 2011, S. 1f.). Der Weg des Wissens in das Denken der Schüler/innen verläuft gemäß dieser Sichtweise über interindividuelle Kognition im Dialog zwischen Lehrenden und Lernenden im Medium der Sprache, über kognitiv-diskursive Schritte, die durchlaufen werden. Diese sollen über Fachgrenzen hinweg Gültigkeit haben (Dalton-Puffer 2013, S. 139). Im Geschichtsunterricht wird das wissenschaftliche Wissen vor allem sprachlich vermittelt und nicht nur der Vermittlungsprozess, sondern auch die Gegenstände selbst sind Vorstellungsinhalte fast ausschließlich sprachlicher Natur (Hasberg 2009, S. 65). Insofern ist Sprache im Geschichtsunterricht eine sehr schwierige und spezifische Angelegenheit, die häufig zu wenig bedacht wird und wo sicherlich viel Entwicklungsarbeit notwendig ist (vgl. Handro/Schönemann 2010; Günther-Arndt 2010; Lange 2011, S. 107f.; Handro 2013). Hier sind die Hinweise der bilingualen Theoriebildung auf Mängel in der monolingualen Unterrichtsgestaltung zutreffend und hilfreich. Aber lässt sich eine zweisprachige fachspezifische Sprachhandlungs- oder Diskursfähigkeit im Geschichtsunterricht durch den Einsatz von fachunspezifischen Methoden aus dem Fremdsprachenunterricht und der Bestimmung fächerübergreifender bildungssprachlicher Kompetenzen (vgl. Vollmer/Thürmann 2013) aufbauen? Der Erwerb von Wissen und

Können im Fach Geschichte hat eine starke metakognitive Komponente und lässt sich nicht einfach dadurch erreichen, dass Schüler/innen in Aufgaben mit möglichst generalisierbaren, akademischen Diskursfunktionen (Zydatiß 2013b) konfrontiert werden. Deren Analyse führt meines Erachtens nicht weiter, wenn das historische Denken von Expert(inn)en und Lernenden nicht stärker berücksichtigt wird. Wolfgang Hasberg hat schon auf das Problem der mangelnden fachspezifischen Operationalisierung hingewiesen:

> „Denn je weiter vom Sachgegenstand als auch von den sachangemessenen Kompetenzen abstrahiert wird, desto breiter werden einerseits die Transfermöglichkeiten, desto unkenntlicher wird andererseits die Fachspezifik. Strukturen und Prozesse des Denkens wie Klassifikation, Begriffsbildung, Daten interpretieren, Hypothesen bilden, Gewichten und Bewerten, Kritisieren sind Kompetenzen, die sicher in jedem Fach ihre Bedeutung besitzen, aber auf je spezifische Art und Weise“ (Hasberg 2009, S. 65).

Erst ein Verständnis der Disziplin ermöglicht Lernenden eine ernsthaftere Auseinandersetzung mit historischem Wissen und befähigt sie dazu, Dinge mit ihrem historischen Wissen zu tun, weshalb ein solches Verständnis häufig als *skill* beschrieben wird (Schnittmenge Inhalt-Denken). So sieht z. B. Alexander Heimes (2011) in einer historischen Lesekompetenz, die auf fachspezifischen, quellenkritischen Leseprozessen beruht, einen wichtigen Beitrag zur allgemeinen *reading literacy*, die andere Fächer so nicht beisteuern könnten. Sofern er in der historischen Methodenkompetenz, den *history skills*, den Motor zur Integration von historischen und (fremd-)sprachlichen Lernprozessen sieht, betont er den Zugewinn, den „Mehrwert“, den das Sprachlernen aus dem Fach Geschichte ziehen kann. Vorteile, die das Fach Geschichte daraus bezieht, dass der Unterricht in der Fremdsprache stattfindet, kann er aber nur theoretisch formulieren – auch bei Heimes finden sich dafür keine Belege. Er konzentriert sich zwar auf Fachkonzepte, *history skills* und den *conceptual change* der Schüler/innen, betrachtet deren Erwerb bzw. Vollzug aber losgelöst von Schülervorstellungen zu historischen Denkkonzepten (vgl. 2.3.2), die seinem Ansatz eine konkrete „Füllung“ im Hinblick auf fachliche Lernprozesse ermöglicht hätten. Die Bezeichnung *skills* ist im Hinblick auf historisches Denken irreführend, da Schüler/innen historisches Denken nicht allein durch Praxis erwerben, sie müssen auch darüber nachdenken, was sie tun und in welchem Ausmaß sie verstehen, was sie tun (Lee 2005, S. 40f.).

Die bilinguale Theoriebildung vertritt einen Ansatz, der eher der *content area literacy* entspricht, die in der amerikanischen Diskussion aber mittlerweile in Kritik geraten ist, wo viele Forscher/innen auch die Notwendigkeit einer *disciplinary literacy* sehen:

Content Area Literacy	Disciplinary Literacy
• betont die Vermittlung von generalisierbaren Lernstrategien oder *study skills*, die in einer Vielzahl von Schulfächern angewendet werden können; • vermittelt Techniken zum Verständnis von bzw. zur Informationsentnahme aus Texten; • Annahmen: Die kognitiven Anforderungen beim Lesen und Interpretieren von Texten sind in allen Fächern nahezu gleich; der Unterschied zwischen den Fächern liegt im Inhalt.	• betont das Wissen und die Fähigkeiten, die Expert(inn)en in einer wissenschaftlichen Disziplin besitzen und anwenden; • vermittelt fachspezifische Werkzeuge und Strategien, die Expert(inn)en anwenden, um Texte zu verstehen; • Annahmen: Die kognitiven Anforderungen beim Lesen und Interpretieren von Texten in verschiedenen Fächern unterscheiden sich deutlich; der Unterschied liegt in spezifischen Lese-, Schreib- und Denkprozessen.

Abb. 2.6: Unterscheidung nach Shanahan/Shanahan (2008; 2012)

Ich denke, dass in der Diskrepanz zwischen beiden Denkansätzen eine Problematik bilingualer Theoriebildung deutlich wird, welche die Kommunikation mit der Geschichtsdidaktik erschwert. Im Begriffsbildungsprozess sieht Fries die Schnittstelle zwischen Sprach- und Fachdidaktik und in seiner unterrichtlichen Ausgestaltung eine herausfordernde Aufgabe für den bilingualen Unterricht, gerade auch für das Fach Geschichte, dessen Begriffe Lernende vor schwierige Aufgaben stellen würden (Fries 2013, S. 149f.; vgl. auch Gruner 2009; 2010; 2011). Im konzeptuellen und kategorialen Denken sieht auch Christine Pflüger einen wichtigen Bereich, in dem sich die Zielsetzungen von Fremdsprachen- und Geschichtsunterricht überschneiden, weshalb sie eine Förderung dieses Bereichs der Begriffs- und Strukturierungskompetenz schon auf der Primarstufe für wichtig hält (Pflüger 2010, S. 51f.). Wie eine konkrete Ausgestaltung dieser Schnittstelle in der Unterrichtspraxis aussehen könnte, bleibt aber bisher unklar. Ein erster Schritt in diese Richtung wäre die Klärung der Frage, wo genau die spezifischen Probleme des Begriffserwerbs/der Konzeptbildung im Geschichtsunterricht liegen. Dabei geht es nicht um eine fächerübergreifende Bildungssprache, die im bilingualen Geschichtsunterricht zu erwerben wäre, sondern um eine sehr spezifische Fachsprache und das mit dieser verbundene historische Denken. Wenn die bilinguale Theoriebildung die Verantwortung für die Fachsprache den Fächern zuweist und sich auf die Bildungssprache konzentriert, die sie als problematischen, ungenügend wahrgenommenen Bereich vieler Schulfächer identifiziert, unterläuft sie das jeweils den Kern dieser Fächer ausmachende domänenspezifische Denken.

2.2.2 Konzeptbildung und Wissenserwerb im Geschichtsunterricht

In einem bilingualen Kurs der Jahrgangsstufe 7 habe ich Schüler/innen danach gefragt, was sie unter dem Begriff „Republik“ verstehen. Da sich alle zuvor gerade bei unterschiedlichen Lehrkräften im deutschsprachigen Unterricht mit römischer Geschichte auseinander gesetzt hatten, dachte ich, die Lernenden würden den Begriff vor allem am Beispiel der Römischen Republik erklären. Sie konnten „Republik“ aber nicht als einen begrenzten Abschnitt in der römischen Geschichte einordnen, sie gingen davon aus, dass mehrere in einer Republik mitbestimmen dürfen, dass eine Republik eine Staatsform ohne König ist, dass die DDR eine Republik war usw. Die Antworten der Lernenden zeigen die Schwierigkeiten des Begriffserwerbs im Geschichtsunterricht auf: Schüler/innen müssen eine sich in der Bedeutung wandelnde Begrifflichkeit erwerben und ihr erworbenes Wissen kontextualisieren, also räumlich und zeitlich einordnen und narrativ anreichern können. Begriffe werden als Bausteine des Wissens betrachtet (Langer-Plän/Beilner 2006, S. 220) und in Wissenstaxonomien üblicherweise dem deklarativen Wissen zugeordnet (vgl. Günther-Arndt 2011a, S. 38f.). Der Erwerb historischen Wissens basiert aber ganz stark auf einer kontextuellen und zeitlichen Verknüpfung des deklarativen Wissens. Wenn Republik im Unterricht als Staatsform ohne König definiert wird, ist damit noch kein historisches Verstehen der mit diesem Begriff bezeichneten Phänomene gewährleistet. Der Begriff hat eine Vielzahl von Bedeutungsfacetten in Gegenwart und Vergangenheit, die nur durch historische Narrationen erläutert werden können. Kann die Entwicklung einer solchen „Verknüpfungsfähigkeit“ bzw. eines solchen „Verknüpfungswissens“ im Bereich des deklarativen Wissens angesiedelt werden? Hätte ein solches Wissen, dass Begriffe zu differenzierteren Konzepten verknüpft, nicht auch prozedurale und metakognitive Anteile? Hilke

Günther-Arndt, die schon 2003 unterschiedliche Wissensformen und ihre Beziehungen diskutiert hat, ordnet eine besondere Form von Konzepten, die Kategorien, dem prozeduralen Wissen zu:

Wissensformen bei Günther-Arndt
DEKLARATIVES WISSEN: episodisches und semantisches Wissen; PROZEDURALES WISSEN: Arbeitstechniken, Kategorien, Denkoperationen; STRATEGISCHES WISSEN: Textverarbeitungsstrategien/Lernstrategien, Denkstrategien/Gedächtnisstrategien, Problemlösestrategien/Kontrollstrategien; METAKOGNITIVES WISSEN: Fähigkeit zur Selbstreflexion, regelt Selbststeuerung des Wissenserwerbs.

Abb. 2.7: Wissensformen bei Günther-Arndt (2011a, S. 39)

Innerhalb der Domäne Geschichte unterscheidet sie zwischen deklarativem und prozeduralem Wissen, während das strategische Wissen allgemeine Prozeduren enthält, die nicht an einen bestimmten Realitätsbereich gebunden sind (das wäre der Ansatz der *content area literacy*) und das metakognitive Wissen, das Wissen einer Person über ihr eigenes Wissen bezeichnet. Die Kategorien als Teil des prozeduralen Wissens bezeichnet Günther-Arndt als „Denkzeuge" in historischen Lernprozessen, mit denen historische Sachverhalte erschlossen werden:

> „Sie sind so etwas wie systematische Fragenrepertoires. Solche Kategorien sind z. B. Dauer und Wandel, Struktur und Ereignis, Absicht und Wirkung, Wirklichkeit und Möglichkeit, Ursachen und Folgen, Interessen und Motive, Macht, Recht, Herrschaft, Freiheit, Ideologie oder Perspektive. Historische Kategorien sind nicht inhaltsgebunden, auch wenn sie an Inhalten gelernt werden" (Günther-Arndt 2011a, S. 40f.).

Neben elementaren Denkoperationen gehört auch das Herstellen von kausalen, zeitlichen, finalen oder modalen Relationen zu den „Denkzeugen" (ebd., S. 41). Neuere Ansätze sprechen anstatt von Kategorien von Basiskonzepten, eine Bezeichnung, die aus der Politikwissenschaft entlehnt ist (Kühberger 2012c). Peter Henkenborg hat in Anlehnung an Anderson/Krathwohl ein Modell entwickelt, das die Dimensionen politischen Deutungswissens verdeutlichen soll. Übertragen auf den Geschichtsunterricht würde ein entsprechendes Modell der Dimensionen historischen Deutungswissens wie folgt aussehen:

Dimensionen des historischen Deutungswissens
FAKTENWISSEN: Kenntnisse über historische Sachverhalte; KONZEPTWISSEN: komplexes, strukturiertes und vernetztes begriffliches Wissen; ANWENDUNGSWISSEN: Wissen über Prozeduren zur Lösung von Problemen und Aufgaben; METAKOGNITIVES WISSEN: Wissen über die eigenen historischen Denk-, Wahrnehmungs- und Verstehensprozesse.

Abb. 2.8: Historisches Deutungswissen in Anlehnung an Henkenborg (2012, S. 277)

Der Erwerb historischen Wissens, dessen Grundsteine Begriffe und Konzepte darstellen, basiert somit meines Erachtens ganz stark auf einer kontextuellen und zeitlichen Verknüpfung des deklarativen Wissens. Der Erwerb dieses Deutungswissens ist auch im Bereich des prozeduralen und metakognitiven Wissens anzusiedeln und muss durch eine entsprechende Aufgabenkultur angeregt werden. In den didaktischen Konstruktionen eines ausgebildeten Geschichtsbewusstseins und einer entwickelten narrativen Kompetenz ist dieses Wissen enthalten, aber nicht in Form einer Lernprogression operationalisiert. Die Trennung zwischen Wissen und Können lässt sich hier nicht aufrecht erhalten. Die Aufspaltung von Wissen in verschiedene Formen hat sicherlich einen heuristischen Nutzen, sie kann aber auch verwirren. Zumal damit häufig eine Polarisierung von Wissen *(knowledge)* und Können *(skills)*, deklarativem und prozeduralem Wissen, Grund-/Überblickswissen und Methoden-/Arbeitswissen einhergeht. Diese Polarisierung findet sich in den lernpsychologisch inspirierten Arbeiten britischer oder nordamerikanischer Geschichtsdidaktiker/innen nicht. Sie gehen davon aus, dass Konzepte logisch gesehen den *skills* vorausgehen (Lee 2014, S. 173). Das Erlernen vieler historischer Begriffe bzw. Konzepte erfordert eine Kompetenz bzw. stellt einen Kompetenzbildungsprozess dar. Mir scheint insbesondere die Verbindung des Konzeptwissens mit dem Anwendungswissen wichtig, um Lernenden den Erwerb historischen Wissens im Rahmen von fachspezifischen Lese-, Schreib- und Denkstrategien zu ermöglichen.

Wenn Begriffe kognitionspsychologisch als „Bausteine des Wissens" verstanden werden, durch welche Sachen, Ereignisse und Vorstellungen zusammengefasst und abstrahiert und somit schließlich strukturiert und systematisiert werden, erweisen sich historisches Wissen und historische Begriffe als sperrig. Es gibt zwar Phänomene, die wiederholt auftreten, aber historische Entwicklungen unterliegen nicht bestimmten Gesetzmäßigkeiten, weshalb sich historisches Wissen auch nicht in einer hierarchischen Begriffssystematik ordnen lässt, wie wir das beispielsweise aus der Biologie kennen (Langer-Plän/Beilner 2006, S. 220). Aus der Perspektive der Lehr-Lern-Forschung, in welcher die empirische Erforschung von Lehr-Lern-Prozessen bisher fast ausschließlich auf das Lernen in naturwissenschaftlichen – und somit gut strukturierten Dömanen – konzentriert war, handelt es sich deshalb beim Fach Geschichte um eine schlecht bzw. schwach strukturierte Domäne. Historische Begriffe sind im Vergleich zu naturwissenschaftlichen kaum isoliert zu betrachten, stellen häufig schlecht strukturierte Kategorien dar und entziehen sich der physischen Manipulation oder persönlichen Erfahrung mit ihnen (Limón 2002, S. 262; Günther-Arndt 2006, S. 263). Konstruktivistische Modelle zum Wissenserwerb, die Lernen als Umstrukturierung vorhandener Denkschemata fassen, betonen die besondere Bedeutung des Vorwissens für den Lernprozess, sofern Wissen durch die Konstruktion von Wirklichkeit(en) entsteht, ein Prozess, in dem das Vorwissen, die aus der subjektiven Erfahrungswelt der Schüler/innen stammenden Vorstellungen, mit neuen Informationen zusammenwirken, die im unterrichtlichen Kommunikationsprozess „vermittelt" werden (Langer-Plän/Beilner 2006, S. 222). Langer-Plän und Beilner sehen eine stärkere Affinität zwischen der konstruktivistischen Lerntheorie und dem mathematisch-naturwissenschaftlichen Lernbereich, da sich dort plausiblere Belege für die Funktion des Vorwissens finden als im gesellschaftswissenschaftlichen Lernfeld. So stellt sich die Frage, welches Vorwissen Schüler/innen zu historischen Begriffen haben können? Sie werden während des Lernprozesses in Quellen und Darstellungen mit Begriffen konfrontiert, die sich nicht kennen und deren Verständnis häufig erst dann möglich ist, wenn sie den historischen Zusammenhang erfasst haben. Wenn beim Erlernen historischer Begriffe an das Vorwissen angeknüpft werden soll, wenn darin eine wichtige Voraussetzung für erfolgreiche Lern- bzw. Wissenserwerbsprozesse gesehen wird, stellt diese Anknüpfung kein einfaches Unterfangen dar. Schüler/innen haben weder den vernetzten Wissenshorizont noch die fachlichen Zugriffstechniken, um die historischen Begriffe hinreichend mit Bedeutung zu füllen, weshalb die Gefahr besteht, dass diese weitgehend Leerformeln bleiben (ebd., S. 238).

Historische Begriffe

- dienen der Beschreibung und Analyse vergangener Tatbestände im Geschichtsunterricht;
- sind häufig Konstrukte und im Gegensatz zu den Naturwissenschaften nur selten Objektbegriffe, die auf direkt beobachtbaren und somit nachvollziehbaren Phänomenen basieren oder damit im Zusammenhang stehen;
- lassen sich nur schwer klassifizieren und in Systeme einordnen;
- sind sehr heterogen, was einen systematischen Zugriff erschwert;
- tauchen im Geschichtsunterricht eher zufällig auf (im Rahmen der chronologischen Anordnung der Themen);
- haben unterschiedliche Bedeutungsumfänge, von punktueller Bedeutung (z. B. Schwertleite) bis zu welt- und zeitumfassenden Phänomenen (z. B. Macht);
- lassen sich nicht in Definitionen fassen, sie können nur in unterschiedlichen Schwerpunktsetzungen und aus unterschiedlichen Perspektiven thematisiert und über narrative Annäherungen „begriffen" werden.

Abb. 2.9: Historische Begriffe nach Langer-Plän/Beilner (2006, S. 223ff.)

Das Erlernen der für den Geschichtsunterricht relevanten historischen Begriffe stellt für Schüler/innen eine schwierige Aufgabe dar. Begriffe mögen ja kognitionspsychologisch gesehen „Bausteine des Wissens" darstellen, aber was helfen den Lernenden im Geschichtsunterricht die Bausteine, wenn ihnen der Bauplan fehlt? So zeigen Langer-Plän und Beilner, dass es viele Begriffe gibt, für deren Verständnis mehr Informationen notwendig sind, als die unterrichtliche Darstellung im chronologischen Zusammenhang liefern kann, da sie auf der Grundlage eines Überblicks über historische Zusammenhänge gebildet wurden (z. B. Rassismus, totalitärer Staat, Hegemoniestreben). Es gibt auch zahlreiche Begriffe, die bereits im Unterrichtsablauf auftreten, obwohl sie Vorwissen erfordern und erst zu verstehen sind, wenn der Gesamtzusammenhang gelernt wurde, da sie Theorien beinhalten (z. B. Nationalismus) oder ihre Erklärung eine historische Narration erfordert (z. B. Revolution). Bei den vereinfachten Darstellungen in den schulischen Lehrwerken handelt es sich trotzdem um diskursiv angereicherte Erzählungen, weshalb viele Texte für Schüler/innen kaum verständlich sind. Im chronologischen Geschichtsunterricht werden viele Begriffe in bestimmten historischen bzw. thematischen Zusammenhängen erworben und somit mit konkreten historischen Umständen verbunden. Sind Schüler/innen dazu in der Lage, veränderte Bedeutungsinhalte und -zuweisungen zu realisieren, wenn sie diese Begriffe in anderen Zusammenhängen vorfinden? Situative, zeitliche oder gesellschaftliche Aspekte des Bedeutungswandels werden in dieser „unstrukturierten Konfrontation der Schüler mit den Begriffen" nicht berücksichtigt (ebd., S. 229f.). Bei manchen Begriffen sind die Vorstellungen der Schüler/innen so bruchstückhaft oder gar nicht vorhanden, dass ein Wissensaufbau im Sinne von „Konstruktion" kaum stattfinden kann, weshalb Langer-Plän und Beilner davon ausgehen, dass sich die kognitionspsychologische Sichtweise von Begriffen als Bausteinen des Wissens nicht ohne Probleme auf den geschichtlichen Wissenserwerb übertragen lässt (ebd., S. 247).

Begriffsarten im Geschichtsunterricht

- Begriffe, die enge und zeitspezifische Phänomene bezeichnen, müssen im Unterricht inhaltlich völlig neu aufgebaut werden;
- Begriffe mit umgangssprachlichen Elementen (z. B. Grundherrschaft, Gleichgewichtspolitik), zu denen Schüler/innen annäherungsweise Vorstellungen ausbilden können, müssen im Unterricht inhaltlich und zeitlich verortet werden, damit sie zur historischen Beschreibung taugen können;

- Begriffe, die aus dem alltäglichen Sprachgebrauch zwar bekannt sind, aber im geschichtlichen Kontext zeitlich versetzte Phänomene mit veränderter Bedeutung meinen (z. B. Staat, Bürger, König, Krieg, Frieden), sind am problematischsten, da die Schüler/innen elementare Vorstellungen über sie besitzen, aber erst lernen müssen, was sie in unterschiedlichen vergangenen Situationen jeweils bedeuteten;
- Komplexe Begriffe, die ideologisch unterfüttert sind (z. B. Aufklärung, Kommunismus), sind noch schwieriger zu lernen, da es sich um sehr umfassende und abstrakte Oberbegriffe handelt, die nur in langfristigen Lernprozessen aufgefüllt werden können, sie entziehen sich klaren Definitionen mit allgemein anerkanntem Verbindlichkeitsgrad und selbst Historiker/innen schöpfen sie meistens nicht vollständig aus.

Abb. 2.10: Begriffsarten im Geschichtsunterricht nach Langer-Plän/Beilner (2006, S. 237ff.)

Ihre empirischen Untersuchungen zeigen, dass mangelndes Begriffsverständnis ein adäquates Textverstehen erschwert. Viele Lernende füllen Begriffe mit gegenwarts- und alltagsbezogenen Vorstellungen und damit mit schiefen bzw. falschen Inhalten, was zu erheblichen Verständnisproblemen bei historischen Darstellungen führen kann, aber auch zu großen Problemen beim historischen Fremdverstehen. Diese Problematik tritt vor allem bei Begriffen auf, die im Alltagsleben oder im tagespolitischen Geschehen bedeutsam sind (ebd., S. 236). Für den Geschichtsunterricht empfehlen Langer-Plän und Beilner eine verstärkte Auseinandersetzung mit Begriffen sowie gezielte Übungen im Begriffsgebrauch, die auch die Thematisierung des Bedeutungswandels einschließt. Eine vertiefte Diskussion über den Stellenwert des Begriffslernens im Geschichtsunterricht halten sie für ein dringendes Desiderat, was eine breitere und empirisch unterfütterte Beschäftigung der Geschichtsdidaktik mit dem Begriffslernen voraussetzt. Pauschale Aussagen über Begriffsbildung werden dabei kaum möglich sein, sondern eher Annäherungen über Einzelfallstudien (ebd., S. 226, 248). Bettina Alavi weist in diesem Zusammenhang darauf hin, dass Lehrkräfte nicht unbedingt über ein theoriegestütztes Praxiskonzept für die Begriffsbildung im Geschichtsunterricht verfügen. Darin sieht auch sie ein Professionalisierungsdefizit, dem sich die Geschichtsdidaktik stellen müsse (Alavi 2004, S. 60f.). Sie schlägt vor, in der Sekundarstufe I den Begriffserwerb und -gebrauch so anzulegen, dass Schüler/innen Begriffe selbstständig und adäquat gebrauchen können, die Begriffskritik kann in der Sekundarstufe I vorbereitet werden, um dann vor allem in der Sekundarstufe II zur Anwendung zu kommen (ebd., S. 42).

Merkmale eines kompetenten Umgangs mit historischen Begriffen
Begriffserwerb • Begriffsinhalt mit eigenen Worten erklären können; • Mit der Nennung des Begriffs Wissen (Merkmale, historische Zusammenhänge, in denen der Begriff relevant ist), Vorstellungen und Wertungen abrufen und einbringen können.
Begriffsgebrauch • Begriff adäquat verwenden können; • Begriff in neue historische Zusammenhänge einbringen können; • Den erworbenen Begriff erweitern können (z. B. Revolution: französische, industrielle); • Begriff von anderen unterscheiden können (Kenntnis des Begriffsfeldes); • Zusammenhänge zwischen dem Begriff und anderen Begriffen herstellen können (z. B. Kausalbeziehungen, zeitliche und räumliche Beziehungen).
Begriffskritik • Kritisches Einschätzen der Leistungsfähigkeit eines Begriffs.

Abb. 2.11: Kompetenter Umgang mit historischen Begriffen nach Alavi (2004, S. 41)

Zentrale historische Begriffe (z. B. Revolution) werden nicht in einer Unterrichtsstunde oder Einheit erworben, sondern müssen an mehreren historischen Beispielen über Jahre hinweg aufgebaut werden, indem ihre Merkmalskomponenten stetig erweitert werden (ebd., S. 42). Es stellt sich aber die Frage, welche historischen Begriffe die zentralen im Geschichtsunterricht sein sollen? Während Alavi 2004 noch beklagte, dass es darüber keinen fachdidaktischen Diskurs gäbe, ist konzeptionelles Wissen als Grundlage für historisches Lernen aber im Rahmen der Diskussion über Kompetenzorientierung wieder stärker in den Vordergrund des geschichtsdidaktischen Interesses gerückt (vgl. Kühberger 2012a; 2012b). In den meisten derzeit kursierenden Kompetenzmodellen ist Begriffslernen zumindest implizit enthalten. Der systematischste Versuch, Begriffe nachhaltig und vernetzt in der Sekundarstufe I aufzubauen, findet sich im Kompetenzmodell von Werner Heil, der neun Domänen mit zugehörigen Kategorien für kompetenzorientierten Geschichtsunterricht identifiziert:

Domänen und Kategorien für die Orientierungskompetenz bei Heil								
Herrschaft	Gesellschaft	Recht	Wirtschaft	Krieg	Selbstverständnis	Religion	Wissenschaft	Wirklichkeit
Demokratie	bürgerliche Gesellschaft	Rechtsgleichheit	Marktwirtschaft	Ächtung des Kriegs	Individualismus	Religionsfreiheit, Atheismus	(Natur-) Wissenschaft	Sinneswirklichkeit
Aristokratie	Ständegesellschaft	Gruppen-, Standesrechte	Merkantlismus, Feudalismus	Gerechter Krieg, heiliger Krieg	Standes-, Gruppenbewusstsein	Monotheismus	philosophische & theologische Interpretation	symbolische, gleichnishafte Wirklichkeit
Theokratie	kollektive Gesellschaft	Rechtlosigkeit	Kollektivwirtschaft	Naturzustand	kollektives Bewusstsein, Rassismus	Polytheismus	Mythos	Götterwirklichkeit

Abb. 2.12: Domänen und Kategorien im Kompetenzmodell von Heil (2010, S. 72)

Er ordnet die Begriffe in einem Strukturgitter in der Abfolge an, in der die damit bezeichneten Gegebenheiten in der Geschichtsentwicklung aufgetreten sind (vor dem Hintergrund der europäischen Geschichtsentwicklung), also so, dass sie vertikal gelesen eine grobe chronologische und sachliche Ordnung darstellen. Die vertikalen und horizontalen Vernetzungen der Begriffselemente des Strukturgitters weisen jeweils eine eigene innere Logik auf. Heils Ansatz erscheint mir sehr schematisch und zwingt Lehrer/innen und

Schüler/innen in ein ziemlich enggeschnürtes Korsett, aber dennoch ist es ein anregender Beitrag, da er sich mit der Frage auseinander setzt, wie Begriffe/Konzepte in eine sinnvolle Struktur gebracht werden können, damit die Schüler/innen sie erlernen und vernetzen können, um einen Kompetenzaufbau zu ermöglichen. Weder an meiner Schule noch an Schulen, die ich als Fortbildner besucht habe, gibt es einheitliche Systematisierungsansätze für den Erwerb von Begriffen im Geschichtsunterricht. Begriffslernen erfolgt zufällig bzw. anhand der chronologischen Aneinanderreihung der Unterrichtseinheiten und der Vorlieben der Lehrkräfte, von einer Systematik kann nicht die Rede sein, da es häufig keine von der gesamten Fachschaft getragenen Konzeptionen gibt, welche Begriffe wann und wie in den einzelnen Jahrgangsstufen erarbeitet, vertieft und vernetzt werden sollen. In meinem Unterricht arbeite ich seit vielen Jahren mit einer (im bilingualen Geschichtsunterricht zweisprachigen) Sammlung von „historisch-politischen Grundbegriffen", welche im Unterricht von der Jahrgangsstufe 5 bis zur Jahrgangsstufe 10 erarbeitet, wiederholt, vertieft und vernetzt werden. Die Schüler/innen sammeln diese in einer Mappe und überarbeiten ihre Begriffserklärungen, wenn neue Bedeutungsfacetten im Unterricht auftauchen oder neue Kontextualisierungen notwendig sind. Damit habe ich gute Erfahrungen gemacht, wobei ich aus Zeitgründen meistens das Hauptaugenmerk auf den Bereich Herrschaft lege, da es mir wichtig ist, dass die Schüler/innen auch Begriffe/Konzepte lernen, die für die disziplinären Denkprozesse und Kriterien der Wissensgewinnung bedeutend sind. Die Erprobung eines Strukturgitters von Werner Heil zu Wiederholungszwecken im Jahrgang 9 verlief durchaus positiv. Die Schüler/innen empfanden Heils Strukturgitter als hilfreich, um sich in der Geschichte zu orientieren. Sie konnten viele Begriffe des Gitters mit Inhalt füllen und einige Querbeziehungen herstellen. Einen weiteren Einsatz im Unterricht haben sie befürwortet. Insofern könnte ein gelegentlicher Einsatz, der nicht zu einer Strukturgitter-Monokultur führt, oder eine Verbindung von Sammelmappe und Gittern ein gangbarer Weg sein. Dennoch scheint mir in Heils Ansatz der Erwerb von deklarativem Wissen im Vordergrund zu stehen, dass durch Anwendung, Wiederholung, Vertiefung und Vernetzung prozeduralisiert werden und schließlich in eine Kompetenz münden soll. Im Geschichtsunterricht geht es aber nicht nur darum, Vergangenheit zu „verstehen", nicht nur um gegenstandsbezogenes Wissen, sondern auch darum, Geschichte als Fach zu verstehen, samt der disziplinären Denkprozesse und der Praxis der Wissensgenerierung (vgl. dazu Boix-Mansilla 2000, S. 411; Shemilt 2000). Insofern ist eine Thematisierung von Kategorien oder Basiskonzepten auch ein notwendiger Bestandteil von (bilingualem) Geschichtsunterricht. Neben einer notwendigen Reduktion und Systematisierung gegenstandsbezogener Konzepte (wie sie z B. Heil vorschlägt; vgl. auch Drie u. a. 2009), die in zwei Sprachen erworben werden, müssen für den bilingualen Geschichtsunterricht auch wissensorganisierende Meta- bzw. Denkkonzepte formuliert werden, die den fachlichen Kern einer wissenschaftlichen Welterklärung abbilden und für Schüler/innen sichtbar machen.

Die vorausgehenden Ausführungen zeigen, dass der Erwerb von Wissen und Können in der schlecht strukturierten Domäne Geschichte eine ziemlich spezifische, etwas diffuse und schwierige Angelegenheit ist, dem sich mit den fächerübergreifende Lernstrategien in den Vordergrund stellenden Überlegungen der fremdsprachendidaktischen Theoriebildung zum bilingualen Unterricht nur schwer zu nähern sein wird. Ein wichiges Hilfsmittel zur Integration von Sprache und Inhalt im bilingualen Unterricht sollen *Scaffolding*-Maßnahmen darstellen.

2.2.3 *Scaffolding* im bilingualen Geschichtsunterricht - ein Weg aus der Lehrerzentrierung?

Christiane Dalton-Puffer (2007, S. 17) weist in ihrer Studie zum bilingualen Unterricht auf die Dominanz der IRF-Musters (*initiation – response – feedback*) in österreichischen Klassenzimmern hin. Weder die Schüler/innen noch die Lehrkräfte fragen häufiger nach Erklärungen, Gründen und Meinungen, sondern es geht um Fakten, Fakten und noch mehr Fakten. Die sprachlichen Folgen davon sind, dass die meisten Schüleräußerungen kurz und einfach sind (vgl. dazu auch Barricelli/Zwicker 2009). In den zahlreichen Fragen nach Fakten und den korrelierenden Kurzantworten sieht Dalton-Puffer ein Zeichen dafür, dass die Interaktion in kognitiver Hinsicht relativ anspruchslos ist (Dalton-Puffer 2007, S. 118, 126). Das vielkritisierte IRF-Muster reinterpretiert sie als eine Form von *scaffolding*. In der soziokulturellen Theorie nach Vygotskij ist der Dialog instrumentell zur Herstellung einer gemeinsamen Wissenskonstruktion im Unterricht. Die Metapher des *scaffolding* ist entwickelt worden, um die Aktivität zu beschreiben, bei der ein weiter fortgeschrittener Interaktant (Experte/Lehrkraft) die Leistung eines Anfängers (Novize) „reguliert", um ihr/ihn die Aneignung neuer Konzepte zu ermöglichen (ebd., S. 264). Wannagat (2010, S. 99, 107), der ähnlich argumentiert, diagnostiziert in seiner Studie ebenfalls einen lehrerzentrierten CLIL-Unterricht, in dem Lehrervorträge und fragend-entwickelnde Unterrichtsgespräche dominieren, mit einem Sprachanteil der Lehrkraft von 71,82 %, wobei sich die Wortzahl der Schüleräußerungen folgendermaßen verteilt: 1-2 Worte (19,95 %), 3–6 (24,29 %), 7–10 (14,25 %), 11–15 (13,16 %), 16–20 (5,29 %), 21-25 (5,49 %), über 25 (17,07 %).

In Nordrhein-Westfalen wird Geschichte erst ab Klasse 9 bilingual unterrichtet. In der 9. Klasse verfügen die Schüler/innen bereits über einen umfangreicheren Wortschatz in der Fremdsprache und eine angemessene Sicherheit in Bezug auf Grammatik und Syntax. Der Geschichtsunterricht stellt zwar ein Kernfach des bilingualen Kanons dar, wird aber als Einstiegsfach für weniger geeignet erachtet als z. B. Erdkunde oder Biologie (Theis 2010, S. 47; vgl. auch Kuhn 2009, S. 8). So findet sich in der Literatur häufig der Hinweis darauf, dass die Fremdsprachenkompetenz in der Jahrgangsstufe 7 nur beschreibende, reproduktive Aktivitäten erlaube, die Erkenntnis- und Beurteilungsebene könne in der Fremdsprache nicht erreicht werden (vgl. Woid 2002, S. 78f.; Richter 2002, S. 102). Laut Peter Geiss müssen die im Unterricht geforderten analytischen Denkoperationen umso einfacher sein, desto höher die sprachlichen Herausforderungen sind, vor die ein Text Schüler/innen stellt (Geiss 2012, S. 60). Burghard Pilzecker meint sogar, dass Fragen nach *bias* und *reliability* in der Sekundarstufe I nicht stattfinden könnten (Pilzecker 1997, S. 370). Im Vergleich zum regulären Geschichtsunterricht besteht im bilingualen Geschichtsunterricht somit die Gefahr verstärkter Lehrerdominanz (vgl. Decke-Cornill 1999, S. 166; Rautenhaus 2000, S. 120; Richter 2002, S. 94). So hat z. B. Britta Viebrock in ihrer Studie zu den Alltagstheorien bilingual unterrichtender Lehrkräfte darauf hingewiesen, dass die Wahrnehmung besonderer sprachlicher Anforderungen im bilingualen Unterricht zur Rechtfertigung einer ausgesprochenen Lehrerzentrierung herangezogen wird. So berichtet sie vom hohen Redeanteil (fragend-entwickelnder Ansatz) der Lehrkräfte im

Fach Erdkunde und starker Lenkung des Unterrichts, es werden keine echten, sondern didaktische Fragen gestellt und die Schüler/innen werden kaum aufgefordert ihre Lösungsvorschläge zu begründen (Viebrock 2010, S. 117f.). Insofern besteht ihrer Meinung nach die Gefahr, dass bilingualer Unterricht zu „überholten Unterrichtsformen und Rollenbildern" zurückkehrt (Viebrock 2013, S. 223). Stefanie Lamsfuß-Schenk kritisiert, dass zu wenig kooperative Lernformen in der bilingualen Unterrichtspraxis eingesetzt werden (Lamsfuß-Schenk 2013, S. 262f.). Zum Überbrücken der Kluft zwischen fremdsprachlichen und kognitiven Fähigkeiten der Lernenden empfiehlt die Fremdsprachendidaktik *Scaffolding*-Maßnahmen, die einen wichtigen Bestandteil der Prozessstruktur dieser Unterrichtsform darstellen.

Um den Vorwurf des inhaltlichen Substanzverlusts und der zu starken Lehrerzentrierung entkräften zu können, plädiert die Fremdsprachendidaktik für den systematischen Aufbau einer fachspezifischen Diskursfähigkeit, da der bilinguale Geschichtsunterricht den Lernenden das für einen problemorientierten Unterricht nötige methodische und sprachliche Inventar vermitteln muss, damit diese ihre Lernprozesse zunehmend selbstständig organisieren können. Es wird davon ausgegangen, dass ein schülerorientierter bilingualer Sachfachunterricht nur dann erfolgreich durchgeführt werden kann, wenn die Schüler/innen über entsprechende Lern- und Arbeitstechniken verfügen. Diese Techniken – z. B. Techniken der Wortschatzarbeit, der Informationsentnahme, Annotierungs- und Visualisierungstechniken, Techniken der schriftlichen und mündlichen Textproduktion – werden meistens aus dem Fremdsprachenunterricht übernommen, sollen im bilingualen Unterricht aber sachfachbezogen eingesetzt bzw. mit sachfachrelevanten Arbeitsweisen verbunden werden (Krechel 2010; Thürmann 2013a). Der Einsatz von verbalen, graphischen und anderen unterrichtsmethodischen Stützmaßnahmen (*scaffolding*) soll es ermöglichen, sachfachliches und fremdsprachliches Wissen und Können parallel und miteinander verzahnt zu entwickeln:

> „Fachliches Lernen und sprachliches Lernen sind gleichrangige Bildungsziele, denn Inhalte, Denken und Sprache überlagern sich in der Fachkommunikation. [...] Sprache ist eine Schlüsselqualifikation im Bildungswesen. Deshalb muss auch die Sprachlichkeit des Fachlernens als Herausforderung und Chance akzeptiert werden, denn Inhalte und Denkprozesse des fachlichen Lernens werden immer sprachlich-diskursiv transportiert" (Zydatiß 2010a, S. 2; vgl. auch Zydatiß 2013b).

Das Problem an dieser Denkweise ist die Reduzierung des „Sachfachs" auf die Sache, die Inhalte. Die der Fachlichkeit eingeschriebene Sprachlichkeit, von der Wolfgang Zydatiß (2010b, S. 259) redet, wird immer nur fremdsprachlich gedacht. Sprache als eine wichtige, nicht zu vernachlässigende Dimension von Fachkompetenz zu sehen, die in jeder Aufgabenstellung und Form der Überprüfung präsent ist (so Vollmer 2010, S. 243), führt zur Forderung des Aufbaus einer fachbasierten Diskursfähigkeit, die allerdings nur fremdsprachlich gedanklich und konzeptionell ausgestaltet wird. Wie in der im bilingualen Sachfachunterricht zur Verfügung stehenden Zeit beides gelingen soll, also der Aufbau einer fachspezifischen Diskursfähigkeit in der Schulsprache Deutsch und der Fremdsprache, wird (noch) nicht überzeugend operationalisiert und bleibt somit unklar. Deshalb kommen häufig Strategien zum Einsatz, welche die sprachlichen Anforderungen des Fachunterrichts absenken, was impliziert, dass die Fremdsprache den fachlichen Arbeitsprozessen im Weg steht und das Niveau senkt (Thürmann 2010a, S. 39f.). Kognitiv anspruchsvolle Leistungen im Sachfach könnten von Lernenden nur dann erbracht werden, wenn sie über die entsprechenden sprachlichen Mittel verfügen, um sich aktiv, auf einer im Sachfach üblichen Anspruchsebene am Unterricht beteiligen zu können (Thürmann 2010b, S. 142f.; 2013b). Es gehe also darum, Lernende durch Sprachgerüste in die Lage zu versetzen, dass auszudrücken, was sie denken können, anstatt ihr Denken auf ihre Ausdrucksmöglichkeiten in der Fremdsprache zu beschränken und somit selbstgesteuertes Lernen zu ermöglichen. Die Grundlage für das *scaffolding* bietet Vygotskijs „Zone der nächsten Entwicklung", die aus dem Englischen zurückübersetzt häufig als „Zone der proximalen Entwicklung" bezeichnet wird, welche die Differenz zwischen dem gegenwärtigen Entwicklungsstand der Schüler/innen und dem potentiellen Entwicklungsstand markiert, den sie unter Anleitung bzw. Unterstützung erreichen könnten. Sobald die Schüler/innen dazu in der Lage sind, Aufgaben selbstständig zu bearbeiten, wird das Lerngerüst schrittweise wieder entfernt (Thürmann 2012, S. 16). Grundsätzlich wird dabei im Sinne einer *content area literacy* von einem fachübergreifenden pädagogischen Potenzial solcher unterstützenden Gerüste ausgegangen, da sie den informierten und reflektierten Umgang mit grundlegenden Diskursfunktionen (*naming/defining, describing, reporting, explaining, evaluating, arguing/taking a stance*) erleichtern sollen, die mit fachspezifischen Konkretisierungen in allen Fächern Verwendung fänden (Thürmann 2010b, S. 147ff.; 2013b). Systematisches und anlassbezogenes *scaffolding* sind bei Thürmann und Vollmer gegen eine Vereinfachung bzw. Simplifizierung des Unterrichts gerichtet. Hilfestellungen, die vom fachwissenschaftlichen Denken entkoppelt sind, stellen für sie kein *scaffolding* dar. Wie soll das aber für die Lehrkräfte deutlich werden, wenn das fachliche Denken bei diesen Überlegungen völlig diffus bleibt? Es geht um *disciplinary literacy*. Für die Entwicklung von sprachlichen Lerngerüsten sind Progressionsmodelle wichtig, wie sie im nächsten Abschnitt diskutiert werden, weil diese mit ihrem Fokus auf Schülervorstellungen, fachliche Denkanforderungen markieren, aus denen sich sprachliche Lerngerüste ableiten lassen. Die Verwendung einer Fachbegrifflichkeit – möglicherweise sogar in zwei Sprachen – garantiert noch kein historisches Denken.

Andreas Bonnet ist in seiner Interaktionsstudie zum bilingualen Chemieunterricht (2004) zu dem Ergebnis gekommen, dass Schülerleistungen nicht durch mangelnde Fremdsprachenkompetenz, sondern durch fachliche und interaktionale Defizite limitiert werden. Deshalb plädiert er für ein stützendes *scaffolding*, das nicht nur als isolierte Spracharbeit betrachtet wird, sondern auch die Interaktionsorganisation und den fachlichen Bereich abdeckt. Für die Methodik des bilingualen Unterrichts ist seiner Meinung nach auch im Bereich des *scaffolding* ein integratives Konzept notwendig (Bonnet 2012b, S. 209, 214). Die Entwicklung solcher *Scaffolding*-Techniken für den bilingualen Sachfachunterricht steht noch am Anfang, es wird aber gehofft, dass sie einen Weg aus der Lehrerzentrierung hin zum selbstgesteuerten Lernen weisen. Um Überlegungen zu einem fachspezifischen *scaffolding* im bilingualen Geschichtsunterricht voranzutreiben, betone ich in den folgenden Kapiteln die Notwendigkeit, Schüler/innen an domänenspezifische Lese-, Schreib- und Denkpraktiken heranzuführen. *Scaffolding* darf nicht als isolierte Spracharbeit erfolgen, sondern sollte den Lernenden im Sinne von *cognitive apprenticeship* bzw. *modeling* (Collins/Brown/Holum 1991) auch fachspezifische Strategien sichtbar machen. *Scaffolding* ist eine Art Zauberwort, das auf magische Weise die Türe zur Integration von Sprache und Inhalt im bilingualen Unterricht öffnen soll. Aber hat es nur positive Effekte? Meine eigenen Erfahrungen damit zeigen, dass es auch schnell zu einem Ersatz für das Denken der Schüler/innen werden kann. *Scaffolding*, das Denken entwickeln helfen soll, kann – falsch eingesetzt – schnell Denken begrenzen und somit einer Lernprogression im Weg stehen (vgl. auch Evans/Pate 2007). *Scaffolding*-Maßnahmen, wie z. B. *card sorts, helper sheets, structured debates, sentence starters* oder ein *explanation genre writing frame*, die ich teilweise in den folgenden Kapiteln verwenden werde, sind keine unfehlbaren Werkzeuge, die immer historisches Denken und Lernen fördern. Das Sortieren von Karten (z. B. mit verschiedenen Ursachen für ein Ereignis) oder ein *Venn diagram* können kausales Denken unterstützen und voranbringen, sie können aber auch schnell zu einer Art Puzzle werden, wo es nur darum geht, Teile an die passende Stelle zu bringen – ohne weiter darüber nachdenken zu müssen, welchen Effekt oder Nutzen sie im Hinblick auf die übergeordnete Untersuchungsfrage haben. Das ergebnisorientierte Schaffen und Sichtbarmachen von kausalen Verbindungen kann den eigentlichen Denkprozess behindern, indem das Endprodukt im Vordergrund steht, nicht aber das historische Denkkonzept (hier: Ursache und Wirkung) und die damit verbundenen Probleme. Das kann auch mit *writing tools* oder *frames* passieren, die einen atomisierenden oder kompartmentalisierenden Effekt haben können:

> „Once the students had completed one section of the frame, they moved on to the next, slotting in information as they went. It had become a reductive process as opposed to a creative one. At worst, the writing frame became a 'filling in the gaps' activity" (ebd., S. 26).

Es ist somit immer wichtig, sich zu fragen, inwieweit mit dem gewählten *scaffolding* die gewünschten Ziele erreicht werden. Dabei geht es um die Berücksichtigung des Kontextes, in dem sie eingesetzt werden, der individuellen Lernprogression der Schüler/innen und des Rückbaus der Hilfsmaßnahmen. Wenn die Schüler/innen die Hilfestellung nicht (mehr) benötigen, wird ihr Einsatz ihr Denken eher beschneiden als fördern. Es besteht auch die Gefahr, dass sie sich zu sehr auf die *scaffolds* verlassen und keine eigenen Denkprozesse entwickeln. Schnell hat man also als Lehrkraft entweder zu viel *(over-scaffold)* oder zu wenig *(under-scaffold)* getan – beides führt zu Problemen:

> „What we can firmly conclude is this: applying scaffolding based on an assumption of student understanding and uniform expectation of generic ability is dangerous. Students require monitoring, and when using writing frames we must discover individual needs and ability, whilst providing time and the means for students to pursue their thinking through the written word" (ebd., S. 28).

Scaffolding kann Lernenden neue Denkhorizonte eröffnen, es kann ihnen aber auch schnell im Weg stehen und sich somit selbst besiegen. Es hat eine wichtige Rolle – nicht nur im bilingualen Geschichtsunterricht –, bedarf aber der Flankierung durch unterrichtsdiagnostische Maßnahmen (Schülervorstellungen) und Metakognition (Lernprogression im Hinblick auf die historischen „Denkzeuge"). Wie könnte also ein Lernmodell für den bilingualen Geschichtsunterricht aussehen, dass eine sprachbewusste, aber auch fachspezifische Unterrichtsgestaltung ermöglicht?

2.3 Wege zu einer fachspezifischen und sprachbewussten Prozessstruktur im bilingualen Geschichtsunterricht

Im Folgenden möchte ich ein Lernmodell diskutieren, das die Diagnostik von Schülervorstellungen, die Konzeptentwicklung und Metakognition in den Vordergrund stellt. Es ermöglicht eine klare Vorstellung von Lernprogression, da es eine deutlichere Konturierung der Entwicklung von Denkkonzepten zulässt und diese in den Mittelpunkt des Unterrichts stellt. Das gibt den Unterricht ein deutlicheres Zentrum, um das herum sich Lernwege und Lernsituationen gestalten lassen. Aus dem fächerübergreifenden Projekt *How Students Learn* des amerikanischen *National Research Council* sind drei grundlegende Prinzipien für historisches Lernen hervorgegangen:

Wie Schüler/innen im Geschichtsunterricht lernen	
Prinzip 1: Diagnose von und Anknüpfung an Schülervorstellungen/Präkonzepte	„1. Students come to the classroom with preconceptions about how the world works. If their initial understanding is not engaged, they may fail to grasp the new concepts and information, or they may learn them for purposes of a test but revert to their preconceptions outside the classroom."
Prinzip 2: Berücksichtigung der zentralen Rolle von faktischem/ inhaltlichem Wissen und konzeptuellen Bezugsrahmen beim Verstehen	„2. To develop competence in an area of inquiry, students must (a) have a deep foundation of factual knowledge, (b) understand facts and ideas in the context of a conceptual framework, and (c) organize knowledge in ways that facilitate retrieval and application."
Prinzip 3: Einrichtung einer metakognitionsfördernden Lernumgebung	„3. A 'metacognitive' approach to instruction can help students learn to take control of their own learning by defining learning goals and monitoring their progress in achieving them."

Abb. 2.13: Drei grundlegende Prinzipien des Lernens nach Donovan/Bransford (2005, S. 1f.)

2.3.1 Schülervorstellungen

Das 1. Prinzip baut auf der lernpsychologischen Einsicht auf, dass neue Verstehensprozesse immer auf dem Fundament bestehender Erfahrungen und Verständnisse aufbauen. Schüler/innen kommen nicht mit leeren Händen in den Klassenraum, sie bringen eine ganze Reihe von erfahrungsbasierten Vorstellungen mit, z. B. darüber, wie die Welt funktioniert oder wie sich Menschen wahrscheinlich verhalten, aber auch über Geschichte und die Vergangenheit. Es ist viel schwieriger zu sagen, welche Annahmen Schüler/innen über die Vergangenheit haben werden, als ihre Vorstellungen von der Disziplin Geschichte zu identifizieren, was daran liegt, dass in Hinblick auf die gegenstandsbezogenen Konzepte so viele verschiedene Annahmen in so vielen verschiedenen Gebieten möglich sind. Im Rahmen einer Unterrichtseinheit, die sich mit der Frage beschäftigte, ob der irische Mönch Brendan Amerika tausend Jahre vor Columbus entdeckte, sahen sich Ashby, Lee und Shemilt auch mit Schülervorstellungen darüber konfrontiert, was physikalisch möglich ist: Einige Schüler/innen gingen davon aus, dass hölzerne Objekte Jahrtausende überdauern könnten, andere hielten es für möglich, dass U-Boote den gesamten Meeresgrund des Atlantiks in einer oder zwei Wochen absuchen könnten, um die Überreste eines kleinen Holz- und Lederbootes finden zu können (Ashby/Lee/Shemilt 2005, S. 127). Es ist möglich, informierte Vorhersagen über die vorherrschenden Ideen unter Lernenden einer bestimmten Jahrgangsstufe zu machen, aber die empirische Forschung zeigt, dass es in jeder gegebenen Klasse Schüler/innen gibt, deren Denken fortgeschrittener ist und dem Denken in höheren Jahrgangsstufen entspricht, aber auch Schüler/innen, die mit viel einfacheren Ideen arbeiten (ebd., S. 81). Das Vorwissen und die Vorstellungen der Schüler/innen haben einen großen Einfluss darauf, wie sie aus dem, was ihnen im Unterricht begegnet, Sinn bilden. Sie können somit eine wichtige Stütze für weiteres Lernen sein, sie können aber auch zur Entwicklung von Vorstellungen führen, die Lernen im Weg stehen oder es sogar verhindern. Auf Alltagserfahrungen basierende Präkonzepte können das Verständnis von formalen Disziplinen sehr einschränken, sind aber im Geschichtsunterricht nur schwer zu verändern, da sie im alltäglichen Zusammenhängen meistens gut funktionieren, beim historischen Lernen aber nicht immer anwendbar sind. Geschichte ist der Intuition widersprechend (*counterintuitive*) – Menschen, die Geschichte betreiben, betrachten Dinge häufig anders als sie im praktischen/täglichen Leben betrachtet werden. Da sich der Geschichtsunterricht mit der Vergangenheit beschäftigt, kommt es leicht zu Fehlvorstellungen: „Soldaten" und „Bauern" im 17. Jahrhundert sind nicht dieselben wie heute und „Freiheit" meinte damals nicht dasselbe wie heute. Aber Probleme mit Alltagsvorstellungen können noch tiefer gehen, da Schüler/innen auch Vorstellungen darüber haben, wie wir etwas über die Vergangenheit wissen können. Sofern sie z. B. glauben, dass wir nichts wissen können, wenn wir nicht da waren, um es zu sehen, werden sie Schwierigkeiten haben, zu verstehen, wie Geschichte überhaupt möglich ist. Da Historiker/innen nicht in der Zeit zurückreisen können, um zu sehen, was passiert ist, werden sie denken, dass Historiker/innen nur raten – oder schlimmer noch: Geschichte erfinden.

Wie können wir etwas über die Vergangenheit wissen? Häufig vorkommende Annahmen von Schülerinnen und Schülern	
Es ist ein Informationsproblem.	Wo finden wir die Sachen?
Es ist ein Problem des Zugangs zur Vergangenheit.	Wir können es nicht wissen, da wir nicht da waren. Wir haben es nicht gesehen.
Es ist ein Problem, das damit zu tun hat, wahre Berichte/Zeugnisse zu finden.	Wir können herausfinden, was passiert ist, aber nur, wenn wir eine Quelle finden, die uns erzählt, wie es war. Diese Person müsste Augenzeuge gewesen sein.
Es ist ein Problem, das damit zu tun hat, „wahren" Berichten trauen zu können.	Wir können nicht wirklich wissen, ob jemand die Wahrheit erzählt hat. Sachen verändern sich, wenn sie weitergegeben werden (stille Post). Menschen lügen und übertreiben, sie sind auch voreingenommen.
Es ist ein Problem, das damit zu tun hat, Dinge durch die Verwendung von Quellenbelegen (*evidence*) herauszuarbeiten/-finden.	Wir sind nicht davon abhängig, dass Menschen uns erzählen, was passiert ist. Wir können das selbst herausfinden, und zwar durch Hinweise, die wir haben, auch wenn keiner uns erzählt hat, was passiert ist. Wir können Fragen an Quellen stellen, deren Beantwortung diese nicht beabsichtigt haben.

Abb. 2.14: Schülervorstellungen über Vergangenheit nach Ashby/Lee/Shemilt (2005, S. 123)

Die Fähigkeit, historische Informationen – mit Bezug zu den sozialen Zusammenhängen, in denen sie entstanden und genutzt wurden – zu verstehen, entwickelt sich nur langsam und kann auch im entwickelten Zustand schwer zu aktivieren sein. Ein Ziel des Geschichtsunterrichts ist es, Lernenden die Erkenntnis zu ermöglichen, dass Wissen über die Vergangenheit ein Problem ist, das durch die fachspezifische Arbeit mit Quellen charakterisiert ist. Lehrer/innen müssen sich aber auch mit weniger zufrieden geben: Wenn einige Schüler/innen das Problem nicht mehr als eines von Informationen, sondern als eines des Zeugnisablegens (*testimony*) sehen, dann ist schon wichtiges erreicht (ebd., S. 100, 123). Historiker/innen wissen häufig nicht genau, was passiert ist. Das heißt aber nicht, dass sie einfach raten können: Wenn sie nicht sicher sein können, sind sie dazu in der Lage, stärkere oder schwächere Argumente darüber zu produzieren, welche Antworten am meisten Sinn machen. Ein solches Verständnis braucht viele Untersuchungsbeispiele, um sich entwickeln zu können, da es Lernenden schwer fällt, zu artikulieren, was als stärkeres oder schwächeres Argument zählt. Deshalb muss der Unterricht häufiger und in einer Reihe von Zusammenhängen darauf zurückkommen, was dazu führt, dass ein Argument funktioniert oder nicht. Schüler/innen denken laut Ashby, Lee und Shemilt über die Verlässlichkeit einer Quelle häufig im Sinne einer „Alles-oder-nichts-Eigenschaft", anstatt als Urteil darüber, wie weit eine Quelle als Belegmaterial zur Beantwortung einer bestimmten Frage genutzt werden kann (ebd., S. 124f.).

Der Wandel von Schülervorstellungen ist keine automatische Folge des Alters. Viele Schüler/innen der Jahrgangsstufe 7 denken noch genauso wie die der Jahrgangsstufe 4, wenn sie nicht auf die Probleme aufmerksam gemacht werden, die ihre Alltagsideen erzeugen (ebd., S. 81):

The 7-Year Gap

- Lehrer/innen in heterogenen Lerngruppen müssen von einer Lücke von 7 Jahren zwischen den leistungsfähigsten und leistungsschwachen Lernenden ausgehen;
- die Vorstellungen zu verschiedenen Konzepten zweiter Ordnung entwickeln sich nicht parallel;
- so kann z. B. das Verständnis einer Schülerin/eines Schülers von Evidenz/Belegbarkeit und historischen Darstellungen das am meisten fortgeschrittene in der Lerngruppe sein, aber ihr/sein Verständnis von kausalen oder empathischen Erklärungen ist nicht so gut entwickelt und das Verständnis von Zeit und Wandel kann sogar unter dem Klassendurchschnitt liegen;
- die Vorstellungen von Lernenden zur Geschichte entwickeln sich nicht als notwendige Folge ihrer Reifung;
- viele Schüler/innen der Jahrgangsstufen 7 und 8 sind zufrieden mit ihrer mentalen Ausstattung und sehen keine Notwendigkeit, diese neu zu arrangieren oder zu ersetzen;
- das liegt zum Teil daran, dass ihnen das metakognitive Bewusstsein fehlt und sie zu dem Schluss kommen, dass sie „nicht gut sind in Geschichte";
- es ist einer der schwierigsten Aufgaben für Lehrkräfte, diesen Lernenden zu zeigen, dass sie „gut" in diesem Fach werden können – allerdings auf Kosten einer Anstrengung erfordernden, ständigen mentalen Umstrukturierung.

Abb. 2.15: Heterogenität in Schülervorstellungen nach Ashby/Lee/Shemilt (2005, S. 82)

Wenn die Präkonzepte von Lernenden im Unterricht nicht direkt behandelt werden, lernen sie oftmals diese Inhalte auswendig, verwenden aber für ihr Handeln in der Welt (außerhalb der Schule) weiterhin ihre erfahrungsbasierten Präkonzepte. Es kann also sein, dass sie zwar im Unterricht Fachkonzepte anwenden, außerhalb des Klassenzimmers aber weiterhin alternative, nicht-fachspezifische, falsche Modelle benutzen. Ein Großteil der Lücke, die sich zwischen dem auftut, was wir unterrichten und was Schüler/innen lernen, kann dem Umstand zugeschrieben werden, dass Lernende neues Wissen über die Vergangenheit mit bereits existierendem, aber unangemessenen Wissen verbinden, das aus dem Alltagsleben stammt. Wenn wir als Lehrer/innen nicht wissen, mit welchen Vorstellungen unsere Schüler/innen arbeiten, können wir Fehlvorstellungen nicht angehen. Das Ausmaß, in dem Lehrer/innen dazu in der Lage sind, diese Präkonzepte zu identifizieren, bestimmt, ob sie Missverständnisse über die Vergangenheit (gegenstandsbezogenes Wissen) ausräumen können, oder wichtiger noch, ob sie konzeptuelle Werkzeuge, welche die Schüler/innen benötigen, um aus der Vergangenheit Sinn bilden zu können, modifizieren und entwickeln können (ebd., S. 79). Unterrichtsstunden, in denen die Schüler/innen Raum haben, ihre Vorstellungen auszudrücken, sind sehr wichtig, um als Lehrkraft die Möglichkeit zu haben, die Beschaffenheit dieser Ideen zu entdecken. Peter Gautschi verwendet für die Diagnose von Schülervorstellungen (bzw. des Geschichtsbewusstseins) das Bild der Wurzel eines Baumes – sie verleiht dem Geschichtsunterricht Standfestigkeit (Gautschi 2012a, S. 9). Sogar wenn wir denken, dass unser Unterricht einen Unterschied ausmacht, kann es sein, dass die Schüler/innen das, was wir sagen, einfach nur in ihre existierenden Präkonzepte aufnehmen. Und sogar wenn es so scheint, als hätten die Schüler/innen das unterrichtete Konzept in einem Zusammenhang verstanden, muss der Unterricht bei anderen Themen darauf zurückkommen, da Veränderungen von Schülervorstellungen Zeit, Geduld und Planung benötigen (Ashby/Lee/Shemilt 2005, S. 84; Donovan/Bransford 2005, S. 4f.; Lee 2005, S. 31, 33). Um effektiv auf den Vorstellungen aufbauen zu können, welche die Schüler/innen mit in den Klassenraum bringen, müssen Lehrende darauf achten, wo die Startpunkte der individuellen Schüler/innen liegen und wie sich ihre Vorstellungen durch Lernaufgaben entwickeln (können). Das setzt einen binnendifferenzierten Unterrichtsaufbau voraus. Der Schwierigkeitsgrad der Aufgaben sollte nach Donovan und Bransford so sein, dass sie gerade noch zu schaffen sind, also herausfordernd genug, um die Beschäftigung mit ihnen aufrechtzuerhalten, aber nicht zu herausfordernd, um die Schüler/innen nicht zu entmutigen. Lehrer/innen müssen die Stärken finden, die Lernenden dabei helfen, eine Verbindung zu den unterrichteten Informationen/Inhalten aufzubauen. Wenn diese Verbindungen nicht explizit gemacht werden, bleiben die unterrichteten Inhalte häufig wirkungslos und unterstützen weiteres Lernen nicht (Donovan/Bransford 2005, S. 14). Während einige Schülervorstellungen Geschichte als sinnlose Übung erscheinen lassen, gibt es andere, die das historische Lernen voranbringen können. Da einige Vorstellungen wirkungsvoller als andere sind, kann über Progression in der Art und Weise geredet werden, wie die Schüler/innen die Disziplin Geschichte verstehen. Wenn wir von einer Progression der Vorstellungen über Geschichte ausgehen, können wir sehen, wie das Verständnis von Lernenden nach und nach erweitert werden kann. Manchmal kann das erreicht werden, indem Schüler/innen dazu befähigt werden, zu entdecken, wie ihre Präkonzepte im Angesicht von historischen Problemen zusammenbrechen, manchmal kann auf existierenden Ideen aufgebaut werden (Lee 2005, S. 36f.).

Schülervorstellungen (nach Günther-Arndt)

- Sind Begriffe, Konzepte und Theorien, mit denen Sachverhalte erklärt werden;
- werden gewöhnlich vor und/oder neben der Schule erworben;
- sind Alltagskonzepte, implizite bzw. subjektive Theorien, die sich bei der Erklärung von bestimmten Phänomenen oder Ereignissen als brauchbar erwiesen haben;
- werden zum Verstehen von historischen Sachverhalten im Geschichtsunterricht verwendet;
- neigen zum Denken in Analogien, weisen eine fehlende Distanz zur Vergangenheit auf, da in ihnen eine Gleichheit von Verhältnissen in Gegenwart und Vergangenheit dominiert;
- setzen die Gegenwart als Referenzsystem;
- neigen zur Generalisierung;
- führen dazu, dass Erklärungen an historische Quellen herangetragen, nicht etwa aus ihnen „herausgelesen" werden;
- weisen unterschiedliche Komplexitätsgrade auf und können sich auf Begriffe, Konzepte, Denkfiguren und Theorien beziehen;

- werden stark durch epistemologische Überzeugungen beeinflusst (Halldén, Limón);
- sind wahrscheinlich durch unterschiedliche kulturelle Kontexte beeinflusst.

Abb. 2.16: Schülervorstellungen nach Günther-Arndt (2006, S. 274; 2011a, S. 30f.)

Es geht darum, Lernenden zu helfen, wirkungsvollere Vorstellungen zu entwickeln, welche die Beschäftigung mit Geschichte zu einer verständlichen Aufgabe machen, sogar im Angesicht von Kontroversen und Unsicherheit, egal ob sie ihnen in der Schule oder in der Geschichtskultur begegnen. Ein besseres Verständnis von historischen Denkkonzepten kann Lernenden dabei helfen, neue Themen, denen sie begegnen, zu verstehen bzw. Sinn zu bilden. Obwohl die empirischen Beweise für den Transfer von disziplinären Konzepten von einem Thema zum anderen relativ klein sind, zeigt die Evaluation des *Schools Council History 13–16 Project* in Großbritannien (Shemilt 1980), dass auf Transfer abzielendes Unterrichten erfolgreich sein kann (Lee 2005, S. 40).

2.3.2 Historische Denkkonzepte

Es ist wichtig, Schüler/innen mit konzeptuellen Strukturen und Werkzeugen zu versorgen, mit denen sie inhaltliches Wissen organisieren und manipulieren können. Da Geschichte ein überaus informationsreiches Fach ist, können Lernende schnell in einem Meer von Inhalten treiben, die nicht begrenzt oder kontrolliert werden können (Ashby/Lee/Shemilt 2005, S. 79f.). Das zweite Prinzip stellt deshalb die zentrale, wissensorganisierende Bedeutung von Konzepten heraus. Die von Denis Shemilt in seiner Evaluationsstudie vorgenommene Trennung von historischen Arbeitskonzepten und strukturellen disziplinären Konzepten wurde in späteren Arbeiten von Peter Lee und Rosalyn Ashby aufgenommen, die zwischen *substantive history* und *second-order or procedural ideas about history* unterscheiden:

> ‚Substantive history is the content of history, what history is "about". Concepts like peasant, friar, and president, particulars like the Battle of Hastings [...] and individuals like Abraham Lincoln [...] are part of the substance of history. Concepts like historical evidence, explanation, change, and accounts are ideas that provide our understanding of history as a discipline or form of knowledge" (Lee/Ashby 2000, S. 199).

Die metahistorischen Konzepte bzw. Konzepte zweiter Ordnung nennen Seixas und Morton mittlerweile „historische Denkkonzepte" und versuchen diese für Unterrichtszwecke auf sechs große Konzepte zu reduzieren (Seixas/Morton 2013; siehe Kapitel 5). Diese Bezeichnung werde ich im Folgenden übernehmen, da es sich bei diesen Konzepten meines Erachtens um *threshold concepts* handelt, die Lernenden neue und vorher unzugängliche Wege des Denkens über die Disziplin Geschichte ermöglichen. Ein *threshold concept* (vgl. Atherton 2011a; 2011b) ist ein Portal, das Lernenden neue und vorher unzugängliche Wege des Denkens über etwas ermöglicht. Wenn man einmal durch die Tür gegangen ist, kann man allerdings nicht mehr zurück. Die Art, wie man denkt, zu ändern, kann verunsichernd wirken, zumal mit diesen Konzepten eine Relativierung des Wissens über die Vergangenheit einhergeht. Insofern können *threshold concepts*, deren Erforschung noch am Anfang steht, durchaus auch *troublesome knowledge* (vgl. Atherton 2011c; 2011d) darstellen, was dazu führen kann, dass Lernende erst einmal nur mit einem Fuß durch die Tür gehen oder davor zurückschrecken. Die historischen Denkkonzepte nehmen in der britischen und nordamerikanischen Diskussion gewissermaßen die Rolle der Kompetenzen in der deutschen Forschung ein:

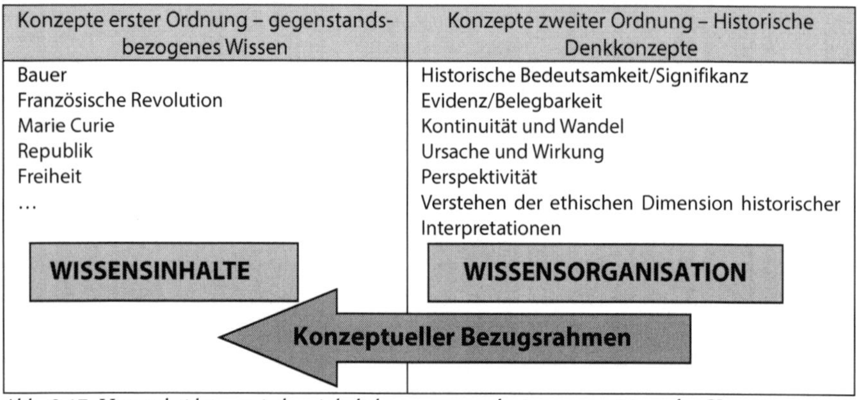

Konzepte erster Ordnung – gegenstandsbezogenes Wissen	Konzepte zweiter Ordnung – Historische Denkkonzepte
Bauer Französische Revolution Marie Curie Republik Freiheit …	Historische Bedeutsamkeit/Signifikanz Evidenz/Belegbarkeit Kontinuität und Wandel Ursache und Wirkung Perspektivität Verstehen der ethischen Dimension historischer Interpretationen
WISSENSINHALTE	**WISSENSORGANISATION**
← **Konzeptueller Bezugsrahmen**	

Abb. 2.17: Unterscheidung zwischen inhaltsbezogenen und wissensorganisierenden Konzepten

Konzepte, die wissenschaftliches Wissen organisieren, also konzeptuelle Rahmungen von Wissen bzw. Verstehen darstellen, sind eine Art von Wissen, die Lernende durch Alltagserfahrungen normalerweise nicht erwerben können, da sie ihnen im Alltag nicht begegnen. Solche, die wissenschaftliche Denk- und Arbeitsweise prägenden Vorstellungen sind oftmals über Generationen entwickelt worden und Lernende benötigen normalerweise Hilfe (z. B. durch Interaktion mit Fachleuten), um diese wissensorganisierenden Konzepte verstehen zu können. Damit die Inhalte des Unterrichts gut verstanden werden können, muss das zu erwerbende inhaltliche Wissen in konzeptuelle Bezugsrahmen eingebettet sein. Konzepte werden für Lernende bedeutungsvoll durch vielfältige Darstellungen, die reich an inhaltlichen Details sind. Kompetente Performanz basiert weder allein auf Fakten- noch auf konzeptuellem Wissen, da Konzepte ihre Bedeutung in wissensreichen Zusammenhängen erlangen, in denen sie angewendet werden (Donovan/Bransford 2005, S. 6). Diese grundlegende Verbindung zwischen Konzepten erster und zweiter Ordnung, zwischen inhaltlichem und inhaltsorganisierendem Fachwissen wird in einer schon lange anhaltenden Bildungsdebatte häufig gegeneinander ausgespielt: Müssen wir die großen Ideen, prozedurales Wissen und methodische Fertigkeiten oder Kompetenzen betonen und weniger die Inhalte oder produzieren wir dann Schulabgänger mit einer Wissensbasis, die zu dünn und somit inakzeptabel ist? Diese Debatte ist aber nicht weiterführend, da sich das Wissen über historische Inhalte und das Wissen über wichtige organisierende Ideen des Faches Geschichte gegenseitig unterstützen. Aus der Experten-und-Novizen-Forschung wissen wir, dass Experten bei Aufgabenstellungen in ihrem Wissensbereich ein größeres inhaltliches Wissen besitzen als Novizen und dieses besser erinnern können. Der Grund dafür, warum sie sich besser erinnern können, wird darin gesehen, dass sie das, was Novizen als einzelne, unverbundene Informationen sehen, als organisierte Ideenzusammenhänge sehen können (ebd., S. 7). Vernetztes Wissen, das um die grundlegenden Ideen einer Disziplin organisiert ist, sollte somit im Unterricht erworben werden, da die Wissensorganisation das ist, was Experten beim Verstehen und beim Lösen von Problemen auszeichnet. Schüler/innen benötigen ein sicheres Fundament von Wissensinhalten, die um die Schlüsselkonzepte der Disziplin herum angeordnet sind. Es geht hierbei nicht darum, vorzuschlagen, dass Schüler/innen in der Schule Geschichte auf demselben Niveau wie Historiker/innen betreiben sollen oder auf dieselbe Art und Weise. Es geht vielmehr darum, dass Schüler/innen implizite Vorstellungen darüber, was Geschichte ist, mit in die Schule bringen und wir mit diesen Vorstellungen im Unterricht arbeiten müssen, wenn wir ihnen dabei helfen wollen, das besser zu verstehen, was Lehrer/innen und Historiker/innen über die Vergangenheit sagen – im Sinne einer Lernprogression (Lee 2005, S. 31f.).

2.3.3 Metakognition

Das dritte Prinzip betont die wichtige Rolle eines metakognitiven oder selbstbeobachtenden Ansatzes beim Lernen, da dieser Lernenden helfen kann, die Fähigkeit zu entwickeln, ihr eigenes Lernen kontrollieren zu können, indem sie sich bewusst Lernziele setzen und ihren Fortschritt beim Erreichen dieser Ziele beobachten. Wenn wir Schülervorstellungen mit den Denkkonzepten der Disziplin zusammenbringen, können wir sehen, dass sie eine Grundlage dafür bereitstellen, um Schüler/innen dazu zu befähigen, über ihr eigenes Lernen nachzudenken. Dabei sind metakognitive Strategien besonders wichtig. Sein eigenes Geschichtslernen zu beobachten, heißt u. a. zu wissen, welche Fragen an Quellen gestellt werden können und warum das Verstehen von Menschen der Vergangenheit Sorgfalt und Vorsicht erfordert. Es heißt, zu wissen, wonach man schauen muss, wenn man eine historische Darstellung der Vergangenheit bewertet, was voraussetzt, dass man versteht, dass die Darstellungen von Historikerinnen und Historikern sich auf Fragen und Themen beziehen. Kurz: es heißt ein gewisses Verständnis davon zu haben, was es heißt, Geschichte zu betreiben (Lee 2005, S. 32). Ein Verständnis der Disziplin ermöglicht den Lernenden eine ernsthaftere Auseinandersetzung mit dem gegenstandsbezogenen Wissen (*substantive history*) und befähigt sie dazu, Dinge mit ihrem historischen Wissen zu tun. Manchmal wird ein solches Verständnis deshalb als Fertigkeit (*skill*) beschrieben. Diese Bezeichnung ist aber irreführend:

> „Skills are commonly single-track activities, such as riding a bicycle, which may be learned and improved through practice. The understandings at stake in history are complex and de-mand reflection. Students are unlikely to acquire second-order understandings by practice alone; they need to think about what they are doing and the extent to which they under-stand it. This kind of metacognitive approach is essential for learning history effectively. Building ideas that can be used effectively is a task that requires continuous monitoring and thinking on the part of both teacher and student" (ebd., S. 40f.).

Metakognitive Fragen sind sehr wichtig, sie sollen das Bewusstsein der Schüler/innen dafür schärfen, was sie wissen und verstehen und das einige Antworten auf Fragen Probleme lösen, während andere das nicht tun. Eine Unterrichtsplanung, welche Fragen mit den historischen Denkkonzepten verbindet, kann metakognitive Strategien entwickeln helfen. Metakognitive Fragen haben weitere Vorteile, da sie den Lehrkräften erlauben, Einsichten in das Verständnis und die Fehlvorstellungen ihrer Schüler/innen zu gewinnen und so von Lernmöglichkeiten zu profitieren, die im Klassenzimmer entstehen, und über die Korrekturen nachzudenken, die in der täglichen Unterrichtsplanung notwendig sind, um individuellen Lernbedarf unterstützen zu können, aber auch über längerfristige Ziele (Ashby/Lee/Shemilt 2005, S. 176). Ein metakognitiver Ansatz kann Schüler/innen dazu befähigen, darüber nachzudenken, wie sie lernen und wie sie ihren Lernprozess kontrollieren können. Im Hinblick auf historische Denkkonzepte können Lernende die notwendigen konzeptuellen Werkzeuge zur Organisation und Verarbeitung von Informationen –

ohne sich darüber bewusst zu sein, was sie tun – nur im begrenzten Ausmaß erwerben und weiterentwickeln. Um beispielsweise zu entscheiden, ob eine gegebene Quelle für bestimmte Zwecke (aber nicht für andere) verlässlich ist oder ob eine Quelle Belege von Dingen enthält, die sie weder sagt noch zeigt, müssen Schüler/innen nicht nur zum schlussfolgerndem Denken in der Lage sein, sondern sie müssen auch wissen, dass sie genau das tun und müssen ihre Schlussfolgerungen zu Objekten des Bewusstseins machen, die gegenüber Regeln bewertet werden. Ein solches Niveau des metakognitiven Bewusstseins wird laut Ashby, Lee und Shemilt wahrscheinlich nicht in den unteren Jahrgangsstufen erreicht werden können, aber seine Erreichbarkeit kann beschleunigt werden, wenn Lehrer/innen von Grundschulkindern deren Aufmerksamkeit auf Fragen lenken, wie „Wie/Woher wissen wir das?“, „Ist das möglich?“ und „Wenn das passiert sein kann, können wir dann auch sagen, das es passiert ist?“ (ebd., S. 80).

2.3.4 Schülervorstellungen und Lernprogression

Historisches Lernen kann laut Ashby, Lee und Shemilt am besten unterstützt werden, wenn die Unterrichtsplanung über die Schuljahre hinweg historische Denkkonzepte und die Inhalte abdeckt. Die Planung einer Progression im Hinblick auf beide unterscheidet sich aber. Während die gegenstandsbezogenen Themen chronologisch, thematisch oder nach Maßstab geplant werden können, geht es bei historischen Denkkonzepten nicht um die Auswahl bestimmter Abschnitte der Vergangenheit, sondern um Modelle von Lernprogression, die auf systematischer Forschung und Unterrichtserfahrung basieren. Diese Modelle sind hierarchisch und beschreiben Entwicklungsstufen (*stages*) in der Entwicklung des Schülerdenkens über einen längeren Zeitraum – es handelt sich dabei immer um ein Modell, nicht das Modell. Dabei ist zu beachten, dass diese Modelle weder vorschreiben, noch beschreiben, wie sich die Vorstellungen jeder individuellen Schülerin/jedes individuellen Schülers entwickeln sollen oder werden. Sie stellen Verallgemeinerungen dar, die auf die Mehrheit der Schüler/innen angewendet werden können, und zwar anscheinend über Generationen und Nationalitäten hinweg. Sie können mit Trampelpfaden auf Bergen verglichen werden: Diese existieren, weil die meisten Wanderer dort entlanggingen, aber auch andere Wege führen zum gewünschten Ziel. Auf einem Klassenausflug wird die Lehrkraft die Schüler/innen entlang eines ausgewählten Weges führen und nicht jede/n Einzelne/n ihren/seinen eigenen Weg finden lassen. Diese Analogie trägt aber in einer wichtigen Hinsicht nicht: Es ist zwar möglich, mit Lernenden einigermaßen geordnet auf einem Bergwanderweg zu laufen, aber sie werden die Stufen der Lernprogressionsmodelle in sehr unterschiedlichen Geschwindigkeiten durchlaufen, Stufen überspringen, ihre Grenzen vielleicht überschreiten, während andere auf einer niedrigen Stufe verharren. Niveaustufen konzeptuellen Verstehens können nicht an Jahrgangsstufen oder Themen festgemacht werden, einige Schüler/innen müssen, wenn sie das Thema wechseln, die Arbeit auf einem ähnlichen Niveau der konzeptuellen Herausforderung fortsetzen, während andere schon neue und herausfordernde konzeptuelle Probleme angehen können. Im Ganzen gesehen operieren Schüler/innen der Jahrgangstufe 6 auf höherem konzeptuellem Niveau als die der Jahrgangsstufe 4, aber einige der jüngeren Schüler/innen besitzen – relativ zum Beschreibungsmodell – weiterentwickelte konzeptuelle Verständnisse als einige der älteren (Ashby/Lee/Shemilt 2005, S. 164ff.). Wenn die Schüler/innen nicht zusammengehalten werden können, stellt sich natürlich die Frage, warum ihnen nicht erlaubt werden soll, ihren eigenen Weg über den konzeptuellen Berg zu finden? Was bringt die Orientierung an den Progressionsmodellen? Ashby, Lee und Shemilt argumentieren hier wie folgt: Erstens können alle schneller fortschreiten, wenn sie über einen bereits existierenden Weg geführt werden und nicht sich selbst überlassen werden. Wenn zweitens die Wege deutlich markiert werden, können Schüler/innen begreifen – und sich metakognitiv darüber bewusst werden –, dass von ihnen erwartet wird, über den Berg zu kommen und nicht irgendwo zu verharren oder sich symbolisch gesprochen anzuschauen, wie die Wolken vorbeiziehen. Wege sind dazu da, um von hier nach dort zu kommen. Wenn Lehrer/innen planen, einen Fortschritt in den Schülervorstellungen über historische Denkkonzepte zu erreichen, wird es für die Schüler/innen möglich, sich bewusst zu werden, dass ihr Verständnis sich verändern muss, und zwar unabhängig von Veränderungen in der inhaltlichen Landschaft, in der ein Thema im Unterricht dem anderen folgt. Wenn drittens das Erreichen eines Fortschritts der Schülervorstellungen geplant wird, ist es einfacher, Präkonzepte und Fehlkonzepte vorauszusehen, die Schüler/innen an jedes Thema herantragen können. Wenn Lehrer/innen feststellen, dass sie ein paar Schüler/innen auf der Bergwanderung verloren haben, ist es leichter auf und neben dem hinter ihnen liegenden geplanten Weg zu suchen als die gesamte Bergregion abzusuchen (ebd., S. 168). Der Zusammenhang zwischen den Schülervorstellungen und den konzeptuellen Verständnissen, die unterrichtet werden, ist zentral, da diese Relation entscheidend dafür ist, um sicherstellen zu können, dass eine Progression im Verstehen stattfinden kann. Lehrer/innen, die Lerngruppen übernehmen, benötigen deshalb nicht nur ein Wissen über die bereits unterrichteten Inhalte, sondern auch über die erworbenen konzeptuellen Verständnisse. Die gemeinsame Planung solcher Prozesse in den Kollegien ist ein wichtiger Faktor zur Umsetzung solcher Lernprogressionen (ebd., S. 173). Wie eine solche Planung aussehen kann, soll im Folgenden am Beispiel des Konzepts *evidence* (= das, was aus einer Quelle wird, wenn sie analysiert wird) erläutert werden:

Lernprogression von Schülervorstellungen im Hinblick auf den Umgang mit Quellen	
Stufe:	Kurzbeschreibung:
I. Pictures of the past	Lernende behandeln die Vergangenheit wie die Gegenwart und Quellen (*evidence*), als würden sie einen direkten Zugang zur Vergangenheit bieten. Fragen nach den Grundlagen, auf denen Aussagen über die Vergangenheit beruhen, kommen nicht auf.
II. Information	Die Vergangenheit wird als feststehendes Wissen behandelt, dass irgendeiner Autorität bekannt ist. Quellenbelege (*evidence*) werden als Informationen angesehen. Erhalten die Schüler/innen Aussagen, die sie anhand von Quellenbelegen überprüfen sollen, versuchen sie zusammenpassende Informationen zu finden oder Quellen zu zählen, um das Problem zu lösen. Es entstehen Fragen im Hinblick darauf, ob die enthaltenen Informationen korrekt oder falsch sind, dem Fach Geschichte wird aber keine Methode zugeschrieben, um solche Fragen zu beantworten. Quellen, obwohl manchmal ihre Verbindung zur Vergangenheit gesehen wird, liefern transparente Informationen, die entweder richtig oder falsch sind.
III. Testimony	Die Menschen der Vergangenheit berichten uns über diese, und zwar entweder gut oder schlecht. Fragen darüber, wie wir etwas über die Vergangenheit wissen können, werden als vernünftig betrachtet, die Lernenden beginnen zu verstehen, dass das Fach Geschichte eine Methode hat, um Aussagen über die Vergangenheit zu überprüfen. Widersprüchliche Quellenausagen werden dadurch angemessen aufgelöst, dass entschieden wird, welcher

	Bericht/welches Zeugnis der/das beste ist. Berichte werden oft behandelt, als ob ihre Autor(inn)en mehr oder weniger direkte Augenzeugen wären – je direkter, desto besser. Vorstellungen von Voreingenommenheit, Übertreibung und Informationsverlust unterstützen die Dichtomie zwischen dem Berichten der Wahrheit und dem Erzählen von Lügen.
IV. Cut and paste	Die Lernenden gehen davon aus, dass die Vergangenheit auch dann untersucht werden kann, wenn uns kein individueller Berichterstatter wahrheitsgemäß oder exakt erzählt hat, was geschehen ist. Wir können eine Version der Vergangenheit zusammensetzen, indem wir die wahren Aussagen aus verschiedenen Berichten herauspicken und diese kombinieren. Vorstellungen über Voreingenommenheit oder Lügen werden durch Fragen ergänzt, ob der Berichterstatter in der Lage ist, Wissen über die Geschehnisse zu haben.
V. Evidence in isolation	Die Lernenden verstehen, dass Aussagen über die Vergangenheit aus Quellen abgeleitet werden können und dass Fragen an Quellen gestellt werden können, für deren Beantwortung diese nicht erschaffen wurden. Quellen können also auch für Fragen verwendet werden, über die sie kein Zeugnis ablegen. Historiker/innen können also auch dann Dinge herausfinden, wenn keine „Zeugenaussage" überlebt hat. Quellen können auch fehlerhaft sein, ohne Lügen oder Voreingenommenheiten zu enthalten. Die Vertrauenswürdigkeit einer Quelle ist keine fixe Eigenschaft und die Gewichtung von einzelnen Quellenbelegen hängt davon ab, welche Fragen wir stellen.
VI. Evidence in context	Quellen können nur erfolgreich verwendet werden, wenn sie in ihrem historischen Kontext verstanden werden. Wir müssen wissen, was ihr Zweck war und in welcher Beziehung sie zu der Gesellschaft standen, in der sie produziert wurden. Kontexte verändern sich mit Ort und Zeit. Die Lernenden beginnen, ein Verständnis der Zeitumstände für wichtig zu erachten.

Abb. 2.18: Progressionsmodell nach Ashby/Lee/Shemilt (2005, S. 166f.), adaptiert

Planungsschema zur Lernprogression von Schülervorstellungen im Hinblick auf den Umgang mit Quellen			
Fragen und Inhalte	Prinzip 1 Schülervorstellungen (Diagnostik)	Prinzip 2 Historische Denkkonzepte	Prinzip 3 Metakognitive Fragen
How do we know? … Inhalt …	Je nach Jahrgangsstufe und vorausgehendem Unterricht werden hier vor allem Schülervorstellungen aus den Stufen I-IV auftauchen, also z. B.: • Wir können nichts über die Vergangenheit wissen, da wir nicht selbst da waren. (II) • Wenn keiner die Wahrheit über das, was passiert ist, erzählt hat, dann können wir nichts herausfinden. (III)	Der Unterricht würde in Planung und Materialauswahl auf die Weiterentwicklung der Schülervorstellungen in Richtung der Stufen V-VI abzielen, also z. B.: • Wir können herausfinden, was in der Vergangenheit geschehen ist, indem wir Dinge untersuchen, die übrig geblieben sind. (V) • Wir können uns häufig nicht sicher sein über die Vergangenheit, aber wir können stärkere und schwächere Argumentationen entwickeln und diese anhand der Quellen belegen. (V) • Um die Quelle verstehen zu können, muss ich mich mit dem historischen Kontext beschäftigen, in dem sie entstanden ist. (VI)	Mögliche Beispiele: *Am I clear what question I'm asking?* *Does my argument work for the hard bits as well as the easy bits?* *Can the sources answer my questions?* *What other kinds of sources will I need?* *Do I understand what beliefs or values might make the writer see things in the way he or she does?* *How do those beliefs and values affect the way I can use this as evidence?*

Abb. 2.19: Progressionsplanungsbeispiel nach Ashby/Lee/Shemilt (2005, S. 174f.), adaptiert

2.3.5 Fünf Schritte zur Unterrichtsgestaltung im bilingualen Geschichtsunterricht

Aus den vorangegangenen Überlegungen lassen sich fünf Prozessschritte im bilingualen Geschichtsunterricht ableiten. Diese sollen keinen Regelkreislauf suggerieren, sondern der fachspezifischen Auffüllung von Prozessstrukturen dienen, die für die Vorbereitung und Durchführung von bilingualem Geschichtsunterricht wichtig sind:

Kompetenzorientierter bilingualer Geschichtsunterricht – Fünf Schritte zur Unterrichtsgestaltung
(1) SCHÜLERVORSTELLUNGEN – LERNAUSGANGSLAGE Vorwissen als Ausgangsbasis: Analyse des Lernstands, insbesondere im Hinblick auf Schülervorstellungen zu den historischen Denkkonzepten (dreifache Gruppierung von Lernenden mit wirkungsvollen oder begrenzenden Ideen sowie dem Mittelfeld); Nachdenken über Ziele: Was sollen die Schüler/innen besser können als vorher (Lesen/Schreiben/Denken) und welches fachliche und fachsprachliche Wissen (in Deutsch und der Fremdsprache) benötigen sie dafür?
(2) LERNAUFGABEN Mit welchen Aufgaben und Problemen können die Schüler/innen konfrontiert werden, damit sie die Denkkonzepte/Kompetenzen entwickeln/erwerben können? Elemente der Kompetenzentwicklung: • historisches Lesen *(sourcing, contextualization, close reading, corroboration)*; • historisches Scheiben; • Konzeptentwicklung: gegenstandsbezogenes Wissen und historische Denkkonzepte; • Sachanalyse, Sachurteil, Werturteil. Stellt die Aufgabe aus der Sicht des Faches Geschichte eine fachspezifische und problemhaltige Anforderungssituation dar und fordert sie eigenständiges problemlösendes Denken und handeln heraus? Ermöglicht die Aufgabe die Anwendung/Übertragung bereits verfügbarem Wissens und bereits verfügbarer Fähigkeiten und Fertigkeiten auf neue Kontexte sowie deren Vertiefung, Festigung und Vernetzung?
(3) *COGNITIVE MODELLING/SCAFFOLDING* In welche Lernsituationen (mit welchen fachspezifischen und fremdsprachlichen Methoden) können die Schüler/innen gebracht werden, damit sie die Aufgaben und Probleme bewältigen können? Wie viel Instruktion benötigen sie, damit sie ihren Lernprozess selbst gestalten können? Gerüstbau und Modellierung im Hinblick auf fachspezifische Denkweisen und Arbeitsmethoden sowie auf sprachliche Mittel, welche den Lernenden eine aktive und zunehmend selbstständige Auseinandersetzung mit der Aufgaben- und Problemstellung ermöglicht.
(4) FEEDBACK UND PASSUNG DER LERNAUFGABE Häufige Möglichkeit, das Denken und Lernen von Lernenden sichtbar zu machen; Hilfestellung/Leitlinie für Schüler/innen und Lehrer/innen beim Lernen und Lehren. Sichtung der Zwischenergebnisse – Zweck: Schließung der Lücke zwischen dem gegenwärtigen historischen Verstehen/der gegenwärtigen Leistung und dem gewünschten Ziel. Welche Methode eignet sich zum Feedback bei der gewählten Lernaufgabe? Wie kann das Nachdenken der Lernenden über den eigenen Lernprozess angeregt werden? Wie können sie ihre eigenen Ideen und Erklärungen zur Geschichte kritisch und konstruktiv betrachten? (An-)Passung der Lernaufgabe nach Feedback: Haben die Lernenden das Ziel schon erreicht und benötigen neue Zielsetzungen? Können die Lernenden das Ziel erreichen? Welche Schritte/Anregungen/Hilfsmittel sind dazu nötig? Muss die Zielsetzung verändert werden?
(5) ENTWICKLUNG DER HISTORISCHEN DENKKONZEPTE/KOMPETENZEN Überprüfen der Lernergebnisse: Sind die erhofften Ziele erreicht wurden? Wurden wirkungsvollere oder begrenzendere Ideen erreicht als gedacht? Woran lag das? Welche Perspektiven/Schlussfolgerungen ergeben sich hieraus für die Weiterarbeit?

Abb. 2.20: Prozessschritte im bilingualen Geschichtsunterricht

Neben der metakognitiven Komponente, die sich in formativen Beobachtungs- und Rückmeldungsaktivitäten zeigt, stellen die Lernaufgaben und die zu ihrer Bewältigung notwendigen Lerngerüste und Modellierungsprozesse wichtige Elemente bilingualen Geschichtsunterrichts dar. Im Folgenden soll ein genauerer Blick auf Lernaufgaben geworfen werden, denen im Rahmen der Kompetenzorientierung eine wichtige Funktion im Unterrichtsprozess beigemessen wird.

2.3.6 Lern- und Prüfungsaufgaben im bilingualen Geschichtsunterricht – Motor des Kompetenzerwerbs?

In Verbindung mit den Inhaltsfeldern sollen die Bildungsstandards die Kernideen (Grundbegriffe, Denkoperationen und Verfahrensweisen, Grundlagenwissen) der Fächer besonders klar herausarbeiten, also im Sinne Bruners die Struktur der Disziplin verdeutlichen. Die Aneignung der Kernideen erfolgt über die Aufgabenkultur im Geschichtsunterricht. Peter Gautschi ist in seiner empirischen Studie von 2009 zu dem Ergebnis gekommen, dass guter Geschichtsunterricht aufgabenbasiert ist: „Entscheidend für gute Geschichtslektionen sind fachspezifisch bedeutsame Lernaufgaben, die einen Bezug zu den Lernenden anbieten und sie zu historischem Erzählen anregen“ (Gautschi 2009, S. 254). Aufgabenbasierter Unterricht individualisiert das Lernen, fördert die Verantwortung für das eigene Lernen und kann viel stärker als erarbeitender Unterricht Impulse geben, um Probleme und Inhalte aus multiplen Perspektiven, d. h. unter variierenden Aspekten und von verschiedenen Standpunkten aus zu betrachten (Wissenskonstruktion) (Günther-Arndt 2011b, S. 180). Lernprozessanregende Aufgaben können im bilingualen Geschichtsunterricht einen Bereich zwischen Lehrerzentrierung und Lernerautonomie markieren, der ein individualisierendes bzw. differenzierendes Lernen ermöglicht. Somit könnten sie potentiell eine Grundlage dafür hergeben, die beobachtbare Lehrerzentrierung dieser Unterrichtsform aufzubrechen und in Richtung individualisierender, kooperativer und projektförmiger Lernarrangements zu erweitern. Wolfgang Hallet hat Vorstellungen zur Funktion von Lernaufgaben im Englischunterricht entworfen, die *Scaffolding*-Maßnahmen eine große Rolle zusprechen. Er sieht in der Lernaufgabe einen möglichen Weg der unterrichtspraktischen Operationalisierung des abstrakten, kompetenzorientierten Bildungsauftrags (Hallet 2011, S. 145). Sowohl Gautschi als auch Hallet sehen in Lernaufgaben einen möglichen Motor des Kompetenzerwerbs. Gautschi schlägt mit Blick auf den Schulalltag und begrenzter Zeitressourcen im Rahmen von Lehrerfortbildungen die Verwendung kleinerer Aufgabensets vor, die aus Quellen und Materialien zur Vergangenheit bestehen sowie aus Fragen und Impulsen, die historisches Denken anregen bzw. erfordern. Diese Aufgabensets sollen von Lernenden der Sekundarstufe I in 45 Minuten bewältigt werden können. Damit zerlegt er Rüsens „Sinnbildung über Zeiterfahrung“ durch historisches Erzählen in vier Kompetenzbereiche, die durch die Aufgabensets angesprochen werden. Ist sein Ansatz hier aber nicht zu kleinschrittig? So weist er darauf hin, dass in einen von ihm untersuchten Schweizer Lehrwerk ca. 49 % der Aufgaben auf Analysekompetenz und ca. 23 % auf Urteilskompetenz abzielen, während Aufgaben, die auf Wahrnehmungs- und Orientierungskompetenz abzielen, nur zu jeweils ca. 13–14 % vorkommen (Gautschi 2012b). In der Ausbildung von Referendar(inn)en beobachte ich, dass die Ausbilder/innen ihnen die Konzentration auf einen Kompetenzbereich pro Unterrichtsstunde nahelegen, was zum einen dem Modell von Gautschi zuwiderläuft, dass gerade den geregelten Ablauf von Sachanalyse, Sachurteil und Werturteilsprüfung in den Mittelpunkt des Kompetenzerwerbs stellt und zum anderen dazu führt, dass die Unterrichtseinheiten vor allem mit Aufgaben zur Analysekompetenz gefüllt werden. Wenn man davon ausgeht, das die Aufgaben zur Urteilskompetenz häufig gegenwartsfixierte Bewertungen der Schüler/innen hervorrufen, da ihnen nicht genug Zeit und Material zum Erwerb von historischem Kontextwissen zur Verfügung gestellt wird, besteht ein Großteil des Geschichtsunterrichts im informationsentnehmenden Lesen – Methoden historischen Lesens kommen in der von mir beobachteten Ausbildungs- und Unterrichtspraxis nicht vor. Insofern sind die Ideen des *scaffolding*, des *cognitive modeling* und von Lernaufgaben als Rahmenaufgaben (Hallet) in geschichtsspezifischer Form stärker in die Unterrichtsplanung einzubeziehen. Wenn die Förderung narrativer Kompetenz erfolgen soll, scheint mir der verstärkte Einsatz von historischen Längsschnitten notwendig, da Schüler/innen dann Veränderungen in der Zeit erzählerisch verknüpfen müssen sowie der Einsatz von größeren bzw. komplexeren Aufgaben, die ein selbstständiges Zeitmanagement, Durchhaltevermögen und Frustrationstoleranz – aber auch *Scaffolding*-Maßnahmen – erfordern. Im Rahmen von bilingualen Unterrichtseinheiten sollte es somit auch Aufgabensets bündelnde Aufgaben und/oder übergeordnete Abschlussaufgaben geben:

Lernaufgaben in der bilingualen Unterrichtseinheit			
Lernausgangsstand	Aufgabensets	Übergeordnete Aufgaben	Abschlussaufgabe
Diagnostik; Feststellung des Übungsbedarfs; Leitfrage	Aufgaben im Stunden-/Buchformat	Wissen und Können, das in 2 bis 3 Aufgabensets angewendet und erworben wurde, wird hier noch einmal vertieft	Lernprodukt, dessen Bewältigung durch die Erarbeitung der Aufgabensets und der übergeordneten Aufgaben vorbereitet wird

Abb. 2.21: Anordnung von Lernaufgaben im Rahmen von Unterrichtseinheiten

Die Spezifik von Lernaufgaben scheint mir noch nicht zu genüge durchdacht zu sein. Die Kompetenzorientierung von Aufgaben in der Mittelstufe wird mittlerweile häufig an die Verwendung der in der Oberstufe seit längerem eingesetzten Operatoren zurückgebunden, die den in der bilingualen Theoriebildung favorisierten akademischen Diskursfunktionen ähneln. Operatoren werden als handlungsinitiierende Verben verstanden, die durch ihre Signalwirkung den Lernenden zeigen sollen, welche Tätigkeiten beim Lösen von Prüfungs- bzw. Leistungsaufgaben von ihnen erwartet werden. Schönemann, Thünemann und Zülsdorf-Kersting (2011, S. 18) haben deutlich auf Defizite der Operatoren hingewiesen. Operatoren und Anforderungsbereiche bieten keine Grundlage für eine Kompetenzstufung oder Graduierungslogik, eine gängige Praxis, die Andreas Körber wiederholt kritisiert hat (Körber 2012, S. 247). Anforderungsbereiche sind als Instrument der Niveauunterscheidung nicht geeignet, weil die einzelnen Fähigkeiten nicht differenziert werden. Das Anspruchsniveau einer Aufgabe wird durch die Anteile der drei als unterschiedlich „schwierig" erachteten Anforderungsbereiche bestimmt. Das hat zur Folge, dass es um unterschiedliche, nicht um Niveaus gleicher Fähigkeiten (keine Graduierung!) geht: „Inwiefern etwa von Fortgeschrittenen auch elaboriertere Formen der Reproduktion erwartet werden, und ob Anfänger nicht nur in geringerem Umfang, sondern auch ‚einfacher' problematisieren sollen, ist hier gerade nicht ausgeführt" (Körber 2007, S. 437). Ein weiteres Problem besteht meines Erachtens darin, dass Operatoren zwar generische *skills* abbilden, nicht aber historische Denkkonzepte oder historisches Verstehen:

> „The worst muddles occur in the assimilation of complex multi-track cognitive abilities to single track skills improved by practice [...] and in the confusion of specific historical conceptual understanding with acquisition of generic 'skills' like 'analysis' or 'synthesis'" (Lee/Ashby 2001, S. 47).

Nur weil in einer Aufgabenstellung das Wort „analysiere" vorkommt, heißt das noch lange nicht, dass die Schüler/innen in der Auseinandersetzung mit einer Lernaufgabe historische Analysekompetenz entwickeln oder demonstrieren. Die Übertragung der in der Oberstufe für Leistungsaufgaben verwendeten Operatoren auf die Analyse von kompetenzorientierten Lernaufgaben in der Sekundarstufe I halte ich in vielerlei Hinsicht für problematisch, da z. B. die hessischen Abituraufgaben vor allem fachunspezifische Texterschließungsmethoden und die Wiedergabe von gegenstandsbezogenem Wissen fordern, weniger aber auf historische Denkleistungen der Schüler/innen abzielen. Die folgende Übersicht zeigt die Verwendung der Operatoren in den Aufgabenstellungen zum hessischen Landesabitur von 2007 bis 2012 (nur der Haupttermin wurde berücksichtigt, AFB = Anforderungsbereich, GK = Grundkurs, LK = Leistungskurs, GKbiliE = Grundkurs Geschichte bilingual Englisch):

Verwendete Operatoren im hessischen Landesabitur im Fach Geschichte (2007–2012)			
	Operator(en)	Definition	Häufigkeit
Übergeordnete Operatoren, die Leistungen in allen drei Anforderungsbereichen verlangen:			
	interpretieren	Sinnzusammenhänge aus Quellen erschließen und eine begründete Stellungnahme abgeben, die auf einer Analyse, Erläuterung und Bewertung beruht	
	erörtern	eine These oder Problemstellung durch eine Kette von Für-und-Wider- bzw. Sowohl-als-Auch-Argumenten auf ihren Wert und ihre Stichhaltigkeit hin abwägend prüfen und auf dieser Grundlage eine eigene Stellungnahme dazu entwickeln; die Erörterung einer historischen Darstellung setzt deren Analyse voraus	GK 1 LK 3
	darstellen	historische Entwicklungszusammenhänge und Zustände mit Hilfe von Quellenkenntnissen und Deutungen beschreiben, erklären und beurteilen	GK 6 LK 2
AFB I	nennen, aufzählen	zielgerichtet Informationen zusammentragen, ohne diese zu kommentieren	GK 2
	bezeichnen, schildern, skizzieren	historische Sachverhalte, Probleme oder Aussagen erkennen und zutreffend formulieren	
	aufzeigen, beschreiben, zusammenfassen, wiedergeben	historische Sachverhalte unter Beibehaltung des Sinnes auf Wesentliches reduzieren	GK 17 LK 20 GKbiliE 20
AFB II	analysieren, untersuchen	Materialien oder historische Sachverhalte kriterienorientiert bzw. aspektgeleitet erschließen	GK 6 LK 5 GKbiliE 8
	begründen,	Aussagen (z. B. Urteil, These, Wertung) durch	

	nachweisen	Argumente stützen, die auf historischen Beispielen und anderen Belegen gründen	
	charakterisieren	historische Sachverhalte in ihren Eigenarten beschreiben und diese dann unter einem bestimmten Gesichtspunkt zusammenfassen	GK 1 LK 2 GKbiliE 1
	einordnen	einen oder mehrere historische Sachverhalte in einen historischen Zusammenhang stellen	GK 2 LK 4 GKbiliE 5
	erklären	historische Sachverhalte durch Wissen und Einsichten in einen Zusammenhang (Theorie, Modell, Regel, Gesetz, Funktionszusammenhang) einordnen und begründen	GKbiliE 3
	erläutern	wie erklären, aber durch zusätzliche Informationen und Beispiele verdeutlichen	GK 11 LK 12
	herausarbeiten	aus Materialien bestimmte historische Sachverhalte herausfinden, die nicht explizit genannt werden, und Zusammenhänge zwischen ihnen herstellen	GK 1 LK 2
	gegenüberstellen	wie skizzieren, aber zusätzlich argumentierend gewichten	
	widerlegen	Argumente dafür anführen, dass eine Behauptung zu Unrecht aufgestellt wird	
AFB III	beurteilen	den Stellenwert historischer Sachverhalte in einem Zusammenhang bestimmen, um ohne persönlichen Wertebezug zu einem begründeten Sachurteil zu gelangen	GK 3 LK 3 GKbiliE 2
	bewerten, Stellung nehmen	wie Operator „beurteilen", aber zusätzlich mit Offenlegen und Begründen eigener Wertmaßstäbe, die Pluralität einschließen und zu einem Werturteil führen, das auf den Wertvorstellungen des Grundgesetzes basiert	GK 1 GKbiliE 3
	entwickeln	gewonnene Analyseergebnisse synthetisieren, um zu einer eigenen Deutung zu gelangen	
	sich auseinandersetzen, diskutieren	zu einer historischen Problemstellung oder These eine Argumentation entwickeln, die zu einer begründeten Bewertung führt	GK 5 LK 12 GKbiliE 13
	prüfen, überprüfen	Aussagen (Hypothesen, Behauptungen, Urteile) an historischen Sachverhalten auf ihre Angemessenheit hin untersuchen	GK 9 LK 4
	vergleichen	auf der Grundlage von Kriterien historische Sachverhalte problembezogen gegenüberzustellen, um Gemeinsamkeiten, Unterschiede, Teil-Identitäten, Ähnlichkeiten, Abweichungen oder Gegensätze zu beurteilen	GK 3 LK 2 GKbiliE 4

Abb. 2.22: Anforderungsbereiche und Operatoren in der Abiturprüfung nach KMK (2005)

Es fällt auf, dass die übergeordneten Operatoren keine große Rolle spielen, interessanterweise wird „darstellen" in Grundkurs häufiger verlangt als im Leistungskurs, was darauf hinweist, dass hier wohl eher nicht historisches Erzählen, sondern eine Reproduktion des Wissens im Sinne von „aufzeigen", „beschreiben", „zusammenfassen", „wiedergeben" des AFB I gemeint ist. Ebenso fraglich ist, ob mit ‚einordnen' eine historische Kontextualisierungsleistung oder reine Wissensreproduktion gefordert ist. Signifikante Unterschiede in der Verwendung der Operatoren zwischen Grundkurs- und Leistungskursaufgaben sind nicht feststellbar – während der Leistungskurs „diskutiert“, „prüft“ der Grundkurs eher. Die Aufgabenstellungen im bilingualen Grundkurs kommen mit deutlich weniger Operatoren aus, für alle drei Kurse liegt der Schwerpunkt der Aufgabenstellungen im AFB I auf „zusammenfassen“, „wiedergeben“, im AFB II auf „erläutern“, „erklären“ bzw. „analysieren“, „untersuchen“ und im AFB III auf „diskutieren“ und „prüfen“. Im Anforderungsbereich II sind keine Aufgabenstellungen zu „begründen, nachweisen“ enthalten. Die Schüler/innen müssen also Aussagen nicht durch Argumente stützen, die auf historischen Beispielen und anderen Belegen beruhen, auch nicht „gegenüberstellen“ oder „widerlegen“ und überhaupt werden Sach- und Werturteile eher selten explizit gefordert („beurteilen“, „bewerten“). Sie werden ebenfalls nicht aufgefordert, gewonnene Analyseergebnisse zu synthetisieren, um zu eigenen Deutung zu kommen („entwickeln“). Lassen sich mit solchen eher fachunspezifischen Aufgabenstellungen historische Lese- und Denkleistungen überprüfen? Und wichtiger noch: Lässt sich an ihnen eine Kurskultur feststellen, die historisches Denken fördert? Die Analyse von 119 Leistungskursklausuren von Lernenden aus Nordrhein-Westfalen lässt begründete Zweifel daran aufkommen:

Was können Abiturienten?	
Gattungskompetenz	• Differenz von Quelle und Darstellung ist Prüflingen kaum bewusst; • formale Textbeschreibung (Schülerinnen äußern sich zur Textsorte, zu Autor/in und Adressaten, zur Datierung und zum Thema) ist häufig nicht komplex und differenziert genug, weshalb ein verlässliches Fundament für ein angemessenes Textverständnis fehlt; • formalistische Charakterisierung der Quellen bzw. der Darstellung, formale Merkmale werden nacheinander aufgezählt, ohne diese im weiteren Verlauf der Klausur für die Analyse zu nutzen
Historische Kontextualisierung	• ein flexibles historisches Orientierungswissen, dass auf unterschiedliche Sachverhalte bezogen werden kann, lässt sich nur durch Kontextualisierungsaufgaben prüfen; • Kontextualisierungsaufgaben prüfen die Fähigkeit, Quellen und Darstellungen in übergreifende Sach-, Sinn- und Problemzusammenhänge einzuordnen; • gelungene Kontextualisierungen kommen in den untersuchten Klausuren nur selten vor; • eine über alle Notenbereiche streuende Extremform ist die Hyperkontextualisierung, die dann vorliegt, wenn ohne Berücksichtigung der Aufgabenstellung seitenweise angelerntes Wissen reproduziert wird
Gebrauch historischer Begriffe und Kategorien	• ein sicherer Umgang mit historischen Begriffen ist Voraussetzung für eine adäquate Urteilsbildung, falsche und unpräzise Begriffe korrespondieren häufig mit Fehlurteilen; • ein durchgehend angemessener Begriffs- und Sprachgebrauch ist nur im oberen Notenspektrum anzutreffen, Streuung eines unzulänglichen Begriffs- und Sprachgebrauchs über alle Notenstufen hinweg; • z. B. unkritische Übernahme quellensprachlicher Begriffe bzw. eines zeittypischen Jargons; Verwendung alltagssprachlicher Begriffe (führt häufig zu unzulänglichen historischen Sachurteilen); Verstöße gegen die Fachsprache; • Verfahren analytischer Distanz (z. B. Gebrauch des Konjunktivs) scheinen im Geschichtsunterricht nicht oder nur zum Teil eingeübt zu werden

Historische Sachurteilsbildung	• die von der zweiten Aufgabe geforderten historischen Kontextualisierungen führten zu einer Vielzahl von Sachurteilen; • die häufigsten Fehlformen sind Sachurteile ohne Aufgabenbezug oder Faktenbasis (Sachaussagen), die häufiger vorkommenden positiven Beispiele zeichnen sich durch eine solide und empirisch triftige Sachbasis aus; • die Qualität von Sachurteilsbildungen hängt in erster Linie – und vor dem prozeduralen Wissen um das Zustandekommen von Sachurteilen – vom Umfang des historischen Sachwissens ab
Historische Werturteilsbildung	• historische Werturteile sind seltener zu finden und nie plausibel und reflexiv hergeleitet (Wertargumentation), sie wurden durch die Aufgabenstellung allerdings auch nicht eingefordert; • die Schüler/innen bewerten zwar, sie legen aber ihre Maßstäbe nur selten offen bzw. reflektieren diese nie; • Urteilsbildungen im Sinne Jeismanns kommen kaum bis gar nicht vor, was mit den defizitären Reflexionsfähigkeiten der Schüler/innen zusammenzuhängen scheint
Reflexion Schülervorstellungen	• simplifizierende Alltagskonzepte (Schülervorstellungen), die auf ein unreflektiertes Verhältnis zur Geschichte schließen lassen, kamen häufig vor, kaum eine Klausur war frei von ihnen; • in den Klausurtexten dominiert ein blanker Positivismus, alles ist wahr, genau so geschehen und durch den Text verbürgt; • die Reflexion eigener Aussagen ist kaum vorzufinden, wurde aber von den Aufgabenstellungen und den Erwartungshorizonten auch nicht explizit eingefordert; • die simplifizierenden Alltagsvorstellungen wurden durch die Korrektoren in fast keinem Fall korrigiert, angemerkt bzw. kommentiert; • dominant ist die personalisierende Darstellung historischer Zusammenhänge, die simplifizierende Zuspitzung von vielschichtigen historischen Zusammenhängen auf das Handeln einzelner Figuren; • eine weitere häufige Schwundform von Reflexivität ist die subjektivierende Geschichtsdarstellung, die Strukturen, Mentalitäten oder Ideologien anthropomorh in Szene setzt und sie zu Subjekten des Handelns macht (z. B. Nationalismus); • „vages Sprechen", die weitgehende oder völlige Aussparung von historischen Subjekten, z. B. durch die Verwendung von Passivkonstruktionen, kam auch vor
Historische Denkleistungen	• die für die Bewertung der Klausuren maßgeblichen Lösungshorizonte sind nicht geeignet, historische Denkleistungen angemessen zu graduieren; • die schlichte Inhaltsparaphrase und Umformulierung eines darstellenden wissenschaftlichen Textes führt durch die Positivkorrektur fast zwangsläufig zu einem guten Ergebnis; • da Werturteilsbildungen nicht gefordert waren, konnten auf dem Wege der Reproduktion von historischem Wissen und des darstellenden Textes gute Noten erreicht werden

Abb. 2.23: Leistungen von Abiturienten nach Schönemann/Thünemann/Zülsdorf-Kersting (2011)

Aus der Analyse der Klausuren kommen Schönemann, Thünemann und Zülsdorf-Kersting (2011, S. 126) zu dem Schluss, dass eine Reihe von wichtigen historischen Denkoperationen im Geschichtsunterricht der Oberstufe nicht oder nur am Rande eingeübt wurden und die Schüler/innen dadurch in der Abiturprüfung nicht wussten, was sie zu leisten hatten. Produktivere historische Denkleistungen wären durchaus möglich gewesen, sie hätten aber sowohl eingefordert, als auch besser vorbereitet werden müssen. Im Hinblick auf den Versuch der Standardisierung historischer Denkleistungen kommen sie zu folgendem Ergebnis:

> „Wer keine Vorstellung von empirisch vorfindlichen Niveaus historischer Denkleistungen hat, kann beim Versuch einer Setzung von Bildungsstandards für historisches Denken nur scheitern. […] Wir sind auf der Basis unserer Befunde der Auffassung, dass sich elementare

historische Denkleistungen stufen lassen und dass die Fähigkeit zu einer solchen Stufung ein wichtiges Moment der „Diagnosefähigkeit" von Lehrerinnen und Lehrern darstellt" (ebd., S. 126f.).

Die Kompetenzorientierung ist noch mit vielen Fragezeichen versehen. Was ich momentan in der Schule an kompetenzorientierten Unterricht wahrnehme, führt bei mir aus den genannten Gründen eher zur Skepsis als zur Begeisterung. Deshalb werde ich mich der Kompetenzorientierung im bilingualem Geschichtsunterricht aus dem Blickwinkel der Entwicklung von *disciplinary literacy* und der damit verbundenen Lese-, Schreib- und Denkstrategien zuwenden.

2.4 *Disciplinary Literacy*

Welche Praktiken könnten Schlüsselelemente einer disziplinspezifischen Annäherung an Literalität im bilingualen Unterricht darstellen? Ich bin der Ansicht, dass domänenspezifische Arten und Weisen des Lesens und Schreibens Lernenden dabei helfen können, Geschichte zu verstehen, historisch denken zu lernen und fortgeschrittene literale Fähigkeiten zu entwickeln (vgl. auch Monte-Sano 2008a; 2008b), auf die seit PISA und im Rahmen der Kompetenzorientierung abgezielt wird. Chauncey Monte-Sano hat aus der Beobachtung eines Geschichtslehrers, sie nennt das *a case of wise practice*, vier Schlüsselelemente identifiziert, denen ich ein fünftes aus der britischen Forschung anhänge:

Key elements of a discipline-based approach to literacy in the bilingual history classroom
• Reading historical documents in pursuit of historical questions; • teaching reading through writing; • writing essays to promote analytical reading and thinking; • guided discussion and explicit instruction in historical reading strategies; • teaching for progression in students' second-order ideas about history (second-order/historical thinking concepts provide the basis for constructing, understanding and organizing substantive historical knowledge.

Abb. 2.24: *Disciplinary literacy* nach Monte-Sano (2008a, S. 1) und Lee (2014, S. 173)

Durch historisches Lesen, Schreiben und Denken im bilingualen Geschichtsunterricht können Schüler/innen lernen, Geschichte als einen interpretativen Prozess zu begreifen und literale Fähigkeiten erlangen, die über ein grundlegendes Textverständnis und eine grundlegende schriftliche Ausdrucksfähigkeit hinausgehen – in Richtung logische Begründung und analytisches Denken. Ein solcher Ansatz kann zu einer Integration von *literacy* und *history* führen, die in der Theoriebildung zum bilingualen Unterricht bisher nicht gelingt. Monte-Sano, de la Paz und Felton schlagen dafür folgende Leitprinzipien vor:

Teaching principles for integrating literacy and history
• Pose central historical questions that have multiple possible answers, and present historical sources for students to investigate; • develop students' background knowledge to support their historical thinking and literacy practices; • present content in developmentally appropriate ways; • employ a cognitive apprenticeship approach to support students in learning new literacy practices;

- adapt the curriculum to students' needs while continuing to highlight disciplinary thinking and writing.

Abb. 2.25: Unterrichtsprinzipien nach Monte-Sano/De La Paz/Felton (2014, S. 9)

Was beinhaltet die Fähigkeit, historisch zu denken bzw. zu argumentieren? Carla van Boxtel und Jannet van Drie haben sechs Komponenten von *historical reasoning* für didaktische Forschungszwecke unterschieden (Boxtel/Drie 2004; Drie/Boxtel 2007). Die Komponenten stellen dabei keine separaten Aktivitäten dar, sondern werden zu Analysezwecken einzeln dargestellt. Ihr Modell beruht auf der Sichtung und Auswertung der empirischen Forschungsliteratur zum Geschichtsunterricht und eigener Untersuchungen. Der von ihnen entwickelte Bezugsrahmen ist auch in der Schule hilfreich, und zwar im Hinblick auf die Entwicklung von Fachcurricula und Lernaufgaben, zur Erarbeitung von Zielen und Bewertungskriterien oder zur Orientierung, wie viel Zeit für welche Komponenten im Unterricht aufgewendet wird.

A theoretical framework for analysing students' reasoning about the past
HISTORICAL REASONING: • asking historical questions • use of sources • contextualization • argumentation • use of substantive concepts • use of meta-concepts

Abb. 2.26: Theoretischer Bezugsrahmen zur Analyse von historischem Denken bei Lernenden nach Drie/Boxtel (2007, S. 4; vgl. auch die überarbeitete Version in Boxtel 2014, S. 242)

Die Komponenten dieses theoretischen Bezugsrahmens markieren einen Denk-, Handlungs- und Sprachrahmen für einen bilingualen Geschichtsunterricht, der *disciplinary literacy* fördert. Wenn domänenspezifische Lernprozesse im Zentrum des Geschichtsunterricht stehen sollen – und dafür sprechen die internationalen Befunde – bedarf es allerdings auch einiger Anstrengungen im Bereich der Lehrerausbildung und der Gestaltung von Lehrwerken und Unterrichtsmaterialien. Für den bilingualen Geschichtsunterricht und die damit verbundene fremdsprachendidaktische Theoriebildung und Unterrichtsempirie bedeutet es eine notwendige Umsteuerung.

2.4.1 Historisches Lernen und bilingualer Geschichtsunterricht – domänenspezifische Lernprozesse erfordern Korrekturen in der fremdsprachendidaktischen Theoriebildung

Die Theoriebildung zum bilingualen Unterricht sieht – in Anlehnung an soziokulturelle Ansätze (Vygotskij), die Kognition nicht nur individuell, sondern auch als sozial und kulturell vermittelt begreifen – den individuellen *conceptual change* von Lernenden eingebettet in Ko-Konstruktionsprozesse von Wissen im Rahmen des schulischen Unterrichts. Diese Vorstellung ist durchaus kompatibel mit der internationalen Forschung zum historischen Lernen. Allerdings stellt sich die fremdsprachendidaktische Theoriebildung in ihrem fächerübergreifenden Zugriff historisches Textverstehen, historische Konzeptentwicklung (möglichst in zwei Sprachen), historische Diskursfunktionen und den Erwerb generalisierbarer (also auch historischer) Kompetenzen zu einfach vor, weil sie die Fachspezifik der Lernprozesse und möglicher Lernprobleme unterläuft. Bevor sie also weiterhin eine größere Verarbeitungstiefe der Inhalte im bilingualen Geschichtsunterricht postuliert, sollte sie zuerst die disziplinären Lernproblematiken tiefer verarbeiten und aus dieser Auseinandersetzung *Scaffolding*-Maßnahmen entwickeln, um historische Denkprozesse der Schüler/innen anzustoßen und die dafür notwendige fachspezifische Sprache zur Verfügung zu stellen. Es geht nicht um den Erwerb von *generic language skills*, sondern um die Entwicklung einer sehr spezifischen Fachsprache. Wenn man schon davon ausgeht, dass die Sprachverwendung in einer Diskursgemeinschaft auf das Denken zurückwirkt, dieses in irgendeiner Weise formt und daraus Rückschlüsse auf die gesteigerte Interkulturalität des zweisprachigen Wissenserwerbs im bilingualen Geschichtsunterricht zieht, kann man nicht alle Fächer über einen Kamm scheren. Jede Fachkultur repräsentiert eine eigene Weltsicht, eine Sammlung von Überzeugungen und Vorstellungen, welche das disziplinäre Denken leiten. Die Vorstellungen, die das historische Denken prägen sollten und im Geschichtsunterricht prägen, sind von der Forschung in Grundzügen beschrieben worden. Sicherlich muss in vielen Bereichen noch intensiver geforscht werden, aber auf der Basis der mittlerweile vorliegenden Ergebnisse lassen sich deutliche Konturen eines Lernmodells zeichnen, dass Schüler/innen bei der Entwicklung ihrer Fähigkeit unterstützen kann, historisch zu denken. Die bilinguale Theoriebildung und die empirische Erforschung des bilingualen Unterrichts benötigen meines Erachtens eine deutliche Kurskorrektur in Richtung Domänenspezifik. Momentan oszilliert sie noch zu stark zwischen Generalisierbarkeit über viele Fächer hinweg und Fachspezifik. In der *content area literacy* gibt es aber nur wenige Studien die Lesen und Schreiben aus historischer Perspektive wahrnehmen: „There is often little content in content area research, but rather an emphasis on literacy strategies that cut across content areas“ (Monte-Sano 2008a, S. 9). Dafür gibt es mittlerweile eine Reihe von sprachwissenschaftlichen Arbeiten, die für das Unterrichten von *disciplinary literacy* argumentieren (vgl. Schleppegrell/Greer/Taylor 2008; Fang/Schleppegrell 2008; 2010; Fang 2012; Shanahan/Shanahan 2008; 2012). Durch die Anwendung einer *functional language analysis* im Rahmen der *Systemic Functional Linguistics* (SFL) – auf Deutsch auch systemisch-funktionale Grammatik genannt – einer sprachbasierten Lerntheorie, für welche die Arbeiten von Michael Halliday (1978, 1993) grundlegend waren, möchten diese Arbeiten aufzeigen, wie Sprache im Geschichtsunterricht funktioniert und das Verständnis von Lehrkräften für die Rolle von Sprache beim historischen Lernen verbessern. Die funktionale Metasprache soll den Lernenden beim genauen Lesen und Diskutieren von Schulbuchtexten helfen und einen positiven Einfluss auf die Entwicklung ihrer Lese- und Schreibfertigkeiten sowie auf ihr Verständnis von historischen Inhalten haben (Fang/Schleppegrell 2010, S. 591). Das Erkennen von fachtypischen Sprachmustern kann das Bewusstsein von Lernenden für die unterschiedlichen Arten und Weisen schärfen, in denen in verschiedenen Fächern mit Sprache Wissen konstruiert wird. An der Universität Davis in Kalifornien wurde schon in 2003 ein Programm mit dem Namen *Building Academic Literacy through History* eingerichtet, um Lehrer/innen für den Umgang mit Fachsprache im Geschichtsunterricht zu sensibilisieren und sie bei ihrer „sprachbewussten“ Unterrichtsplanung zu unterstützen. Aus der Perspektive von *disciplinary literacy* betrachtet, ist Literalität nicht mehr nur ein Set von Strategien oder Werkzeugen, die man in die unterschiedlichen Fächer importiert, um das Lesen und Schreiben von Texten über verschiedene Inhaltsbereiche hinweg zu verbessern (*literacy across the curriculum*), sondern

Literalität wird als essentieller Teil der disziplinären Enkulturation und Sozialisation gesehen. In der SFL wird Literalität als sprachbasierter Bedeutungserzeugungsprozess gesehen, die deshalb als Teil der Sprachentwicklung behandelt werden kann (Fang 2012, S. 20):

Language Development	Literacy Development
Zone 1 (Alter 0-4 Jahre): preliteracy (common-sense knowledge) Zone 2 (Alter 4-9 Jahre): basic literacy (educational knowledge) Zone 3 (Alter 9-18 Jahre): disciplinary literacy (technical knowledge)	• wird als Verflechtung von drei Sprachsträngen repräsentiert: • everyday language • metaphoric language • abstract language

Abb. 2.27: Sprachentwicklung und *literacy* nach Fang (2012, S. 22)

Den von mir vertretenen Ansatz der *disciplinary literacy* kann natürlich entgegengehalten werden, dass er Schüler/innen überfordern würde, da sie schließlich keine Historiker/innen sind und somit der Fokus auf möglichst verallgemeinerbare Texterschließungsstrategien in der Schule den Vorrang haben sollte. Überfordert ein bilingualer Geschichtsunterricht, der historische Lese-, Schreib- und Denkstrategien in den Mittelpunkt des Unterrichtsgeschehens stellt, die Lernenden?

2.4.2 Was können Schüler/innen wann im bilingualen Geschichtsunterricht lernen? Historisches Denken von Kindern und Jugendlichen – von Piaget zu Bruner

Bodo von Borries weist im Hinblick auf die Abhängigkeit des Geschichtslernens vom Lebens- und Lernalter im Sinne der älteren Entwicklungspsychologie darauf hin, dass Kinder noch keine „formalen Operationen" (Piaget) vollziehen könnten (Borries 1999, S. 274). Er möchte dem historischen Lernen damit keine überholte entwicklungspsychologische Reifungstheorie zugrunde legen, stellt aber die Frage nach der Lernprogression, des systematischen Aufbaus sinnvoll gestufter Lernangebote und Lernanforderungen im Fach Geschichte (Borries 2011, S. 113). Borries schwankt aufgrund der eher ernüchternden Ergebnisse seiner empirischen Forschungsarbeit häufig zwischen Piaget und Bruner, zwischen einer abwartenden, Reifung betonenden Einstellung und einer Haltung, welche eine beschleunigte Entwicklung des historischen Denkens durch ein Spiralcurriculum im Sinne Bruners für möglich erachtet. Jerome Bruner hat seit 1960 das Motto in die Diskussion gebracht, dass man jedes Fach in einer intellektuell ehrlichen Form jedem Kind, in jedem Entwicklungsstadium effektiv beibringen könne (Bruner 1960, S. 33). Bruners Ansatz zur Lehrplanreform ging von der Struktur des Faches und der Notwendigkeit aus, Lernenden so schnell wie möglich ein Verständnis der fundamentalen Ideen einer Disziplin zu ermöglichen (ebd., S. 3). Die pessimistischere Einstellung zeigt sich in an Piaget angelehnten Stufenmodellen (vgl. Noack 1994, S. 31ff.; Borries 2011, S. 110). Hans-Jürgen Pandel hingegen stellt die Frage, ob es in einem komplexen Gebilde wie Geschichtsbewusstsein oder historischem Lernen überhaupt „Stufen" geben könne, die für Lehrende „interventionsfähig" wären. Seiner Meinung nach kommt eine Stufung weder vom Kind noch vom Stoff her in Betracht. Er zweifelt auch daran, dass sich Lernstufen durch den sachlogischen Aufbau eines Faches bestimmen lassen, zumal Geschichte – im

Gegensatz z. B. zur Mathematik – keine innere Logik besitze (Pandel 2007, S. 55). Ein Blick auf die britische Geschichtsdidaktik liefert hier einen weiterführende Perspektive: Im Vereinigten Königreich gab es laut Martin Booth (1987, S. 24f.) zwischen 1955 und 1987 mindestens 24 Arbeiten in Geschichte, die über Projekte berichteten, die auf den Ideen von Piaget basierten. Alle kamen zu der Schlussfolgerung, dass es Kindern im Umgang mit historischen Informationen schwieriger als in anderen Fächern fällt, hypothetisch und deduktiv zu denken. Zu formalen Operationen seien Jugendliche in Geschichte erst im Alter von ungefähr 16,5 Jahren fähig (vgl. z. B. Peel 1965; Hallam 1970; 1979). Roy Hallams Ergebnisse in seiner so genannten *acceleration study* legten nahe, dass durch progressive Lehrprogramme die intellektuelle Entwicklung von Grundschulkindern signifikant beschleunigt werden konnte, wohingegen die Wirkung solcher Programme in der Sekundarstufe nur marginal ausfiel (Hallam 1975). Schüler/innen, die in Mathematik mit ca. elf Jahren zu formalen Operationen fähig waren, mussten in Geschichte vier bis fünf Jahre länger warten, bis sie dieses Entwicklungsstadium erreichen konnten – somit konnte ein anspruchsvoller Geschichtsunterricht in den schulpflichtigen Jahren augenscheinlich nicht stattfinden, da die Lernenden den komplexen Anforderungen, die das Fach Geschichte an ihr Denken stellte, nicht gewachsen zu sein schienen:

Annahmen zur Gestaltung/Lernproblematik des Geschichtsunterrichts

Die sich an Piagets Entwicklungsstufen orientierenden britischen Untersuchungen legten nahe, dass

- die Materialien im Geschichtsunterricht so ausgewählt werden müssen, dass sie den Denkfähigkeiten der Schüler/innen entsprechen, nicht zu abstrakt sind und nicht zu viele Variablen enthalten, was zur Folge hatte, dass der Unterricht weniger auf Denken und mehr auf Memorieren und die Wiedergabe von auswendig Gelerntem ausgelegt war;
- Geschichtsunterricht nicht spekulativ oder imaginativ sein könne;
- Schüler/innen kein Quellenmaterial auswerten können;
- die Sprache der Geschichte unüberwindbare Barrieren darstellen würde;
- das Konzept „Zeit" zu schwierig war, um von Kindern beherrscht werden zu können;
- Schüler/innen es vor der 10. Klasse schwierig fänden, Konzepte wie Wandel, Entwicklung, Ursache und Wirkung, Evidenz/Belegbarkeit (Quellen) zu verwenden, um ihre Analyse von historischen Materialien zu leiten;
- Schüler/innen vor der 10. Klasse nicht dazu in der Lage wären, Hypothesen über historische Geschehnisse zu bilden und zu überprüfen und sie Schwierigkeiten damit hätten, über historische Probleme nachzudenken, wenn diese isoliert von spezifischen und konkreten Beispielen aufträten;
- somit die Denkprozesse im Fach Geschichte für Kinder zu anspruchsvoll wären, um sie verstehen und selbst vollziehen zu können;
- die Entwicklung des historischen Denkens von Lernenden nicht beschleunigt werden könne.

Abb. 2.28: Auswirkungen von an Piaget angelehnten Forschungen auf den Geschichtsunterricht nach Fines (1983, S. 146); Shemilt (1983a, S. 152); Booth (1987, S. 25)

Diese Forschungen hatten eine fatale Wirkung auf die Gestaltung des Geschichtsunterrichts, der mit dem Aufkommen der *New History* zunehmend kritisiert wurde, die sich auf Bruners Ansatz bezog (vgl. Rogers 1979, S. 17). In den Diskussionen der britischen Geschichtsdidaktik seit den späten 1970er Jahren wird ein positiveres Bild der Denkfähigkeiten von Lernenden im Geschichtsunterricht gezeichnet: Der Geschichtsunterricht sollte nun Lernsituationen anbieten, in denen Schüler/innen (in vereinfachter und begrenzter

Form) historische Untersuchungen durchführen konnten, also Tätigkeiten und Denkaktivitäten vollzogen, in die auch Historiker/innen bei der Bearbeitung von historischen Fragen/Problemen involviert sind. Die Methoden und der Prozess historischer Forschung sollte verstanden werden und es sollten Fragen im Vordergrund stehen, wie: Was heißt es, historisch zu denken? Wie kommen wir zu unserem Wissen über die Vergangenheit? Die Entwicklung der Denkfähigkeit von Lernenden wurde dabei mit einer Unterrichtsstruktur und Lehrplänen zusammengebracht, die speziell darauf ausgelegt waren, historische Denkfähigkeiten und Konzepte zu entwickeln:

> „Recent research has identified some pattern in the development of children's understanding of the 'tools of thought' of history – the concepts of time, evidence, change, causation and motivation. With an understanding of these developmental patterns, we can use them to structure our syllabuses so that we provide our pupils with thought-experiences which systematically develop their concept structure" (Sansom 1987, S. 116).

Die Aufgabe von Lehrenden war es dann, die Arbeit von Lernenden im Geschichtsunterricht so zu strukturieren, dass es in jedem der markierten Konzeptbereiche eine Entwicklungssequenz geben konnte, deren Effekt es war, dass das Konzeptualisierungsniveau der Schüler/innen im Hinblick darauf wuchs, was es bedeutete, diese für das historische Denken zentralen Begriffe zu verwenden (ebd., S. 117). Das ist meines Erachtens auch im bilingualen Geschichtsunterricht die zentrale Aufgabe von Lehrkräften, welche die beteiligten Didaktiken unterstützen sollten.

In vielerlei Hinsicht wegweisend für diesen Umdenkungsprozess war das *Schools Council History 13-16 Project*, das von 1972 bis 1977 lief und von der Universität von Leeds betreut wurde. Denis Shemilts Evaluationsstudie zu diesem Projekt stellt meines Erachtens auch heute noch einen der wichtigsten Beiträge zur Entwicklung von Geschichtsunterricht dar (Shemilt 1980; 1983b). Geschichte wurde in diesem Projekt also im Sinne Bruners als eine spezielle Wissensform verstanden und unterrichtet. War dieser Wissensform-Ansatz zu akademisch für die CSE-Schüler/innen (*Certificate of Secondary Education*, eher mit dem Hauptschulabschluss zu vergleichen)? Nein, alle Schüler/innen konnten ein Verständnis von historischer Kausalität, der Relevanz von Geschichte und ihre Vorstellungen davon, wie Dinge herausgefunden und erklärt werden, die in der Vergangenheit passiert sind, entwickeln und verfeinern. Bruners Diktum, das man auf einem bestimmten Niveau Schulkindern jedes Konzept lehren könne, traf hier zu, die Evaluation des Projekts zeigt, dass das, was Bruner die Struktur einer Disziplin nennt, im Fall von Geschichte allen an der Untersuchung teilnehmenden Lernenden gelehrt werden konnte:

Überblick über die Evaluation

- Die Erprobungsphase von 1973 bis 1976 zeigte, dass ein Konzept- und Fähigkeitsprogramm in der Mittelstufe effektiv gelehrt werden kann und dass die intrinsischen Probleme eines solchen Programmes nicht so sehr auf die begrenzten intellektuellen Fähigkeiten der Lernenden zurückzuführen waren, sondern mit den größeren Anforderungen an die Fertigkeiten und das Verstehen der Lehrkräfte zusammenhingen;
- die Evaluation zeigte, dass das Schülerverständnis der Methoden, der Logik und der Perspektiven von Geschichte signifikant verbessert werden konnte, die teilnehmenden Jugendlichen schienen anzufangen, Geschichte als einen besonderen, eigenen und einzigartigen Weg zu sehen, um Sinn aus menschlicher Erfahrung bilden zu können;
- die beteiligten Lehrkräfte fanden das Projekt hilfreich, um effektiver zu unterrichten, sie fanden aber nicht, dass es das Unterrichten von Geschichte einfacher machen würde;
- die Projekterfahrung hatte eine tiefgehende Wirkung auf die beteiligten Schüler/innen im

Hinblick auf die Wahrnehmung der Beschaffenheit von historischer Forschung. Die Jugendlichen erwarben einen guten Einblick in historische Konzepte wie Kausalität, Entwicklung und Wandel, aber sie konnten als Resultat des Projekts nicht kohärentere Prosa produzieren;

- alle Schüler/innen, auch solche mit (unter)durchschnittlichen Fähigkeiten, konnten ihr Verständnis von Konzepten wie Kausalität und Kontinuität verbessern;
- jugendliches Geschichtsdenken blieb aber jugendliches Geschichtsdenken, das Projekt verwandelte Schüler/innen nicht in professionelle Historiker/innen. Ihr Denken war nicht immer valide und konsistent, aber kreativ und elaboriert;
- der beobachtbare Hauptunterschied zwischen Experimental- und Kontrollgruppe (herkömmliche Kurse) lag darin, dass die am Projekt teilnehmenden Schüler/innen vertrauter darin erschienen, Erklärungen zu geben oder zu suchen, mehr Probleme und Rätsel in der Geschichte sahen, mehr Ideen hatten und mutiger und lebhafter in ihrem Denken waren.

Abb. 2.29: Überblick über die Ergebnisse der Evaluationsstudie nach Shemilt (1980, S. 10-16)

Neben der frühen Beachtung von Schülervorstellungen findet sich in der Evaluationsstudie auch eine wichtige Trennung im Konzeptbereich von Geschichte, nämlich zwischen strukturellen Konzepten (= historische Denkkonzepte), die für ein Verstehen der Beschaffenheit von Geschichte als Denkfach notwendig sind, und Arbeitskonzepten (*working concepts*), die das gegenstandsbezogene Wissen abbilden (ebd., S. 27). Als Schlüsselkonzepte, die für ein Verständnis von historischer Forschung als notwendig erachtet werden, identifizierte das Projekt Quellenarbeit (*evidence*), Empathie, Ursache und Wirkung, Kontinuität und Wandel (ebd., S. 28). Diese Konzepte wurden von der Experimentalgruppe intelligenter und produktiver beherrscht als von der Kontrollgruppe. Das Denken der Experimentalgruppenschüler/innen blieb natürlich jugendliches Denken und war formal betrachtet häufig unhistorisch, aber im Vergleich zur Kontrollgruppe, zeigten die Schüler/innen ein viel tieferes Verständnis der Natur des Faches (ebd., S. 30).

Jugendliche jedes Stadiums der intellektuellen Entwicklung können eine beträchtliche Vielfalt von Vorstellungen über Geschichte zeigen, einige von diesen sind ausgereifter und historisch gesehen wertvoller als andere. Darum ist es offensichtlich, dass im Unterricht etwas getan werden kann, um die Art und Weise zu verbessern, wie Schüler/innen aus Geschichte Sinn bilden, ohne sich darauf festlegen zu müssen, die Entwicklung ihrer operationalen Fähigkeiten, wie sie von Piaget definiert worden sind, zu beschleunigen. Shemilt weist darauf hin, dass Geschichtslehrer/innen häufig die Fähigkeiten der Schüler/innen unterschätzen würden, aber auch die Schwierigkeiten des Faches. Es gibt viele Fälle, in denen eher die Präkonzepte der Schüler/innen das Niveau der Denk- und Sinnbildungsprozesse zu bestimmen scheinen als umgekehrt. Um fehlerhafte Vorstellungen zu erkennen, muss der Lernende im Geschichtsunterricht eher logische als empirische Tests anwenden. Das verlangt eine reflexive Untersuchung der eigenen Vorstellungen und die Schwierigkeit, reflexiv zu denken, kann für die Instabilität des Niveaus des jugendlichen historischen Denkens verantwortlich sein (ebd., S. 42ff.).

Shemilt vermutet, dass Schüler/innen Analogien verwenden, um die Welt, die außerhalb ihrer Erfahrungen liegt, mit dem zu verbinden, was sie wissen und was ihnen vertraut ist (vgl. dazu auch Lange 2011). Sie konstruieren abstrakte Beziehungen im Medium von konkreten Analogien und geben ihrem abstrakten Denken einen konkreten Ausdruck, um es besser beherrschen zu können. Oftmals verwenden sie auch Analogien, die aus den Naturwissenschaften stammen und erklären historische Kausalität auf sehr mechanische Art, was den Einfluss solcher Erklärungsweisen auf das Schülerdenken zeige (Shemilt

1980, S. 47ff.). Probleme beim historischen Lernen hängen also nicht unbedingt damit zusammen, dass Schüler/innen in Geschichte keine formalen Operationen anwenden könnten, mit mangelhafter Logik oder defizitären Denken, sondern vielmehr mit den Schülervorstellungen, den impliziten bzw. subjektiven Theorien über die Gegenstände und die Struktur von Geschichte, welche Lernende an das Fach herantragen (Shemilt 1984, S. 61). Dennoch sah Shemilt eine gewisse Anwendbarkeit der Entwicklungspsychologie Piagets für das historische Lernen, betonte aber die Notwendigkeit einer auf das Fach Geschichte zugeschnittenen Version derselben (ebd., S. 51).

Das Verständnis der strukturellen Konzepte im Fach Geschichte sieht Shemilt als kumulativ an, es lässt sich im Sinne eines Brunerschen Spiralcurriculums erwerben, indem die Schülervorstellungen sich nach und nach, in sinnvoll aufeinanderfolgenden Begegnungen der Schüler/innen mit den historischen Denkkonzepten in unterschiedlichen Zusammenhängen entwickeln können (ebd., S. 77). Diese Vorstellung findet sich auch bei Dickinson und Lee:

> „The central point here for history teaching is that understanding is not an all-or-nothing achievement, and it is not something teachers ought to wait for, but something to try to develop. The (true) statement that children's thinking is limited in systematic – if complex – ways does not entail statements prescribing descriptive and simple-minded history for primary or secondary pupils" (Dickinson/Lee 1984, S. 146).

Die Effektivität des Unterrichts kann gesteigert werden, wenn Lehrer/innen versuchen, die den Fehlkonzepten der Schüler/innen zugrunde liegende Logik zu erfassen. Aus ihren Ergebnissen haben Shemilt, Lee und Ashby verschiedene Übersichten entworfen, welche die Entwicklung in den Schülervorstellungen verdeutlichen. Ihr phänomenologischer Ansatz verschiebt die Aufmerksamkeit von Fragen nach dem historischen Wissen und der Sprachkompetenz auf Fragen nach dem konzeptuellem Apparat, also den Schülervorstellungen, die Jugendliche verwenden, um aus historischem Material Sinn zu bilden (Shemilt 1987, S. 39). Dieser Ansatz, der von der Analyse und Weiterentwicklung von Schülervorstellungen ausgeht, stellt meines Erachtens ein brauchbares Lernmodell für den bilingualen Geschichtsunterricht in allen Altersstufen dar, das den von der bilingualen Theoriebildung angestrebten Konzepterwerb fachspezifisch fundieren kann. Dazu muss allerdings genauer auf das historische Denken von Lernenden eingegangen werden und sie müssen frühzeitig durch einen Unterricht, der *disciplinary literacy* durch *cognitive apprenticeship* vermittelt, zum historischen Denken aufgefordert werden. Um das zu verdeutlichen, sollen im Folgenden schon einmal die mit dem interkulturellen Lernen verbundenen Konzepte des Fremdverstehens, des Perspektivenwechsels oder der Perspektivenübernahme, die in der Theoriebildung zum bilingualen Unterricht eine große Rolle eingenommen haben, diskutiert werden.

2.4.3 Fremdverstehen im bilingualen Geschichtsunterricht im Sinne von *Disciplinary Literacy*: Historische Empathie

Welche Vorstellungen Schüler/innen darüber haben, wie das Verhalten von Menschen der Vergangenheit verstanden werden kann, wird in der britischen Geschichtsdidaktik unter dem Konzept Empathie diskutiert. Empathie wird dort als ein Teil und eine notwendige Bedingung von historischem Verstehen gesehen, die mit historischer Imagination verbunden ist. Geschichte unterstützt und fordert Imagination auf zwei Arten: Sie verlangt die Vorstellung von unterschiedlichen Lebensweisen, Überzeugungen und Werten als Teil des historischen Verstehens und gleichzeitig, indem sie die Einschätzung der Bedeutsamkeit oder das Auffinden von Ursachen verlangt, erfordert sie die Imagination von alternativen Handlungen, Ereignissen und Ergebnissen. Hier sind die Ereignisse, die sich vorgestellt werden, zwar imaginär, sie sind aber keine luftigen Fantasieprodukte: Historische Imagination basiert auf Quellenbelegen, sie ist an die historische Methode zurückgebunden (Lee 1984a, S. 13; 1984b, S. 86ff.; Shemilt 1984, S. 40ff.) Empathie ist deshalb keine mysteriöse und intuitive Kraft, die jemand besitzt, um sich in andere Menschen und ihre Gedanken und Gefühle hineinzudenken, sondern eine Errungenschaft, etwas, das man erreichen kann (Lee 1984b, S. 89f.).

Fremdverstehen im bilingualen Geschichtsunterricht ist anders als das auf gegenwärtige Interaktionen ausgelegte Fremdverstehen im Englischunterricht. Empathie ist auch kein *skill*, der durch Methodenlernen geübt werden kann (vgl. Lee/Shemilt 2011, S. 48), was Bezeichnungen wie Perspektivenwechsel, -koordination oder -übernahme nahelegen. In Geschichte finden Historiker/innen heraus, was jemand glaubte oder wollte, indem sie sich mit dem verfügbaren Quellenmaterial auseinander setzen und ihre empathischen Konstruktionen anhand der Quellen belegen. Lee betont nicht nur die affektive, sondern insbesondere die kognitive Komponente von Empathie (Lee 1984b, S. 90). Empathie ist eine schwierige intellektuelle Leistung, da Schüler/innen mit einer Vielzahl von fremden Ideen umgehen müssen, die sie vielleicht ablehnen. Sie müssen diese zum Erklären und Verstehen von Handlungen vergangener Menschen verwenden, manchmal bei prekärer Quellenlage:

> „It is not so much that we cannot crossquestion people in the past, but that the public and social meanings of what they do are not necessarily the same as ours. We sometimes have to reconstruct a whole way of life at the same time as we make sense of the actions which are part of it and artefacts which are all that remain of it. This means that we can seldom be sure that we have got things right; but seldom being sure is no special problem for empathy, but part of the situation of historical research in general" (Ashby/Lee 1987, S. 64).

Rosalyn Ashby und Peter Lee halten es deshalb für sehr wichtig, dass Schüler/innen im Geschichtsunterricht ein Verständnis davon erwerben, was historische Empathie ist, warum sie wichtig ist und welchen Unterschied es macht, mit diesem Konzept umzugehen (ebd., S. 64).

Welche Annäherungsweisen an Schülervorstellungen im Konzeptbereich Empathie bieten sich an? Schriftliche Testverfahren haben den Nachteil, dass sie Schlussfolgerungen der Schüler/innen darbieten, aber nicht den Lösungs- bzw. Denkweg und unterdurchschnittliche Schreib- und Lesefähigkeiten können zu falschen Ergebnissen führen (ebd.). Denis Shemilt hat in seiner Evaluationsstudie auf Interviews zurückgegriffen und konnte damit einen tieferen Einblick in Schülervorstellungen aufzeigen als in vorausgehenden Studien. Wichtig ist, dass das Konzept Empathie in Geschichte mit anderen historischen Denkkonzepten in Verbindung steht, z. B. mit Vorstellungen über Kausalität:

Wie verstehen Jugendliche Absichten und Handlungen von Menschen der Vergangenheit? (Shemilt)	
I	Trennung von Handlung und Ereignis, Menschliche Handlungen werden als irrelevant und unwichtig angesehen. Kein Versuch, Erklärungen darüber zusammenzubringen, „warum Menschen Dinge getan haben" und „warum Dinge sich ereignet haben". Kein Verständnis davon, dass „Ursachen" und „Absichten" Denkkonzepte sind, mit denen man Konzepte wie „Handlungen" und „Ereignisse" analysieren und bewerten kann.

II	Ereignisse und Handlungen werden vom Schicksal bestimmt. Handlungen und Absichten werden basierend auf Alltagsvorstellungen erklärt. Problem: Warum stimmen Ereignisse manchmal mit den Handlungsabsichten überein, häufig aber nicht?
III	Zweckmäßige Erklärungen: Absichten werden als Blaupausen für Ereignisse gesehen. Handlungen sind die Verkörperung von Absichten. Gescheiterte Pläne und Geschehnisse, die nicht den Wünschen der Akteure entsprechen, werden auf Irrtümer oder Fehler zurückgeführt – als ob die Akteure (bzw. Schüler/innen, die so denken) die einzigen Menschen mit Zielen und Bestrebungen wären. Folgerung: Die Menschen der Vergangenheit können nicht besonders klug gewesen sein.
IV	Absichten und Handlungen sind zweckmäßig verbunden, Handlungen und Ereignisse sind kausal verbunden. Es existiert eine Vorstellung von beabsichtigten und unbeabsichtigten Ergebnissen, davon, dass Menschen in einer Welt handeln, die voller anderer Menschen ist, die auch Handlungen vollziehen. Die Pluralität von Handelnden in sich überlappenden Handlungsräumen wird gesehen. Beide Erklärungsmodi, der kausale und der empathische/intentionale können angewendet werden, sind aber nicht deutlich ausgearbeitet. Die Jugendlichen verstehen nicht, dass beabsichtigte Ergebnisse nicht vollständig dadurch erklärt werden können, dass sie jemand beabsichtigt hat. Die Beziehung zwischen Absicht und Handlung wird empathisch/intentional erklärt, die Beziehung zwischen Handlung und Wirkung/Ergebnis wird zweckmäßig erklärt, wenn das Ergebnis beabsichtigt war, kausal, wenn es nicht beabsichtigt war. Beabsichtigte und unbeabsichtigte Ergebnisse werden als sich gegenseitig ausschließende Möglichkeiten gesehen.
V	Intentionale/empathische und kausale Erklärungsmodi werden deutlich differenziert. Diese Stufe ist durch einen Unterricht erreichbar, der darauf abzielt, die Schülervorstellungen zu den Denkkonzepten weiterzuentwickeln: Warum ist es notwendig, nach den Ursachen für Ereignisse und den Gründen für Handlungen zu fragen?

Abb. 2.30: Progressionsmodell nach Shemilt (1984, S. 56–64)

Die Fähigkeit zur Perspektivenübernahme und zum Fremdverstehen ist somit mit einer Reihe von anderen Konzepten, die historisches Denken charakterisieren, verbunden, so z. B. auch mit dem Konzepten „Quelle“ und „Darstellung“ (vgl. Martens 2010). Sie sollte deshalb als kognitive und nicht als affektive Aktivität im Unterricht erscheinen, die mehr mit der Ausarbeitung und Rechtfertigung von Hypothesen zu tun hat, als mit kreativem Schreiben.

Ashby und Lee haben zwischen 1982 und 1985 Kleingruppendiskussionen (3 Schüler/innen) an einer Schule in Essex, mit einem großen Anteil von Lernenden aus sozialen Brennpunkten, aufgenommen und ausgewertet (Ashby/Lee 1987, S. 66). Auf der Basis ihrer Ergebnisse haben auch sie eine auf Shemilts Arbeiten aufbauende Hierarchie von Stufen in der Entwicklung von Schülervorstellungen zu Empathie vorgelegt:

Modell der Progression des rationalen Verstehens von Geschichte
(1) *Die „dümmliche“ („divi“) Vergangenheit:* Historische Handlungen, Institutionen, usw. werden als unverständlich wahrgenommen. Die Menschen der Vergangenheit werden als dumm wahrgenommen, da sie keine „besseren“ Handlungsalternativen wählten, die für Menschen der Gegenwart (und somit für die Schüler/innen) offensichtlich sind. Verbindung mit Fortschrittsvorstellung: Je weiter wir zurückgehen, desto primitiver sind die Menschen. Die Komplexität menschlicher Interaktionen und das begrenzte Wissen der historischen Akteure in ihrer Situation (im Vergleich zu dem, was die Schüler/innen heute wissen und voraussetzen) werden nicht wahrgenommen.
(2) *Generalisierte Stereotype:* Historische Handlungen, Institutionen, usw. werden durch den Rückgriff auf konventionelle oder stereotype Vorstellungen (z. B. Religion) über die Absichten, Situationen, Werte und Ziele von Menschen verstanden. Allgemein wird auf dieser Stufe nicht zwischen dem unterschieden, was Menschen heute wissen und denken und dem, was sie früher

wussten und dachten oder zwischen ihren Werten und heutigen. Wenn auf Unterschiede hingewiesen wird, dienen diese dazu, die Dummheit der Menschen zu erklären, nicht die Situation, Praktik oder Handlung selbst. Der Glaube an Gott erklärt, warum die Menschen so dumm sein konnten.
(3) *Alltagsempathie:* Handlungen, Institutionen, usw. werden unter Rückgriff auf Belege über die spezifische Situation, in der sich Menschen in der Vergangenheit befanden, verstanden. Ausgangspunkt für die Erklärung der historischen Situation sind dabei heutige Vorstellungen, die auf die Vergangenheit übertragen werden. Es findet keine Unterscheidung zwischen der heutigen Sichtweise und der Sichtweise der Menschen der Vergangenheit statt. Wie wäre es für mich gewesen, wenn ich in da gewesen wäre? Handlungsalternativen werden auf Basis heutiger Vorstellungen und Alltagserfahrungen der Schüler/innen entwickelt. Insofern es gemeinsame Aspekte menschlicher Erfahrung gibt, können sie auf dieser Stufe Fortschritte beim Verstehen der Vergangenheit machen, aber dieser Denkansatz ist begrenzt.
(4) *Beschränkte historische Empathie:* Handlungen, Institutionen, usw. werden unter Rückgriff auf Belege über die spezifische Situation, in der sich Menschen in der Vergangenheit befanden, verstanden, wobei Unterschiede zwischen der Gegenwart und der spezifischen historischen Situation (Wissen, Überzeugungen, Werte, Ziele) erkannt und analysiert werden. Da die Analyse auf die Einzelsituation beschränkt bleibt und noch nicht den breiteren historischen Kontext in den Blick nimmt, ist das Verständnis von menschlichem Verhalten, institutionellen und sozialen Praktiken noch unstabil.
(5) *Kontextuelle historische Empathie:* Handlungen, Institutionen, usw. werden unter Rückgriff auf den historischen Kontext bzw. Einfügung in ein breiteres Bild der Vergangenheit verstanden. Dort, wo Informationen oder Belege fehlen, kann ein Rückfall in eine spekulative oder zirkuläre Erklärung stattfinden: Die Menschen müssen an P1 geglaubt haben und sich in den Umständen U1 befunden haben, um an P in den Umständen U glauben zu können, weshalb P1 und U1 uns ein Verständnis darüber ermöglichen, warum sie X getan haben könnten. Viel hängt also davon ab, ob sie ausreichende Hintergrundinformationen und genügend Quellenmaterial haben, um zu einer angemessenen Erklärung zu gelangen. Es existiert eine klare Differenzierung zwischen der Sichtweise (und dem Wissen) der historisch Handelnden und der von Historikerinnen und Historikern, zwischen gegenwärtigen und vergangenen Vorstellungen, Werten und Zielen, die mit den materiellen Lebensbedingungen verbunden werden. Implizite Motive von Menschen oder versteckte Funktionen von Institutionen werden zur Erklärung von Handlungen in der Vergangenheit herangezogen. Auch auf dieser Stufe wenden die Schüler/innen noch gegenwärtige Rationalitätsstandards für die Bewertung von Handlungen oder Institutionen an, jedoch in dem klaren Bewusstsein, dass sich diese wahrscheinlich von den vergangenen unterscheiden.

Abb. 2.31: Progressionsmodell nach Ashby/Lee (1987, S. 68–82); vgl. auch das Progressionsmodell für *empathetic explanation* in Lee/Shemilt (2011, S. 42f.)

Die hier vorgenommenen Kategorisierungen sind nur vorläufige, aber sie basieren auf empirischer Forschung und sind nicht aus der Luft gegriffen. Es gibt eine Konvergenz in der Forschung zu strukturellen Konzepten in der (zunehmenden) internationalen Forschung (Leinhardt/Beck/Stainton 1994; Carretero/Voss 1994; Voss/Carretero 1998; Stearns/Seixas/ Wineburg 2000; Dickinson/Gordon/Lee 2001; Ashby/Gordon/Lee 2005; Lee 2014), wobei die Altersverteilung in unterschiedlichen Kulturen variiert (Lee/Shemilt 2003, S. 16) – auch mit neueren deutschen Studien, welche die Graduierungen im Konzeptbereich Empathie bestätigen (Hartmann 2008; Martens 2010, S. 305). Spätestens mit der Einführung der Bildungsstandards ist die Notwendigkeit der Suche nach Wegen, um Lernprogression in Geschichte zu verstehen, auch in der deutschen Geschichtsdidaktik dringlicher geworden. Forschungsbasierte Progressionsmodelle können für ein Verständnis hilfreich sein, wie Schüler/innen in ihrem historischen Verstehen vorwärts kommen, indem Fehlkonzepte, die sie zurückhalten, identifiziert und geklärt werden. Eine Geschichtsdidaktik, die sich Geschichtsbewusstsein als zentrale Kategorie auf die Fahnen schreibt, kommt nicht umhin, Schülervorstellungen zu historischen Denkkonzepten als wichtige Komponente des Geschichtsbewusstseins wahrzunehmen und in der von der britischen Forschung beschriebenen Lernprogression ein Element zur Entwicklung des Geschichtsbewusstseins zu sehen. Es ist erstaunlich, dass die britischen Arbeiten nicht schon früher stärker rezipiert worden sind.

Zum Charakter und Nutzen von Progressionsmodellen für den Geschichtsunterricht
• Progression von Schülervorstellungen über Geschichte steht im Kontrast zur Aggregation, dem Anwachsen der Informationsmenge, die Schüler/innen in Tests wiedergeben können; • Ignoranz gegenüber Präkonzepten birgt das Risiko, dass Schüler/innen die Unterrichtsinhalte in ihre vorgängigen Vorstellungen integrieren (Assimilation); • Schülervorstellungen über historische Denkkonzepte sind „entkoppelt", so können z. B. die Vorstellungen einer Schülerin im Bereich von Quellenarbeit gleich bleiben, während sie sich im Umgang mit historischen Darstellungen schnell verändern, weshalb man die Progression in verschieden Konzeptbereichen nicht bündeln kann. Es bedarf separater Modelle für Schlüsselkonzepte (Quelle, Darstellung, Wandel, Ursache und Wirkung, Empathie, etc.); • Progressionsmodelle sind hierarchisch und normativ, indem sie davon ausgehen, dass Schüler/innen sich von begrenzenden zu wirkungsvolleren Vorstellungen vorarbeiten. Die „Stufen" in einem Progressionsmodell stellen keine Aufeinanderfolge im Sinne von Stufen auf einer Leiter dar, auf welche jede/r Schüler/in beim Klettern treten muss. Ein Entwicklungsmodell von Schülervorstellungen stellt keinen Lernweg für einzelne Schüler/innen dar. Es listet Vorstellungen auf, die sich wahrscheinlich in Lerngruppen finden werden, die wahrscheinliche Verteilung dieser Ideen unter Lernenden verschiedenen Alters und das Entwicklungsmuster von Schülervorstellungen, das erwartet werden kann; • in der Entwicklung von Schülervorstellungen im Fach Geschichte gibt es eine Differenz von sieben Jahren, manche Siebenjährige können auf dem gleichen konzeptuellen Niveau wie ein Großteil der Vierzehnjährigen arbeiten; • ein Progressionsmodell sagt nicht, dass ein Schüler, der sich im 9. Schuljahr befindet, auf Stufe n arbeiten muss oder dass der nächste Schritt das Erreichen der Stufe n+1 darstellt; • es bildet Wahrscheinlichkeiten für das konzeptuelle Denken der Mehrheit von Lernenden ab, es sagt nicht, was Schüler/innen notwendigerweise tun müssen: „There are many roads to Rome and some pupils prefer to head for Geneva." Der Lernfortschritt einiger Schüler/innen kann am besten dadurch beschrieben werden, inwiefern sie vom Standardmodell abweichen; • Progressionsmodelle stellen keine Listen von Vorstellungen dar, die eine nach der anderen unterrichtet werden müssen. Sie sagen nicht, dass Lernenden unangemessene Vorstellungen vermittelt werden sollten, weil diese die nächsten auf der Liste zu sein scheinen; • Progressionsmodelle stellen die Entwicklung des historischen Verstehens als eine graduelle Transformation von Fehlkonzepten und nicht als die graduelle Akkumulation korrekter Vorstellungen dar. Meistens vollzieht sich die Entwicklung von limitierenden zu nützlicheren Fehlkonzepten; • Progressionsmodelle können ein Gerüst (*scaffold*) für das Lehren und Lernen von Geschichte zur Verfügung stellen – falsch angewendet, kann dieses Gerüst aber zum Käfig werden.

Abb. 2.32: Progressionsmodelle im Gesichtsunterricht nach Lee/Shemilt (2003, S. 13-23)

Progressionsmodelle stellen sequenzierte Beschreibungen von dynamischen Denkprozessen dar und keine geistigen Entwicklungsstadien. Wenn sich historisches Verstehen aus den kumulativen Erfahrungen von Lernenden mit historischen Denkprozessen beim Lösen historischer Probleme aufbaut, können Schüler/innen von Beginn an ein großes Potenzial zum historischen Verstehen demonstrieren, in bestimmten Phasen ihres historischen Bildungsprozesses wird ihr Verstehen aber wahrscheinlich mehr oder weniger begrenzt sein und sich durch eine der Stufen im Progressionsmodell beschreiben lassen. Die

Weiterentwicklung ihrer Vorstellungen hängt dann von weiterführender Prozesserfahrung ab, die ihnen Wege weist, Fehlkonzepte zu entdecken und durch wirkungsvollere zu ersetzen (Sansom 1987, S. 122). Im Gegensatz zu Stufenmodellen älterer Art sind die aus dem CHATA-Projekt hervorgegangenen Übersichten sehr wertvoll für Lehrer/innen im Hinblick auf die Planung, Durchführung und Auswertung von Unterricht sowie die Gestaltung und Bewertung von Aufgaben, da mit ihnen Schülervorstellungen erkannt und weiterentwickelt werden können. Sie können ein Lerngerüst im Sinne Jerome Bruners (1977, S. XIV; Wood/Bruner/Ross 1976) für Lehrer/innen darstellen, um über die konzeptuellen und sprachlichen Werkzeuge nachzudenken, die Schüler/innen benötigen, um Sinnbildungsprozesse im (bilingualen) Geschichtsunterricht bewältigen zu können und historische Kompetenzen zu erwerben/entwickeln. Eine stärkere Berücksichtigung im Rahmen der Theoriebildung zum bilingualen Geschichtsunterricht kann ich nur empfehlen.

2.5 Fazit

Eine Vielzahl von Studien weist mittlerweile darauf hin, dass Unterricht der fachwissenschaftliche Lese-, Schreib- und Denkprozesse in den Mittelpunkt stellt, durch *cognitive apprenticeship* eine *disciplinary literacy* vermitteln kann. Ein solcher Unterricht ist durchaus auch mit jüngeren und/oder leistungsschwächeren Lernenden möglich und kann die kognitive Entwicklung positiv beeinflussen (MonteSano/De La Paz/Felton 2014, S. 17). Guter bilingualer Geschichtsunterricht, der Lernenden ein qualitativ hochwertiges historisches Lernen ermöglicht, entsteht aus einer „Schnittmenge" von historischen Lesen, Schreiben und Denken. Diese domänenspezifischen Prozesse unterstützen sich gegenseitig und sind eng miteinander verbunden. Die folgenden Kapitel trennen diese Prozesse nur zum Zweck der Verdeutlichung. Sie sollen Wege aufzeigen, wie bilingualer Geschichtsunterricht fachspezifisch und fachsprachlich gestaltet werden kann, um historisches Lernen und den Spracherwerb in der Schulsprache Deutsch und der Fremdsprache Englisch zu ermöglichen.

3 Historisches Lesen

In theoretischen Überlegungen der Fremdsprachendidaktik zum bilingualen Geschichtsunterricht wird der kontrastiven Arbeit mit (Text-)Quellen und mit den darin enthaltenen Begriffen, denen eine kulturelle „Aufladung" zugesprochen wird, ein hoher Stellenwert beigemessen. Die fremdsprachige Weiterentwicklung von in der Schulsprache vorzufindenden Alltagsbegriffen zu wissenschaftlichen Begriffen wird in der Perspektive der Mehrsprachigkeit als besonderer Beitrag der bilingualen Unterrichtsform zum Wissenserwerb der Lernenden gesehen. Konzepte aus der Lebenswelt der Schüler/innen sollen in dieser von Vygotskijs sozialkonstruktivistischem Ansatz geprägten Sichtweise durch den Unterricht zu wissenschaftsadäquaten Konzepten umgeformt werden. Dabei wird Lesen oftmals als eine grundlegende Fertigkeit betrachtet, die in vielfältigen Situationen angewendet werden kann. Frühe *reading skills* entwickeln sich aber nicht automatisch zu reiferen *literacy skills*, die Schüler/innen dazu befähigen, das spezialisierte und komplexe Lesen von Literatur in den Sprachfächern oder unterschiedlicher Textsorten in den Naturwissenschaften, der Mathematik oder dem Fach Geschichte zu bewältigen. Das Fach Geschichte bietet im Hinblick auf die Förderung von Literalität im schulischen Zusammenhang ein großes Potenzial, das mit den domänenspezifischen Denk-, Lese- und Darstellungstechniken zusammenhängt (vgl. auch Wineburg 2001; Wineburg/Martin/Monte-Sano 2013). Damit sich dieses Potenzial entfalten kann, ist es aber wichtig, sich klar zu machen, ob man Lesen oder *historisches* Lesen unterrichtet. Kennen meine Schüler/innen nur Strategien zur Erschließung und Verarbeitung von historischen Texten, welche die Fremdsprachendidaktik für den Umgang mit Quellen, Schulbuchtexten und historischen Darstellungen vorschlägt oder kennen sie fachspezifische Lesestrategien, die ihnen einen Zugang zur Vergangenheit und zum historischen Denken ermöglichen? Wissen sie also, wie sie historische Texte lesen sollten?

3.1 Quellenarbeit

Die geschichtsdidaktische Einschätzung der schulischen Möglichkeiten von Quellenarbeit schwankt zwischen Euphorie und Skepsis. Ein Geschichtsunterricht ohne Quellen ist theoretisch kaum denkbar und käme prinzipiell einem naturwissenschaftlichen Unterricht ohne Versuche gleich (Beilner/Langer-Plän 2004b, S. 3). Quellen sind der Ausgangspunkt und die Grundlage historischen Denkens, sie werden in der Geschichtswissenschaft zum Mittel, um das Handeln der Menschen in der Vergangenheit erkennen zu können: „Quellen sind Objektivationen und Materialisierungen vergangenen menschlichen Handelns und Leidens. Sie sind in der Vergangenheit entstanden und liegen einer ihr nachfolgenden Gegenwart vor" (Pandel 2012, 10f.). In der Unterrichtspraxis höre ich aber immer wieder die Klage von Lehrenden, dass die Schüler/innen die Quellentexte nicht verstünden und dass deshalb – so wichtig die Quellenarbeit doch wäre – sie faktisch nicht stattfinden könne. Dieser bedenkliche Widerspruch zwischen der Einsicht in die Notwendigkeit und dem möglichen Bildungswert von Quellenarbeit einerseits, den praktischen Problemen, die bei der versuchten Umsetzung auftreten und dann wohl häufiger zum Verzicht auf ernstzunehmende Quellenarbeit führen, andererseits, hängt meines Erachtens damit zusammen, dass didaktische Hinweise der deutschsprachigen Geschichtsdidaktik zur Anwendung von Quellenarbeit als Methode im Geschichtsunterricht von der Wissenschaft her gedacht sind, nicht jedoch aus der Perspektive der Lernenden betrachtet werden. Wie Schüler/innen mit Quellen im Geschichtsunterricht umgehen und welche Probleme dabei auftreten, ist empirisch noch nicht ausreichend erforscht (Beilner/Langer-Plän 2004b, S. 4). Lehrende stehen somit vor dem schwierigen Unterfangen, Erwartungen an und Ziele von Quellenarbeit mit Lehrwerken umzusetzen, die nur höchst selten dafür geeignete Quellenzusammenstellungen enthalten, und mit Lernenden, die als Novizen nicht so denken, wie sich das die Geschichtsdidaktiker/innen vorstellen (oder gerade nicht vorstellen), die sich am Ideal des wissenschaftlichen Experten orientieren. Insofern entsprechen die Ergebnisse schulischer Quellenarbeit nicht den in sie gesetzten hohen Erwartungen. Das gilt ebenso für den bilingualen Geschichtsunterricht und gerade auch im Hinblick auf Multiperspektivität und interkulturelles Lernen. Sind diese Erwartungen an Quellenarbeit realistisch oder gehen sie an dem im schulischen Unterricht Möglichen vorbei?

Eine erste Antwort auf diese Frage bietet das Regensburger Forschungsprojekt zum Verständnis von Quellentexten und Darstellungen von Helmut Beilner und Martina Langer-Plän (Beilner/Langer-Plän 2004a). Beilner und Langer-Plän gehen davon aus, dass historisches Denken und die Entwicklung des Geschichtsbewusstseins nur in der Auseinandersetzung mit Quellen erfolgen kann. Die Quellenarbeit stellt ein wesentliches Qualitätsmerkmal modernen Geschichtsunterrichts dar, auch wenn sie sich im Unterrichtalltag von Lehrkräften als schwieriges Unterfangen darstellt und die Untersuchungen von Bodo von Borries zeigen, dass – an den Standards der Geschichtswissenschaft gemessen – die Motivation zur Auseinandersetzung mit Quellen bei den Lernenden eher gering ist, selbst höhere Klassen noch Probleme mit schriftlichen Quellen haben und in einer unkritischen Dokumentengläubigkeit verharren (Beilner 2004, S. 103). Beilner und Langer-Plän untersuchen Zugangsweisen von Lernenden zu historischen Texten in der Form von schriftlichen Quellen, die dabei ablaufenden Denkprozesse und mögliche Barrieren bei der Quellenarbeit, um Ansatzpunkte für gezielte Interventionen bzw. Handlungsempfehlungen für den Unterricht generieren zu können. Damit verknüpfen sie geschichtsdidaktische Überlegungen mit denen der Lehr-Lern-Forschung (Beilner/Langer-Plän 2004b, S. 4; Beilner 2004, S. 104f.). Für die Jahrgangsstufe 6 kam Helmut Beilner bei der Auswertung einer Quelle zur Gründung von Kyrene (Herodot, griechische Kolonisation) zu dem Ergebnis, dass es den meisten Lernenden zwar noch schwer fiel, die Quelle in den Gesamtzusammenhang der griechischen Kolonisation einzuordnen, die Altersstufe aber kein Hindernis für historisches Denken darstellt, da Überlegungen zum Wesen von historischen Quellen und der Konstrukthaftigkeit der Darstellung von Geschichte hier schon möglich waren (Beilner 2004, S. 121ff.).

Im Fach Geschichte ist der Gegenstand vergangen und kann nur über Sprache und Imagination dargestellt werden. Sprachliche Darstellungen sind also zentral für ein Erfassen von Geschichte, sie können durch handlungsorientierte Zugänge ergänzt und manchmal vielleicht auch vertieft, aber keinesfalls ersetzt werden (vgl. Langer-Plän/Beilner

2006, S. 215). Deshalb kann sich weder deutschsprachiger noch bilingualer Geschichtsunterricht aus der Verantwortung stehlen, auch jüngeren Lernenden den Erwerb historischer Denk-, Lese- und Darstellungstechniken zu ermöglichen. In der Praxis findet sich dennoch häufig der Rückzug auf Sprachprobleme der Schüler/innen, auf ein mangelhaftes Text- und Begriffsverständnis, das absurder Weise dadurch umschifft werden soll, dass Sprache reduziert wird, dass Quellen und Darstellungen bis zur Unkenntlichkeit gekürzt oder ganz gestrichen oder durch vermeintlich einfachere visuelle Medien ersetzt werden. Viele gehen hier anscheinend den Weg des geringsten Widerstands oder kapitulieren vor den Vermittlungs- und Verständnisproblemen. Somit mangelt es in den Schulen häufig an geeigneten Materialpools, aber auch an konkreten Vorstellungen, wie fachspezifische Modellierungs- und *Scaffolding*-Maßnahmen auch jüngeren oder leseschwachen Lernenden eine ernsthafte Auseinandersetzung mit Quellen und Darstellungen ermöglichen könnten. Wenn wir Schüler/innen nicht explizit darin unterrichten, wie sie historische Quellen und Darstellungen analysieren und interpretieren können, wird die Konfrontation mit solchen Texten allein nicht dazu führen, ihr historisches Verstehen zu bereichern. (Bilingualer) Geschichtsunterricht ist also vor allem auch Leseunterricht und bedarf einer fachspezifischen Lesedidaktik.

Geschichtsdidaktische Einführungen in die Quellenarbeit, wie z. B. die von Hans-Jürgen Pandel (2012), bieten eine Vielzahl von nützlichen Anregungen und häufig bessere Quellensammlungen als in den schulischen Lehrwerken, aber sie sind eher quellenorientiert als schülerorientiert, da sie zwar die Anforderungen, die Quellen an das historische Denken von Kindern und Jugendlichen stellen und die Existenz von Schülervorstellungen zur Geschichte wahrnehmen, beides aber nicht konkreter miteinander verbinden. Da Quellenarbeit eine sehr komplexe Angelegenheit darstellt, verlangt sie laut Pandel von den Lernenden eine Vielzahl von geistigen Operationen, die er in kognitive, methodische und evaluative und drei Schwierigkeitsstufen (Ebenen) aufteilt:

Anforderungsstufen bei Quellenarbeit			
	kognitive Operationen	methodische Operationen	evaluative Operationen
Ebene 1	Kenntnis: Ereignisse, Zahlen, Personen und Begriffe entnehmen	Datieren: Zeit, Ort und Person des Quellenverfassers feststellen bzw. aus dem Text erschließen	Kritisieren: Aufgrund von zeitgenössischem oder heutigem Wissen Aussagen kritisieren
Ebene 2	Erkenntnisse: Verbindung von Absichten/Bedingungen, Ursachen/Folgen; unbeabsichtigte Nebenwirkungen; Bezug zur eigenen Situation; Alterität erkennen	Hineinversetzen (Innenperspektive): Mit den Augen/Bewusstsein der anderen sehen/denken; empathische Interpretation ohne kritische Distanz, kontrolliertes Verstehen (anderen nicht aufs Wort glauben)	Urteilen: Sachurteile fällen; Ambivalenzen und Widersprüche durch diese lösen; offene historische Fragen für sich selbst beantworten; über Sinnbildungen und Zeitverlaufsvorstellungen urteilen

Ebene 3	Narrativieren: Aus zeitdifferenten Ereignissen Verläufe herstellen; um-, nacherzählen; Metanarration; Orientieren in der Zeit	Perspektivenwahrnehmung: „Ereignisse" sehen aus unterschiedlichen Perspektiven stets anders aus: soziale, ethnische, religiöse, historische Perspektiven benennen können	Werten: Kenntnisse, Erkenntnisse, Erzählungen, Sinnbildungen und Methoden bewerten; Ideologien feststellen und ihre Folgen aufzeigen; eigene moralische/ethische Maßstäbe anwenden und Wertvorstellungen und Perspektivität erkennen

Abb. 3.1: Anforderungsstufen schulischer Quellenarbeit nach Pandel (2012, S. 188), adaptiert

Auch aufgrund der zusätzlichen Sprachbarriere bleibt bilingualer Geschichtsunterricht, wie ich ihn beobachtet habe, häufig auf Ebene 1 stehen, wo Quellen als Texte gesehen werden, denen man – wie im schulischen Rahmen üblich – Informationen entnimmt und sie vielleicht noch aus unserer Gegenwartsperspektive heraus kritisiert. Das liegt zum einen daran, dass Quellen in Schulbüchern meistens nur einen die Verfassertexte illustrierenden Charakter haben. Multiperspektive Quellenzusammenstellungen, die den Lernenden Narrativeren ermöglichen würden, sind eigentlich nicht existent. Solcher Unterricht führt zur Entwicklung von Fehlkonzepten, weil Quellen nicht als historisches Denkkonzept thematisiert und wahrgenommen werden, das – wie Pandels Übersicht zeigt – mit anderen historischen Denkkonzepten, wie Darstellung, Zeit, Handlungsabsichten und -folgen (Empathie), Ursache und Wirkung, Perspektivenübernahme eng verbunden ist, welche die Struktur der Disziplin Geschichte abbilden bzw. den Kern dessen bilden, was historisches Denken ausmacht. Beim historischen Lesen treten also ganz andere Herausforderungen für Schüler/innen auf: Die Textmodelle, die sie erstellen müssen, sind häufig viel komplexer, da sie den historischen Kontext wahrnehmen müssen, in dem eine historische Quelle entstanden ist (Gesellschaftssystem, damalige Vorstellungen, Werte und Normen, historische Ereignisse), und eine Mehrzahl von Quellen miteinander in Beziehung setzen und mit einer Interpretation vergleichen und kontrastieren müssen. Es geht bei der Quellenarbeit nicht um Informationsentnahme, sondern um Evidenz/Belegbarkeit (siehe Kapitel 5), um das, was aus einer Quelle wird, wenn sie historisch analysiert wird. In der englischsprachigen Literatur wird das dadurch markiert, dass meistens nicht von Quellenarbeit geredet wird, sondern von *evidence*, was den Konzeptcharakter deutlicher herausstellt und die Quellenarbeit mit den empirischen Forschungsarbeiten zu Schülervorstellungen zusammenbringt. *Evidence* ist ein zentrales historisches Konzept, da es Geschichte ermöglicht. Aber sogar wenn sich Schüler/innen fragen, wie wir wissen können, was in der Vergangenheit geschah, folgt daraus nicht, dass sie Quellenmaterial unter dem Gesichtspunkt von Evidenz/Belegbarkeit erkennen, das anders zu benutzen ist als die Schulbuchdarstellungen, auf die sie bei anderen Gelegenheiten treffen. Die Annahme, dass die gegebene Vergangenheit, wie sie in Schulbüchern oder Lehrervorträgen erscheint, eine Autorität besitzt, macht die Begegnung mit einer Vielzahl von Quellen problematisch. Wenn Quellen nur korrekte oder inkorrekte Informationen sind, können wir sie nur akzeptieren oder ablehnen. Der gesunde Menschenverstand sagt uns, wenn zwei Quellen eine Sache sagen und eine dritte etwas anderes, muss die dritte falsch sein. Und wenn man weiß, welche Quellen die richtigen sind, warum soll man dann zweimal dasselbe lesen? Hier kommt eine weitere Alltagsidee ins Spiel – die Vorstellung der Voreingenommenheit.

Schüler/innen wissen, dass Menschen ihre eigenen Pläne verfolgen und das das, was sie sagen, nicht stimmen muss und sie sich häufig für eine Seite entscheiden, ob persönlich oder als Teil einer sozialen Gruppe. Auch Schüler/innen in der Altersgruppe zwischen 16 und 18 Jahren gingen in einer Studie davon aus, dass Voreingenommenheit eine fixe Eigenschaft von Quellen ist, die diese nutzlos macht. Sobald sie Hinweise auf Perspektivität fanden, verwarfen sie die Quelle. Diese Idee beruht auf der Annahme, dass Historiker/innen nur das wiederholen können, was Quellen wahrheitsgemäß berichtet haben. Und da Schüler/innen wissen, dass man vorsichtig sein muss bei der Einschätzung von Berichten, betrachten sie Geschichte als eine dubiose Aktivität. Das Präkonzept, dass Geschichte von wahren Berichten abhängt, führt dazu, dass Schüler/innen auch die Verlässlichkeit einer Quelle als fixe Eigenschaft ansehen und nicht als etwas, dass sich abhängig von der Fragestellung verändert (Lee 2005, S. 54f.). Ein wichtiger Schritt für Schüler/innen ist das Ersetzen der Idee, dass wir von Berichten abhängig sind mit der Idee, dass wir ein Bild der Vergangenheit durch Schlussfolgern konstruieren können. Schüler/innen, die meinen, dass Berichte über die Vergangenheit nicht zuverlässig seien, weil sie voreingenommen sind oder nur Meinungen darlegen, werden an den Anfang zurückgeworfen: Wenn Geschichte nur möglich ist, wenn Menschen (Augenzeugen) wahrheitsgemäß erzählen, was passiert ist, stoppt das historische Lernen. Nur wenn Schüler/innen verstehen, dass Historiker/innen Fragen an historische Quellen stellen können, die diese nicht beantworten sollten (für deren Beantwortung die Quellen nicht erzeugt wurden) und dass eine Vielzahl des Belegmaterials (*evidence*) das Historiker/innen benutzen, nicht dazu beabsichtigt war, irgendetwas zu berichten, werden sie von der Abhängigkeit des wahrheitsgemäßen Zeugnisses befreit. Vieles, was Historiker/innen interessiert, konnte niemand als Augenzeuge beobachten, nicht einmal, wenn wir selbst mit einer Zeitmaschine zurückreisen könnten. Erst wenn Schüler/innen anfangen, mit einer Vorstellung von Belegbarkeit als etwas Schlussfolgerndem zu arbeiten und Augenzeugen nicht als Menschen sehen, die Geschichte weitergeben, sondern als Menschen, die Belegmaterial zur Verfügung stellen, kann Geschichte weitergehen und eine verständliche und sogar wirkungsvolle Art und Weise des Denkens über die Vergangenheit werden (ebd., S. 37). Historiker/innen sind nicht davon abhängig, zwischen zwei Quellen wählen zu müssen, sie können sich ihr eigenes Bild machen, dass sich von beiden Quellen unterscheiden kann. Mit diesem Verständnis geht die Erkenntnis einher, dass wir Dinge über die Vergangenheit wissen können, die kein Zeuge berichtet hat – was zählt, sind die Fragen, die wir stellen. Sobald Schüler/innen zwei parallele Unterscheidungen verstehen – zwischen Überrest und Aufzeichnung (Tradition) und intentionalem und nichtintentionalem *evidence* – können sie der Falle entfliehen, die ihnen einige ihrer Alltagsvorstellungen gelegt haben (ebd., S. 58, vgl. das Progressionsmodell in 2.3.1).

3.2 Die Arbeit mit historischen Darstellungen und Verfassertexten aus Geschichtsbüchern

Geschichte ist eine schlussfolgernde Disziplin, die sich entwickelt hat, weil die vergangene Wirklichkeit keine direkte Rolle in unseren Darstellungen von ihr spielen kann. Geschichte basiert auf der Analyse von Quellen, welche kein unproblematisches Bild der Vergangenheit liefern. Alltagsvorstellungen über eine „gegebene“ Vergangenheit können es für Schüler/innen schwer machen, die grundlegenden Facetten dessen zu verstehen, was es heißt, Geschichte zu betreiben. Wie kann es z. B. sein, dass es möglich ist, dass Historiker/innen verschiedene Darstellungen desselben Abschnitts von Geschichte geben? Der „gesunde Menschenverstand“ sagt den Lernenden hier, dass die Historiker/innen irgendetwas falsch gemacht haben müssen. Wenn das Wissen von etwas davon abhängt, es gesehen oder gemacht zu haben, dann gibt es nichts Wertvolles, was über die Vergangenheit gesagt werden kann – viele Schüler/innen stoppen hier und fragen sich, welchen Sinn Geschichte bzw. Geschichtsunterricht macht (ebd., S. 31ff.).

Das Konzept historische Darstellung steht in enger Beziehung zu dem von Evidenz/Belegbarkeit. Wie sehen Schüler/innen historische Narrationen von ganzen Abschnitten der Vergangenheit? Viele jüngere Schüler/innen gehen davon aus, dass eine Darstellung dann wahr ist, wenn alle einzelnen faktischen Aussagen wahr sind. Alle einzelnen Aussagen können aber wahr sein und die gesamte Darstellung kann trotzdem sehr umstritten sein. Schüler/innen tendieren dazu, mit dem Problem, dass wahre Aussagen noch keine akzeptable historische Darstellung verbürgen, umzugehen, indem sie Vorstellungen aus dem Alltagsleben benutzen. Wenn Darstellungen nicht klar und eindeutig wahr oder unwahr sind, dann sind sie eine Sache von Meinungen. Alternative historische Darstellungen entstehen dann schnell dadurch, dass Menschen absichtlich die Wahrheit verzerren, meistens, weil sie voreingenommen sind. Solche Ideen bereiten Lernenden Probleme bis sie sehen, dass Darstellungen nicht Kopien der Vergangenheit sind, sondern Arten und Weisen die Vergangenheit zu sehen – sie reproduzieren sie nicht. Es gibt keine „komplette“ Geschichte der Vergangenheit, nur Darstellungen innerhalb der Parameter die Autor(inn)en unvermeidbarer Weise setzen, wenn sie sich entscheiden, bestimmte Fragen zu stellen. Darstellungen verlangen Auswahl und somit eine Position, von der aus die Auswahl erfolgt. Eine Perspektive ist somit nicht nur legitim, sondern notwendig, perspektivlose Darstellungen sind nicht möglich. Laut Lees Forschungen verstehen das einige Schüler/innen schon am Ende der 8. Klasse (ebd., S. 59f.).

Schülervorstellungen zu historischen Darstellungen (vorläufiges Progressionsmodell)

Accounts are just (given) stories
Historische Darstellungen werden von den Lernenden als Geschichten angesehen, die es gibt. Unterschiede in diesen Geschichten werden darauf zurückgeführt, dass es verschiedenen Möglichkeiten gibt, dieselbe Sache auszudrücken – ähnlich wie in der Schule, wo die Lernenden häufig Geschichten in „ihren eigenen Worten“ wiedergeben sollen.

Accounts fail to be copies of a past we cannot witness
Historische Darstellungen können nicht korrekt sein, da wir nicht da waren, um die Vergangenheit zu sehen und deshalb können wir nichts über sie wissen. Sie unterscheiden sich, weil Menschen verschiedene Meinungen über die Dinge haben. „Meinungen“ fungieren hier als Ersatz für Wissen, das wir niemals wirklich haben können.

Accounts are accurate copies of the past, except for mistakes or gaps
Unter der Voraussetzung, dass wir die Fakten kennen, besteht ein korrektes Abbildungsverhältnis zwischen der Vergangenheit und den historischen Darstellungen. (Das ist die positive Version der vorausgehenden Position.). „Meinungen“ ergeben sich aus Informationslücken oder Fehlern, die gemacht werden.

Accounts may be distorted for ulterior motives
Historische Darstellungen sind Kopien der Vergangenheit, die diese mehr oder weniger stark verzerren. Das Problem, dass es sich unterscheidende historische Darstellungen zum selben

historischen Ereignis gibt, hängt nicht nur mit unserem Wissen über die Vergangenheit zusammen, sondern auch mit der aktiven Rolle der Autor(inn)en, die notwendigerweise die Vergangenheit verzerren. „Meinungen" nehmen hier die Form von Voreingenommenheit, Übertreibung und Lügen an, die Geschichten verändern. Sie haben ihre Ursache darin, dass die Autor(inn)en sich auf eine Seite stellen/zu einer Seite halten. Es ware ideal, wenn historische Darstellungen unparteiisch wären, also keine Position vertreten würden/zu keiner der Seiten halten würden.

Accounts are organized from a personal viewpoint

Historische Darstellungen sind eine Zusammenstellung bedeutsamer Aspekte der Vergangenheit, die auf der Auswahl von Historikerinnen und Historikern beruht. Lernende, die so denken, haben sich deutlich von den vorausgehenden Ideen gelöst, indem sie die Vorstellung aufgegeben haben, dass historische Darstellungen Kopien der Vergangenheit darstellen sollen. „Meinungen" erscheinen hier in der Form der Auswahl, die Historiker/innen treffen. Diese ist zwar persönlich, muss sich aber nicht auf eine Seite schlagen. Ein Standpunkt und eine Auswahl werden als rechtmäßige Bestandteile von historischen Darstellungen angesehen. Historiker/innen können ein Interesse daran haben, unterschiedliche Fragen zu beantworten.

Accounts must answer questions and fit criteria

Unterschiedliche historische Darstellungen sind nicht nur ein Resultat der Auswahl der Autor(inn)en, sie sind notwendigerweise selektiv und werden für bestimmte Themen und Zeitrahmen konstruiert. Es kann keine kompletten Darstellungen geben. Es liegt in der Natur von historischen Darstellungen, dass sie sich – legitimer Weise – voneinander unterscheiden, da sie die Vergangenheit anhand bestimmter Fragen (re-)konstruieren. Historische Darstellungen werden anhand ihrer Triftigkeit und ihrem relativen Wert beurteilt. Rivalisierende Darstellungen eines Themas können akzeptabel sein, da sie sich unterschiedlichen, aber gleichermaßen wertvollen Fragen zum Thema zuwenden. Kriterien der Geschichtswissenschaft schließen viele mögliche Darstellungen der Vergangenheit aus, aber sie schreiben keine feststehende Zahl von akzeptablen Darstellungen vor.

Abb. 3.2: Schülervorstellungen nach Lee (2014, S. 181); vgl. auch Lee/Shemilt (2004, S. 30)

Schematisches Progessionsmuster von „Meinungs"-Konzepten, die zur Erklärung von Unterschieden in historischen Darstellungen von Lernenden herangezogen werden

Meinung als Wissenslücke

1. „Meinung" füllt den unausweichlichen Wissens-/Informationsmangel auf, da wir keinen Zugang zur Vergangenheit haben. Oder: „Meinung" füllt den möglichen Wissensmangel auf, da es Lücken in unseren Informationen gibt.
2. „Meinung" ist ein vorläufiger Ersatz für „echtes" Wissen.

Meinung als Sichtweise/Perspektive

3. „Meinung" ist etwas, das wir erhalten, wenn wir uns auf eine Seite stellen. Es ist ein parteilicher Standpunkt und ist – zumindest in diesem Sinne – nicht legitim. Aber er ist auch unumgänglich (und es kann unsere Pflicht sein, ihn anzuwenden).
4. „Meinung" ist eine Folge davon, dass jede/r unterschiedlich denkt. Es ist ein legitimer Standpunkt.
5. „Meinung" ist ein Urteil, das auf bestimmten Kriterien beruht, egal ob implizit oder explizit. Diese Kriterien bestimmen die Parameter, die notwendig sind, um Geschichten jeglicher Art zu produzieren.

Abb. 3.3: Meinungs-Konzepte bei Schüler/innen nach Lee/Ashby (2000, S. 218)

Matthias Martens hat sich in einer qualitativ-empirischen Studie in Anlehnung an die Arbeiten der britischen Geschichtsdidaktik mit „Kompetenzen historischen Verstehens im Umgang mit Darstellungen von Geschichte" beschäftigt (Martens 2010). Dabei kommt er zu dem Ergebnis, dass alle untersuchten Schülergruppen (Jahrgang 8: Hauptschule, Realschule, Gymnasium; Jahrgang 10 und 12: Gymnasium) als Rahmenorientierung ein Abbildverhältnis zwischen historischer Wirklichkeit und Darstellung annahmen, das in unterschiedlich elaborierte erkenntnistheoretische Kontexte eingebunden war (ebd.,

S. 294ff.). Das Erkennen des Konstruktcharakters von Geschichte ist für Martens eng mit dem Umgang mit Quellen und Darstellungen verbunden, erfordert aber auch Fremdverstehen und den Umgang mit Perspektivität. Wenn Jugendliche elaborierte Vorstellungen im Umgang mit Perspektivität erworben haben, aber kein klares Konzept von Quelle und Darstellung ausgebildet haben, führt das zu Konfusionen in unterschiedlichen Kompetenzbereichen, weshalb Martens es für fragwürdig hält, ob Schüler/innen im Laufe der Schulzeit wirklich zu einer „freien Verfügung" über diese einzelnen Kompetenzen gelangen (ebd., S. 301). Sein eher ernüchternder Befund zeigt viele Lernproblematiken auf, die einer Kompetenzorientierung im Sinne eines Erlernens von historischem Denken in den Sekundarstufen I und II entgegenstehen (ebd., S. 297ff.). Basierend auf seinen Ergebnissen plädiert Martens dafür, sich im Geschichtsunterricht stärker auf epistemologische Zusammenhänge zu konzentrieren, da die empirischen Ergebnisse aus Großbritannien es nahe legen würden, dass ein Unterricht, der die Entwicklung von Schülervorstellungen zu historischen Denkkonzepten betont, zu guten bzw. besseren Ergebnissen führen könne (ebd., S. 339).

Wenn wir den Blick von den Schülervorstellungen zu historischen Darstellungen auf die Sprache von Geschichtsdarstellungen in gängigen Schulbüchern richten, wird deutlich, dass die darstellenden Texte eine Vielzahl von Lernenden vor große Verständnisprobleme stellen (Borries 2006; Henke-Bockschatz 2012). Die hoch verdichteten Darstellungstexte, die – im Gegensatz zu „echten" historischen Darstellungen – ihre Standortgebundenheit und Perspektivität nicht offenlegen, setzen viel zu viel Hintergrundwissen bei den Lernenden voraus und es mangelt ihnen an Kohärenz und ausreichenden Erklärungen, was dazu führt, dass sie vom Standpunkt der Lernenden aus gesehen, bei denen die Inhalte im Gegensatz zu den Lehrenden nicht als bekannt vorausgesetzt werden können, unverständlich sind (Beck/McKeown 1994; McKeown/Beck 1994; Borries 2008, S. 49ff.). Isabel Beck und Margaret McKeown haben das sehr gut an einem amerikanischen Schulbuchtext (5. Klasse) gezeigt, bei dem sie einige Namen/Begriffe/Jahreszahlen ausgetauscht haben. Das Ergebnis ist auch für Lehrer/innen ein Nonsens-Text:

Making sense of textbook history?
Modifizierter Abschnitt aus dem Geschichtsbuch: *The Langurian and Pitok War. In 1367 Marain and the settlements ended a 7-year war with the Langurian and Pitoks. As a result of this war Languria was driven out of East Bacol. Marain would now rule Laman and other lands that had belonged to Languria. This brought peace to the Bacolian settlements. The settlers no longer had to fear attacks from Laman. The Bacolians were happy to be a part of Marain in 1367. Yet a dozen years later, these same people would be fighting the Marish for independence, or freedom from United Marain's rule. This war was called the Freedom War or the Bacolian Revolution. A revolution changes one type of government or way of thinking and replaces it with another.*
Originaltext aus dem Geschichtsbuch: *The French and Indian War. In 1763 Britain and the colonies ended a 7-year war with the French and Indians. As a result of this war France was driven out of North America. Britain would now rule Canada and other lands that had belonged to France. This brought peace to the American colonies. The colonists no longer had to fear attacks from Canada. The Americans were happy to be a part of Britain in 1763. Yet a dozen years later, these same people would be fighting the British for independence, or freedom from Great Britain's rule. This war was called the War for Independence or the American Revolution. A revolution changes one type of government or way of thinking and replaces it with another.*

Abb. 3.4: Problematische Texte in Geschichtsbüchern nach Beck/McKeown (1994, S. 239f.)

Mehr Kohärenz und ausführlichere Erklärungen, die weniger Vorwissen voraussetzen, wären also hilfreiche Veränderungen, die Schulgeschichtsbücher für Lernende verständlicher machen könnten. Im Rahmen von bilingualem Geschichtsunterricht und den dafür produzierten Lehrwerken stellt sich diese Problematik mit großer Dringlichkeit. Sowohl im monolingualen als auch im bilingualen Geschichtsunterricht gibt es hier einen deutlichen Entwicklungsbedarf. Dieser betrifft die Gestaltung der Lehrwerke, vor allem aber auch Hinweise für die Lehrkräfte zum Umgang mit Lehrbuchtexten im Sinne einer Lesedidaktik. Eine Verbesserung des Verständnisses von Lehrenden für die Rolle von Sprache beim historischen Lernen kann durch Methoden der Funktionalen Linguistik erreicht werden, was Studien aus den USA zeigen (vgl. z. B. Schleppegrell/Greer/Taylor 2008), wo es z. B. an der Universität Davis in Kalifornien schon seit 2003 ein entsprechendes Lehrerfortbildungsprogramm gibt. Ein besseres Verständnis der akademischen Sprachanforderungen, die das Fach Geschichte an Lernende stellt, ist notwendig, damit Lehrende Lernende besser in historische Lernprozesse verwickeln können:

> „History, in particular, makes great linguistic demands on students, as it is constructed mainly through texts and cannot easily be experienced hands-on. Some teachers respond to this challenge by simplifying texts for students. However, this practice does not engage students with complex concepts or recognize their levels of cognitive development; nor does it develop in students the advanced knowledge about history they need for further advancement in secondary school" (ebd., S. 176).

Die Sichtbarmachung der disziplinspezifischen Sprachverwendung bedarf allerdings einen der reinen Sprachanalyse der Funktionalen Linguistik vorausgehenden Schritt, indem Lese-, Schreib- und Denkstrategien des Faches Geschichte in für die Schüler/innen nachvollziehbarer Weise offengelegt werden.

3.3 Der Bildungswert historischen Lesens

Sam Wineburg und Daisy Martin haben die folgende Situation während ihrer Schulbesuche wiederholt erlebt: Die Schüler/innen sammeln zu einem Thema haufenweise Informationen und können auch artikulieren, was sie herausgefunden haben, sobald sie aber die Qualität und Glaubwürdigkeit der Informationen einschätzen sollen, verstummen sie oder stimmen darüber ab. Fragt man einen Mittelstufenschüler mit Forschungsprojekt, wie man das Wort Bibliothek buchstabiert, erhält man eine aus sechs Buchstaben bestehende Antwort: G-O-O-G-L-E. In unserem Informationszeitalter kann jeder *crackpot* zum Verleger werden, weshalb die Bewertung der Qualität von Informationen eine Schlüsselkompetenz darstellt, die im Geschichtsunterricht erworben werden kann (ebd., S. 43).

Lesen im Geschichtsunterricht ist anders als z. B. im Deutsch- oder Englischunterricht, wo häufig Techniken zur Informationsentnahme aus Sachtexten eingeführt werden. Diese Lesestrategien werden auch im (bilingualen) Geschichtsunterricht als *Scaffolding*-Maßnahmen eingesetzt, obwohl ihr Nutzen nur begrenzt ist und ihr Einsatz zur Entwicklung von Fehlkonzepten führen kann. In der Fremdsprachendidaktik wird in Anlehnung an das Modell von Cummins zwischen BICS *(Basic Interpersonal Communicative Skills)* und CALP *(Cognitive Academic Linguistic Proficiency)* unterschieden. Da Cummins Modell davon ausgeht, dass kognitive Anforderungen (z. B. analysieren, erörtern, beurteilen, bewerten) komplexe sprachliche Prozesse voraussetzen, können sachfachspezifische Kommunikations- bzw. Lernsituationen als Elemente einer allgemeinen sprachlichen Handlungsfähigkeit interpretiert werden (Breidbach 2007, S. 91ff.). Auf diese Weise lässt sich auch das Problem der Fachspezifik entschärfen. So findet Breidbach – mit Blick auf die Forschung – die These plausibel, dass

> „sich die kommunikative Qualität des Unterrichts und damit das zum Tragen kommende funktionale Sprachspektrum nicht aus einer etwaigen inhaltlichen, didaktischen oder methodischen Spezifik einzelner Fächer herleitet. Die Annahme, dass fachliche Spezifika dieser Art überhaupt bestehen, dürfte daher einem verbreiteten, aber fragwürdigen Analogieschluss geschuldet sein, der darin besteht, eine als gängig empfundene Unterrichtspraxis zu Prinzipien des Faches an sich zu erklären“ (ebd., S. 96).

Es ist klar, dass diese Hypothese notwendig für die Legitimierung des fremdsprachendidaktischen Ansatzes ist, *eine* bilinguale Sachfachdidaktik für *alle* Fächer zu liefern. Sie ist meines Erachtens aber nicht haltbar und führt schnell zu einem bilingualem Geschichtsunterricht, in dem das Lesen von Quellen und Darstellungen bei der Informationsentnahme stehen bleibt, die fachspezifischen Lesestrategien aber nicht eingesetzt und der spezielle Bildungswert historischen Lesens nicht gesehen wird. Bei Otten und Wildhage findet sich eine Checkliste solcher im bilingualen Unterricht zum Tragen kommender Unterstützungssysteme:

Checkliste: Unterstützungssysteme (Otten/Wildhage)

- Texte und visuelle Materialien verbinden – bildliche Darstellungen, Schaubilder, Diagramme usw.;
- muttersprachliche und fremdsprachliche Texte und Materialien kombinieren, die sich gegenseitig ergänzen;
- Hilfen bedenken nach ihrer Funktion in der *pre-/while-/post*-Phase des Erarbeitungsprozesses;
- Unterstützung nicht nur für Textrezeption, sondern auch für Textproduktion;
- nicht immer Wortgleichungen und Wortlisten verwenden; stattdessen:
- auch die Diskurs- und Funktionsebene unterstützen; auch die Textgestalt, das Textformat einer gewünschten Schülerleistung in den Blick nehmen;
- kognitive Operationen trainieren und bewusst machen – z. B. Inferieren/Erschließen, Elaborieren/Leerstellen auffüllen usw.;
- den Lernprozess unterstützen durch bewährte Text-/Satzbaukästen und Rekonstruktionsaufgaben: Wort-/Satz-/Textsalat, *Clozes*;
- Klassiker des Textbetriebs – z. B. *multiple-choice/true-false* etc. – als sprachliche und fachliche Hilfen einsetzen.

Abb. 3.5: Checkliste nach Otten/Wildhage (2003, S. 30), vgl. auch Wildhage (2003)

Die hier vorgeschlagenen Unterstützungsmaßnahmen basieren auf Erfahrungen im Englischunterricht. Dort finden sich häufig Aufgabenformate, die *multiple choice*, *true-false* oder Textsalat einsetzen. Haben diese aber eine Berechtigung im bilingualen Geschichtsunterricht, wenn sie nur der Informationsentnahme, nicht aber dem Erlernen des historischen Denkens dienen? Krechels Hinweis, dass fremdsprachliche Arbeitsweisen mit der fachspezifischen Lesedidaktik verbunden werden müssen, sollte hier weiterverfolgt werden (Krechel 2010, S. 159f.). Da die deutsche Geschichtsdidaktik bisher zwar vielfältige Hinweise zur Quellenarbeit, aber keine eigene Lesedidaktik entwickelt hat, müssten dazu historische Lesestrategien identifiziert werden, um das gängige Lesen zur Informationsentnahme im bilingualen Geschichtsunterricht in historisches Lesen transformieren zu können. Die Unterschiede bzw. Akzentverschiebungen möchte ich im Folgenden an der Gegenüberstellung des „Leselotsen“, einer Lesestrategie, die 2002 vom Landesinstitut für

Schule und Medien Berlin-Brandenburg entwickelt wurde und seit 2011 auch in einer englischen Übersetzung auf dem Bildungsserver von Berlin-Brandenburg vorliegt (LISUM 2002) und den von der *Stanford History Education Group* entwickelten historischen Lesestrategien verdeutlichen:

Quellenarbeit als Informationsentnahme	Historisches Lesen
Reading Guide (1) Before Reading The text has a headline, maybe pictures. They cause ideas, assumptions, thoughts. Write them down in key words. (2) Reading Read the text slowly and accurately. Are there any parts you do not understand? Underline them with a pencil. (3) Clarifying Clarify the parts you did not understand. This helps: Think – Look for an explanation in the text. Look up – Look it up in a lexicon. Ask – Ask somebody. (4) Structuring Divide the text into sections. Number the sections. Find a headline for every section. Write the headlines down. (5) Marking Mark – in every section – the important words and write them down in a list. (6) Summarizing Summarize the content of the text in your own words, using your word list. Present your summary to a partner. (7) Evaluating Look at your list of ideas from the beginning. Which ideas matched the text? The reading guide suggests different steps. Which steps did you find especially helpful?	*Reading Like a Historian* – Heuristiken, die Historiker/innen beim Umgang mit Quellen einsetzen: (1) *Sourcing is when a reader thinks about a documents author and its creation.* Damit ist eine quellenkritische Betrachtung der Dokumente gemeint, bevor es um ihren eigentlichen Inhalt geht. Während Schüler/innen mit dem ersten Wort der Quelle beginnen und mit dem letzten ihr Lesen beenden, formen Historiker/innen (schon bevor sie sich der Substanz eines Dokuments nähern) eine Liste von Fragen, die einen mentalen Bezugsrahmen darstellen, anhand dessen die folgenden Details der Quelle eingeordnet werden können. Diese Form von Heuristik und Quellenkritik transformiert den Leseprozess von der passiven Aufnahme zur aktiven und engagierten Untersuchung. Es geht nicht darum, leblose Informationen durch Lesen zu sammeln, sondern darum, in einen Prozess der Auseinandersetzung mit einer von Menschen erzeugten Quelle zu treten. (2) *Contextualization is when a reader situates the documents and its events in time and place.* Diese Lesestrategie zielt auf die Situierung des Dokuments in einem zeitlichen und räumlichen Kontext ab. Um Ereignisse verstehen zu können, ist es notwendig sie räumlich und zeitlich lokalisieren zu können. Raum und Zeit stellen „Lotsen" des disziplinären Denkens in Geschichte dar. (3) *Close reading is when a reader carefully considers what a source says and the language used to say it.* (4) *Corroboration is a strategy in which a reader asks questions about important details across multiple sources to determine points of agreement and disagreement.* Damit ist der Vergleich der Dokumente untereinander gemeint bzw. der Vergleich/die Kontrastierung von einer oder mehrerer Quellen mit einer Interpretation – in der Absicht, diese Interpretation zu stützen oder abzulehnen.

Abb. 3.6: Gegenüberstellung des Leselotsen mit historischen Leseprozessen nach LISUM (2002), Wineburg/Fournier (1994), Wineburg (1991a; 1998; 2001, S. 63ff.), historicalthinkingmatters.org und Wineburg/Martin/Monte-Sano (2013, S. IX–XII)

Der Leselotse dient hier als Beispiel für eine Mehrzahl von Lesestrategien, die bei der Texterschließung im schulischen Unterricht zum Einsatz kommen. Sie zielen auf die Informationsentnahme aus Sachtexten, wie sie in vielen Prüfungsformaten vorkommen. Der Vergleich mit den vier historischen Lesestrategien macht deutlich, dass solche fachunspezifischen Texterschließungsstrategien beim Lesen von historischen Texten nur bedingt helfen. Wenn wir uns also fragen, was es heißt, einen historischen Text zu verstehen, zur Beantwortung der Frage aber nur auf das Zurückgreifen, was uns „generische" Leseverständnistests sagen, lernen wir wahrscheinlich eine Menge über Lesen, aber nur wenig über historisches Lesen (Wineburg 2001, S. 81). Was bedeutet es, wie Historiker/innen zu lesen und wie können Schüler/innen diese Lesestrategien erlernen?

3.4 *Reading like a historian* – Identifizierung historischer Lesestrategien in der nordamerikanischen Forschung

In der amerikanischen Forschung zum historischen Denken sind historische Leseprozesse im Rahmen von Expertenstudien bzw. Experten-Novizen-Studien untersucht worden, um daraus Anregungen für schulische Bildungsprozesse zu gewinnen (Leinhardt/Young 1996; Young/Leinhardt 1998). Gaea Leinhardt und Kathleen McCarthy Young kommen dabei zu dem Ergebnis, dass Historiker/innen spezifische Lesefähigkeiten besitzen:

> „Historians are extraordinary, rather than typical, readers […] (a) Historians have general document-reading knowledge that includes schemas for identification and interpretation, (b) historians' general knowledge dynamically interacts with their topic-specific expertise, (c) historians read familiar and unfamiliar documents differently, and (d) historians read intertextually" (Leinhardt/Young 1996, S. 441).

Sam Wineburg hat Experten und Novizen beim Lesen historischer Dokumente beobachtet und sie dabei laut denken lassen. Dabei fand er heraus, dass Schüler/innen seltener den Subtext eines Textes erfassen als Historiker/innen und die standortgebundene Perspektive von Autor(inn)en nur insofern wahrnehmen, als würde es darum gehen, zu zeigen, auf welcher Seite der Text stehe und welche Seite die richtige Sichtweise beim Textvergleich darstelle (Wineburg 2001, S. 65f.).

Die Unterschiede zwischen Lernenden und Historikerinnen und Historikern führt Wineburg auf differierende epistemologische Überzeugungen zurück, also auf Novizen- und Expertenvorstellungen im Umgang mit Texten und historischem Denken. Für die Schüler/innen spielten *sourcing* (Historiker/innen benutzten diese Heuristik in 98 % der Fälle, Schüler/innen nur in 31 %) und *contextualization* keine Rolle, sie waren an den Informationen interessiert, welche der Text beinhaltete (Wineburg 1991a, S. 510; 1991b; 1998). Wenn Schüler/innen keine Vorstellung davon entwickeln, dass Texte Subtexte haben, kann keine komplexe Auseinandersetzung mit ihnen stattfinden. Historisches Lesen setzt also den Erwerb bestimmter Schülervorstellungen voraus. Mit den Quellen und Darstellungen in unseren Schulbüchern und dem Einsatz von allgemeinen Texterschließungsstrategien ist das aber kaum möglich, da diese eher die Entwicklung von falschen Vorstellungen begünstigen. Im Bestreben, fächerübergreifende Lesemodelle zu finden, werden häufig die Qualitäten eines Textes ignoriert, die ihm Form und Bedeutung geben. Wenn historische Darstellungen von der Geschichtswissenschaft in die Schule wandern, verlieren sie ihre Spezifizität an der Türschwelle zum Klassenraum. Der historische Text wird dadurch zu einem Schultext und ähnelt so schnell anderen Schultexten aus anderen Schulfächern, hat aber nur noch wenig Ähnlichkeit mit seinem fachspezifischen Ursprung. Die definierende Charakteristik der historischen Argumentation, der ständige Bezug auf die Materialgrundlage durch Fußnoten, verschwindet, wenn aus historischen Darstellungen Texte im Geschichtsbuch werden. Für Wineburg ist es deshalb nicht verwunderlich, dass viele Schüler/innen Geschichte als eine abgeschlossene Geschichte sehen, wenn im Unterricht die Belege dafür unterdrückt werden, wie diese Geschichte zusammengefügt wurde. Wissen wird somit von Erfahrung abgetrennt, es ist „sicher" und erfährt keine einschränkenden Anmerkungen, seine Quellen sind die Geschichtsbücher und die Lehrer/innen und es ist vergleichbar mit Texten, in denen es zu jeder Frage eine richtige Antwort gibt (Wineburg 2001, S. 79). Wineburg hat Historiker/innen und sehr leistungsstarke, erfolgreiche Schüler/innen, die nach der *high school* ein *college* besuchen würden, mit acht Materialien konfrontiert, deren Vertrauenswürdigkeit sie einstufen sollten. Während die Historiker/innen den Schulbuchtext ganz hinten einordneten, er war für sie sogar weniger glaubwürdig als ein Auszug aus einem fiktionalen Werk, besaß er für die Schüler/innen die größte Autorität (Wineburg 1991a, S. 501).

Für die Bearbeitung historischer Problemstellungen benötigen Schüler/innen ein anderes interpretatives Vermögen, das über die im Schulalltag dominanten „Lokalisiere Informationen im Text"-Aufgabenstellungen hinausgeht (Wineburg 2001, S. 51). Textverarbeitungsmodelle, die sich dem Textverstehen „generisch", verallgemeinernd zuwenden (vgl. Kintsch/van Dijk 1978; Kintsch 1986; Kintsch 1998) und im Arbeitsgedächtnis, dem Lesezweck und in der Vertrautheit mit den Informationen im Text begrenzende Faktoren des Leseverstehens sehen, stellen die beim historischen Lesen eingesetzten kognitiven Prozesse nicht ausreichend dar. Walter Kintschs Unterscheidung zwischen *text base model* (basierend auf der Analyse von Satzteilen, Sätzen und Aussagen im Text) und *situation model* (ein mentales Modell, das auf der Situation im Text aufbaut, indem der Inhalt des Textes mit dem Vorwissen der Leser/innen verbunden wird) ist sicherlich nützlich, um kognitive Prozesse zu beschreiben, welche das Verstehen einzelner Texte leiten, sein Modell berücksichtigt aber nicht die intertextuellen Aspekte wissenschaftlichen historischen Lesens und den Konstruktcharakter historischer Darstellungen (Reisman 2011, S. 14). Dementsprechend finden sich in der Forschungsliteratur Erweiterungen von Kintschs Modell. Sam Wineburg hat sich mit der kognitiven Repräsentation von historischen Texten beschäftigt. Dazu hat er Historiker/innen unterschiedlicher Themengebiete historische Texte (Quellen, Darstellungen, einen Schulbuchtext und einen Auszug aus einem historischen Roman) lesen und sie dabei laut denken lassen. Ausgehend von den Fragen, wie Historiker/innen zu ihrem Wissen kommen, welche kognitiven Prozesse sie nutzen, um die Vergangenheit aus Dokumenten zusammenzusetzen, die fragmentiert und inkonsistent sind und welche Daumenregeln sie verwenden, um Widersprüche in den Texten aufzulösen, kommt er zu einer ersten Beschreibung des kontrollierten Prozesses, der stattfindet, wenn Menschen in der besonderen Wissensdomäne Geschichte lesen (Wineburg 1994, S. 85f.). Die Bezeichnung *document* aus dem amerikanischen Sprachgebrauch meint meistens Quellen, kann aber auch historische Darstellungen meinen. Im Gegensatz zur deutschen Unterscheidung zwischen Quelle und Darstellung ist es dort üblicher zwischen *primary & secondary sources* zu unterscheiden.

Wineburgs vereinfachtes Modell (ebd., S. 90) beginnt mit einem historischen Ereignis, das aufgezeichnet wurde (Ereignis als Text). Um diese Texte verstehen zu können, bringen Historiker/innen beim Lesen bestimmte Ressourcen zum Einsatz, nämlich ihr Hintergrundwissen, Sinnbildungs- und Problemlösestrategien und Vorstellungen darüber, was es heißt, einen historischen Text zu lesen, um mit diesen verschiedene kognitive Repräsentationen des Textes zu bilden. Diese Repräsentationen arbeiten zusammen, um historisches Verstehen zu ermöglichen, indem sie Ergebnisse untereinander kommunizieren und in hochkomplexer und unvorhersehbarer Weise interagieren. Die Repräsentation des Textes (RT) und die Repräsentation des Ereignisses (RE) korrespondieren mit van Dijks und Kintschs *text base* und *situation model.* Die RT bei historischen Texten ist aber schwieriger als bei alltäglichen: „Words and phrases in historical texts often convey different meanings from their modern usage, and the lexical knowledge automatically activated in memory may turn out to be inappropriate or misleading" (ebd., S. 93). Wie aber gehen Leser/innen von den Worten des Textes zu den Welten des Textes über, vom dekodieren schriftlicher Symbole zur Rekonstruktion mentaler und physischer Zustände von Menschen, die in der Vergangenheit gelebt haben? Die RE funktioniert auf zwei Niveaus, einer Außenperspektive auf das Ereignis (sichtbare Aspekte: Handlungen – Was ist passiert?) und einer Innenperspektive (unsichtbare Aspekte: Motivationen, Absichten, Hoffnungen, Ängste, usw. – Warum ist es passiert?). Es ist aber nicht nur wichtig, was der Text sagt, sondern auch unter welchen Bedingungen er entstanden ist (Augenzeugenbericht? Zeitlicher Abstand?), weshalb Historiker/innen auch das Dokument als Ereignis sehen und dessen Vertrauenswürdigkeit einschätzen (ebd., S. 105).

Historiker/innen betrachten Dokumente aber nicht isoliert, sondern als einen Korpus von Belegmaterialien. „Fakten", die ein neues Dokument präsentiert, werden anhand dessen überprüft, was aus anderen Dokumenten gelernt wurde und was an Hintergrundwissen an das Dokument herangetragen wird. So entsteht aus individuellen RE ein kumulatives Ereignismodell, das die Repräsentationen aus individuellen Dokumenten kombiniert, das wächst und sich verändert, und zwar durch Hinzufügen, Überarbeiten, Entfernen (ebd., S. 106f.). Ergänzt werden diese beiden Modelle aber durch ein drittes, das die Repräsentation des Subtextes (RSB) darstellt. Es stellt die Anstrengungen von Historikerinnen und Historikern dar, die Absichten der Textproduzenten und den Zweck des Textes zu rekonstruieren, und zu bestimmen, welche leitenden Annahmen, Überzeugungen und Befangenheiten den historischen Text rahmen (ebd., S. 92). Die RSB tritt häufig in Form von Hypothesen auf und kann in zwei Sphären unterteilt werden. Die erste Sphäre, der Text als rhetorisches Artefakt, bezieht sich darauf, wie Historiker/innen die Absichten der Textproduzenten rekonstruieren (ebd., S. 115ff.). Die zweite Sphäre, der Text als menschliches Artefakt, betrachtet den Subtext als Informationsquelle über Eigenschaften der Textproduzenten: Charakter, Voreingenommenheit, Annahmen über die Welt, Überzeugungen, Verpflichtungen, Hoffnungen und Ängste. Dabei geht es nicht nur darum, die Perspektive oder mögliche Befangenheit von Textproduzenten offen zu legen – es handelt sich vielmehr um eine Repräsentation, die von den Wörtern, die Autor(inn)en verwenden, zu den Typen von Menschen, die sie sind, springt (ebd., S. 121ff.).

Wineburgs kognitionspsychologisches und historisches Denken kombinierende Forschungen versuchen, eine Wissensbasis für eine Verbesserung schulischen Geschichtsunterrichts zu schaffen (ein ähnlicher Ansatz, der das intertextuelle Lesen historischer Dokumente betont, findet sich z. B. auch bei Rouet u. a. 1996; Perfetti/Rouet/Britt 1999 und Wiley/Voss 1999) und betonen dabei den „Bildungswert" des Faches.

Modell der kognitiven Repräsentation historischer Texte
1. Aufgezeichnetes Ereignis (Text)
2. Anwendung von Ressourcen der Historikerin/des Historikers: Hintergrundwissen, Sinnbildungs- und Problemlösestrategien, historische Lesestrategien, ...
3. Bildung von
• Repräsentation des Textes
• Repräsentation des Ereignisses (Außen: Was ist passiert? Innen: Warum ist es passiert?)
• Repräsentation des Subtextes (Absichten und Eigenschaften des Verfassers?)
4. Kombination von Repräsentationen aus individuellen Quellen
5. Kumulatives Ereignismodell entsteht aus individuellen Repräsentationen des Ereignisses durch Hinzufügen, Überarbeiten, Entfernen, ...

Abb. 3.7: Historisches Lesen nach Wineburg (1994)

In der Entwicklung des Vermögens, historisch zu lesen, sieht die *Stanford History Education Group* in ihrem *historical thinking matters project* (vgl. historicalthinkingmatters.org; sheg.stanford.edu; beyondthebubble.stanford.edu) deshalb ein wichtiges Werkzeug für mündige Bürger/innen, da die Fähigkeit, Informationen zu sammeln, zu bewerten und wiederzugeben, eine zentrale Fähigkeit im Internetzeitalter darstellt (vgl. Wineburg/Martin/Monte-Sano 2013, S. IXf.)

Dabei hören sie oft in Lehrerfortbildungen, dass Quellenarbeit und offene historische Fragen nur für die lernstarken Schüler/innen geeignet seien, wohingegen beides nichts für lernschwächere Schüler/innen darstellen würde, deren Lesekompetenz unter den durchschnittlichen Jahrgangsstufenniveau läge. Wineburg, Martin und Monte-Sano sind aber gegenteiliger Meinung: Gerade Schüler/innen, die Schwierigkeiten beim Lesen von Texten haben, benötigen Unterricht, in dem sie lernen können, wie Historiker/innen zu lesen (ebd., S. XII).

3.5 Können Schüler/innen im Geschichtsunterricht lernen, wie Historiker/innen zu lesen?

Avishag Reisman hat diesen *Reading like a historian*-Ansatz (RLH) an fünf *high schools* in San Franzisco erprobt und kam zu dem Ergebnis, dass er Schüler/innen beim Lernen, historisch zu denken, helfe, und gleichzeitig ihr Leseverständnis steigere (Reisman 2011; 2012a; 2012b). Ihre 6-monatige Interventionsstudie (105 Unterrichtstage) testete die Effektivität von Quellenarbeit mit 236 Lernenden der 11. Klasse, wobei jede Schule eine Experimental- und Kontrollgruppe beisteuerte. Der dafür entwickelte RLH-Lehrplan stellte eine Abwendung vom traditionellen, auf dem Schulbuch basierenden Geschichtsunterricht durch die Verwendung einer neuen Aktivitätsstruktur dar: der *document-based lesson*. Schüler/innen nutzten in dieser Hintergrundwissen und disziplinäre Lesestrategien, um Darstellungen aus einer Mehrzahl von historischen Quellen zu untersuchen und zusammenzubringen. In der Studie konnten signifikante Effekte auf allen vier gemessenen Dimensionen festgestellt werden: Die Intervention hatte positive Auswirkungen auf erstens das historische Denken der Schüler/innen; zweitens auf ihre Fähigkeit, historische Denkstrategien auf gegenwärtige Problemstellungen anzuwenden bzw. zu transferieren; drittens auf ihre Beherrschung (und Behaltensleistung) des Faktenwissens und viertens auf das Wachstum ihres allgemeinen Leseverständnisses.

Die amerikanischen *Common Core State Standards* (vgl. corestandards.org) unterstreichen Forschungsergebnisse, welche die unterschiedlichen Formen von Literalität betonen, die in unterschiedlichen Disziplinen existieren. Da Historiker/innen Texte anders lesen und andere Fragen an sie stellen als beispielsweise Mathematiker/innen oder Poet(inn)en, bieten Quellen Lernenden eigentlich die Gelegenheit, sich in domänenspezifischen Lesepraktiken zu üben. Allerdings bieten nur wenige Lehrerausbildungsprogramme oder Fortbildungsveranstaltungen ein Training in domänenspezifischen Lesetechniken an. Hinzu kommt, dass sich unter der erschlagenden Vielzahl an digitalisierten Quellen nur wenige Lehrwerkzeuge finden, welche die spezifischen Herausforderungen thematisieren, die damit verbunden sind, Lernenden beim Analysieren und Interpretieren historischer Dokumente zu helfen. Ohne eine solche Ausbildung und solche Werkzeuge ist es nicht sehr wahrscheinlich, dass Quellenarbeit im Geschichtsunterricht effektiv genutzt wird, um das historische Lernen zu bereichern (Reisman 2011, S. 3). Neben den oft beklagten Verständnisdefiziten der Schüler/innen scheint auch die Verwendung von Quellen durch Lehrer/innen in amerikanischen Klassenräumen eher gegen ihren Einsatz zu sprechen, da sie diese häufig nur illustrativ einsetzen und ahistorische bzw. gegenwartsfixierte Bewertungen fördern würden (Westhoff 2009). Dementsprechend betonte der RLH-Ansatz die Notwendigkeit, die Schüler/innen an die domänenspezifischen Lesepraktiken heranzuführen, und zwar durch *cognitive apprenticeship* bzw. *modelling*, indem die Strategien identifiziert, benannt und modelliert werden (Collins/Brown/Holum 1991). Dieser Ansatz geht von der Beobachtung aus, dass man im Rahmen einer Ausbildung die geforderten Arbeitsprozesse gezeigt bekommt und sie somit sehen kann, während in der Schule fachspezifische Praktiken des Lesens, Schreibens oder Problemlösens nicht so offensichtlich und somit für die Lernenden häufig nicht beobachtbar sind. Schulen sind zwar relativ erfolgreich in der gegliederten Vermittlung großer Blöcke begrifflichen und faktischen Wissens, Schlüsselaspekte fachspezifischer Expertise bleiben aber bisher für die Schüler/innen unsichtbar. In kognitiven Domänen, wie dem Fach Geschichte, erfordert eine *cognitive apprenticeship* die Externalisierung von üblicherweise internen Denkprozessen und Aktivitäten, eine Verdeutlichung der Heuristiken und Kontrollprozesse, anhand derer Expert(inn)en ihr deklaratives und prozedurales Wissen anwenden. Modellieren im Hinblick auf historische Lesestrategien bedeutet dann, dass die Geschichtslehrer/innen diese Strategien beim eigenen Lesen von historischen Quellen für die Schüler/innen sichtbar machen. Das erlaubt den Lernenden die Bildung eines konzeptuellen Modells der Prozesse, die erforderlich sind, um eine Aufgabe zu bewältigen.

Cognitive modelling – konzeptueller Rahmen zum Unterrichten von historischem Lesen
1. Benennung und Modellierung der Strategie im Unterrichtsgespräch;
2. angeleitete Praxisübungen, die Gruppenarbeit beinhalten;
3. individuelles Üben.

(Es wird davon ausgegangen, dass das explizite Unterrichten der Strategien den Lerneden den Übergang von ihrer *general reading comprehension* zum *intertextual historical reading* ermöglicht.)

Abb. 3.8: Modellierung und Rahmung historischer Lesetechniken nach Reisman (2011, S. 16), Reisman/Wineburg (2008) und Martin/Wineburg (2008)

Neben *sourcing, contextualization* und *corroboration* wurde *close-reading* als weitere Strategie eingeführt. Dabei ging es darum, die Verwendung von Sprache und die Wortwahl von Textproduzenten genauer zu untersuchen – ein weiteres kognitives Werkzeug zur Erzeugung eines intertextuellen Ereignismodells (vgl. Martin/Wineburg 2008). Lehrer/innen wurden vier Tage lang ausgebildet und mit der Planung und dem Material für 83 Unterrichtsstunden ausgestattet, deren Themen von der frühen Besiedelung der Neuen Welt bis zum Vietnamkrieg reichten. Die bereitgestellten Materialien wurden von den Lehrenden sehr unterschiedlich genutzt, sie verwendeten sie in 42–72 % ihrer Unterrichtszeit (Reisman 2011, S. 28). In den RLH-Stunden wurde von den Lernenden erwartet, dass sie Hintergrundwissen einsetzen, um Aussagen aus einer Vielzahl von Quellen und Darstellungen zu untersuchen und gegeneinander abzuwägen. Zu diesem Zweck wurde eine bestimmte, wiederkehrende Aktivitätsstruktur für die *document-based lesson* eingesetzt, welche die Unterrichtsstunde in vier unterschiedliche Segmente teilte:

Aufbau der *document-based lesson*
Segment 1: Hintergrundwissen Hierbei handelt es sich um Basisinformationen zum Thema der Stunde (ca. 10 Minuten), damit die Schüler/innen sich mit den Quellen und Darstellungen auseinander setzen können (Lehrervortrag, Folienpräsentation, Zeitleisten, Ausschnitte aus historischen Dokumentationen). Es wird von einer Wechsel- bzw. Ergänzungsbeziehung zwischen dem Hintergrundwissen und dem neuen Wissen, das die Schüler/innen durch die Untersuchung der Quellen erlangen, ausgegangen.
Segment 2: Historische Frage Sie sollte offen gegenüber einer Vielzahl von Interpretationen sein und die Schüler/innen dazu bringen, ihre Behauptungen mit Belegen aus den Quellen und Darstellungen zu stützen, nicht so sehr mit ihren philosophischen oder moralischen Überzeugungen, die häufig von den Texten wegführen (z. B. eher *Warum setzte die USA die Atombombe ein?* als *Hätte die USA die Atombombe einsetzen sollen?*). Interpretative Fragen sind offener und erfordern eine Antwort, die mit Belegen aus dem Quellenmaterial argumentiert, evaluative Fragen, die eine Bewertung historischer Akteure und Ereignisse fordern, können schnell zu einer Diskussion führen, welche die Textgrundlage hinter sich lässt.
Segment 3: Quellen und Darstellungen Die historische Frage erfordert die Untersuchung von 2-5 Dokumenten, welche ein Licht auf die historische Frage aus unterschiedlichen Perspektiven werfen. Die Schüler/innen arbeiteten in Kleingruppen und beantworteten Fragen, die ihre Bearbeitung und Interpretation der Materialien anleiteten. Um die Dokumente für Schüler/innen mit Leseschwierigkeiten visuell und kognitiv zugänglich zu machen, wurden sie adaptiert (Vereinfachung des Vokabulars und der Satzstruktur, Modernisierung von Rechtschreibung und Interpunktion). Die Dokumente waren nicht länger als 250 Wörter und hatten eine große Schriftart mit viel Abstand. Dabei wurde aber darauf geachtet, die Sprache und den Ton des Dokuments zu erhalten und die Schüler/innen hatten Zugang zum Original und konnten somit überprüfen, ob die editorischen Maßnahmen ihr Verständnis beeinträchtigten bzw. beeinflussten. Wie bei *Scaffolding*-Maßnahmen üblich, wurde das Ausmaß der Modifizierungen mit zunehmender Vertrautheit der Schüler/innen im Lesen historischer Dokumente zurückgefahren

Segment 4: Diskussion im Plenum über die historische Frage
In der abschließenden Diskussion über die historische Frage sollten die Schüler/innen ihre Behauptungen mithilfe der Dokumente belegen. Lehrerfragen für diese Diskussionsphase waren vom Projektteam vorbereitet worden. Diese Diskussion sollte disziplinäre Wissenskonstruktionsprozesse simulieren und Lernenden die Möglichkeit geben, ihre Behauptungen über die Vergangenheit gegenüber ihren Mitschülerinnen und Mitschülern zu verteidigen.

Abb. 3.9: Aufbau der *document-based lesson* nach Reisman (2011, S. 19f., 139) und Reisman/Wineburg (2012); zur Quellenadaption vgl. auch Wineburg/Martin (2009)

Die curriculare Intervention, die mit dem RLH-Programm verbunden war, stellte sich dabei auch drei Problemen der Unterrichtsrealität, die einen forschenden Zugang zum historischen Lernen erschweren: Lehrenden fehlt erstens häufig Erfahrung und Wissen im Hinblick auf historische Denk- und Forschungsprozesse; es gibt zweitens kaum einsatzbereite Materialien für den Geschichtsunterricht, welche die für historische Untersuchungen wichtigen Prozesse klar und deutlich darstellen/aufbereiten; die drittens im Unterricht im Rahmen von Interventionsstudien eingesetzten Materialien gestatten bzw. unterstützen häufig keine chronologische historische Narration (ebd., S. 20). Die Ergebnisse von Reismans Interventionsstudie zeigen einen insgesamt positiven Effekt:

Resultate der Intervention	
Ergebnis	Begründung
Die Schüler/innen mit Leseschwierigkeiten haben signifikant höhere Werte in den Bereichen historisches Denken und Faktenwissen und vergleichbar höhere Werte im Leseverständnis erreicht.	Dieses Ergebnis kann auf den Übungseffekt und die Adaption der Quellen zurückgeführt werden.
Die größten Unterschiede in der domänenspezifischen Lesefähigkeit gab es beim *sourcing* und *close-reading*, für *contextualization* und *corroboration* konnten keine Effekte festgestellt werden.	*Sourcing* und *close-reading* wurden täglich praktiziert und somit habitualisiert, sie konnten durch unterscheidbare und konkrete Handlungen demonstriert werden, wie z. B. der Blick auf die Quellenangaben, dem Unterstreichen von emotionaler Sprache. Beide Strategien stehen in einem direkten Zusammenhang und ergänzen sich. Beide können an einer einzelnen Quelle durchgeführt werden, während *contextualization* und *corroboration* intertextuelle Strategien sind, welche die Verwendung des Vorwissens oder von Wissen, das außerhalb der Texte liegt, erfordert. Es ist schwieriger beide durch unterscheidbare und konkrete Handlungen zu modellieren. Es bleibt unklar, ob beide Strategien herausfordernder für Schüler/innen sind, weil sie ein tieferes Verständnis des historischen Denkens voraussetzen und nicht nur die Beherrschung eines bestimmten Verhaltens.
Die Lehrer/innen haben kaum das vierte Segment der *document-based lesson* eingesetzt, es gab in 100 Unterrichtsstunden nur 9 textbasierte Diskussionen im Plenum und dabei war die historische Frage eine evaluative, obwohl die RLH-Materialien um interpretative	Dieses Ergebnis war überraschend. Die Quellen waren extra so ausgewählt worden, dass sie die Wahrscheinlichkeit von konfligierenden Interpretationen durch die Schüler/innen maximierten, die dann in den Diskussionen argumentativ gegenübergestellt und – sofern

Fragen kreisten. Die Schüler/innen nutzten also vor allem moralische und projektive (40–50 %) oder textuelle (30–50 %) Argumente, welche gegenwärtige Wertvorstellungen widerspiegeln, sich in historische Akteure einfühlen, ohne auf die Quelle oder den historischen Kontext einzugehen, oder ihre Behauptungen zwar an Textstellen belegen, dabei aber nicht auf Quelle und Kontext achten. Es wurde zwar die Anwendung disziplinärer Lesestrategien gemessen, nicht jedoch die Veränderungen von Schülervorstellungen zum disziplinären Denken.	möglich – aufgelöst werden sollten. Da Diskussionen im Plenum während der Interventionsstudie kaum stattfanden, kann die Frage, wie *contextualization* und *corroboration* effektiv unterrichtet werden können, nicht beantwortet werden. Solche Diskussionen hätten den Lernenden wahrscheinlich die Möglichkeit gegeben, die Strategien anzuwenden und zu internalisieren. Da eigentlich keine Diskussionen im Plenum stattfanden, konnten Schülervorstellungen zum disziplinären Denken nicht gut beobachtet werden.
Die Experimentalgruppen zeigten signifikant bessere Ergebnisse in der Behaltensleistung historischer Inhalte und dem Leseverstehen.	RLH hat Lernenden sinnbildende Aktivitäten und schematische Bezugsrahmen zur Verfügung gestellt, um disparate Fakten gut organisieren und behalten zu können. Die Praxis des Quellenlesens hat Auswirkungen auf die allgemeine Fähigkeit des Leseverstehens gehabt.

Abb. 3.10: Ergebnisse der RLH-Interventionsstudie nach Reisman (2011, S. 37ff.)

Wenn eine bestimmte Art des Denkens unterrichtet werden soll, erfordert das eine Sichtbarmachung dieses Denkens. Eine solche Interventionsstudie hilft Lehrenden dabei, im Unterricht zeigen zu können, warum historisches Denken wichtig ist. Für die Zwecke der vorliegenden Arbeit bietet sie wichtige Ansatzpunkte für ein fachspezifisches *modeling/scaffolding* im bilingualen Geschichtsunterricht (siehe Abschnitt 3.6). Aber sie zeigt auch einige Problembereiche auf: So gab es kaum quellenbasierte Diskussionen in diesen amerikanischen Schulklassen und die Fragestellungen der Lehrer/innen waren eher unproduktiv und führten vom disziplinären Denken weg. Evaluative Fragen und die damit verbundene Einladung, ein Urteil zu fällen, erleichtern die Schülerbeteiligung, aber auch die Loslösung vom materialgestütztem Argumentieren, das den historischen Kontext mit einbezieht und die Unterschiede zwischen Vergangenheit und Gegenwart nicht verwischt oder zugunsten eines moralischen Urteils aus der Gegenwartsperspektive opfert, das den Lernenden schnell über die Lippen kommt:

> „In many history classrooms, student engagement has become a proxy for substantive learning. Students see discussion or debate, in this context, as a welcome departure from the monotony of lecture and memorization" (ebd., S. 114f.).

Sachanalyse und Sachurteil, die nach Jeismann einem Werturteil vorausgehen sollten, werden somit im Unterricht häufig übersprungen oder liefern nicht genug Kontext, um den Gegenwartshorizont verlassen zu können. Ein weiteres Problem im Geschichtsunterricht, dass Reismans Interventionsstudie beleuchtet, ist die Frage nach der kritischen Masse des Hintergrundwissens. Reicht eine 10-minütige Einstiegsphase aus, um den Lernenden genügend Hintergrundwissen zu vermitteln, das ihren bei der Analyse des Quellenmaterials die Anwendung und Entwicklung der historischen Lesestrategien *contextualization* und *corroboration* ermöglicht? Es sieht eher nicht so aus. Der Ansatz ist zwar gut und natürlich entwickeln die Schüler/innen in der Auseinandersetzung mit den Quellen und Darstellungen ihr historisches Wissen weiter, aber das Verhältnis zwischen dem notwendigen Hintergrundwissen und von Lernenden im Unterricht geforderten Operationen, die der Entwicklung von Analyse-, Urteils- oder Orientierungskompetenz dienen sollen, ist prekär. Viele Aufgabenstellungen in Schulbüchern, die schon einen kompetenzorientierten Ansatz vertreten, verlangen Urteile von Lernenden, welche diese auf einer meist sehr schmalen Wissensbasis fällen müssen. So kommt es dann häufig zu gegenwartsfixierten Werturteilen, da keine ausreichende Sachanalyse, kein wissensgesättigtes Sachurteil vorausging. Schüler/innen müssen also lernen, kontextuell zu denken, indem sie die Unterschiede zwischen Vergangenheit und Gegenwart wahrnehmen. Ein solches kontextuelles Denken kann auch bei Lehrenden nicht vorausgesetzt werden, sondern muss im Rahmen der Ausbildung bewusst entwickelt werden. *Sourcing* und *close reading* gehören vielleicht eher in den Bereich von *skills*, die durch Methodenlernen und konkrete Denkoperationen im Unterricht eingeübt werden können, wohingegen *contextualization* und *corroboration* formalere Denkoperationen darstellen, für deren Erlernen ein tieferes Verständnis disziplinärer Denkkonzepte notwendig ist, welche das fachliche Denken organisieren (siehe Kapitel 5). Sam Wineburg und Jack Schneider (2010) gehen davon aus, dass die Verwendung der Taxonomie von Bloom, die als laminiertes Poster weltweit in vielen Klassenräumen hängt und Denken unabhängig vom spezifischen Fach auf sechs Niveaus beschreibt, die Wichtigkeit von Wissen in Lern- und Denkprozessen unterschätzt und im Hinblick auf den Geschichtsunterricht eher falsch herum angeordnet ist:

Zeigte Blooms Taxonomie in die falsche Richtung? (Wineburg/Schneider)			
Evaluation Synthesis Analysis Application Comprehension Knowledge	oder	Knowledge Comprehension Application Analysis Synthesis Evaluation	?

Abb. 3.11: Blooms Taxonomie und ihre Umkehrung bei Wineburg/Schneider (2010, S. 56)

In der ursprünglichen Form der Pyramide erscheint Wissen als Basis und Voraussetzung für höherrangige Denkoperationen, eine tiefhängende und einfach zu erreichende Frucht am Baum der Erkenntnis, während Evaluation die intellektuelle Spitze des Denkens markiert. Wenn Schüler/innen der *high school* mit historischen Textquellen konfrontiert werden, fällen sie Urteile, indem sie ihr vorhandenes Hintergrundwissen auf Aussagen des Textes anwenden. Fortgeschrittene Geschichtsstudent(inn)en hingegen stellen erst einmal Fragen an die Quellen, einen Prozess den Wineburg und Schneider auch *specification of ignorance* nennen:

> „Faced with an unfamiliar document, they framed questions that would help them understand the fullness of the historical moment. They emerged from the text curious, puzzled, and provoked. They ended their reading, in other words, ready to learn" (Wineburg/Schneider 2010, S. 61).

Eine Pyramide, die Wissen in den Keller verbannt, verschleiert seine Funktion für das historische Lernen und kehrt den Prozess des historischen Denkens um, da neues Wissen zugleich ein Ziel und eine Belohnung dieser intellektuellen Aktivität darstellt (ebd.). Schüler/innen sollen mit dem Wissen, das sie erwerben, etwas anfangen können. Dieses Kredo kompetenzorientierten Unterrichts ist aber im bilingualen Geschichtsunterricht mit Vorsicht zu genießen: Wenn Schüler/innen auf schmaler Wissensbasis zum Bewerten und

Beurteilen aufgefordert werden, kann dabei nicht viel herauskommen. „Kritisch sein" und „kritisch denken" sind nicht dasselbe. Eine gelegentliche Verlangsamung des Leseprozesses, der Lernenden die Notwendigkeit vor Augen führt und den Raum und die Zeit dazu gibt, Fragen zu stellen, die der historischen Kontextualisierung des Gelesenen dienen, führt hier auf lange Sicht weiter. Eine Klärung dessen, was man nicht weiß bzw. wissen möchte, um eine Fragestellung beantworten zu können, kann wichtige Lernprozesse anregen. Deshalb ist es auch wichtig, intertextuelles Lesen zu üben, bei dem eine Vielzahl von Quellen und Darstellungen gelesen und miteinander verglichen werden, um einen vergangenen historischen Kontext aufbauen zu können. Inhalte können im bilingualen Geschichtsunterricht nicht ohne Kontext verstanden werden. Inhaltliches Wissen ist eine unverzichtbare Grundlage dafür, historisch denken zu können. Um einen gesellschaftlichen Kontext zum Verständnis historischer Darstellungen und Quellen entwickeln zu können, benötigen Schüler/innen ein allgemeines Verständnis davon, was Menschen einer bestimmten Zeit über bestimmte Themen dachten.

Sam Wineburg bezeichnet historisches Denken als „unnatürlich", weil es den normalen, alltäglichen Denkprozessen und -gewohnheiten zuwiderläuft (Wineburg 2007, S. 7). Werturteile, die schon vor der Auseinandersetzung mit einem Text oder Thema existieren, können sich auf die Analyse des Sachverhalts und die Urteilsfindung auswirken, indem sie die Informationsentnahme durch das Lesen von Quellen und Darstellungen – wie mentale Schemata – „filtern" (Köster 2013, S. 46). Schemata werden in der Kognitionspsychologie als grundlegende Einheiten zur Organisation und Strukturierung von Wissen bezeichnet. Sie stellen die notwendigen Bezugsrahmen zur Verfügung, die wir brauchen, um aus Ideen und Fakten Sinn bilden zu können und um diese, die sonst nur als isolierte Wissensinseln existieren würden, zu einem Gesamtbild zusammenfügen zu können (Hattie/Yates 2014, S. 130). Mentale Modelle stellen gewissermaßen Schemata „bei der Arbeit" dar, sie befähigen uns dazu, die Realität zu simulieren (konditionales/hypothetisches Denken) und zum Versuch der Lösung von Problemen durch die Verwendung zur Verfügung stehender Schemata. Da sie auf unserem Vorwissen basieren, hängen die Qualität und der Erfolg der Denkprozesse mit mentalen Modellen von den Schemata und Vorstellungen ab, die uns zur Verfügung stehen. Ohne eine reichhaltige Versorgung mit korrekten Daten in der Form von organisierten Schemata können Problemlösungsprozesse nicht (erfolgreich) stattfinden. Wie wir genau neue mentale Modelle erwerben, wird bisher von der Forschung nicht gut verstanden. Es wird davon ausgegangen, dass dazu (ein bestehendes Modell) herausfordernde Erfahrungen und die Anleitung durch hochkompetente Individuen, die abstraktes Denken präsentieren, nötig sind. Es bedarf also aufeinanderfolgenden Stufen der Schemaüberarbeitung, um irgendwann einen Punkt zu erreichen, von dem aus komplexe mentale Simulationen möglich werden (ebd., S. 130ff.). Sinn scheint durch die Konstruktion mentaler Modelle oder Räume zu entstehen, die in bestimmten Abhängigkeiten voneinander stehen. Überlagern sich diese Modelle oder Räume, können sich Kombinationen ergeben, *blended spaces*, in denen Operationen möglich sind, die vorher nicht möglich waren (zur Theorie des *conceptual blending* vgl. Fauconnier/Turner 2002). Wenn wir also wollen, dass Schüler/innen mentale Modelle entwickeln, die ihnen historisches Denken ermöglichen, benötigen sie die vom RLH-Ansatz beschriebenen Lese- und Denkstrategien, die in ihrer Kombination zu einem mentalen Modell oder Raum führen können, in dem Lese-, Denk- und Verstehensprozesse von Lernenden weniger werturteilsgesteuert sein können, insofern sie den Nutzen von Sachanalyse und Sachurteil erkennen. Ein solches Erkennen ist aber kein *skill*, es setzt Verstehen voraus und kann nicht allein durch Methodenlernen erzeugt werden:

> „We could scarcely read and comprehend these words were we not aided by lightning bolts of activation that reduce cognitive load and pave the way toward meaning. But speed bears a dark side. We seize upon the vivid at the expense of the probative. History provides an antidote to impulse by cultivating modes of thought that counterbalance haste and avert premature judgment. This is why we call history a discipline" (Wineburg 2007, S. 11).

3.6 Fachspezifisches *Modelling/Scaffolding* im bilingualen Geschichtsunterricht (Lesen)

Wenn Schüler/innen historisch lesen sollen, müssen die damit verbundenen domänenspezifischen Denkprozesse mittels Modellierungs- und *Scaffolding*-Maßnahmen für die Schüler/innen im Unterricht erst einmal „sichtbar" gemacht werden, bevor sie durch häufiges Üben nach und nach zu Denkgewohnheiten werden können. Modellhaft sollen im Folgenden einige Beispiele zur Verdeutlichung und zum Erwerb der historischen Lesestrategien (*sourcing, contextualization, close reading, corroboration*) dargestellt werden. Sie basieren – soweit nicht anders angegeben – alle auf den Materialien, die auf folgenden Websites, die einen großen Fundus für bilingualen Geschichtsunterricht darstellen, zur Verfügung gestellt werden: historicalthinkingmatters.org; sheg.stanford.edu; beyondthebubble.stanford.edu; histori-calthinking.org; teachinghistory.org.

1. Unterscheidung der Konzepte Vergangenheit/Geschichte und Quelle/Darstellung

Historisches Lernen führt Schüler/innen zu Begegnungen mit einer großen Vielzahl von unvertrauten und entfernten Namen, Daten, Menschen, Orten, Ereignissen und Geschichten. Robert Bain meint deshalb, dass das Arbeiten mit einem solchen Inhalt eine komplexe Unternehmung ist, die sich nicht einfach auf die Wahl zwischen dem Erlernen historischen Faktenwissens und der Beherrschung historischer Denkprozesse reduzieren lässt. Historisches Lernen beinhaltet, Schüler/innen darin zu unterrichten, anders zu denken als es ihnen ihre „natürlichen" Neigungen vorgeben (Bain 2005, S. 180).

Geschichte beginnt oft mit Fragen und Problemen. Wenn Historiker/innen historische Inhalte anhand ihrer Fragen „lernen", könnte es laut Bain auch für Schüler/innen dazu führen, dass sie Geschichte interessant, relevant und bedeutungsvoll empfinden, wenn sie diese Fragen und Probleme verstehen. Schüler/innen könnten – wie Historiker/innen – historische Problemstellungen nutzen, um Informationen zu organisieren und ihren Fragen und Untersuchungen eine Richtung zu geben. Gute Fragen sind also für Forscher/innen genauso wichtig wie für Lehrer/innen. Allerdings weist Bain darauf hin, dass die Voraussetzungen dafür, den Unterricht um historische Problemstellungen herum aufzubauen, andere sind, da Lehrende den Lernenden Geschichte beibringen sollen, die andere bereits geschrieben haben. Die Ergebnisse stehen also üblicherweise schon fest bzw. sind in Lehrplänen festgeschrieben. Solche Dokumente versuchen Geschichtslernen in einzelne Verhaltensweisen und messbare *outcomes* der Schüler/innen zu zerlegen. Das, was häufig mit zentralen Fragen begann, wird im Rahmen der komplexen Aushandlungsprozesse häufig so verändert, dass allen guten Absichten zum Trotz, Geschichte am Ende in

Klassenzimmern als Liste von Dingen ankommt, die Schüler/innen lernen und Lehrer/innen unterrichten müssen – wobei die Probleme und Fragen, die den Inhalt kohärent, bedeutsam und sogar faszinierend machen, fehlen. Curriculare Standardformulierungen können Lehrenden helfen, Ziele zu formulieren, aber sie vernetzen die Standards nicht mit ihren intellektuellen Wurzeln, also mit den historischen Problemstellungen und Fragen, die historisches Verstehen generieren können. Was immer auch ihr Wert im Hinblick auf Leistungsmessung sein mag, Standardformulierungen enthalten nicht die disziplinären Verbindungen, Muster oder Beziehungen, die es Lehrenden und Lernenden gestatten, sich ein kohärentes Bild von der Geschichte, die sie lehren oder lernen, zu machen. Standardformulierungen rahmen Geschichte nicht als ungelöstes Mysterium, das Schüler/innen dazu einlädt, an der Untersuchung teilzuhaben oder Lehrer/innen auf historische Fragen lenkt, mit denen unterrichtliche Vermittlungsprozesse beginnen und aufrechterhalten werden können. Ebenso wenig helfen sie Lehrkräften dabei, die vorunterrichtlichen Schülervorstellungen zu antizipieren, ihre Unterrichtsstunden sinnvoll aufeinander aufzubauen und Verbindungen zwischen Inhalten herzustellen. Für Bain ist das aber entscheidend, um effektiv unterrichten und lernen zu können (Bain 2005, S. 181f.). Welche historischen Fragen verbinden die einzelnen Unterrichtsaktivitäten miteinander und bewegen die Schüler/innen dazu, historische Inhalte zu lernen, während sie gleichzeitig ihre Fähigkeit erweitern, historisch zu denken? Die Arbeit an solchen zentralen Fragen und Problemen für den Geschichtsunterricht fordert Lehrer/innen laut Bain dazu heraus, am Übergang zweier unterschiedlicher Richtungen zu arbeiten: Was ist historisch bedeutsam und was ist für Schüler/innen lehrreich und interessant? Eine Möglichkeit, solche Fragen zu entwickeln, sieht er in der Problematisierung von historischen Darstellungen, indem Fragen über bestimmte historische Erzählungen oder Interpretationen aufgeworfen werden, aber auch auf allgemeiner Ebene:

> „What is the difference between historical accounts and the 'past'? How do events that occurred in the past and the accounts that people create about the past differ? [...] How do historians move from evidence of the past to construct historical explanations and interpretations? [...] Why do accounts of the same event differ and change over time? Does it make a difference which version of the past we accept?" (ebd., S. 184f.).

Diese Fragen berühren viele Facetten von Geschichte als Disziplin, weil sie grundlegende Probleme beschreiben, mit denen sich Historiker/innen konfrontiert sehen, wenn sie Geschichte betreiben. Für Bain bedeutet der Fokus auf historische Darstellungen einen deutlichen Bruch mit der herkömmlichen Unterrichtsgestaltung. Dort werden Schüler/innen zwar mit Fragmenten historischer Narrationen und Interpretationen konfrontiert, aber die Natur und Struktur dieser Deutungen wird den Lernenden selten deutlich. Die Problematisierung historischer Darstellungen macht also sichtbar, was für Bain in vielen Klassenzimmern versteckt oder nicht vorhanden ist. Sie hilft dabei, schulischen Geschichtsunterricht über die Reproduktion der Schlussfolgerungen von anderen hinauszubewegen, hin zu einem Verständnis davon, wie diese Menschen zu diesen Deutungen kamen und welche Grenzen und Stärken verschiedene Darstellungen haben. Lehrbücher, Lehrervorträge, Karten, Zeitleisten und sogar Arbeitsblätter nehmen eine neue Bedeutung für Schüler/innen an, wenn sie als historische Darstellung gesehen werden (ebd., S. 185f.). Als einen ersten und wichtigen Schritt empfiehlt Bain, die Unterscheidung zwischen „Vergangenheit" und „Geschichte" einzuführen. Das Alltagsverständnis des Wortes „Geschichte“ verwischt die Unterscheidung zwischen der Vergangenheit und Darstellungen der Vergangenheit und verstärkt die typische Vorstellung, dass Geschichte nur ein Spiegel der Vergangenheit wäre. Es ist also wichtig, eine Sprache zu entwickeln, die den Lernenden hilft, aus ihrer gewohnten Verwendung von „Geschichte“ auszubrechen, um wichtige disziplinäre Unterscheidungen treffen zu können. Dabei rät Bain zur expliziten Einführung und Hilfestellung durch die Lehrkraft zu Beginn und zur häufigen Anwendung, auch schon bevor die Schüler/innen die Konzepte/Probleme vollständig verstehen. Als Einstieg in die Unterscheidung von Vergangenheit und Geschichte schlägt Bain vor, Lernende eine Darstellung eines Ereignisses schreiben zu lassen, dem alle beigewohnt haben und dann ihre Narrationen zu vergleichen (z. B. ein Schultag). Die große Varianz in der Auswahl von Fakten, Details, Geschichten und Perspektiven, die sich in den Beiträgen der Schüler/innen zeigt, enthüllt Unterschiede zwischen dem untersuchten Ereignis (der Schultag) und den Darstellungen des Ereignisses (ebd., S. 187). Diese Anregung habe ich schon sehr oft aufgegriffen und war mit den sich aus den unterschiedlichen Schülerprodukten ergebenden Diskussionen sehr zufrieden. Ich verwende auch die *concept map* von Bain in meinem Unterricht, sie hängt in deutscher und englischer Fassung in Plakatform im Klassenzimmer, damit die Schüler/innen und ich darauf zurückgreifen können:

Difference between "history" and "the past" (concept map)		
UNSEEN		SEEN
History-as-past-event	• to be known in present, it must leave …	… EVIDENCE
The historian	• selects, analyses, organizes … • constructs or creates …	… EVIDENCE … History-as-account
The public	• reads, learns, retells … • acts to create …	… History-as-account … History-as-past-event

Abb. 3.12: *Concept map* nach Bain (2000, S. 339)

Die Erfahrung zeigt aber, was Bain auch betont, dass es nicht ausreicht, die Schüler/innen auf diese konzeptuelle Unterscheidung im Rahmen einer Unterrichtsaktivität hinzuweisen, um sie dafür auszurüsten, diese Unterscheidung auf konsistente, regelmäßige und unabhängige Weise anzuwenden. Denkgewohnheiten verschwinden nicht über Nacht und die konzeptuelle Unterscheidung von Vergangenheit und Geschichte bringt es nicht automatisch mit sich, dass die Schüler/innen die intellektuellen Fertigkeiten entwickeln, historische Darstellungen zu analysieren und zu bewerten oder selbst zu konstruieren (ebd., S. 188). So tauchte in Bains Unterricht z. B. die Vorstellung auf, dass die Menschen vor Columbus dachten, die Erde wäre flach. Der Glaube an die Flache Erde wurde von den Lernenden als unbestrittene Eigenschaft des Ereignisses gesehen und nicht in Frage gestellt. Sie sahen nicht, dass die Erzählung des Glaubens an eine flache Erde nur eine historische Darstellung war und nicht die Vergangenheit selbst. Unabhängig von den Unterscheidungen, die zuvor getroffen worden waren, hatten die Schüler/innen noch nicht gemerkt, dass diese auch auf ihre eigenen Vorstellungen über die Geschichte von der Erde als flache Scheibe zutrafen. Schülerdenken über historische Probleme zu sondieren und für alle in der Lerngruppe sichtbar zu machen, hält Bain deshalb für zwei zentrale Bestandteile von Geschichtsunterricht (ebd., S. 192).

2. Vorschläge für Plakate zur Visualisierung der Lesestrategien im Klassenraum

Historical reading strategies	
***Sourcing* – Quellenkritik (vor dem Lesen der Quelle)** • to ask questions about a source document's author BEFORE READING ASK YOURSELF: 1. WHO wrote it? 2. WHEN was it written? 3. WHERE was it written? 4. WHY was it written? 5. What is the author's perspective? 6. Is it believable/reliable? Why? Why not?	***Contextualization* – Einbettung in den historischen Zusammenhang** • imagining the setting 1. Where and when was the document created? 2. What was it like to be alive there and then? 3. What things were different back then? 4. What things were the same? 5. How might the circumstances in which the document was created affect its content?
***Close Reading* – Analyse von Inhalt und Sprache** 1. What claims does the author make? 2. What evidence does the author use? 3. What language (words, phrases, images, symbols) does the author use to persuade the document's audience? 4. How does the document's language indicate the author's perspective?	***Corroboration/Crosschecking* – Quellenvergleich** • to compare several documents ask: 1. What do other documents say about this? 2. Do the documents agree? If not, why? 3. Are there several stories about the same event? 4. What are other possible documents? 5. What documents are most reliable/more believable?

Abb. 3.13: Historische Lesestrategien nach SHEG, adaptiert

Im Rahmen des RLH-Curriculums der Universität Stanford finden sich auch ausdruckbare Poster der historischen Lesestrategien. Die Visualisierung der Lesestrategien im Klassenraum dient der Orientierung und ist gerade in der Anfangsphase ein wichtiges Lerngerüst.

3. *Historical Reading Strategies Chart*

Eine Übersicht über die Lesestrategien in Tabellenform mit Formulierungshilfen als Arbeitsblatt für die Hand der Schüler/innen ist ein weiteres wichtiges Hilfsmittel. Die hier vorgeschlagen Leitfragen und Satzanfänge unterstützen Schüler/innen bei der Analyse von Quellen. Sofern der bilinguale Geschichtsunterricht nicht erst in der Jahrgangsstufe 9 beginnt, können sie für jüngere Schüler/innen entsprechend abgewandelt und verkürzt werden, ebenso zu Differenzierungszwecken innerhalb fortgeschrittener Lerngruppen. Um Schüler/innen gerade in der Anfangsphase mit den Lesestrategien vertraut zu machen, ist es sinnvoll, Arbeitsaufträgen die geforderte Lesestrategie voranzustellen, also z. B. bei einer Quellenarbeit zur Truman-Doktrin:

Sourcing: *What is the purpose of Truman's speech?*
Contextualizing: *What was going on at the time this speech was written?*
Close Reading: *What does Truman mean when he talks of two alternative ways of life? What language does he use to describe them?*
Corroboration: *How does the Russian newspaper report see the American responsibility?*

historical reading strategies	questions	prompts
sourcing (before reading source document)	Who wrote this? What is the author's point of view? When was it written? Where was it written? Why was it written? Is this source believable? Why or why not?	The author probably believes … I think the audience is … Based on the source information, I think the author might … I do/do not trust this document because …
contextualization	What else was going on at the time this was written? What was it like to be alive at this time? What things were different back then? What things were the same? How might the circumstances in which the document was created affect its content?	Based on the background information, I understand this source document differently because … The author might have been influenced by … (historical context) This document might not give me the whole picture because …
close reading	What claims does the author make? What evidence does the author use to support those claims? How does this document make me feel? What words or phrases does the author use to convince me that s/he is right? What information does the author leave out?	I think the author chose these words in order to … The author is trying to convince me … The author claims … The evidence used to support the author's claims is …
corroboration	What do other pieces of evidence say? Do the documents agree? If not, why? Am I finding different versions of the story? Why or why not? What are other possible documents? What pieces of evidence are most believable?	The author agrees/disagrees with … These documents all agree/disagree about … Another document to consider might be …

Abb. 3.14: Checkliste nach Reisman (2011, S. 47) und sheg.stanford.edu

4. Einführung der vier Lesestrategien: Vom Lebensweltnahen zum Abstrakten

Wenn Lernende der unteren Jahrgangsstufen ein fachwissenschaftliches Denkkonzept (z. B. Perspektivität) an einem einfachen lebensweltnahen Beispiel verstehen, können sie es auch in fachwissenschaftlichen Texten erkennen. Ein solches Vorgehen bietet sich auch für die Einführung der historischen Lesestrategien im bilingualen Geschichtsunterricht an und ermöglicht eine behutsame Einführung neuer Terminologie zum historischen Denken in beiden Sprachen. Das RLH-Curriculum bietet Einführungsstunden, welche die Lesestrategien an lebensweltnahen Beispielen demonstrieren und Arbeitsblätter für die Schüler/innen enthalten. Diese lassen sich übernehmen oder leicht an die eigene Schule anpassen.

Einführungsstunde *(sourcing)*: *Lunchroom Fight I*

Vorgehensweise

Die Lerndenden werden mit folgendem Problem konfrontiert:

Imagine that you are the principal of an American school and you just found out that there was a fight in the lunchroom during lunch. You have asked many students and teachers who witnessed the fight to write down what they saw and who they think started the fight. Unfortunately, you have received many conflicting accounts that disagree about important details of the fight, like who started it, when it started, who was involved. It is important to remember that NO ONE is lying.

Dann sollen sie in Partnerarbeit die folgenden Fragen beantworten:

1. *How could there be different stories of the event if no one is lying?*
2. *Who are the different people who might have seen this fight?*
3. *What might make one person's story more believable than another person's?*

(Ein Arbeitsblatt für diese Aufgabenstellung gibt es auf der Website.)

Im Anschluss daran erfolgt eine Diskussionsphase anhand folgender Fragestellungen:

Why might people see or remember things differently?

Who has an interest in one person getting in trouble instead of another? Who was standing where? Could they see the whole event? Is their story believable/trustworthy? How might what we remember right after the event differ from what we remember a week later? What physical evidence might affect who/what you believe (bruises, missing objects, etc.)?

Folgende Aspekte sollten den Lernenden deutlich werden:

- Der Schulleiter muss die Glaubwürdigkeit der verschiedenen Schilderungen gewichten, weil es wichtig ist, zu verstehen, wer die Auseinandersetzung begonnen hat.
- Historiker/innen, die herauszufinden versuchen, was in der Vergangenheit geschehen ist, stehen vor einer ähnlichen Aufgabe. Sie können den Moment nicht wiederherstellen oder durch eine Zeitreise beobachten (wie der Schulleiter). Alles was sie haben, sind die übrig gebliebenen Quellen (schriftlich, mündlich, bildlich, gegenständlich).
- *Sourcing* ist eine Strategie, bei der eine Quelle befragt wird, um ihre Glaubwürdigkeit einzuschätzen. Wenn man das tut, fragt man danach, wie und inwiefern Parteilichkeit und Perspektivität die Darstellung eines Ereignisses formen könnten. Wenn eine historische Person eine bestimmte Perspektive einnimmt, heißt das aber nicht notwendigerweise, dass sie lügen muss. Sie kann trotzdem Wertvolles zu unserem Verständnis der vergangenen Geschehnisse beitragen. Aber als Leser/in ist es wichtig, beim *sourcing* daran zu denken, dass jede Person die Welt auf eine besondere Weise wahrnimmt/sieht.

Abb. 3.15: Einführungsstunde nach SHEG (sheg.stanford.edu), adaptiert

Einführungsstunde (*sourcing, contextualizing, corroboration*): *Lunchroom Fight II*

Vorgehensweise

Im Anschluss an die vorausgehende Unterrichtsaktivität sollen die Lernenden sich nun genauer mit der Auseinandersetzung in der Mensa befassen und weitere historische Lesestrategien anwenden:

You are going to receive evidence from eyewitnesses and others connected to the fight in the lunchroom. Your task is to figure out who should get suspended for starting the fight. In order to figure that out, you are going to need to source, contextualize, and corroborate. In other words, you are going to need to read and compare multiple pieces of evidence in order to find out which are more reliable and how they all fit together to tell the story of what happened in the canteen that day.

Die Arbeitsblätter *Lunchroom Fight: The Evidence* und *Lunchroom Fight: Evidence Context Handout* werden ausgeteilt (Beide sind auf der Website zugänglich. Das erste enthält die Beschreibung des Vorfalls sowie eine Sammlung von Aussagen zum Streit, das zweite dient der Arbeitsorganization bei der Anwendung der Lesestrategien) Dann erhalten die Lernenden folgende Erklärung:

Read through the headnote and all the evidence. Then go back and identify pieces of context that shed light on who started the fight. Write each piece of context in the correct part of the first column of the handout.

Anschließend werden die Schülerergebnisse gemeinsam diskutiert.

Nachdem die Lernenden ihre Antworten miteinander verglichen haben, beschäftigen sie sich

mit der zweiten und dritten Spalte des *Lunchroom Fight: Evidence Context Handout* (*Who said this? Explain if this source is reliable or not and why.*). Die Schülerantworten werden wieder gemeinsam diskutiert.
Die Lernenden füllen in Einzelarbeit den *Suspension Report* (siehe Website) aus und tauschen sich dann darüber aus. Während sie ihre Berichte austauschen (und wahrscheinlich unterschiedlicher Meinung darüber sind, wer bestraft werden soll), sollten sie von der Lehrkraft dazu ermuntert werden, die historische Terminologie zu verwenden *(context, source, reliable, corroborate, evidence, etc.)*.

Abb. 3.16: Einführungsstunde nach SHEG (sheg.stanford.edu), adaptiert

Einführungsstunde *(corroboration): Make your case!*

Vorgehensweise

Die Lernenden erhalten folgende Erklärung von der Lehrkraft:
Today's lesson is about corroboration. Historians corroborate evidence when they try to figure out what happened in the past. In order to corroborate you have to compare pieces of evidence and see where they agree and disagree. When you have multiple pieces of evidence that say the same thing, your argument is stronger. When you only have one perspective on an event, you risk that it might be incomplete or even wrong. If historians cannot find enough evidence to support a particular argument about what happened in the past, they have to consider other explanations or interpretations.
Sie erhalten das *Make Your Case! Handout* (siehe Website), das sie in Partnerarbeit vervollständigen. Hier eine kurze Zusammenfassung des Inhalts:
On the night before the big game between the Panthers, and their biggest rivals, the Bears, the Bears' locker room was vandalized. Many of the players from the Bears are accusing members of the Panthers. The Panthers say that they could not have done it because they were all out for pizza when the locker room was vandalized. Additional testimony:
Account A – Statement by the Panther quarterback's older sister saying that she drove them to the pizza place on the night the locker room was vandalized.
Account B – Statement from the Bears' running back saying that he saw the Panthers at the pizza place the night the locker room was vandalized.
Fragestellungen:
How do both pieces of testimony corroborate the Panthers' account?
Which of the two accounts would make their alibi stronger? Explain.
Diskussion der Ergebnisse:
(1) Both accounts corroborate the claim that the Panthers were out for pizza when the locker room was vandalized.
(2) Account B is stronger evidence because the running back is from the opposing team and would have less personal motive to protect the Panthers.

Abb. 3.17: Einführungsstunde nach SHEG (sheg.stanford.edu), adaptiert

Einführungsstunde: *Evaluating sources*

Vorgehensweise

Im Anschluss an die vorausgehenden Stunden erhalten die Lernenden folgende Erklärung:
As we have seen in the previous lessons, different people have different accounts of what happened in the past. One question that historians face all the time is who to believe? What makes one account more trustworthy than another?
Reisman und Fogo haben ein *Evaluating Sources Worksheet* (siehe Website) entwickelt, das die Lernenden in Dreiergruppen bearbeiten können. Dabei stellen sie immer zwei Quellen gegenüber und fragen, welche vertrauenswürdiger ist. Durch diese Unterrichtsaktivität sollen die Lernenden die Intertextualität historischen Verstehens begreifen. Obwohl sie sich in der Übung für eine Quelle entscheiden sollen, müssten sie eigentlich nach zusätzlichen Quellenbelegen suchen, um die historischen Fragen angemessen beantworten zu können. Der Verfremdungseffekt durch den zumeist amerikanischen Kontext, in dem diese Quellen stehen, bietet sich für den bilingualen Geschichtsunterricht an und hat häufig interessante Diskussionen in den Gruppen zur Folge. Es können natürlich auch eigene Beispiele, die zur Unterrichtseinheit passen, entwickelt werden.

Abb. 3.18: Einführungsstunde nach A. Reisman/B. Fogo (sheg.stanford.edu)

5. Modellierung der Lesestrategien durch die Lehrkraft

Wenn man den Lernenden zeigt, wie man selbst eine Textquelle liest, können sie sehen, wie auch Lehrer/innen gelegentlich mit der Sprache zu kämpfen haben, welche Strategien sie anwenden, um Quellen zu verstehen, also z. B. wiederholtes Lesen, Fragen stellen, Beobachtung des eigenen Verständnisses. Gemeinsames Lesen in Verbindung mit lautem Denken kann Lernenden auch dabei helfen, bessere Leser/innen zu werden. Das Ziel einer solchen *reading apprenticeship* ist die Sichtbarmachung der versteckten mentalen Prozesse beim historischen Lesen, um den Lernenden zu zeigen, was erfolgreiche Leser/innen tun, wenn sie lesen. Wichtig sind hier auch Gespräche, die der Metakognition dienen, indem die Schüler/innen ihre eigenen Zugänge mit den fachspezifischen vergleichen und dabei sehen, welche Strategien sie benutzen und was sie wissen müssen, um verschiedene Textsorten zu verstehen. Was die Visualisierung des Modellierungsprozesses betrifft, so gibt es verschiedene Möglichkeiten: Ab Klasse 9/10 kann mit entsprechender Vorbereitung auf die filmische Einführung auf der Website historicalthinkingmatters.org zurückgegriffen werden, wo Historiker/innen beim lauten Denken zu hören sind. Ein Plakat, auf dem die Quelle vergrößert abgebildet ist, und farbige Kärtchen (für jede der vier Lesestrategien eine andere Farbe), die Fragen und Anmerkungen enthalten, bieten auch eine zusätzliche Hilfestellung. Wenn Historiker/innen Quellen lesen, tun sie das auf vielen verschiedenen Ebenen. Sie achten beispielsweise gleichzeitig auf die Argumentation, den Zweck, den historischen Kontext, den Inhalt und die Glaubwürdigkeit. Dieser Leseprozess muss für Schüler/innen erst einmal in einzelne Schritte zerlegt werden. Bayard Faithfull (teachinghistory.org/teaching-materials/teaching-guides/25690) schlägt einen Leseprozess vor, der aus vier Schritten besteht:

Four Reads: Learning to read source documents (Bayard Faithfull)
<u>Vorbereitung</u> Auswahl einer Quelle, die sich auf das unterrichtete Thema bezieht. Je besser sich die Lernenden mit dem historischen Kontext auskennen, wenn sie die Quelle lesen, desto besser werden sie dazu in der Lage sein, historisch zu denken und zu lesen. Eigenes Lesen der Quelle unter Verwendung der historischen Lesestrategien: Markieren kontextueller Hinweise (Autor/in, Datum, Ort, Publikum, …) und wie sich diese auf das eigene Verständnis der Quelle auswirken; Unterstreichen des Hauptarguments des Autors und mit welchen Belegen die Argumentation gestützt wird; Anfertigen von Randnotizen über die Absichten des Autors und die Glaubwürdigkeit der Argumentation; Notieren von Fragen, die man über die Quelle hat. Dabei ist es wichtig, bei jedem dieser Schritte seine eigenen Lese- und Denkprozesse zu beobachten, um diese später für die Lernenden modellieren zu können. Es kann sein, dass man zusätzliche Nachforschungen anstellen muss, um den historischen Kontext der Quelle besser zu verstehen. Notieren von Charakteristika der Quelle, die für die Lernenden zu Verständnisschwierigkeiten führen können: z. B. schwieriges Vokabular, unklare Verweise oder ein verwirrender Satzbau. Möglicherweise sind Vokabelerklärungen oder eine Kürzung der Quelle in Erwägung zu ziehen. Wenn es einen schwierigen Abschnitt gibt, der wichtig für das Verständnis der Quelle ist, sollte dieser markiert und mit den Lernenden intensiv besprochen werden.
<u>Durchführung</u> Jeder Lernende erhält eine Kopie der Quelle. Die Lehrkraft erklärt ihnen, dass sie lernen sollen, Quellen wie Historiker/innen zu lesen. Es bietet sich an, die Quelle an die Wand zu projezieren oder ein großes Poster zu verwenden, um die Beobachtungen und Fragestellungen von Historikerinnen und Historikern für die Schüler/innen modellieren zu können. Der Zweck der Übung ist es, ihnen zu zeigen, dass Historiker/innen auf verschiedenen Ebenen lesen.

(1) Reading for origins and context
Beim ersten Lesen sollen die Lernenden nur die Hinweise zu Beginn und am Ende der Quelle lesen (wo sich Informationen zu Titel, Autor(in), Ort, Datum finden), nicht den eigentlichen Quellentext. Es geht bei diesem Lesedurchgang darum, Informationen über den Ursprung der Quelle zu verstehen. Die Lernenden sollen sich Notizen zu den *Sourcing*-Elementen machen und sich fragen: *Why does it matter? Why is the person significant? Why is the date or period significant? usw.*
(2) Reading for meaning
Beim zweiten Lesen wenden sich die Lernenden dem Textkörper der Quelle zu. Sie sollen den Text lesen, um die zentrale Idee des Verfassers zu verstehen und die Quelle in ihrer Ganzheit wahrzunehmen. Die Lernenden sollen nur den Satz oder Satzteil unterstreichen, der am besten die zentrale Idee des Verfassers wiedergibt. Bei diesem Lesedurchgang sollen die Lernenden schwierige Worte und Stellen in der Quelle überspringen, da sie sonst zu oft an einer schwierigen oder verwirrenden Passage stecken bleiben und mit dem Lesen aufhören oder die zentrale Idee nicht erfassen.
Wenn die Schüler/innen diesem Lesedurchgang abgeschlossen haben, tauschen sie sich gemeinsam in der Klasse über ihr Verständnis der zentralen Idee aus. Sollten die Lernenden unterschiedliche Ansichten darüber haben, was die zentrale Idee der Quelle ist (was normalerweise der Fall ist), kann die Lehrkraft verschiedene Schüler/innen bitten, ihre unterstrichene Stelle aus der Quelle laut vorzulesen. Dann kann über die Vor- und Nachteile jeder Auswahl gesprochen werden. Am Ende sollte ein gemeinsamer Konsens gefunden werden.
Im Anschluss daran geht es um die Quelle in ihrer Ganzheit. Um welche Gattung handelt es sich, ist der Inhalt klar oder verwirrend, gab es viele Worte oder historische Verweise/Bezüge, welche die Lernenden schwierig fanden oder übersprungen haben? An welches Publikum richtet sich die Quelle?
Schwierige Abschnitte und Verweise werden gemeinsam besprochen. Häufig ist es so, dass es den Lernenden einfacher fällt, schwierige Stellen einer Quelle zu interpretieren, wenn sie die zentrale Idee erfasst haben.
(3) Reading for argument
Beim dritten Lesen der Quelle geht es wieder um den ganzen Text. Dieses Mal lesen die Lernenden die Quelle, um herauszufinden, wie die Argumentation des Verfassers konstruiert ist. Welche Behauptungen, Beweise oder Beispiele werden angeführt, um die Argumentation des Verfassers zu unterstützen und sie glaubwürdig zu machen?
Die Schüler/innen sollten die Stellen unterstreichen, welche die Argumentation stützen (Behauptungen, Beweise, Beispiele). Zusätzlich sollten sie Randnotizen anfertigen, in denen sie die Überzeugungskraft/Stärke, Logik und Glaubwürdigkeit der Belege einschätzen. Widersprechen sie anderen Quellen, welche die Lernenden gelesen haben? Es ist hierbei wichtig, dass die Schüler/innen erkennen, dass viele Quellen Argumentationen enthalten, die sie verstehen und im Hinblick auf ihre Logik und Glaubwürdigkeit untersuchen müssen. Wieder sollte es eine gemeinsame Diskussion darüber geben, welche Aussagen in der Quelle die Argumentation stützen und ob sie stark oder schwach sind.
(4) Reading like a historian
Beim vierten Lesen der Quelle bringen die Lernenden die vorangegangenen Schritte in einem komplexeren abschließenden Lesedurchgang zusammen. Die Lernenden sollen nun die Ergebnisse des ersten Lesedurchgangs (*sourcing*) nutzen, um die Argumentation und die Belege (aus dem zweiten und dritten Durchgang) zu untersuchen. Die Lernenden sollten sich beim Lesen wieder Randnotizen zur Beantwortung der Fragen machen: *Given the author of the source, what bias or perspective might be expressed? How does that shape our understanding of the argument? usw.*
Conclusion
Schließlich sollte den Lernenden abschließend erklärt werden, dass Historiker/innen beim Lesen von Quellen standig darüber nachdenken, wie ihr Verständnis der Argumentation oder des Inhalts durch *sourcing* und den historischen Kontext vertieft werden. Durch weitere Prozesserfahrung beim historischen Lesen werden die Schüler/innen vertrauter im Umgang mit Quellen und können dann auch auf mehreren Ebenen lesen.

Abb. 3.19: Modellierung historischer Lesestrategien nach Bayard Faithfull, adaptiert

Dieser Modellierungsprozess benötigt Zeit, und zwar zum einen im Hinblick auf die Vorbereitung und den Raum, den er im Unterricht einnimmt, zum anderen aber auch im Hinblick auf die Zeit, welche die Schüler/innen benötigen, um von der eher oberflächlichen Informationsentnahme zur rigorosen Untersuchung historischer Textquellen zu gelangen. Es gibt leider keine Abkürzungen, Geduld und Sorgfalt zahlen sich aber erfahrungsgemäß irgendwann aus – auch bei *struggling readers*. Ich empfehle, sofern der bilinguale Geschichtsunterricht nicht erst mit der Jahrgangsstufe 9 einsetzt, die Lesestrategien in dosierter Form auch schon in den Jahrgangsstufen 6–8 einzusetzen, um eine systematische Lernprogression zu ermöglichen und die Schüler/innen frühzeitig mit historischem Denken vertraut zu machen.

Die Fähigkeit zur Quellenkritik (*sourcing*) und Gattungskompetenz kann sich nur ausbilden, wenn die Schüler/innen genügend Hintergrundinformationen zum Entstehungskontext erhalten oder heraussuchen. Die (bilingualen) Geschichtsbücher bieten diese Informationen meistens nur in unzureichender Form. Von der Wahrnehmung dieser eher knappen Informationen kann man ausgehen, es ist aber mit zunehmender Lernprogression notwendig, die Schüler/innen an dieser Stelle recherchieren zu lassen oder sie mit zusätzlichen Informationen zu versorgen. Kontextualisierung ist ein großes Problem im (bilingualen) Geschichtsunterricht, da das im Unterricht oder im Geschichtsbuch vermittelte Hintergrundwissen oftmals nicht ausreicht, um sinnvolle und plausible Argumentationen zu entwickeln und triftige Sach- oder Werturteile fällen zu können, die auf Quellenbelegen beruhen. Es muss also auch Phasen im bilingualen Geschichtsunterricht geben, welche die übliche Stundentaktung verlassen, das vorschnelle (Vor-)Urteilen aufschieben und den Lernenden Gelegenheit geben, einen historischen Kontext hinreichend zu erarbeiten. Bei der Analyse von Sprache und Inhalt der Textquelle (*close reading*) geht es darum, über rein informationsentnehmendes Lesen hinauszukommen und für die Schüler/innen sichtbar werden zu lassen, wie aus einer Quelle ein Beleg/Beweis innerhalb einer historischen Argumentation bzw. Narration werden kann. Hier tauchen (nicht nur) im bilingualen Geschichtsunterricht Verständnisprobleme aufgrund der (fremdsprachigen) historischen Begrifflichkeit, aber auch aufgrund von Abstraktionen und kompliziertem Satzbau auf. Der Quellenvergleich (*corroboration*) bedarf auch besonderer Beachtung, da Quellen in Geschichtsbüchern häufig nur einen die Verfassertexte illustrierenden Charakter haben. David Hicks, Peter Doolittle und John K. Lee (2004) kommen in ihrer Studie zur Verwendung historischer Quellen zu dem Ergebnis, dass die meisten Lehrer/innen zwar Quellen einsetzen, es aber keinen Konsens darüber gäbe, wie diese Quellen einzusetzen seien: Sollen die Quellen nur die Argumentation des Schulbuchs unterstützen/illustrieren (Information) oder liegt ihr Zweck darin, historisches Denken zu unterrichten (Interpretation)? Bisher müssen Schüler/innen selten mit einer Vielzahl von Quellen im bilingualen Geschichtsunterricht umgehen, sie leben aber in einer Welt, in der sie täglich mit fragwürdigen Informationen überhäuft werden. Deshalb bedarf es neben der häufiger anzutreffenden Gegenüberstellung von zwei Quellen, auch Unterrichtsphasen, in denen die Schüler/innen eine Vielzahl von Quellen analysieren müssen.

6. Hinweise zum Erstellen von *Inquiry Lessons/Document-Based Lessons*

Das RLH-Curriculum der *Stanford History Education Group* bietet eine Vielzahl an *document-based lessons* zur amerikanischen Geschichte, aber auch zu weltgeschichtlichen

Themen, die zum großen Teil in ein bis zwei Schulstunden absolviert werden können. Unterrichtseinheiten mit längeren Phasen der Analyse vielfältiger Quellen finden sich auf historicalthinkingmatters.org. Hier noch ein paar Tipps zur eigenen Vorbereitung und Durchführung solcher Unterrichtsstunden:

Inquiry lesson/document-based lesson (SHEG)
Vorbereitung Am Anfang steht die Auswahl einer historischen Frage, die im Hinblick auf das unterrichtete Thema relevant ist. Die Frage sollte eine historische Diskussion erzeugen, keine moralischen Urteile fordern. Die Frage *Should the United States have used the atomic bomb?* kann ohne Bezugnahme auf historische Quellen beantwortet werden, indem moralische Gründe diskutiert werden. Die ausgewählten Fragen sollten so gewählt sein, dass die Schüler/innen Belege aus Quellen zu ihrer Beantwortung benötigen. Häufige Formate für historische Fragen sind: *causal questions (What caused X?); explanatory questions (Why did X happen?); evaluating questions (Was X a success?).* Im nächsten Schritt gilt es, historische Darstellungen und Quellen zu finden, die unterschiedliche Perspektiven und Informationen im Hinblick auf die gewählte Untersuchungsfrage bieten. Die erste Quelle oder das erste Set von Quellen und Darstellungen sollte die anfänglichen Hypothesen der Lernenden bestätigen, die häufig den Ideen in geschichtskulturellen Darstellungen der Vergangenheit ähneln. Das zweite Set sollte den Ideen aus dem ersten widersprechen oder diese in Frage stellen. Das folgende Set sollte das Bild weiter verkomplizieren. Es ist wichtig, dass die Lernenden die historischen Quellen und Darstellungen lesen und erschließen können. Möglicherweise müssen Auszüge verwendet und schwierige Sprache modifiziert werden, insbesondere bei der Arbeit mit *struggling readers.* Hinweis: Beide Schritte sind rekursiv. Die Auswahl der zentralen Untersuchungsfrage und der Quellen und Darstellungen, welche die Lernenden untersuchen sollen, setzen voraus, dass die Quellen und Darstellungen die Frage auch wirklich beantworten. Sollte das nicht der Fall sein, muss die ursprüngliche Frage modifiziert oder es müssen andere Quellen und Darstellungen gesucht werden. Der Zeitbedarf für die historische Untersuchung muss abgeschätzt werden. Die Lektüre eines Teils der Quellen und Darstellungen kann eventuell als Hausaufgabe durchgeführt werden Neben Kopien der Quellen und Darstellungen benötigen die Lernenden einen *graphic organizer*, um im Blick zu behalten, wie jede Quelle/Darstellung ihr Denken im Hinblick auf die Untersuchungsfrage informiert. Durchführung Motivierender Einstieg (z. B. Vorlesen einer anschaulichen historischen Darstellung, Filmausschnitt), der Hintergrundinformationen liefert, mit deren Hilfe die Lernenden erste Hypothesen aufstellen können. Die Untersuchungsfrage wird gestellt, erklärt und an die Tafel geschrieben. Die Lernenden tauschen ihre ersten Ideen oder anfänglichen Hypothesen zur Beantwortung der Frage miteinander aus. Dann werden sie mit dem Materialpaket aus Quellen und Darstellungen versorgt, dass sich mit der historischen Frage beschäftigt. Die Lernenden analysieren die Materialien und stellen Hypothesen auf. Jede Analysephase wird von einer Phase ergänzt, in der die Hypothesen revidiert oder ersetzt werden, die durch die Quellen und Darstellungen nicht mehr gestützt werden. Ergebnissicherung/Reflektion: Die Lernenden sollen die Hypothese aufschreiben, die ihrer Meinung nach am besten durch die Quellen und Darstellungen gestützt wird. Es sollte darauf hingewiesen werden, dass diese Hypothese eine vorläufige ist, sie gilt, bis sie durch *new evidence* in Frage gestellt wird. Die Lernenden können abschließend einen Aufsatz schreiben, in dem sie die historische Frage auf der Basis der Quellen und Darstellungen beantworten.

Abb. 3.20: Hinweise nach SHEG (teachinghistory.org/teaching-materials/teaching-guides/24123), adaptiert

Eine große englischsprachige Quellensammlung für viele weltgeschichtliche Themen, die bei der Vorbereitung solcher *document-based lessons* hilfreich ist, bietet die Universität Fordham mit ihren *internet sourcebooks* (fordham.edu/halsall/).

Bei Untersuchungen, in deren Verlauf Schüler/innen eine Vielzahl von Quellen im Hinblick auf eine übergeordnete Frage analysieren sollen, wird es schnell unübersichtlich. Zwar enthalten die einzelnen Quellen konkrete Arbeitsaufträge unter Angabe der Lesestrategien, aber die Beantwortung der Frage erfordert intertextuelles Lesen, einen Vergleich der Quellen untereinander im Hinblick auf die Fragestellung. Als Unterstützungsmaßnahme für die Denkprozesse der Schüler/innen bieten sich hier *graphic organizers* an, die genügend Platz für Anmerkungen und Fragen der Schüler/Innen haben sollten. Je nach Umfang der Untersuchung bietet sich eine DinA3-Kopie an:

Main inquiry documents analysis chart		
Central historical question:		
source/ account	Using this source/account, answer the main inquiry question	What evidence in the source/account supports your observations? Find quotations that shed light on the main inquiry question
A		
B		
…		

Abb. 3.21: *Graphic organizer* nach SHEG (historicalthinkingmatters.org), adaptiert

7. *Structured Academic Controversy* (SAC)

SAC wurde von David und Roger Johnson (1988) von der Universität Minnesota als kooperative Lernmethode entwickelt, welche der Strukturierung und Fokussierung von Klassendiskussionen dient. Es handelt sich bei SAC nicht um ein Pro/Kontra-Format, bei dem es darum geht, die gegnerischen Argumente anzugreifen, um eine Diskussion zu gewinnen, sondern das Verstehen alternativer Positionen und das Formulieren einer historischen Synthese stehen im Vordergrund. Die Struktur von SAC fordert gegenseitiges Zuhören und die Verständigung auf ein gemeinsames Ergebnis (Konsens). Ein deutschsprachiges Beispiel zur Schuldfrage am Ersten Weltkrieg findet sich bei Roemer (2012), auf teachinghistory.org findet sich ein englischsprachiges Beispiel zur Frage *Was Abraham Lincoln a racist?*

Structured Academic Controversy (SAC)
Vorbereitung Auswahl einer historischen Frage, die kontroverse Antworten zulässt: z. B. *Did X cause Y?, Was dropping the atomic bomb on Hiroshima and Nagasaki necessary to defeat the Japanese?* Suche und Auswahl von zwei bis drei Quellen oder Darstellungen, die kontroverse Sichtweisen verkörpern. Der Zeitbedarf hängt von der Anzahl und Komplexität der Quellen und Darstellungen ab und der Erfahrung der Lerngruppe mit der Methode. Beim ersten Einsatz sollten zwei Unterrichtsstunden für SAC zur Verfügung stehen.
Durchführung SAC ist schon häufig modifiziert und adaptiert worden, enthält aber meistens fünf grundlegende Schritte, die den Lernenden erläutert werden müssen: Die Lerngruppe wird in Vierergruppen eingeteilt, die jeweils aus zwei Dyaden bestehen. Jede Dyade beschäftigt sich mit den Materialien, die eine bestimmte Position im Hinblick auf die

kontroverse Frage einnehmen. Um den Arbeitsprozess besser organisieren zu können, sollten sie eine *document analysis chart* (als *graphic organizer*) erhalten, die ihnen bei der Analyse der Materialien und der Vorbereitung der von Ihnen zu vertretenen Position hilft. Ein Vorschlag in Hinblick auf Elemente, die ein solches Arbeitsblatt enthalten sollte, findet sich weiter unten. Dann kommen die Zweierteams wieder in der Vierergruppe zusammen und stellen sich gegenseitig ihre Position vor, ein Team präsentiert, während das andere zuhört. Das zuhörende Zweierteam soll im Anschluss daran nicht die Position des anderen Teams widerlegen, sondern ihnen zurückmelden, was sie von deren Position verstanden haben. Das zuhörende Zweierteam kann erst dann präsentieren, wenn das präsentierende Team der Meinung ist, dass ihre Position gehört und verstanden wurde. Nachdem die Seiten gewechselt haben, verlassen die Zweierteams ihre ursprüngliche Aufgabe und versuchen einen Konsens zu erreichen. Sollte das nicht möglich sein, klärt die Vierergruppe, wo die Unterschiede/Differenzen liegen.
Mögliche Probleme Es kann sein, dass Lernende, obwohl sie die andere Position erst einmal verstehen und nicht attackieren sollen, nach Löchern in ihrer Argumentation suchen, um sie anzugreifen. Dann kann es nützlich sein, Regeln für „aktives Zuhören" festzulegen und dieses erst einmal ein paar Minuten in Zweierteams einzuüben. Eine weitere wichtige Regel lautet: Wer Aspekten der anderen Position nicht folgen kann bzw. diese nicht versteht, unterbricht das präsentierende Team nicht, sondern notiert sich die Fragen. Der Diskussionsablauf sollte für die Lernenden im Klassenraum sichtbar sein (Poster oder Handreichung). Es kann sein, dass die Konfrontation mit anderen Perspektiven und Interpretationen und die Abwesenheit einer „gewissen" bzw. „richtigen" Antwort die Lernenden verwirrt. Ihnen sollte also verdeutlicht werden, dass Ungewissheit und Komplexität im Verlauf dieser Unterrichtsaktivität zu erwarten sind. Sie sollen Notizen machen, die ihre Verwirrung spezifizieren und neue Ideen oder Fragen dokumentieren.

Abb. 3.22: SAC nach sheg.stanford.edu und teachingshistory.org/teaching-materials/teaching-guides/21731, adaptiert

Discussion rules for participating in an academic controversy
I am critical of ideas, not people. I focus on making the best decision possible, not on "winning". I encourage everyone to participate and master all the relevant information. I listen to everyone's ideas, even if I do not agree. I restate (paraphrase) what someone has said if it is not clear. I first bring out all the ideas and facts supporting both sides and then try to put them together in a way that makes sense. I try to understand both sides of the issue. I change my mind when the evidence clearly indicated that I should do so.

Abb. 3.23: SAC – Diskussionsregeln nach Johnson/Johnson (1988, S. 63)

SAC: Vorschlag zum Aufbau einer *document analysis chart*	
Historical Question: Did X cause Y?	
Position A: Yes, X caused Y.	Position B: No, X did not cause Y.
Evidence 1:	Evidence 1:
Evidence 2:	Evidence 2:
Evidence 3:	Evidence 3:
...	...
Record questions that you have about sources and ideas below: Consensus:	

Abb. 3.24: SAC – *Graphic organizer* nach teachingshistory.org/teaching-materials /teaching-guides/21731, adaptiert

Structured Academic Controversy – Student handout
1. Read the central historical question. 2. Prepare for SAC: a) Form groups of four. I. Meet your partner. II. Identify the position that your partner team will defend. Side 1: YES, … Side 2: NO, … b) Everyone reads through the set of sources/historical accounts and looks for evidence to support their side of the argument. Craft position. 3. Present your positions: a) Pair 1/Side 1 presents their position using supporting evidence from the texts. b) Pair 2/Side 2 restates Pair 1's position to Pair 1's satisfaction. c) Pair 2/Side 2 presents their position using supporting evidence from the texts. d) Pair 1/Side 1 restates Pair 2's position to Pair 2's satisfaction. 4. Reach a consensus: a) Pair 1 and Pair 2 put their roles aside. b) Groups discuss ideas that have been presented regarding the inquiry question. I. Figure out where you can agree. II. Figure out where you differ. c) Groups develop consensus, and answer the central historical question (or at least clarify where their differences lie), using supporting evidence.

Abb. 3.25: SAC – *Handout* nach sheg.stanford.edu und teachingshistory.org/teaching-materials/teaching-guides/21731, adaptiert

8. *Document-Based Whole-Class Discussion*

Die im Rahmen von Reismans Interventionsstudie eingesetzten *document-based lessons* waren so aufgebaut, dass am Ende eine materialgestützte Klassendiskussion stehen sollte. Den Wert solcher Diskussionen sieht Reisman wie folgt:

Value of document-based whole-class discussion (Reisman, SHEG)
1. **Speech** is an important scaffold for academic writing; students who observe and participate in discussions where they are expected to substantiate their claims with textual evidence are better prepared to do so in their writing. 2. **Document-based discussion** simulates the intellectual work of professional historians who regularly disagree about the interpretation of evidence. 3. **Whole-class discussion** fundamentally transforms the traditional history classroom from one where students are passive recipients of knowledge to one where they actively produce historical knowledge.

Abb. 3.26: Zweck materialgestützter Klassendiskussionen nach Reisman (teachinghistory.org /teaching-materials/teaching-guides/25620)

Für die Planung und Durchführung im Unterricht schlägt sie die folgenden Schritte vor:

Document-based whole-class discussion (Reisman, SHEG)
Vorbereitung Die Lehrkraft nimmt eine ganz wichtige Rolle bei der Durchführung solcher Diskussionen ein. Viele Lernende werden ohne effektive Anleitung dazu neigen, Behauptungen aufzustellen, ohne Belege dafür aus den Quellen und Darstellungen heranzuziehen und historische Akteure und Ereignisse ausgehend von ihren Gegenwartsdenken (*presentism*) beurteilen. (1) Auswahl eines Themas und Formulierung einer zentralen historischen Frage, die unter Verwendung einer Vielzahl von Quellen und historischen Darstellungen beantwortet werden kann.

Die Fragen können interpretativ und offen sein (z. B. *Why did the U.S. enter World War I?*) oder evaluativ und die Lernenden dazu auffordern, ein Urteil zu fällen im Hinblick darauf, ob ein Ereignis gut oder schlecht war oder ein historischer Akteur richtig oder falsch lag (z. B. *Did President Wilson have good reasons for entering World War I?*).
(2) Antizipation möglicher Schülerantworten und der Zitate, die sie aus den Quellen/Darstellungen verwenden werden, um ihre Behauptungen zu stützen.
(3) Auswahl von zwei bis drei Zitaten aus Schritt 2 und Nachdenken darüber, wie jedes auf unterschiedliche Weise interpretiert werden könnte. Es geht also darum, Fragen vorzubereiten, welche die Schülerinterpretation eines Zitats herausfordern.

Durchführung
Die Lernenden füllen das *discussion preparation worksheet* aus (siehe Website).
Die Regeln für Klassendiskussionen (Abb. 3.28) werden wiederholt.
Die Schüler/innen sollen ihre ersten Gedanken austauschen. Als Moderator/in ist die Aufgabe der Lehrkraft eine doppelte:

- Überwachung der Teilnahme: Während sich die Diskussion entwickelt, kann die Lehrkraft die Reihenfolge der Meldungen festhalten, damit die Schüler/innen nicht ständig ihren Arm oben lassen müssen. Es können auch Lernende aufgerufen werden, die sich nicht beteiligen.
- „Anschieben" des Schülerdenkens: Die Fragen und Beiträge der Lehrkraft sollten das Denken der Lernenden in eine positive Richtung lenken. Eine Auflistung effektiver *teacher moves* findet sich in Abb. 3.29.

Drei Diskussionsphasen
Phase 1: In der Anfangsphase der Diskussion geht es darum, die verschiedenen Positionen zu verdeutlichen. Die Lernenden sollten dazu aufgefordert werden, ihre Behauptungen an den Texten zu belegen. Die Hauptaufgabe der Lehrkraft ist es, die Unterschiede in den Schülerantworten deutlich zu machen und zu wiederholen, um auch Lernenden, die Schwierigkeiten haben, der Diskussion (in der Fremdsprache) zu folgen, ein besseres Verständnis der unterschiedlichen Positionen zu ermöglichen.
Phase 2: Im zweiten Teil der Diskussion besteht das Ziel darin, ein oder zwei Zitate genauer zu untersuchen und verschiedene Interpretationen zu entwickeln. Hierbei geht es für die Lehrkraft darum, den Lernenden dabei zu helfen, die Unterschiede zwischen Vergangenheit und Gegenwart wahrzunehmen. Die genaue Analyse der geschriebenen Texte soll die Lernenden dazu bringen, sich auf die Wortwahl der historischen Akteure zu konzentrieren und sie von der Anwendung ihrer gegenwartsbezogenen (Vor-)Urteile wegführen.
Phase 3: Im dritten Teil der Diskussion wird zur Beantwortung der zentralen historischen Frage zurückgekehrt. Dabei sollen die Schüler/innen jetzt nuanciertere und komplexere Antworten formulieren als zu Beginn. Sie sollten nun die Anderartigkeit der Vergangenheit besser wahrnehmen können und ihre (Vor-)Urteile revidieren oder abmildern können. Sie können so auch ein Verständnis von Multikausalität entwickeln, das nach und nach das Denken in einfachen kausalen Zusammenhängen ersetzt.

Mögliche Probleme

- Falsche Fakten: Lernende verwenden in ihren Diskussionsbeiträgen Anachronismen oder stellen Dinge falsch dar.
- Immer dieselben Schüler/innen: In jeder Lerngruppe gibt es ein paar Schüler/innen die Diskussionen lieben und andere, die sie hassen und sich nie beteiligen. Hier muss klar sein, dass alle drankommen können.
- Ungeordneter Diskussionsverlauf: Gerade zu Beginn werden nur wenige Diskussionen deutlich den drei Phasen folgen, die oben beschrieben wurden. Das ist normal. Das Ziel ist es, die Diskussionsbeiträge der Lernenden so „einzufangen", dass sie ungefähr in die richtige Richtung laufen.

Erfahrungsgemäß steigt die Beteiligung mit zunehmender Übung/Erfahrung. In fortgeschritteneren Lerngruppen kann die Moderationstätigkeit zunehmend von den Lernenden übernommen werden oder gemeinsam mit der Lehrkraft gestaltet werden.

Abb. 3.27: Materialgestützte Klassendiskussionen nach Reisman (teachinghistory.org/teaching-materials/ teaching-guides/25620), adaptiert

Norms for classroom discussion
Basic Rules • Everyone participates, no one dominates • One speaker, no side conversations • Active listening • No non-verbals (e.g., eye-rolling) What to say if you do not understand the speaker? *I am not sure I follow, exactly. I know what I mean by the word "..." but I am not sure I know what you mean by ... Could you help me understand your thinking when you said ...* What to say if you do not agree with the speaker? *I think I see it differently. I think I have a different take on this. I am not sure I follow the logic of your thinking. The way I see it is ...* Questions the teacher might ask me: *Can you restate what ... just said? What do you think about what ... just said? Do you agree or disagree with what ... just said?*

Abb. 3.28: Regeln nach Reisman (teachinghistory.org/teaching-materials/teaching-guides/25620), adaptiert

Seven teacher "moves" for leading discussions in bilingual history lessons
(1) Frage nach Belegen/Beweisen: Die Lernenden werden aufgefordert, ihre Behauptungen an den Quellen und Darstellungen zu belegen. Beispiel: *Can you find a quote in the account that supports your argument that the Germans are to blame for starting World War I?* **(2) *Revoicing*:** Die bilinguale Lehrkraft reformuliert eine Idee, die ein/e Schüler/in nur mit Schwierigkeiten oder nur zum Teil ausdrücken kann (in der Fremdsprache und der Schulsprache), um die Argumentation zu verdeutlichen und sie in den Rahmen der größeren Diskussion einzuordnen. Beispiel: *It sounds like you are saying that Tacitus was a Roman, so we cannot completely take him at his word about the look of Teutonic animals. So you agree with Sarah that Tacitus is not a reliable source in this respect because the Romans waged war against the Teutons. But what about his description of their family life?* **(3) Gegenargumente hervorrufen/einbringen:** Die Lehrkraft bringt selbst ein Gegenargument in die Diskussion ein oder fragt die Lernenden danach, um eine bestimmte Interpretation in Frage zu stellen. Beispiel: *Does anyone have a different interpretation? Who disagrees?* **(4) Wiederaufnahme:** Die Lehrkraft bringt vorausgehende Kommentare oder Ideen wieder in die Diskussion ein. Beispiel: *That sounds a little bit like what Paul was saying earlier ... Does anyone want to build on Sarah's argument?* **(5) Stabilisierung des historischen Kontextes:** Die Lehrkraft unterbricht die Diskussion, um relevantes Hintergrundwissen einzubringen bzw. den historischen Kontext deutlicher zu konturieren, um die Diskussion voranzubringen. Beispiel: *Let us just make sure we are all on the same page. Source 1 tells us that the Germans were to blame. Who is the author of that source? What do you know about her/him? What kind of source is it? What was its audience/purpose?* **(6) Fragen an die Quelle/Darstellung:** Die Lehrkraft bereitet Fragen zu spezifischen Passagen der Quelle/Darstellung vor, die verschiedenartig interpretiert werden können. Beispiel: *What does s/he mean when s/he says, "..."?* **(7) Modellieren:** Die Lehrkraft denkt laut und zeigt den Lernenden, wie sie/er mit schwierigen Textstellen, widersprüchlichen Ideen, etc. umgeht. Beispiel: *One of the things I am wondering about as I read this is why X says ... instead of ... It makes me wonder if ..., or maybe this is a reference to ...?*

Abb. 3.29: Hinweise nach Reisman (teachinghistory.org/teaching-materials/teaching-guides/25620), adaptiert

Die Verwendung dieser Form der Diskussion im bilingualen Geschichtsunterricht ist zumindest in der Anfangsphase deutlich lehrerzentrierter. Ich habe die Erfahrung gemacht, dass der Einsatz einer *Structured Academic Controversy* einfacher ist, da hier das

Lerngerüst für die Schüler/innen deutlicher ist. SAC stellt meines Erachtens auch eine gute Vorbereitung auf *document-based whole-class discussions* dar.

9. Was tun gegen die Sprachbarriere bei der Quellenarbeit?

Die Arbeit mit Quellen bietet für Schüler/innen die Gelegenheit, langsamer zu werden und genau zu lesen und zu analysieren. Dabei treffen sie auf eine Sprachbarriere, im bilingualen Geschichtsunterricht gewissermaßen auf eine doppelte. Wenn wir den Lernenden im bilingualen Geschichtsunterricht wichtige Lese- und Denkgelegenheiten nicht vorenthalten wollen, ist es wichtig, Textquellen zu adaptieren, um allen Lernenden die Lektüre und Analyse zu ermöglichen. Die Modifizierung von Quellen (und Darstellungen) ist notwendig, wenn man sie in die Hände von Lernenden gibt, die so genannte *struggling readers* sind oder die englische Sprache erlernen, und sie diese in zunehmenden Maße möglichst selbstständig oder kooperativ und in größerer Zahl erarbeiten sollen. Hier hatte ich lange Zeit Bedenken und es hat eine ganze Weile und viele Versuche gebraucht, um diese zu überwinden. Meine Erfahrung hat aber gezeigt, dass selbst fähige Leser/innen aufgrund der schwierigen, häufig antiquierten Sprache und des komplexen Satzbaus vor einer Herausforderung stehen und Hilfestellungen benötigen. Wie können solche Adaptionsprozesse und *Scaffolding*-Maßnahmen für den bilingualen Geschichtsunterricht aussehen, die den Lernenden einerseits einen besseren Zugang ermöglichen, andererseits aber nicht dazu führen sollen, dass die Quellentexte bis zur Unkenntlichkeit verkürzt und banalisiert werden? Die folgende Vorgehensweise hat sich in der Praxis bewährt:

Adaption von Textquellen

Vorbereitung

1. Fokussierung

- Auswahl der Quelle, Kriterium: Mit welchen historischen Fragen sollen sich die Schüler/innen bei der Beschäftigung mit der Textquelle auseinander setzen?
- Entwicklung einer zentralen historischen Frage für die Unterrichtsstunde/-einheit und für die Quelle (Leitfragen);
- diese Frage sollte das Lesen und Verstehen der Quelle erfordern, aber auch die Verwendung der Quelle als *evidence* zur Unterstützung der Triftigkeit der Argumentationen/Antworten der Schüler/innen;
- für die Anwendung der Lesestrategie *sourcing* benötigen die Schüler/innen ausreichende Angaben: Wo kommt die Quelle her, wann und wo wurde sie von wem und für wen erstellt?
- ein kleiner Einführungstext, der dem Quellentext vorausgeht, kann den Lernenden wichtige Lesetipps und Hintergrundinformationen geben, die für eine Einordnung der Quelle in den historischen Zusammenhang (*contextualization*), ihr Verständnis und die Anknüpfung an das Vorwissen der Schüler/innen wichtig sind;
- Kürzung der Quelle/Auswahl eines Exzerpts: Der Quellentext sollte nicht länger als 200-300 Wörter sein, für die Beantwortung der historischen Fragestellung unwichtige Passagen sollten gekürzt/entfernt werden, Fokussierung/Aufmerksamkeitslenkung auf die wichtigen Komponenten des Quellentextes;

2. Modifizierung/Vereinfachung

Die folgenden Modifizierungen sollten sparsam verwendet und gut bedacht sein:

- Vereinfachung der Syntax;
- Modernisierung von Interpunktion und Rechtschreibung;
- Austausch schwieriger Worte durch einfachere Synonyme

3. Präsentation

- Die Schriftgröße sollte möglichst nicht kleiner als 16pt sein;
- der Zeilenabstand sollte groß genug sein, um den Lernenden kleine Notizen „zwischen den

Zeilen" zu ermöglichen;
- der Rand sollte ebenfalls groß genug sein, um Anmerkungen und Notizen zu erlauben;
- wie sollen die Begriffserklärungen/Vokabelerläuterungen aussehen? Als *word bank* auf einem Extrablatt oder auf dem Blatt mit dem Quellentext? In die Quelle integriert (in Klammern hinter die Worte)?
- schwierige Worte können fett hervorgehoben werden, wichtige kursiv;
- die Schüler/innen sollten wissen, dass sie mit Quellen arbeiten, die modifiziert wurden, damit sie ihre Lesestrategien entwickeln können und dabei und Zugang zu reichhaltigen fachspezifischen Inhalten haben (Der Hinweis *Some of the language and phrasing in this document have been modified from the original* sollte nicht fehlen.);
- der Originaltext der Quelle sollte den Lernenden zugänglich sein, damit sie diese mit der adaptierten Version vergleichen können;
- es kann eine sinnvolle Ergänzung sein, gelegentlich die Schüler/innen die originale und adaptierte Version miteinander vergleichen zu lassen, um die Veränderungen explizit zu verdeutlichen und die Frage zu erläutern, ob diese Modifikationen die Bedeutung des Quellentextes verändert haben oder nicht.

Durchführung
- Einführung der zentralen historischen Frage; Erläuterung, dass das Lesen der Quelle(n) den Lernenden bei der Beantwortung hilft;
- Erklärung, dass die Quelle(n) für den Einsatz im Unterricht bearbeitet worden sind; Austeilen der originalen und adaptieren Versionen oder Präsentation des Originals auf Overheadfolie;
- die Schüler/innen auf die Informationen zur Quellenkritik und den Einführungstext hinweisen und mit ihnen besprechen, wie diese Informationen ihnen dabei helfen können, die Quelle zu verstehen;
- Hinweis auf die Vokabelerläuterungen mit der Aufforderung verbinden, dass die Schüler/innen andere schwierige Wörter im Quellentext unterstreichen oder markieren sollen;
- die Schüler/innen dazu ermuntern, wichtige Begriffe (kursiv) besonders wahrzunehmen und sich während des Lesens Notizen (Fragen, Anmerkungen, Zusammenfassungen, Worterklärungen, etc.) an den Rand zu schreiben;
- bei der Beantwortung der zentralen Frage sollen die Schüler/innen Informationen und Zitate aus der Quelle entnehmen und als Belege für ihre Antworten anführen;
- mit zunehmender Vertrautheit der Lernenden mit der Quellenarbeit werden einige der Unterstützungsmaßnahmen zurückgenommen (*fading*);
- wird mit einer größeren Anzahl von Quellen gearbeitet, bietet sich der Einsatz eines *graphic organizers* an, um den Lernenden dabei zu helfen, die Quellen auf ihren Informationsgehalt im Hinblick auf die historische Frage miteinander vergleichen/kontrastieren zu können (*corroboration*), damit sie ihre Ergebnisse organisieren und ihrer Argumentation strukturieren können;
- eine Vielzahl von Beispielen für modifizierte Quellentexte findet sich auf der Website historicalthinkingmatters.org.

Abb. 3.30: Adaption von Textquellen im bilingualen Geschichtsunterricht, vgl. auch Wineburg/Martin (2009); teachinghistory.org/teaching-materials/teaching-guides/23560

10. Was tun gegen die Sprachbarriere bei der Arbeit mit bilingualen Schulbuchtexten?

Aus der SFL kommt eine Reihe von Vorschlägen zum sprachbewussten Umgang mit Schulbuchtexten (Schleppegrell/Achugar 2003; Schleppegrell/Achugar/Oteiza 2004; Achugar/ Schleppegrell/Otieza 2007). Mariana Achugar und Mary J. Schleppegrell (2005; vgl. auch teachinghistory.org/issues-and-research/research-brief/23651) haben sich damit beschäftigt, wie die Sprache in Geschichtsbüchern das Verstehen von Kausalität, also der Verbindung zwischen bestimmten Handlungen und spezifischen Ergebnissen/Folgen, beeinflusst. Dabei haben sie festgestellt, dass die Texte, die Kausalität erklären wollten, durch die Art der Wortwahl ein Verständnis von Ursache und Wirkung eher verhinderten. Verfassertexte in Schulgeschichtsbüchern verwenden häufig abstrakte Nomen. Diese Abstraktionen machen es für die Leser/innen schwer, Handlungen mit Akteuren zu verbinden (z. B. *economic overproduction, lessening demand*). Es gibt auch einen Mangel an Konnektoren, welche Sätze bzw. den Text verknüpfen. So werden selten direkte kausale Beziehungen hergestellt, welche den Lernenden in einer expliziten Sprache, die Ursache und Wirkung verbindet, erklären würde, warum die Ereignisse stattgefunden haben. Durch die häufige Verwendung des Passivs wird oft der Eindruck erzeugt, dass die thematisierten Ereignisse sich zwangsläufig so entwickeln mussten, wie sie dargestellt werden, ohne zu ergründen, wie und warum das der Fall war. Um gegen diese Mängel vorzugehen, schlägt die SFL eine kritische Erörterung der im Geschichtsbuch verwenden Sprache vor. Dabei geht es immer um Unterrichtsaktivitäten, welche die Bedeutungsrelationen im Text beleuchten, indem die Schüler/innen Sätze mit wichtigen Informationen in ihre bedeutungstragenden Teile zerlegen (*sentence chunking*). Häufig verstehen vor allem jüngere Schüler/innen – aber auch fortgeschrittene bei komplexeren Texten – nicht genau, worauf sich das Geschichtsbuch bezieht, sie erkennen die *reference devices* im Text nicht. Das Lesen von Verfassertexten in Schulgeschichtsbüchern kann – sowohl im bilingualen als auch im monolingualen Geschichtsunterricht – Schüler/innen vor große Herausforderungen stellen. Die Schwierigkeit historischer Texte liegt nicht nur in der Begrifflichkeit, sondern in der Grammatik oder den verwendeten Sprachmustern. Lernende können besser verstehen, was in einem Text passiert, wenn sie die Prozesse und Teilnehmer/innen im Text genauer betrachten, wenn sie die grammatischen Elemente jedes Satzes einer kürzeren Textpassage identifizieren und überprüfen, wie diese Elemente miteinander in Beziehung stehen:

> „As students focus on how meaning is constructed sentence by sentence in a text, they learn to recognize the different ways the grammar works in chronicling historical events, in discussing the views that influenced historical actors or the debates they engaged in, in describing how things were at a moment in history, or in explicitly laying out the factors that contributed to historical outcomes. Recognizing common patterns of language in history supports the development of critical reading as students become aware of the ways historians implicitly present interpretation and position the reader"(Schleppegrell/Greer/Taylor 2008, S. 182).

Functional language analysis (FLA) – Instructional framework	
Meaning	FLA Strategies
How did the author organize this section? (textual meaning)	• analyse theme/rheme movement • analyse cohesive/reference devices (pronouns, demonstratives, synonyms, conjunctions)
What is going on in the text? Who does what to whom, when, and where? (experiential meaning)	• analyse participants (nouns), processes (verbs) and circumstances (prepositional phrases and adverbs) in each clause
What is the perspective of the author? (interpersonal meaning)	• analyse mood (declarative, imperative, interrogative), modality (can, may, necessity) and word choices (adjectives, verbs, adverbs, nouns) that express affect, appreciation and judgment

Abb. 3.31: Möglichkeiten funktionaler Sprachanalyse im bilingualen Geschichtsunterricht nach Fang/ Schleppegrell (2008, S. 42ff.) und Schleppegrell/Greer/Taylor (2008)

Nach der Auswahl eines Schulbuchtextes (oder einer für eine solche Analyse geeigneten Textquelle oder historischen Darstellung), dessen Analyse durch die Lehrkraft und der Bestimmung von möglichen Schwierigkeiten für die Lernenden, empfiehlt die SFL die Entwicklung von Leitfragen, anhand derer der Text analysiert werden soll, und von Unterrichtsaktivitäten, welche den Lernenden die Dekonstruktion der Bedeutungsrelationen im Text ermöglichen. Diese Verfahren sind allerdings sehr zeitaufwendig und jede Lehrkraft muss sich gut überlegen, was für ihre jeweilige Lerngruppe in der wenigen zur Verfügung stehenden Unterrichtszeit wichtig und sinnvoll ist. So kann man beispielsweise in jeder Unterrichtseinheit einen schwierigen Text mit den von der SFL vorgeschlagen Methoden „zerlegen". Diese Aufgabe könnte auch vom Englischunterricht übernommen werden, wenn dort eine Geschichtslehrkraft eingesetzt ist oder beide Fächer idealerweise von derselben Lehrkraft unterrichtet werden, um den bilingualen Geschichtsunterricht zu entlasten. Ich habe die Erfahrung gemacht, dass es sich – im Hinblick auf Zeitaufwand und Verständniszuwachs für die Schüler/innen – lohnt, die Textorganisation (Thema/Rhema) und die Teilnehmer/innen und Prozesse genauer zu betrachten. Beides möchte ich an folgendem Beispiel zur Geschichte Roms von Sarah Taylor demonstrieren:

> „To finance Rome's huge armies, its citizens had to pay heavy taxes. These taxes hurt the economy and drove many people into poverty. For many people, unemployment was a serious problem. Wealthy families used slaves and cheap labor to work their large estates. Small farmers could not compete with the large landowners. They fled to the cities looking for work, but there were not enough jobs for everyone. Other social problems plagued the empire, including growing corruption and a decline in the spirit of citizenship. A rise in crime made the empire's cities and roads unsafe" (Schleppegrell/Greer/Taylor 2008, S. 181).

Schulbuchtexte (und auch wissenschaftliche Texte) folgen in ihrer Organisation/Entwicklung oft einem Zickzackmuster: Die Information im Rhema-Teil eines Satzes erscheint im Thema-Teil des nächsten Satzes wieder, häufig jedoch anders ausgedrückt. Eine Darstellung in Tabellenform, welche Thema und Rhema aufbricht und mit Pfeilen Textbezüge verdeutlicht, kann den Lernenden dabei helfen, besser zu verstehen, was sich im Text genau auf was bezieht.

Theme (= starting point of the message, contains old/given/known information)	Rheme (= develops the theme, contains new/unknown information)
To finance **Rome's huge armies**,	its citizens had to **pay heavy taxes**.
These taxes	hurt the economy and **drove many people into poverty**.
For **many people**,	**unemployment** was a serious problem.
Wealthy families	used **slaves and cheap labor** to work **their** large estates.
Small farmers	could not compete with the **large landowners**.
They fled to the cities looking for work,	but there were **not enough jobs** for everone.
Other **social problems** plagued the empire,	including growing corruption and a decline in the spirit of citizenship.
A **rise in crime**	made the empire's cities and roads unsafe.

Abb. 3.32: Thema/Rhema – Textorganisation

Zur Einführung dieser Strategie bietet sich eine Modellierung durch die Lehrkraft und die gemeinsame Erarbeitung eines Textabschnittes an. Dann können die Schüler/innen in Partnerarbeit einen weiteren Abschnitt bzw. den Rest des Textes selbstständig bearbeiten. In einem gemeinsamen Auswertungsgespräch können das Verständnis der Strategie und ihre Nützlichkeit für die Beantwortung der Leitfragen zum Text (*Why would Rome need a huge army? How did the need for this army affect Roman citizens?*) von den Lernenden erörtert werden. Erfahrungsgemäß beherrschen Schüler/innen diese Visualisierungsstrategie für die Textorganisation nach einigen Übungen gut genug, um sie selbstständig anzuwenden.

Eine weitere *Scaffolding*-Möglichkeit bietet die Konzentration auf die Teilnehmenden und die Prozesse im Text. Wenn sie diese identifiziert haben, können Schüler/innen nach und nach verstehen, wie die Elemente eines Satzes zusammenarbeiten:

<table>
<tr><th>Actors/participants (nouns)</th><th>Action/process (verbs)</th><th>Circumstances/receiver/goal (who or what)</th></tr>
<tr><td>???</td><td>To finance</td><td>Rome's huge armies</td></tr>
<tr><td>its citizens</td><td>had to pay</td><td>heavy taxes.</td></tr>
<tr><td colspan="3">Der Akteur, der die Armeen finanziert, taucht hier erst später im Satz auf (its citizens). Schüler/innen könnten hier also Probleme haben, die historical agency zu erfassen. Its als reference device muss mit Rome im vorausgehenden Satzteil verbunden werden, um erkennen zu können, wer zahlen musste.</td></tr>
<tr><td>These taxes</td><td>hurt</td><td>the economy and</td></tr>
<tr><td>???</td><td>drove</td><td>many people into poverty.</td></tr>
<tr><td colspan="3">Wieder muss ein reference device (these) mit den hohen Steuern im vorausgehenden Satz verbunden werden, wenn die Schüler/innen verstehen sollen, über welche Steuern der Text redet. Taxes ist ein nicht-menschlicher Akteur und the economy ist eine Abstraktion. Die Schüler/innen können darüber diskutieren, wie Steuern wehtun können und wer dadurch geschädigt wird bzw. wer die menschlichen Akteure hinter der Wirtschaft sind (Roman citizens). Im zweiten Satzteil müssen die Schüler/innen erkennen, dass der Akteur these taxes nicht wiederholt wird. Wie Steuern Menschen in die Armut treiben können und die Metapher drive into poverty können besprochen werden.</td></tr>
<tr><td></td><td></td><td>For many people,</td></tr>
<tr><td>unemployment</td><td>was</td><td>a serious problem.</td></tr>
<tr><td>Wealthy families</td><td>used</td><td>slaves and cheap labor</td></tr>
<tr><td></td><td>to work</td><td></td></tr>
<tr><td>their</td><td></td><td>large estates.</td></tr>
<tr><td>Small farmers</td><td>could not compete</td><td>with the large landowners.</td></tr>
<tr><td>They</td><td>fled to</td><td>the cities</td></tr>
<tr><td></td><td>looking</td><td>for work, but there</td></tr>
<tr><td></td><td>were not</td><td>enough jobs for everyone.</td></tr>
<tr><td>Other social problems</td><td>plagued</td><td>the empire, including</td></tr>
<tr><td>growing corruption and a decline in the spirit of citizenship.</td><td></td><td></td></tr>
<tr><td>A rise in crime</td><td>made</td><td>the empire's cities and roads unsafe.</td></tr>
</table>

Abb. 3.33: Teilnehmende und Prozesse – Textinhalt nach Schleppegrell/Greer/Taylor (2008, S. 179ff.)

Stacey Greer (teachinghistory.org/best-practices/teaching-with-textbooks/20574) schlägt einen weiteren Weg zur Identifikation und Analyse grammatischer Elemente in Schulgeschichtsbüchern vor, der auf Fragen an den Text basiert:

The grammar of history textbooks: Questioning the text
1. Who or what is doing or being something?
2. What are they doing or being?
3. What are the relationships between ideas in the passage?
4. Can we determine the author's perspective?
5. How does this information help us answer the larger investigative question?

Abb. 3.34: Fragen an Verfassertexte in Geschichtsbüchern nach Greer

Die Nützlichkeit dieser Fragestellungen erläutert Greer an folgenden Satz aus einem amerikanischen Geschichtslehrwerk für die 8. Klasse: „Claiming that the nation needed protecting from treasonous ideas and actions, the Federalist-controlled Congress passed the Alien and Sedition Acts in the summer of 1798". Die erste Frage führt die Schüler/innen zum Subjekt des Satzes, das nicht leicht zu finden ist, da es erst im zweiten Teil des Satzes auftaucht. Hier bietet sich eine Verknüpfung mit dem Vorwissen der Lernenden über die Verantwortlichkeiten des *Congress* an und die Klärung der abstrakten Idee der Kontrolle. Was heißt es, dass die *Federalists* den *Congress* kontrollierten? Die zweite Frage lenkt die Schüler/innen auf die Verben, damit sie erkennen, dass der Kongress die Gesetze verabschiedete und behauptete, dass die Nation Schutz brauchte. Das Beschließen von Gesetzen kann mit den legislativen Aufgaben des Kongresses verbunden werden. Die Beziehung zwischen den beiden Satzteilen ist eine kausale (in anderen Fällen kann es sich um eine erklärende, ausarbeitende oder vergleichende Beziehung handeln). Mithilfe der dritten Frage (*Why did the Congress pass the acts?*) können die Schüler/innen erkennen, dass der erste Satzteil eine Begründung für die Gesetzgebung im zweiten Teil darstellt. Die vierte Frage erfordert dann anspruchsvolleres historisches Denken. Eine Behauptung stellt keine Begründung dar. Was bedeutet *claiming* in diesem Satz? Wenn die Schüler/innen die Konnotation des Wortes nicht erkennen, kann die Lehrkraft fragen, wie sich die Bedeutung des Satzes durch die Ersetzung von *claiming* durch *believing* oder *stating* oder *because* ihrer Meinung nach ändern würde. Hätte die andere politische Partei (*Democratic Republicans*) dieser Rechtfertigung der Gesetze zugestimmt? Es ist wichtig, die Lernenden darauf hinzuweisen, dass es sich um eine Interpretation handelt und dass andere Autor(inn)en dieses Ereignis möglicherweise anders interpretieren. Dabei ist es hilfreich, einen vergleichbaren Satz oder Textausschnitt zu finden: „To suppress domestic opposition, Congress passed a Sedition Act, virtually outlawing public criticism of the federal government". Wenn man dieselben Fragen an diesen Satz stellt, können die Schüler/innen schnell zu dem Ergebnis kommen, dass das Subjekt (*Congress*) und das Verb (*pass*) zwar gleich sind, die Interpretation des Autors aber eine andere ist. Hier wird die Gesetzgebung nicht als Schutz der Nation, sondern als Unterdrückung der innenpolitischen Opposition gesehen. Die fünfte Frage bringt die Lernenden zur zentralen Frage der Stunde zurück (nachdem sie den Text/Textausschnitt genau untersucht haben), damit sie sich nicht in den Details verlieren und dabei vergessen, den größeren Zusammenhang, in dem das Material steht, zu erfassen. Auch hier gilt, dass am Anfang eher lehrerzentrierter vorgegangen wird, die Schüler/innen aber zunehmend eigenständiger werden, die Fragen selbstständig benutzen und ihr Leseverständnis beobachten. Ein zusätzlicher Nutzen der funktionalen Sprachanalyse liegt darin, dass Lernende in ihren eigenen Schreibprodukten elaboriertere Sprachmuster anwenden können, wenn sie diese in Verfassertexten/historischen Darstellungen erkennen und analysieren. Langfristig gesehen kann der mit diesen Methoden verbundene Zeitaufwand also durchaus Früchte tragen – und zwar nicht nur im bilingualen, sondern auch im monolingualen Geschichtsunterricht.

11. *Questioning the Author* – Eine Methode zur Verbesserung des Textverständnisses

Lesen ist ein aktiver mentaler Prozess, kein passiver, in dem man einfach Informationen erhält. Leser/innen müssen sich mit Ideen auseinandersetzen und aus Informationen Sinn bilden. *Questioning the Author* (QtA) ist eine von Isabel Beck und Margaret McKeown (2006) entwickelte Methode, die gerade auch jüngere Leser/innen bei diesem Prozess unterstützen kann. Es handelt sich um einen fächerübergreifenden Ansatz, der sich aber auch für historisches Lesen nutzen lässt, da Beck und McKeown in diesem Bereich geforscht haben. QtA ersetzt traditionelle Fragen durch sogenannte *queries*:

> „Queries are designed to assist students in dealing with, and grasping, text ideas as they encounter them. […] This pattern, which has been documented as being a very prevalent teaching practice, is referred to as the IRE pattern of instruction: I, initiate; R, respond; and E, evaluate. […] At its best, the IRE pattern assesses comprehension; it does not assist with the process of comprehending" (ebd., S. 35f.).

Questioning the Author (Beck/McKeown): Beispiele für *queries*
Initiating Queries • What is the author trying to say here? • What do you think the author wants us to know? • What is the author talking about? • What is the important message in this section? **Follow-Up Queries** • So what does the author mean right here? • That is what the author said, but what did the author mean? • Does that make sense with what the author told us before? • How does that fit in with what the author has told us? • But does the author tell us why? • Why do you think the author tells us that now? **Narrative Queries** • How does that author let you know that something has changed? • How has the author worked that out for us?

Abb. 3.35: *Queries* nach Beck/McKeown (2006, S. 57)

Bei der Lektüre von Verfassertexten aus Geschichtsbüchern und Ausschnitten aus historischen Darstellungen ist dieser Ansatz sehr hilfreich, da er bei den Lernenden zu einer motivierten und offeneren Lese- und Diskussionshaltung führt und ihre Ideen zum Text für die Lehrkraft transparenter werden. Als ich angefangen habe, Geschichte bilingual zu unterrichten, waren meine Fragen (gerade auch an jüngere Schüler/innen) häufig auf Informationsentnahme fokussiert, die ich als Indikator für das Textverständnis sah. QtA hat mir hier die Augen geöffnet. Sofern ausgewählte fremdsprachliche Verfassertexte u. a. der Schaffung von historischem Hintergrundwissen dienen, stellt ihre kritische Analyse für die Schüler/innen eine wichtige Vorarbeit bzw. einen zentralen begleitenden Prozess zur

Quelleninterpretation dar. QtA fördert schon bei jüngeren Lernenden eine kritische Lesehaltung und bereitet die zunehmende Beschäftigung mit den historischen Lesestrategien gut vor. Zur Anwendung im Unterricht empfehlen Beck und McKeown den folgenden Planungsprozess:

QtA: Planungsziele
1. Determine the major understanding students should develop from a text and anticipate problems that they may encounter. 2. Segment the text by deciding where to stop reading and initiate discussion. 3. Articulate initiating queries and potential follow-up queries that will help students develop understandings of the text ideas.

Abb. 3.36: Planungsziele nach Beck/McKeown (2006, S. 62)

Der erste Schritt zur Implementierung von QtA ist eine diskussionsfördernde Sitzordnung, in der alle die Gesichter der Mitschüler/innen sehen können (U-Form, Kreis). Zur Vorbereitung der Schüler/innen auf QtA bietet sich die Klärung von drei allgemeinen Aspekten an: Die Fehlbarkeit von Autor(inn)en; warum es schwer sein kann, Autor(inn)en zu verstehen und wie der QtA-Prozess aussieht (ebd., S. 116f. mit Formulierungsvorschlägen).

12. Wortschatzarbeit im bilingualen Geschichtsunterricht?

Sofern der Wortschatz eine starke Beziehung zum Textverständnis aufweist (Beck/McKeown/Kucan 2008), sollte die Wortschatzarbeit bzw. das Lernen von Vokabeln einen wichtigen Platz in einem bilingualen Geschichtsunterricht einnehmen, der auf den Erwerb von *disciplinary literacy* abzielt. Das Begriffsvokabular der Schüler/innen, ein langfristiger Bauprozess im Fach Geschichte, enthält konzeptuelles Wissen, das weit über einfache Wörterbuchdefinitionen hinausgeht. Der Erwerb von und die Arbeit mit historischen Begriffen stellt dementsprechend eine Kernkomponente der Leseinstruktion im Geschichtsunterricht dar. Schüler/innen, die 21 Minuten pro Tag außerhalb der Schule lesen, lesen fast 2 Millionen Wörter im Jahr. Schüler/innen, die weniger als 1 Minute pro Tag außerhalb der Schule lesen, dagegen nur 8000 bis 21 000 Wörter im Jahr. Die damit verbundene Heterogenität im Vokabelwissen bzw. beim Textverstehen stellt Lehrkräfte vor große Herausforderungen. Im bilingualen Geschichtsunterricht werden die kognitive Last und der Lernaufwand für Schüler/innen durch die Forderung nach einer „doppelten Sachfachliteralität" zusätzlich erhöht. Für die Lehrkräfte stellt sich die Frage, wie solche Lernprozesse in der wenigen Zeit, die zur Verfügung steht, systematisch angestoßen werden sollen (zumal häufig die zwar sinnvolle, aber extrem zeitaufwändige Arbeit mit *word* oder *concept maps* empfohlen wird). Dabei geht es zum einen darum, welche Begriffe gelernt werden sollen, zum anderen aber auch darum, wie und wo diese Begriffe gelernt werden sollen. Wenn der Englischunterricht und der bilinguale Geschichtsunterricht in der Hand einer Lehrkraft liegen, kann ein Teil der Themen und der Wortschatzarbeit in den Englischunterricht verlagert werden. Ich schlage vor, beim Begriffserwerb (*academic vocabulary*) in Anlehnung an die britische Geschichtsdidaktik zwischen zwei Arten von Konzepten zu unterscheiden: Historische Denkkonzepte und inhaltsbezogene Konzepte. Die Konzentration auf sechs wissensorganisierende Denkkonzepte bietet fachspezifische Fixpunkte, um die herum sich inhaltsbezogenes Wissen der Schüler/innen anreichern kann (siehe Kapitel 5). Im Hinblick auf inhaltsbezogene Konzepte bietet sich ebenfalls eine Konzentration auf bestimmte Konzepte an, die dann wirklich zweisprachig im Unterricht gefestigt werden (z. B. in Anlehnung an den Vorschlag von Werner Heil). Je nach schulischer Realisierungsform des bilingualen Geschichtsunterrichts sollten die eingesetzten Lehrkräfte sich absprechen und den Begriffserwerb auf die Jahrgangsstufen/Themen „herunterbrechen". Ein zweisprachig geführtes Notizbuch (oder eine Mappe), das ein alphabetisches Register enthält, bietet den Lernenden über die einzelnen Jahre hinweg die Möglichkeit, den Begriffserwerb zu erweitern, zu vertiefen und zu vernetzen. Es bietet auch die Möglichkeit der Wiederholung bzw. des Rückbezugs auf bereits behandelte Themen und somit Überblick und Orientierung. Ein Verständnis von narrativen Begriffen kann durch die Sammlung unterschiedlicher Einträge zu unterschiedlichen Zeitabschnitten in der Vergangenheit gefördert werden. Dies ist besonders wichtig, da der häufig narrative Charakter inhaltsbezogener historischer Konzepte bzw. historischen Wissens nur durch solche Verknüpfungen erkannt werden kann. Dazu ein Beispiel: Walter Parker (teachinghistory.org/teaching-materials/teaching-guides/25184) empfiehlt *concept formation* als eine induktive Lehrstrategie, die Schüler/innen hilft, ein Konzept oder eine Idee zu verstehen, indem sie Beispielsets des Konzeptes untersuchen. Beispiele für ein Konzept müssen bestimmten Kriterien genügen bzw. Charakteristika aufweisen, um eben als Beispiel für ein bestimmtes Konzept gelten zu können. Diese Kriterien versucht Parker im Unterricht an verschiedenen Beispielen zu beleuchten, damit die Schüler/innen die Ähnlichkeiten sehen können, dann fassen sie selbstständig die Charakteristika in einer Definition schriftlich zusammen:

Concept formation

Vorbereitung

1. Auswahl eines Konzepts: democracy
2. Auflistung der Kriterien/Charakteristika: *Democracy is (1) a kind of government in which (2) the majority rules (rules and laws are made by all citizens or their representatives); (3) minority rights and individual liberties are protected and (4) rules and laws are written down.*
3. Zusammenstellung eines guten Beispielsets: United States, Canada, Mexiko, class meeting.
4. Erstellung eines Arbeitsblattes zur Datenorganisation mit kriterienbezogenen Fragen.
5. Zusammenstellung eines guten Nicht-Beispielsets (ein Nicht-Beispiel erfüllt ein oder mehrere, aber nicht alle wichtigen Charakteristika, die das Konzept definieren).

Durchführung

1. Einstieg: *Is majority rule always fair?*
2. Einschätzung des Vorverständnisses der Schüler/innen im Hinblick auf das Konzept: *What is democracy? Is X a democracy? Why or why not? Are our weekly classroom meetings democratic?*
3. Untersuchung einer Vielzahl von Beispielen.
4. Herausarbeiten der Unterschiede: *In what ways do these governments differ?*
5. Herausarbeiten der Ähnlichkeiten: *In what ways are these governments all alike?*
6. Zusammenfassen (die Schüler/innen erstellen eigene Definitionen des Konzepts mithilfe von Schritt 5, erhalten Feedback und erarbeiten dann einen zweiten Entwurf): *These are all ways of governing that ...*
7. Anwendung des Konzepts im Rahmen von Klassifizierungsübungen.

Abb. 3.37: Konzeptbildung im Geschichtsunterricht nach Parker (teachinghistory.org/teaching-materials/teaching-guides/25184), adaptiert

Parkers Ansatz ist mir hier nicht historisch genug. Diese Art der gegenwartsfixierten Definition von inhaltsbezogenen Konzepten, wie Demokratie oder Republik, kann aber durch eine narrative Komponente erweitert werden, welche die Schüler/innen verschiedenartige Gesellschaften zu unterschiedlichen historischen Zeitpunkten untersuchen lässt:

(1) Are the listed examples democracies? Why? / Why not?				
Examples to be examined:	Does the majority rule? How?	Are minority rights protected? How?	Are the laws written? Where?	Differences to todays' democracies
Athens (Ancient Greece)				
England 1689				
USA 1787				
France 1791				
Weimar Republic 1919				
(2) Can we use contemporary criteria to answer this question? Why? How? / Why not?				
(3) Write an essay about the contributions of the listed examples to our modern understanding/idea of democracy.				

Abb. 3.38: Arbeit mit narrativen Konzepten im bilingualen Geschichtsunterricht

Eine ähnliche Untersuchung zum Konzept Republic (*power resides in the people, the government is ruled by elected leaders, rather than inherited or appointed, run according to law*) könnte folgende Beispiele enthalten: *Roman Republic, Commonwealth of England 1649, French Second Republic 1848, Weimar Republic, Federal Republic of Germany, German Democratic Republic.*

Im bilingualen Geschichtsunterricht stellt sich eine Frage noch dringlicher als im monolingualen: Wie können wir Schülerinnen und Schülern lehren, historisch zu denken und gleichzeitig sicherstellen, dass sie die fremd- und schulsprachigen Konzepte verstehen? Wie können wir also den Sprachlernprozess im bilingualen Geschichtsunterricht so durch *Scaffolding*-Maßnahmen unterstützen, dass alle Lernenden davon profitieren können – und wir das inhaltliche Niveau des Unterrichts nicht absenken müssen? Wenn die Bezeichnung CLIL Sinn machen soll, muss ein anspruchsvoller Geschichtsunterricht (Geschichte als Denkfach) auch in dieser Unterrichtsform möglich sein. Shannon Carey (teachinghistory.org/teaching-materials/english-language-learners/24138) berichtet von ihren Erfahrungen mit diesem Dilemma:

> „Early on in my career with English learners, I complicated the curriculum streamlined the vocabulary […]. My students felt great about learning a few content-specific words like 'sarcophagus' and 'scarab'. And yes, […] my students were understanding the content. But it came at the cost of learning real history, and my students certainly were not learning how historians think, much less write." (ebd, S. 1).

Historisches Denken ist eine schwierige intellektuelle Arbeit, die zusätzlich erschwert wird, wenn Lernende mit der Sprache zu kämpfen haben, in denen die Konzepte präsentiert werden. Careys anfängliche Vorgehensweise führte nicht zum historischen Denken, aber auch ihr reformiertes Programm führte in die Sackgasse:

> „When I decided I wanted to improve this situation, I went in the opposite direction. I wanted to teach my students to question sources, read for bias, look for alternate perspectives, and find compelling evidence to prove arguments. […] We all know how that one ends: a very few of my students […] analyzed, compared, evaluated […] All the other students struggled. […] they didn't learn the content or the historical thinking skills" (ebd.).

Beide Fehlschläge haben bei Carey die Überzeugung reifen lassen, dass Schüler/innen eine akademische Sprache benötigen, in der sie ihre Vorstellungen/Ideen über Geschichte ausdrücken können:

> „Once [...] I realized that all students would benefit from this explicit language instruction because it allowed students of all levels to articulate historical thinking. Instead of teaching words like 'scarab', I should teach words that are key to the discipline, [...] 'toolkit' words" (ebd., S. 2).

Meine Erfahrungen sprechen ebenfalls für eine neue bzw. veränderte Rahmung der Spracharbeit im bilingualen Geschichtsunterricht. Diese sollte zur Entwicklung einer akademischen Sprache beitragen, die den Lernenden erlaubt, historisches Denken zu artikulieren. Es geht dabei um Schlüsselbegriffe des disziplinären Denkens, wie sie sich in den historischen Lese-, Schreib- und Denkstrategien finden – um „Denkzeuge" (Günther-Arndt):

Reframing English language development in the bilingual classroom
<u>Vorbereitung</u> 1. Identifizierung des Vokabulars, das den Typus von historischem Denken definiert, das die Schüler/innen artikulieren sollen. 2. Entwicklung von *Scaffolding*-Maßnahmen für historisches Denken, welche das Vokabular verwenden. 3. Bereitstellung einer Vielzahl von mündlichen und schriftlichen Praxismöglichkeiten mit diesem Vokabular. <u>Vorgehen im Unterricht</u> Beispiel: *What was the U.S.'s motivation in invading Mexico? (Mexican-American War)* 1. Identify the vocabulary: motivation, evidence, convincing, point of view, justify, claim, argue, source, historical account. 2. Scaffold historical thinking using that vocabulary, start with an easily accessible example, then shift to using the word within a historical context.

Abb. 3.39: Spracharbeit im bilingualen Geschichtsunterricht – basierend auf Shannon Carey (teachinghistory.org/teaching-materials/eng-lish-language-learners/24138)

13. Arbeit mit Quellen und Darstellungen im bilingualen Geschichtsunterricht – ein Unterrichtsbeispiel für die Jahrgangsstufe 7: *The Tollund Man Mystery*

Das Geheimnis des Tollund-Manns ist ein Klassiker aus dem *Schools Council History 13-16 Project*, das ich hier in einer adaptierten Version von der Website schoolhistory.co.uk (N. Boughey) verwende. Beim Tollund-Mann handelt es sich um eine Moorleiche. Das Kombinieren von archäologischen Funden und schriftlichen Berichten über die Sitten und Lebensweise der Germanen führt Schüler/innen in die Situation der historischen Rekonstruktion und ermöglicht – auch jüngeren Lernenden – eine Heranführung an die historischen Lesestrategien.

The Tollund Man Mystery – Vorschlag zur Verlaufsplanung
<u>Einstiegsphase:</u> • Direkte Instruktion: Hinführung der Schüler/innen zum Stundenthema; Lernabsichten; Erfolgskriterien; Erläuterungen zum Umgang mit den Materialien Hier bietet sich aus Gründen der Anschaulichkeit der Rückgriff auf eines der gängigen Folienpräsentationsprogramme an: (a) Kurzer bebilderter Rückblick auf andere Leichen, welche die Schüler/innen aus dem Geschichtsunterricht kennen (Mumien, Ötzi: *You know about mummies, you may know Ötzi , but have you heard about the Tollund Man Mystery?*); (b) Kurze Erläuterung darüber, wo, wann, wie und von wem der Tollund-Mann gefunden wurde (Man dachte erst, es wäre ein Mord geschehen und rief die Polizei; später dann wurde der Archäologe P. Glob hinzugezo-

gen; Berichterstattung in der Zeitung); Informationen und Bilder dazu finden sich auf der Website *www.tollundman.dk*; (c) Entwicklung der Fragestellung: *The Tollund Man Mystery – Can you solve it? What happened to him? How did he die?*
Erarbeitungsphase: • Die in dieser Phase eingesetzten Materialien bestehen aus zwei Arbeitsblättern von schoolhistory.co.uk: (1) Einer Quellensammlung und (2) einer Strukturierungshilfe zur Durchführung der historischen Untersuchung anhand eines Fragenkatalogs. Vokabelhilfen zur sprachlichen Entlastung und ein Raster zum Festhalten der Ergebnisse, das den Schülergruppen eine effiziente Organisation ihres Gruppenarbeitsprozesses ermöglicht, können von der bilingualen Lehrkraft zusätzlich angefertigt werden. • Schritt 1: Die Schüler/innen arbeiten die wichtigsten Informationen aus Quelle/Darstellung A heraus (*Who found the body? Where and when was the body found? What did they find on the body?*) • Schritt 2: Sie beschäftigen sich mit dem *scientific report* (Quelle C) und Quelle B (Fundstücke bei der Leiche). Dabei müssen sie herausfinden, was in beiden Quellen darauf hinweist, dass der *Tollund Man* nicht eines natürlichen Todes gestorben ist und dass er ca. vor 2000 Jahren begraben wurde. • Schritt 3: Sie setzen sich mit Quelle D (Textauszüge aus der *Germania* von Tacitus) und E (Statue einer Frühlingsgöttin) auseinander. • Parallel zur schrittweisen Abarbeitung des Fragenkatalogs füllen die Gruppen das Raster aus und halten ihre Ergebnisse fest.
Ergebnissicherung: • Die Schüler/innen sollen einen Text schreiben, in dem sie darlegen, was ihrer Meinung nach dem *Tollund Man* zugestoßen ist. Dabei müssen sie ihre Meinung begründen, d.h. die Indizien, die sie den Funden und dem Bericht von Tacitus entnommen haben, zur Absicherung ihres Sachurteils benutzen.

Abb. 3.40: Verlaufsplanung

4 Historisches Schreiben

4.1 Generisches Lernen im bilingualen Geschichtsunterricht?

Die kognitiv-sprachlichen Handlungen, die unter der Bezeichnung „Diskursfunktionen" im Rahmen der Theoriebildung zum bilingualen Unterricht diskutiert werden, sind in der Schule immer in eine Reihe bestimmter Textsorten/Genres eingebettet, welche die konventionalisierten Formen und Strukturen bereitstellen, in denen fachliche Kommunikation stattfindet und Wissen erzeugt, verhandelt und weiterentwickelt wird. Deshalb wird dem Erwerb generischer Kompetenzen ein großer Wert beigemessen, da den Genres bzw. der Aneignung von Text- und Gesprächsformen, wie sie sich in einem Fach unter Verwendung bestimmter Muster und Sprachformen herausgebildet haben, eine wichtige lernunterstützende Funktion zugeschrieben wird. Wenn Schüler/innen rezeptiv den Aufbau und Gebrauchswert von Genres erkennen und diese auch produktiv bei der Erstellung eigener Texte nutzen können, wird darin eine zunehmende Befähigung zur Teilhabe an der jeweiligen fachlichen Diskursgemeinschaft gesehen (Hallet 2013a, S. 57; 2013b, S. 59ff.; Vollmer 2013, S. 128). In der von Wolfgang Zydatiß (2007) geleiteten DEZIBEL-Studie wurden die Schülerleistungen beim sachfachbezogenen diskursiven Schreiben nur als wenig zufriedenstellend erachtet, woraus er die Notwendigkeit einer gezielten Förderung des generischen Schreibens ableitet. Für das Fach Geschichte präzisiert er das folgendermaßen:

> „Insbesondere im Fach Geschichte ist der Lerner auf die aktive Verfügbarkeit der Tempora zum Ausdruck von Vor-, Nach- und Gleichzeitigkeit sowie der verschiedenen semantischen Typen von Konditionalsätzen angewiesen, um *historical contingencies* bzw. *speculations* zu versprachlichen; nicht zu vergessen die indirekte Rede beim Bezug auf Quellen oder persönliche Standpunkte (*hearsay reports*), für die man u. a. bestimmte *reporting verbs* (*claim, state, argue, assume, indicate, discover*) und *backshift of tenses* braucht" (Zydatiß 2013a, S. 137).

Aufgaben im Fachunterricht sollten dementsprechend immer eine „generische Dimension" aufweisen, um die Entwicklung der generischen Kompetenz zu ermöglichen. Dafür wird auf verschiedene, sich ähnelnde Modelle des textsortengebundenen Schreibens zurückgegriffen. Hallet empfiehlt generisches Lernen mit dem *teaching-learning cycle* nach Susan Feez und Helen Joyce (1998, S. 28):

Teaching-learning cycle
1. Identifizierung des Kontexts und Kommunikationszwecks; 2. Analyse und das strukturelle Verstehen von Modelltexten; 3. kooperative und 4. individuelle Gestaltung eines Textes; 5. Verbindung mit anderen Texten des Genres oder des Kontexts im Sinne eines intertextuellen und diskursiven Anschlusses.

Abb. 4.1: *Teaching-learning cycle* nach Hallet (2013b, S. 71)

Thürmann bezieht sich auf den *genre-based curriculum cycle* (Hammond 2001, S. 28). Beide Modelle stammen aus Australien, wo sich für die schulpädagogische Anwendung der Genreanalyse eine relativ feste, mehrphasige Struktur herausgebildet hat (Thürmann 2012, S. 19f.). Während in der ersten Phase das Lernfeld abgesteckt wird, erfolgt in der zweiten Phase die Zerlegung der Textsorte in ihre strukturellen Bestandteile anhand mehrerer Beispiele, die zum behandelten Unterrichtsthema gehören. Vor allem in der ersten Phase hat die Lehrkraft eine dominierende Funktion im Unterrichtsgespräch. In der dritten Phase werden die gewonnen Einsichten und Ergebnisse dann genutzt, um gemeinsam einen neuen Text zu erstellen. Danach sollten die Lernenden in der vierten Phase in der Lage sein, selbstständig einen Text aus dem Genre zu produzieren. Diese können dann in der fünften Phase die Grundlage für eine weitere Reflektion des Genres bzw. den Vergleich mit anderen Texten aus dem Genre darstellen. Wie beim Ansatz der *cognitive apprenticeship* können hier also *modelling, scaffolding, coaching* und *fading* (Rückbau der Unterstützungsmaßnahmen mit zunehmender Beherrschung durch die Lernenden) zum Einsatz kommen. Problematisch an solchen *writing tools* kann ihre mangelnde Fachspezifik sein – *historical reasoning* (vgl. Abb. 2.26) bilden sie nicht ab. Wenn Schüler/innen textsortengebundenes Schreiben lernen, also lernen, die „Prosa" von Expert(inn)en zu imitieren – ohne den konzeptuellen Apparat, die historischen Denkkonzepte zu meistern, heißt das noch lange nicht, dass eine Lernprogression stattfinden kann, welche die Lernenden über die Verwendung ihrer lebensweltlichen Vorstellungen hinausführt. Historisches Schreiben basiert auf historischem Lesen und Denken – beides bilden solche Schreiblernzirkel aber nicht ab. Für Geschichtslehrkräfte stellt sich außerdem die Frage, welche Texte denn geeignete Modelltexte darstellen – etwa die vielkritisierten Verfassertexte in Schulgeschichtsbüchern? Solche *teaching-learning cycles* müssten also unbedingt fachspezifisch konkretisiert werden, damit Schüler/innen im bilingualen Geschichtsunterricht *historisches* Schreiben erlernen können. Können die Überlegungen der deutschen Geschichtsdidaktik zum historischen Erzählen hierfür eine solide Basis zur Verfügung stellen?

4.2 Narrative Kompetenz

Textsorten/Genres werden in der Geschichtsdidaktik im Zusammenhang mit Gattungskompetenz und narrativer Kompetenz diskutiert. Laut Michele Barricelli können Schüler/innen nur historisch denken und erzählen lernen, wenn sie gattungstypische Erzählmuster kennen und sich kritisch zu ihnen verhalten können. So bilanzierte er im Jahre 2005, dass die Geschichtsdidaktik für den Problemkomplex der Einübung in den „Umgang mit den Bauformen der historischen Erzählung" bis dahin kaum Ideen entwickelt hatte (Barricelli 2005, S. 151):

> „Macht man die „Bauformen der Narrativität" […] selbst zum Thema, wird man sogar einen entwicklungs(psycho)logisch dem jeweiligen (Lern-)Alter der Schüler Rechnung tragenden historischen „Lehrgang" konzipieren können, der ähnlich wie in anderen Schulfächern Phasen der Übung, Wiederholung und Anwendung sowie dementsprechender Niveaustufen enthält" (ebd., S. 283).

Hans-Jürgen Pandel versteht unter Gattungskompetenz eine grundlegende Fähigkeit von Lernenden, mit den verschiedenen Textsorten umgehen zu können, die sich mit Geschichte befassen und diese im Hinblick auf ihren Aussagewert bewerten und gattungsmäßig korrekt verwenden zu können (Pandel 2007, S. 27ff.; 2010, S. 111f.). Er sieht in diesem Bereich große Defizite im Geschichtsunterricht. Unter narrativer Kompetenz versteht er die Fähigkeit, „aus zeitdifferenten Ereignissen durch Sinnbildung eine kohärente Geschichte herzustellen und mit erzählter Geschichte umzugehen" (Pandel 2010, S. 127). Pandel sieht fünf grundlegende Merkmale historischer Narrativität:

Zentrale Merkmale historischer Narrativität	
Retrospektivität	• Geschichtsschreibung ist nur rückblickend möglich;
Temporalität	• Erzählungen temporalisieren, die Grundlage für erzählende Sinnbildung ist eine zeitliche Ordnung;
Selektivität	• die Auswahl macht aus der naturalen eine narrative Chronologie;
Konstruktivität	• Geschichtsschreibungen sind Konstruktionen, die Ereignisse nach bestimmten Erzählplänen (z. B. Alltagsvorstellungen oder sozialwissenschaftliche Theorien) verknüpfen;
Partialität	• jede Erzählung ist eine räumlich und zeitlich begrenzte Geschichte, Perspektivität

Abb. 4.2: Grundlegende Merkmale historischer Narrativität nach Pandel (2010, S. 75-89)

Der besondere Sinnbildungsprozess, der im historischen Erzählen gesehen wird, besteht in der Verbindung von mindestens zwei zeitdifferenten Ereignissen, die narrative Opponenten darstellen. Schüler/innen sollen in die Lage versetzt werden, Entwicklungsprozesse im Zusammenhang darzustellen, nicht nur beschreibende, sondern erzählende Aussagen zu verwenden:

> „(1) Am 23. Mai 1618 wurden die kaiserlichen Räte Martinez und Slavata von protestantischen Edelleuten aus dem Fenster des Prager Schlosses geworfen. […]
>
> (2) Mit dem Prager Fenstersturz begann der Dreißigjährige Krieg" (Pandel 2011, S. 408ff.).

In den obigen Beispielsätzen von Pandel handelt es sich bei Satz (1) um eine ereignisbeschreibende, nicht um eine erzählende bzw. historische Aussage. In Satz (2) wird das Ereignis mit zeitlich späteren Ereignissen in Beziehung gesetzt, wodurch ein narrativer Satz, eine historische Aussage entsteht:

Sinnbildung durch historisches Erzählen		
1618 (T1) Narrativer Opponent „Prager Fenstersturz"	Sinnbildung „Dreißigjähriger Krieg"	1648 (T2) Narrativer Opponent „Westfälischer Friede"

Abb. 4.3: Sinnbildung durch die Verknüpfung narrativer Opponenten nach Pandel (2011, S. 410)

Eine Übersetzung der geschichtsdidaktischen Vorstellungen zur narrativen Kompetenz in konkrete Lernschritte für die Unterrichtspraxis ist angesichts des chronologischen Geschichtsunterrichts aber alles andere als einfach. Wie sollen die Schüler/innen in der schnellen Abfolge der Teile einen Überblick über das Ganze erhalten? Und inwiefern stellt das Ganze mehr als die Summe der Teile dar? Denis Shemilt hat festgestellt, dass nur wenige 15-jährige Schüler/innen in Großbritannien nützliche und historische *narrative frameworks* entwickeln würden. Für viele Schüler/innen ist der Ereignisraum, in dem sich solche Narrative formieren und wachsen, inkohärent, es mangelt ihnen an Ordnung und Bedeutung (Shemilt 2000, S. 86). Die *Study in Development*, die zur Kursstruktur des *Schools Council History 13-16 Project* gehörte, hatte einen gewissen positiven Einfluss, da inkohärente Ereignisraumkonstruktionen bei der Experimentalgruppe mit einer 45 % geringeren Wahrscheinlichkeit vorkamen. Viele Narrative der Jugendlichen waren monothetisch, womit Shemilt meint, dass sie erstens denselben epistemologischen Status haben, wie die Fakten, die in ihnen inkorporiert sind, dass zweitens das, „was sich verändert" gleich dem ist, „was passiert", und dass drittens Geschichte als Einbahnstraße gesehen wird, die keine Vielzahl von Traditionen, Entwicklungslinien, Sachgassen, usw. zulassen würde (ebd., S. 87f.). Damit verbunden ist eine mechanistische Sichtweise auf langfristige Entwicklungsprozesse und kausale Prozesse. Jugendliche am Ende der Klasse 10 in Großbritannien würden keine wirklich polythetischen *narrative frameworks* verwenden, um ihr Wissen über die Vergangenheit zu strukturieren und mit der Gegenwart in Verbindung zu setzen (ebd., S. 88, 92). Damit Schüler/innen *narrative frameworks* entwickeln können und nicht nur unverbundene Ausschnitte aus der Vergangenheit wahrnehmen, müssen im Unterricht größere Entwicklungslinien dargestellt werden, in die sich die behandelten Einzelthemen einfügen lassen und Bedeutung erhalten: „Learning history ist not just learning 'one damn thing after another'" (Lee/Shemilt 2003, S. 14). Aus seinen Überlegungen entwickelt er ein spekulatives Progressionsmodell für *narrative frameworks*:

Narrative frameworks (Progressionsmodell)	
Stufe I: Eine chronologisch geordnete Vergangenheit	• chronologische Verknüpfungen; • die Vergangenheit als Karte, als Ordnung von zeitlichen Beziehungen, nicht als Geschichte mit Logik und Bedeutung; • Zeitleisten führen zu diesem Verständnis; • Schüler/innen vergessen häufig die Ereignissequenzen, erinnern sich aber an Aspekte einzelner Ereignisse; • Schüler/innen benötigen eine grundlegende Chronologie, welche die Gesamtheit der Geschichte umfasst und in Form von signifikanten Phasen menschlicher Geschichte dargestellt wird.
Stufe II: Kohärente historische Narrative	• kausale Verknüpfungen; • wichtige Voraussetzung: Unterscheidung zwischen Vergangenheit und Geschichte; Kenntnis von historischen Denkkonzepten, wie Ursache und Wirkung, Empathie, Wandel, Kontinuität; • Geschichte muss als spezifische Wissensform unterrichtet werden.
Stufe III: Multidimensionale Narrative	• Einbettung in Entwicklungsstudien über längere Zeiträume, welche materielle, soziale und kulturelle Aspekte der Menschheitsgeschichte thematisieren.
Stufe IV: Polythetische narrative Bezugsrahmen	• um wirklich nützlich zu sein, müssen *narrative frameworks* nicht nur eine chronologische Ordnung besitzen, kohärent, komplex und multidimensional sein, sie müssen polythetisch sein und alternative Narrative zulassen; • dazu muss das Verständnis von Geschichte als spezifischer Wissensform hoch entwickelt sein, sonst bleibt der Glaube an die „beste Antwort" und „valideste Darstellung" meistens bestehen.

Abb. 4.4: *Narrative frameworks* nach Shemilt (2000, S. 93-98)

Shemilts normatives Modell zeigt, dass eine chronologische Vorgehensweise nicht ausreicht, um narrative Kompetenz im Geschichtsunterricht erreichen zu können. Er schlägt dementsprechend vor, wichtige Inhalte häufiger zu wiederholen und Entwicklungsstudien bzw. Überblicke mit unterschiedlich großer Auflösung (z. B. 20 Jahre, 160 Jahre, 700 Jahre) in den Unterricht zu integrieren (vgl. dazu aus deutscher Sicht auch Borries

2001), die auf den Stufen I–III möglichst in *narrative frameworks* eingebunden sein sollten (Shemilt 2000, S. 99).

Während Schüler/innen also die Merkmale historischer Narrativität durch die Auseinandersetzung mit historischen Denkkonzepten erlernen können, benötigen sie auch ein reichhaltiges gegenstandsbezogenes Wissen über vergangene politische, ökonomische, soziale und kulturelle Systeme, über Vorstellungen und das Denken vergangener Menschen – und auch darüber, wie sich solche Systeme und solches Denken mit der Zeit verändert, um narrative Kompetenz entwickeln zu können. Beim Lesen historischer Aufsätze stelle ich immer wieder fest, dass die besseren Exemplare von Lernenden stammen, die nicht nur Wissen über das Thema, sondern auch über den zugehörigen größeren Zeitabschnitt und ein breiteres allgemeines historisches Hintergundwissen besitzen. Wie sich solche narrativen Bezugsrahmen entwickeln, wie sich gegenstandsbezogenes Wissen bei Lernenden ansammelt und von ihnen behalten wird und wie dieses mit historischen Denkkonzepten und deren Entwicklung zusammenhängt, wird von der Geschichtsdidaktik bisher noch nicht gut genug verstanden (vgl. dazu auch Hammond 2014). Was heißt das für die Unterrichtspraxis?

4.2.1 Historisches Erzählen im Geschichtsunterricht

Sofern die Narrativitätstheorie Geschichtsschreibung als Erzählung, historisches Wissen als narratives Wissen konzeptualisiert, betrachtet sie auch das Geschichtsbewusstsein als narrativ organisiert (Pandel 2010, S. 7; Barricelli 2005, S. 6). Jeismanns Konzept des Geschichtsbewusstseins, dessen Förderung er in den unterrichtlichen Operationen Analyse, Sachurteil und Werturteil sah, wurde von Jörn Rüsen, der diese Operationen in ihrer Spezifik für das historische Denken stärker konturieren wollte, unter Bezugnahme auf die Narrativitätstheorie zur Sinnbildung über Zeiterfahrung ausgebaut (Rüsen 1996; 2001; 2008a):

> „Erst wenn man sich vergegenwärtigt, was das Subjekt denn eigentlich lernt, wenn es Geschichte lernt, nämlich die Fähigkeit durch historisches Erzählen auf eine bestimmte Weise Sinn über Zeiterfahrungen zu bilden, mit dem es sein Dasein im Fluss der Zeit orientieren kann, erst dann wird deutlich, dass und wie das lernende Subjekt nicht nur rezeptiv, sondern immer auch produktiv handelt“ (Rüsen 2008b; S. 44).

Damit wurde historisches Erzählen geschichtstheoretisch zum konstitutiven Merkmal der Geschichtswissenschaft einerseits, andererseits aber auch geschichtsdidaktisch zum Inbegriff eines auf die Entwicklung von Geschichtsbewusstsein zielenden historischen Lernens erhoben.

Die von der deutschen Geschichtsdidaktik entwickelten Überlegungen zum historischen Erzählen waren häufig theoretisch, normativ-präskriptiv hergeleitet, während die empirisch-deskriptive Ebene lange Zeit eher vernachlässigt wurde. Für Geschichtslehrer/innen hatte das zur Folge, dass sie einen schüleraffinen Unterricht mit einer wissenschaftsaffinen Geschichtsdidaktik als Bezugsrahmen planen sollten, ohne ausreichende empirische Daten über wichtige, die Lernprozesse im Geschichtsunterricht beeinflussende Faktoren zu haben, wie z. B. über Schülervorstellungen zu historischen Denkkonzepten oder die Entwicklung von gegenstandsbezogenem Wissen und narrativen Bezugsrahmen. Deshalb ist es meines Erachtens fraglich, ob die narrative Geschichtstheorie überhaupt in der schulischen Unterrichtsrealität angekommen ist. Während Barricelli in seiner Untersuchung von 2005 Lernenden des Jahrgangs 9 attestierte, dass sie Geschichte(n) erzählen können, also „in welchem Ausmaß auch immer, narrativ kompetent" sind (Barricelli 2005, S. 273), sieht das laut Pandels Untersuchung von 2010 eher nicht so aus, da Geschichtsschreibung, als das „erkenntnisproduzierende Verfahren, das erst aus Ereignisbeschreibungen Geschichte macht", keinen Stellenwert im Geschichtsunterricht besitze, der, wie er vermutet, zu großen Teilen kein Unterricht in Geschichte sei, sondern eine intensive „Ereignisbeschreibung und Ereigniserörterung" praktiziere. Diese Verkürzung von Geschichte auf Ereigniserörterung zeige sich besonders in den Abituraufgaben der Bundesländer (Pandel 2010, S. 9f.). In einem Versuch mit 39 Klassen der Jahrgangsstufen 5 bis 12 (820 Schüler/innen) stellte Pandel fest, dass Schüler/innen zum Teil durchnummerierte Aufzählungen als Darstellung vorlegten und die Aufforderung eine Geschichte zu schreiben oder eine Erzählung zu verfassen, als Aufforderung verstanden, eine fiktionalisierende Erzählung wie im Deutschunterricht zu produzieren: „Keine der beteiligten 39 Klassen hatte jemals eine solche Aufgabe im Unterricht gestellt bekommen, keine Klasse wusste, was es heißen sollte, aus Quellen, Chroniken, Bildern eine Darstellung, eine Geschichte zu machen" (ebd., S. 10f.). Ebenso kritisch sieht Pandel die Lehrwerke für den Geschichtsunterricht, welche z. B. bei der Behandlung des Themas Sklavenhandel die Kriterien heutiger Geschichtsschreibung nicht erfüllen, da es sich nicht um erklärende Erzählungen, sondern um positivistische Darstellungen handelt, die oft mit einer moralischen Anklage verbunden sind (ebd., S. 88). Die objektivistische Schreibweise der Schulbücher, die Geschichte nicht narrativiert, sondern diskontinuierliche Erzählungen ohne globale Kohärenz herstellt, macht die Wahrnehmung von Perspektivität für Schüler/innen unkenntlich, worin Pandel einen Grund dafür sieht, warum perspektivisches Erzählen als Format in seinen Schulversuch durchweg gescheitert ist. Perspektivisches Schreiben scheint keine Tätigkeit im Geschichtsunterricht zu sein, Multiperspektiviät sieht er als noch längst nicht in der Unterrichtspraxis angekommen (ebd., S. 179, 193; 2011, S. 413; vgl. auch Handro 2013, S. 329f.).

4.2.2 Narrative Kompetenz in Lehrplänen und Kompetenzmodellen

In Lehrplänen, wie dem Berliner Rahmenplan (SenBJS 2006a; 2006b) und dem Hessischen Kerncurriculum für Geschichte, wird aber mittlerweile die Entwicklung narrativer Kompetenz gefordert:

> „Geschichtsbewusstsein zeigt sich darin, geschichtliche Phänomene zu untersuchen, zu klären und darzustellen, Zusammenhänge und Zeitverläufe zu deuten sowie Folgerungen für Gegenwart und Zukunft zu ziehen. Es handelt sich also um die Fähigkeit, Konstruktion von Vergangenheit zu verstehen und Geschichte selbst rekonstruieren und erzählen zu können. Dies wird als narrative Kompetenz bezeichnet" (HKM 2011b, S. 11).

Das dem hessischen Kerncurriculum zugrundeliegende Kompetenzmodell von Peter Gautschi (2009) versucht Rüsens Sinnbildung über Zeiterfahrung durch historisches Erzählen anhand von Jeismanns Vorstellungen zum Geschichtsbewusstsein auszudifferenzieren, indem es vier Teilbereiche der narrativen Kompetenz ausweist:

Teilbereiche narrativer Kompetenz im Modell von Gautschi
• *Wahrnehmungskompetenz für Veränderungen in der Zeit:* Sie ermöglicht es Lernenden, eigene Fragen und Vermutungen an Quellen und Darstellungen zu richten;

- *Erschließungskompetenz für historische Quellen und Darstellungen:* Hier geht es um die Entwicklung, Überprüfung und Darstellung von historischen Sachanalysen anhand von Quellen und Darstellungen, um den korrekten und kompetenten Umgang mit den verschiedenen Gattungen;
- *Interpretationskompetenz für Geschichte:* In diesem Kompetenzbereich geht es um die Analyse, Deutung, Interpretation, Herleitung und Aufbau sowie Darstellung von historischen Sachurteilen;
- *Orientierungskompetenz für Zeiterfahrung:* Hier geht es um Sinnbildung über Zeiterfahrung, die Reflektion des historischen Lernens und den Aufbau von Einstellungen und Haltungen, von Werturteilen und ihrer Prüfung an Zeiterfahrung.

Abb, 4.5: Teilbereiche narrativer Kompetenz nach Gautschi/Bernhardt/Mayer (2012, S. 338)

Barricelli warnte 2005 davor, sich narrative Kompetenz leichtfertig als Summe verschiedener Fähigkeiten oder mentale Struktur vorzustellen, in die unterschiedliche Kompetenzen integriert sind (Barricelli 2005, S. 79f.), hat bisher aber keinen schultauglichen Lehrgang über die Bauformen der Narrativität vorgelegt, nur Aufgabenformate (Barricelli 2008a; 2008b). Ist Rüsens Modell vielleicht einfach zu komplex, um es Lehrenden vermitteln und in eine lebendige unterrichtliche Praxis transformieren zu können? Bleibt „Sinnbildung über Zeiterfahrung" somit nur eine regulative Idee, deren Umsetzung man in Schülerprodukten sieht oder eben vermisst? Gautschis Kompetenzmodell „zerlegt" gewissermaßen die übergeordnete narrative Kompetenz und nimmt ihr dadurch einen Teil ihrer Überkomplexität. Bietet es auch eine Lernprogression, welche den Lernenden den Aufbau narrativer Kompetenz durch Kompetenzerwerb in den einzelnen Kompetenzbereichen ermöglicht? Das bleibt abzuwarten. Jeismanns Trias aus Analyse, Sachurteil und Werturteil erlaubt für den bilingualen Geschichtsunterricht die Zuordnung von Diskursfunktionen oder Operatoren entlang der Phasen des historischen Lernens in Gautschis Kompetenzmodell, was eine Anknüpfung an die Diskussionen in der Fremdsprachendidaktik ermöglicht. Zusätzlich soll eine solche Zuordnung Lehrkräften angeblich eine Analyse ihrer Aufgabenformate im Hinblick darauf ermöglichen, ob sie die fachspezifischen Kompetenzen mit ihren Aufgaben ansteuern:

Kompetenzbereiche	Die Lernenden können			
Wahrnehmungskompetenz	Fragen stellen	Vermutungen äußern	Quellen und Darstellungen suchen und finden	Zeitdifferenzen erkennen
Erschließungskompetenz (in Hessen: Analysekompetenz)	erschließen	überprüfen	auswerten	Wertungen erkennen
Interpretationskompetenz (in Hessen: Urteilskompetenz)	vergleichen	begründen	argumentieren	beurteilen
Orientierungskompetenz	einordnen	reflektieren	hinterfragen	bewerten
Narrative Kompetenz (übergeordnet)	gliedern	erörtern	formulieren	diskutieren

Abb. 4.6: Kompetenzbereiche nach Gautschi und mögliche Operatoren

Mir erscheint der Rückgriff auf solche Operatoren oder auch Diskursfunktionen – wie er im Rahmen der Kompetenzorientierung verstärkt empfohlen wird – nicht unproblematisch, da ihre Verwendung durchaus fachunspezifisch erfolgen kann und sie die historischen Lesestrategien und Denkkonzepte, die eng mit historischem Erzählen und dem Erwerb von narrativer Kompetenz verbunden sind, nicht abbilden. Die durch die obigen Beispieloperatoren geforderten Schülerhandlungen führen nicht zwangsläufig (und schon gar nicht automatisch) zu mehr Kompetenz. Wie könnte eine systematischere Förderung narrativer Kompetenz im Geschichtsunterricht aussehen? Welche Maßnahmen bieten sich im Unterricht zur Unterstützung der Entwicklung von narrativer Kompetenz an?

Hilke Günther-Arndt hat darauf hingewiesen, dass der Lernprozess von Lernenden ohne Darstellung unabgeschlossen bliebe. Auch wenn der heutigen Schülergeneration nachgesagt wird, dass sie nicht gerne schreibe, sollten Lehrer/innen dem nicht nachgeben. Schreiben bliebe der „Königsweg der Erkenntnis“, da Schüler/innen eine Präzision im historischen Denken nur durch eigenes Schreiben erwerben können (Günther-Arndt 2011b, S. 165). Sie bezieht sich dabei auch auf die experimentellen Studien von Jennifer Wiley und James Voss mit amerikanischen Schülerinnen und Schülern (Voss/Wiley 1997; 2000). Diese empfehlen das Schreiben historischer Erörterungen, weil diese Lernende dazu zwingen, historische Inhalte zu verstehen und nicht nur zu lernen, da beim Schreiben Inhalte ausgewählt, organisiert, integriert und mit dem Vorwissen in Verbindung gebracht werden müssen (vgl. auch Hartung 2012a; 2013b).

Eine Übersetzung der geforderten Lernziele in unterrichtliche (fachliche und sprachliche) Lernschritte fällt der deutschen Geschichtsdidaktik nicht leicht. So steht der von Barriceli 2005 anvisierte Lehrgang zehn Jahre später immer noch aus. Es besteht zwar eine gewisse Klarheit darüber, was narrativ kompetente Schüler/innen können sollen, aber es gibt keine klare Vorstellung von Lernprogression. Aufgabenformate und Erzähltypologien alleine reichen nicht aus, um diesen Ansatz in der Unterrichtspraxis mit Leben füllen zu können. Dazu bedarf es einer stärkeren Verbindung des historischen Schreibens mit historischen Lese- und Denkstrategien und der narrativistischen Geschichtsdidaktik mit der empirischen Erforschung von Schülervorstellungen und des Wissenserwerbs im Geschichtsunterricht. Es besteht ein Mangel an Unterrichtsmaterialien, die eine fachspezifische Umsetzung der geforderten Ziele in konkrete Unterrichtsschritte andenken. Hinweise auf die Didaktiken des Deutsch- und Fremdsprachenunterrichts allein reichen nicht aus, da deren Modelle das historische Lesen und Denken nicht berücksichtigen. Solange die Geschichtsdidaktik der Unterrichtspraxis keine fachspezifische Grundlegung fächerübergreifend gedachter *teaching-learning cycles* anbietet, werden fachfremde oder zumindest fachunspezifische Instrumente im bilingualen Geschichtsunterricht zum Einsatz kommen. Bieten diese aber eine weiterführende Perspektive im Hinblick auf den Erwerb von narrativer Kompetenz?

4.3 Narrative Kompetenz als Brückenkompetenz einer bilingualen Geschichtsdidaktik?

4.3.1 Eine Schärfung historischer Denk- und Sprachmuster?

Susanne Staschen-Dielmann setzt sich in ihrer Untersuchung zur narrativen Kompetenz im bilingualen Geschichtsunterricht das Ziel, didaktische Ansätze für das Fach Geschichte zu entwickeln, welche die schriftliche Diskursfähigkeit der Schüler/innen im bilingualen

Geschichtsunterricht in englischer Sprache durch den Ausbau ihrer narrativen Kompetenz fördern. In der narrativen Kompetenz sieht sie eine Brückenkompetenz, mit der die Trennung zwischen fremdsprachlicher und fachlicher Bildung aufgehoben werden kann, was zu einer verstärkten Nutzung von Synergieeffekten führen könne, da fremdsprachliche Lernziele verfolgt werden könnten, ohne den Fachunterricht in Frage zu stellen. Staschen-Dielmann definiert narrative Kompetenz als eine erworbene Fähigkeit zur sinnbildenden Darstellung von Geschichte und zur Analyse und Beurteilung historischer Narrationen (Staschen-Dielmann 2012, S. 11f.). Sie folgt dem Modell des Berliner Rahmenplans (SenJBS 2006a; 2006b), dessen Kompetenzmodell sich in Deutungs-, Analyse-, Methoden-, Urteils- und narrative Kompetenz als reflektiertes historisches Erzählen aufgliedert. Sie wünscht sich eine sprachlich-kognitiv ausgerichtete Geschichtsdidaktik und einen deutschsprachigen Geschichtsunterricht, der die Förderung der narrativen Kompetenz auch als sprachdidaktische Aufgabe verstehen würde (ebd., S. 27ff.; Staschen-Dielmann 2010, S. 238).

4.3.2 Diskursfunktionen als Schlüsselkonzept

Für einen Geschichtsunterricht, der einen doppelten Fokus auf Fachlichkeit und Sprache lege, würden die fachrelevanten akademischen Diskursfunktionen, die eine integrative Einheit von Inhalt, Sprache und Denken darstellen, ein Schlüsselkonzept zur Analyse und Bewertung von Schülerleistungen darstellen. In den Ergebnissen ihrer Analyse der sprachlichen Realisierungen von Diskursfunktionen in Schülertexten des Jahrgangs 10 und 12 sieht Staschen-Dielmann das Potenzial einer stärker sprachorientierten Didaktik des bilingualen Unterrichts (Staschen-Dielmann 2010, S. 232; 2012, S. 13). Lösungen zu Klausur- und Testaufgaben, die auf einer Rede des amerikanischen Präsidenten Truman (Truman-Doktrin, Entstehung des Kalten Krieges) als Quelle basieren, werden von Staschen-Dielmann als historische Narrationen gesehen, als Äußerungen schriftlicher Diskursfähigkeit und Teilfähigkeit narrativer Kompetenz (Staschen-Dielmann 2012, S. 21ff.). In Anlehnung an die Erzähltypologie Barricellis (2008b, S.10) identifiziert sie folgende Erzähltypen in ihren Aufgabenstellungen: Bei der ersten Aufgabe, in der die Schüler/innen einen historischen Kontext beschreiben sollen, handelt es sich um eine Nacherzählung, bei der zweiten Aufgabe, der Analyse einer historischen Textquelle, um eine narrative Konstruktion, bei der dritten Aufgabe, in der die Textquelle unter Berücksichtigung alternativer Deutungen bewertet werden soll, um eine narrative Dekonstruktion (Staschen-Dielmann 2012, S. 25). Im Unterricht der Sekundarstufe I sind die Schüler/innen laut Staschen-Dielmann häufig beschränkt, „auf kleinschrittige Fragen und Impulse zu reagieren“, selten werden längere Aufsätze von ihnen verlangt, die Lehrbücher und Testformate „sehen oft kleinschrittige Aufgabenteile zur Lösung von Gesamtaufgaben vor“, in der Oberstufe sollen die Schüler/innen dann aber selbstständig längere, fachgerechte Texte produzieren (ebd., S. 83, 207). Durch eine Integration von Diskursfunktionen in den bilingualen Geschichtsunterricht würde sich die fachliche Qualität von Schülertexten nachhaltig verbessern lassen. Die Untersuchung der Realisierung dieser Funktionen in Schülertexten sei sehr fruchtbar, weil die „sprachliche Repräsentation der logischen Struktur historischen Denkens der Schlüssel zur Beurteilung von historischer Kompetenz“ ist, wenn sich die narrative Kompetenz in der sinnbildenden Darstellung von Geschichte zeigt:

> „Die logische Struktur des historischen Denkens wird im Hinblick auf einen variablen fachlichen Inhalt in einer spezifischen sprachlichen Form realisiert. Diese Diskursfunktionen als Schnittstellen zwischen fachlichen Inhalt, sprachlicher Realisierung und der logischen Struktur historischen Denkens lassen sich in den Schülertexten identifizieren und miteinander vergleichen. Auf diese Weise kann der fachbezogene diskursive Sprachgebrauch der Schüler beobachtet und beurteilt werden." (ebd., S. 130).

Durch die Anwendung des Konzepts der Diskursfunktionen auf die Beschreibungs-, Erklärungs- und Bewertungsaufgabe in ihren Klausur- und Testaufgaben soll das Konzept inhaltlich konkretisiert werden und gleichzeitig soll damit die narrative Kompetenz kognitions- und sprachhandlungstheoretisch ausdifferenziert werden, indem die im Geschichtsunterricht für ihre Umsetzung relevanten diskursiven Fähigkeiten identifiziert werden (ebd., S. 92ff.). Staschen-Dielmann entwickelt folgende Indikatoren für narrative Kompetenz in den Schülertexten:

- Erfüllung von Genrekonventionen,
- Nachweise fachlicher Kenntnisse,
- Realisierung von Diskursfunktionen,
- Verwendung von Fachbegriffen,
- Verwendung fachbezogener und akademischer Lexik,
- Herstellung von Textkohäsion (ebd., S. 125).

Historisches Lesen und Denken taucht in diesen Indiktoren nicht direkt auf, es verschwindet in den Diskursfunktionen, die historische Denkkonzepte aber nicht adäquat abbilden und deshalb als „Bausteine narrativer Kompetenz" (ebd., S. 101) eher ungeeignet sind. Die Indikatoren unterteilt sie in sechs Niveaus, den Schulnoten 1-6 entsprechend, also von umfassender, präziser Erfüllung bis zu Nichterfüllung und entwickelt daraus verschiedene Anforderungsprofile (ebd., S. 126ff.), in denen sie die drei Makrofunktionen weiter untergliedert:

Diskursfunktionen in Testaufgaben zur „Truman-Doktrin"		
Makrofunktion DESCRIBE	Makrofunktion EXPLAIN/ANALYSE	Makrofunktion EVALUATE
Chronological sequencing	Contextualizing statements	Explaining a theory
Purposeful selecting	Making sense of the text	Implementing a theory
Describing a process	Inferring the author's intentions	Evaluating the validity of a theory
Comparing strategies	Inferring the impact on the addressee	Contrasting perspectives of theories
Inferring the protagonists' intentions	Synthesizing analysis results	Synthesizing a well-founded personal standpoint
Linking cause and effect		

Abb. 4.7: Diskursfunktionen nach Staschen-Dielmann (2012, S. 96ff.)

Für die Erfassung der Realisierung von Diskursfunktionen empfiehlt Staschen-Dielmann die Verwendung der überfachlichen SOLO-Taxonomie (vgl. ausführlich dazu Kapitel 4.5.: 11). Diese könne Lehrenden dabei helfen, das Komplexitätsniveau einer Aufgabenstellung festzulegen oder zu überprüfen. Gleichzeitig könne sie zur Beurteilung realisierter Diskursfunktionen in Schülertexten verwendet werden, da die Level der SOLO-Taxonomie die Fähigkeit der Schüler/innen widerspiegeln würden, komplexe Denkoperationen in Hinblick auf einen Fachinhalt zu leisten (Staschen-Dielmann 2010, S. 235). Aus dem

Vergleich der Schülertexte im Jahrgang 10 und 12 entwickelt sie auch einen Referenzrahmen mit vorläufigen Niveaustufen für narrative Kompetenz im bilingualen Geschichtsunterricht:

Kriterien für die Beurteilung der Realisierung narrativer Kompetenz	
Performanzkriterien	
Herstellung historisch-narrativer Kohärenz	• Verständnis für narrative Bezugssysteme; • Strukturierung des historischen Sachverhalts durch Verwendung von Sprachstrukturen, die historische Konzepte widerspiegeln; • sprachliche Kohärenz, insbesondere in Bezug auf kausale und intentionale Zusammenhänge.
Verwendung der Fachsprache	• Verwendung von Fachbegriffen, fachspezifischen Wendungen und grammatischer Metaphern; • Verwendung von akademischer Lexik und Nominalisierungen; • Erfüllung sprachlicher Normen.
Verwendung der fachspezifischen Textgrammatik	• Verwendung von grammatischen Strukturen, die historische Kontingenz oder Faktualitätsgrade von historischen Sachverhalten zum Ausdruck bringen; • Verwendung von grammatischen Strukturen, die Perspektivität, Standortgebundenheit oder Kontroversität zum Ausdruck bringen; • Verwendung der genreadäquaten Tempusformen;
Erfüllung der Genrekonventionen	• der Beschreibung eines historischen Sachverhalts; • der Textquellenanalyse; • der Bewertung einer historischen Textquelle; • etc.
Realisierung der Diskursfunktionen und ihr Komplexitätsniveau in Anlehnung an die SOLO-Taxonomie	

Abb. 4.8: Kriterien nach Staschen-Dielmann (2012, S. 256ff.; vgl. auch 2010, S. 240f.)

Leider präsentiert Staschen-Dielmann in ihrer Untersuchung nur sehr kurze Schülertexte oder Ausschnitte aus diesen. Handelt es sich bei diesen Beispielen um historische Erzählungen? Wenn der besondere Sinnbildungsprozess beim historischen Erzählen in der Verknüpfung von mindestens zwei zeitdifferenten Ereignissen besteht, bietet eigentlich nur das Klausurbeispiel für das höchste Level (*extended abstract*) der SOLO-Taxonomie narrative Sätze an. Meine eigenen Unterrichtserfahrungen zeigen, dass Schüler/innen – natürlich in Abhängigkeit von der Aufgabenstellung – nur auf den Levels *relational* und vor allem *extended abstract* narrativieren. Das wiederum verdeutlicht, wie hoch die sprachlichen Ansprüche im Fach Geschichte sind und welches Potenzial das Fach für sprachliche Bildung hat. Der von der bilingualen Unterrichtstheorie beschworene Zusammenhang zwischen Fachlichkeit und Sprachlernen wird aber so lange sehr vage bleiben, wie sie den Fächern einerseits die Ignoranz gegenüber der Sprache vorwerfen, andererseits aber nicht tief genug in den jeweils fachspezifischen Zusammenhang von Denken und Sprache vordringen. So verbindet auch Staschen-Dielmann die Diskursfunktionen, die sie immerhin fachspezifischer interpretiert, nicht mit Schülervorstellungen zu historischen Denkkonzepten und führt z. B. „Ursache und Wirkung verknüpfen" unter der einfacheren Diskursfunktion „Beschreiben" auf, obwohl es sich dabei um eine sehr komplexe Denktätigkeit handelt. Hinzu kommt, dass die Diskursfunktionen ihre Wertigkeit analog zu Blooms Taxonomie erhalten. Eine quellengesättigte historische Beschreibung eines Ereignisses, die reich an historischem Hintergrundwissen ist, stellt aber eine anspruchsvollere Denk- und

Sprachhandlung dar als eine vom Gegenwartsdenken ausgehende Bewertung dieses Ereignisses. Somit führen auch Staschen-Dielmanns Überlegungen im Hinblick auf eine fachspezifische Konkretisierung generischer *teaching-learning cycles* nicht weiter und auch die SOLO-Taxonomie kann kein weiterführendes Bewertungsschema für narrative Kompetenz darstellen, wenn sie nicht eingehender mit historischen Lese- und Denkstrategien verbunden wird.

Somit bieten weder die Geschichts- noch die Fremdsprachendidaktik der (bilingualen) Unterrichtspraxis ein Lernmodell für historisches Schreiben an, das eine klare Vorstellung von Lernprogression und Kompetenzentwicklung enthält und den Lehrkräften und Lernenden eine überzeugende Abfolge von Entwicklungsaufgaben präsentiert. Aus schulischer Sicht ist das ein untragbarer Zustand. Mit dem Geschichtsunterricht beschäftigt sich auch die Sprachwissenschaft schon seit einer Weile. Welche Ratschläge bietet sie im Hinblick auf ein Lernmodell für historisches Schreiben und den Erwerb von narrativer Kompetenz im bilingualen Geschichtsunterricht?

4.4 Funktionale Linguistik und historisches Lernen

4.4.1 *The Language of Time, Cause and Evaluation*

Caroline Coffin möchte in ihrer Untersuchung demonstrieren, was eine linguistische Analyse über die Art und Weise erhellen kann, wie Schüler/innen bei Schreibaufgaben im Geschichtsunterricht Sprache benutzen und dabei über die Vergangenheit nachdenken. Wie sehen die Texte konkret aus, die Lernende lesen und schreiben sollen und wie verändern sich die Ansprüche an die Texte im Laufe der Schulzeit (Coffin 2006, S. XIII). Der Geschichtsunterricht stellt große sprachliche Anforderungen an Schüler/innen, aber wie sehen diese genau aus? Geschichtsschreibung beinhaltet für Coffin narrative und argumentative Elemente. Für den Schulunterricht bietet es sich an, von einem Repertoire an verschiedenen Textsorten/Genres auszugehen, welches die Schüler/innen dazu befähigt, verschiedene Arten des Denkens und Schreibens über die Vergangenheit anzuwenden. Die schwierigen Bereiche sieht sie vor allem im Umgang mit (a) *Zeit*, so haben Schüler/innen Probleme, historische Ereignisse chronologisch anzuordnen oder die Dauer von Zeitabschnitten darzustellen; (b) *Ursache und Wirkung*, da Lernende Probleme haben, von einer eingleisigen Kette aus Ursache-und-Wirkungs-Verknüpfungen zu einer Darstellung zu gelangen, die eine Vielzahl gleichzeitiger Faktoren und Konsequenzen berücksichtigt; und (c) *Perspektivität* (ebd., S. 10f.). Die von Coffin identifizierten fachspezifischen Probleme hängen also mit den historischen Denkkonzepten zusammen, welche die Wissensorganisation betreffen und somit auch die Wissensorganisation in Schülertexten. Der Erwerb historischer Schreibstrategien ist somit auch ein Prozess der Konzeptentwicklung, was in den im Rahmen dieses Kapitels bisher diskutierten Arbeiten zu wenig berücksichtigt wird.

Durch eine Diskursanalyse möchte Coffin aufzeigen, wie Sprache im Kontext des Geschichtsunterrichts funktioniert, wie mithilfe von Sprache historischer Sinn gebildet werden kann. Es geht also um die Beziehung zwischen einer erfolgreichen historischen Analyse oder Interpretation und einer sich entwickelnden Kontrolle über Sprache (Coffin 2006, S. 12ff.). Die Art der Textorganisation und die verwendeten lexikalischen und grammatischen Muster unterscheiden das Fach Geschichte von anderen Fächern:

> „While one of the ultimate goals of the school subject of English is to develop in students a sensibility for appreciating literary works […], a key disciplinary purpose of school history is to develop students' ability to sequence and explain past events and in so doing, develop their understanding of who they are and where they come from" (ebd., S. 23).

Es stellt sich für Coffin die Frage, ob die Schreibaufgaben, die Lehrer/innen im Geschichtsunterricht einsetzen, dazu führen, dass die Schüler/innen Erfahrungen mit für den Fachdiskurs wichtigen Formen des Denkens und Argumentierens sammeln können oder ob diese nicht eher kontraproduktiv sind. Gegenwärtige Trends im Geschichtsunterricht fordern Schüler/innen dazu auf, fiktionale Tagebucheinträge, Briefe, Dialoge, etc. zu schreiben. Die Registervariablen in solchen Texten erfordern aber von den Lernenden die Verwendung einer Sprache, die nicht die der Geschichtsschreibung ist (ebd., S. 26, 170). Die Bezeichnung Register beschreibt das Verhältnis zwischen dem sozialen Kontext, in dem Sprechen oder Schreiben stattfindet und der damit verbundenen Auswahl von lexikalischen und grammatischen Elementen. Sie kann dabei helfen, Lernenden Variationen in der Sprachverwendung verschiedener Fächer zu erklären, beim Analysieren, aber auch beim eigenständigen Verfassen von Texten. In der SFL wird davon ausgegangen, dass durch eine solche Untersuchung das Bewusstsein dafür geschärft werden kann, wie in einem bestimmten Fach die Wirklichkeit konstruiert wird:

> „Typical historical discourse juxtaposes recording, explaining, and arguing […]. In recording, the historian retells the past events as they unfolded naturally through real time. In explaining, the historian explains the causes, consequences, and significance of historical events. In arguing, the historian proposes a particular interpretation on past events and defends it with a series or argument and supporting evidence" (Fang 2012, S. 28).

Coffin unterscheidet – basierend auf ihrer Analyse von Schulbuch- und Schülertexten – 9 Haupttypen von Geschichtsschreibung im Geschichtsunterricht, der eine große Breite an Textsorten/Genres verlangt, die mit einem Typ beginnen, der eine Nähe zur Alltagssprache aufweist und bei einem Typ enden, der weit von der Alltagssprache entfernt ist:

recording genres Years 7-8 (approx. ages 11-13) →	**explaining and arguing genres** Years 9-10 (approx. ages 14-16) →	**arguing genres** Years 11-13 (approx. ages 16-18)
tasks: record sequence narrate	tasks: determine cause and effect develop a complex, logical argument	

Abb. 4.9: Textsorten im Geschichtsunterricht nach Coffin (2006, S. 47)

Diese Progression macht aus linguistischer Sicht Sinn, da sie den Grad der sprachlichen Komplexität widerspiegelt, den diese verschiedenen Genres – als allmähliche Bewegung von alltagsnaher Sprache zur Fachsprache – von den Lernenden verlangen (Coffin 2006, S. 64). Sie macht meines Erachtens vom Gesichtspunkt des historischen Lernens ebenso Sinn, da sie auch die steigende gedankliche Komplexität abbildet, und mit der Abfolge von nacherzählenden, erklärenden und argumentierend-erörternden Schreibaufgaben Elemente für eine Unterrichtsplanung bietet, die Lernprogression im Hinblick auf den Erwerb von narrativer Kompetenz ermöglicht.

Die einzelnen Genrefamilien werden von Coffin noch weiter untergliedert. So unterscheidet sie vier *recording genres.* Anhand der Darstellung ihres eigenen Lebens, des Lebens einer anderen Person, des Nacherzählens einer Ereignisabfolge und der Begründung der Ereignissequenz können Schüler/innen schrittweise die „Sprache der Zeit" lernen und an historische Erklärungen herangeführt werden. Die *explaining genres* gliedert Coffin in zwei Untertypen, wobei sich der eine Typ mit den Ursachen beschäftigt, während der Fokus des anderen Genres auf den Auswirkungen liegt. Mit ihnen lässt sich ein relativ komplexes, vielschichtiges Modell vergangener Ereignisse konstruieren, die nicht zeitlich in einer Ursache-und-Wirkung-Einbahnstraße lokalisiert sind. Ereignisse und soziale, politische und ökonomische Strukturen und Entwicklungen können als Teil eines komplexen Netzes von sich gegenseitig beeinflussenden kausalen Interaktionen konstruiert werden, wobei die Einschätzung der Signifikanz einzelner Wirkungsfaktoren wichtig wird. Insofern stellen die *explaining genres* ein wichtige Brücke zwischen den *recording genres*, in denen Ereignisse in der Reihenfolge ihres Geschehens aufgezählt werden, und den hochabstrakten *arguing genres* dar, welche die Beherrschung der vorausgehenden Genrefamilien erfordern, zusätzlich aber auch neue Wege der Textorganisation, da nun auch die Diskussion und Bewertung von Argumenten und Perspektive wichtig werden (ebd., S. 69ff.). Die *arguing genres* stellen für viele Schüler/innen eine große Herausforderung dar, weil sie die umstrittene Natur historischen Wissens und historischer Erklärungen und somit die zentrale wissenschaftliche Überzeugung in den Vordergrund rücken, dass Thesen durch den Rückgriff auf Quellen und Darstellungen bewiesen oder widerlegt werden können. Während die *explaining genres* relativ kategorische Erklärungen von historischen Phänomenen liefern, betonen die *arguing genres*, wie wahrscheinlich solche Erklärungen der Vergangenheit sind (zur Unterscheidung und Verwendung im Unterricht siehe Kapitel 4.5: 1).

Coffin kritisiert Schulbücher, weil diese Quellen und Darstellungen trennen und sie nicht, wie in der Geschichtsschreibung, in ihre Argumentation einweben. *Arguing genres* (und damit verbunden: Ungewissheit und Kontroversität) finden sich eigentlich nicht in Schulbüchern, weshalb die Schüler/innen kaum Modelle dieser Genrefamilie haben, mit und an denen sie lernen können, wie beispielsweise eine These aufgestellt wird, wie Quellen/Darstellungen zur Unterstützung der These verwendet werden können, wie man alternative Sichtweisen integriert (ebd., S. 87, 162).

Eine solche Textsortentypologie, wie sie Caroline Coffin hier entwirft, hat für die Schüler/innen und Lehrer/innen den großen Vorteil, dass sie einen möglichen Lernweg aufzeigt, auf dem Lernende Gattungskompetenz und narrative Kompetenz erwerben können:

> „From an educational perspective, linguistic 'labelling' provides teachers with a shared language for articulating textual differences [...]. More importantly, if teachers have precise labels for distinguishing genres, as well as a way of talking about the kinds of meanings that different genres foreground and the lexical und grammatical resources for expressing those meanings, then they are in a strong position to provide explicit guidance to students in their reading and writing of historical discourse" (ebd., S. 92).

Aber auch Coffin arbeitet mit einem *teaching-learning cycle* bei der Textproduktion und ihr Beispiel eines Bewertungsrasters für historisches Schreiben (*biographical recount*) enthält fast ausschließlich sprachliche Anforderungskriterien und ist somit nicht domänenspezifisch genug (ebd., S. 171ff.).

4.4.2 Fazit: Der Vorrang konzeptueller Inhalte gegenüber der sprachlichen Form

Die hier geschilderten Lernwege zur Textsortenbeherrschung im Geschichtsunterricht von Coffin oder ähnliche im Bereich SFL anzusiedelnde Untersuchungen von Schreibprodukten (vgl. Oliveira 2011) weisen auf die Wichtigkeit einer „Schreibinstruktion" im (bilingualen) Geschichtsunterricht hin:

> „history learning is highly dependent on language, and more than any other subject, it holds the potential for improving students' writing skills. While teachers see writing as an important aspect of history, writing is mostly used as an assessment instrument rather than as a way to help students develop their understanding of history, or as 'writing to learn'. [...] History teachers need to be made aware of the role of language in students' demonstration of their historical understanding" (Oliveira 2011, S. 129).

Wenn Schüler/innen im Geschichtsunterricht lernen sollen, kritisch zu denken, zu lesen und zu schreiben, dann muss ihnen in diesem auch gezeigt werden, wie mit der Sprache, die sie in den Quellen und Darstellungen vorfinden und mit der, die sie in ihren eigenen Texten verwenden sollen, Geschichte konstruiert wird: „Without such a focus, students will continue to consider history just a "memorization of facts", and not a place where interpretation is at the heart of learning to think like a historian" (ebd., S. 136). Allerdings kann ein solcher „sprachbewusster" Unterricht nur auf einer soliden konzeptuellen Grundlage erfolgen, welche eine Lernprogression im Hinblick auf die Schülervorstellungen zu den historischen Denkkonzepten erlaubt. Werden diese nicht berücksichtigt, kann generisches Schreiben schnell zu einer leeren anstatt lehrenden Tätigkeit werden, indem professionelle Texte imitiert, zunehmend variablere Sprachleistungen vollbracht, der zugrundeliegende historische Gegenstand bzw. die historische Problemstellung aber nicht verstanden werden (Lee/Shemilt 2009, S. 44).

Wenn die Verwendung von Diskursfunktionen und textsortenbezogenem Schreiben im bilingualen Geschichtsunterricht Sinn machen soll, bedarf sie einer sicheren Verknüpfung mit den in Kapitel 5 dargestellten historischen Denkkonzepten. Nur dann lässt sich gewährleisten, dass die aus der Sprachwissenschaft und Fremdsprachendidaktik importierten Methoden nicht zu einer Absenkung des fachlichen Niveaus führen und sich das historische Denken von Lernenden in dieser Unterrichtsform entwickeln kann. So betrachtet, setzt eine Integration von Inhalt und Sprache im bilingualen Geschichtsunterricht, den Primat des fachlichen Denkens vor den sprachlichen Strukturen voraus, insofern sich aus den Denk- die Sprachanforderungen ableiten sollten. Gegenwärtig verfährt die bilinguale Theoriebildung eher anders herum, da die Konkretisierung des fachlichen Denkens in ihren Überlegungen ausbleibt.

4.5 Lernwege zum Erwerb historischer Schreibfähigkeiten im bilingualen Geschichtsunterricht?

Wenn Kapitel 3 das Lesen von historischen Quellen und Darstellungen als konstitutives Herzstück des bilingualen Geschichtsunterrichts darstellt, so immer im Hinblick darauf, dass Lesen eng mit Schreibprozessen verbunden sein muss. Die unterrichtliche Arbeit an der Entwicklung der historischen Schreibfertigkeiten der Schüler/innen ist eine langwierige und aufwendige Aufgabe, die für Lernende und Lehrende mit großem Arbeitsaufwand verbunden ist. Hier gibt es keine Abkürzungen, sowohl die Lernenden als auch die Lehrenden benötigen einen langen Atem:

> „writing in social studies is increasingly being replaced by PowerPoint assignments, complete with bullet points and animation. But we can no more defend an argument on why the USSR disintegrated using bullet points than we can journey to Moscow on the wings of a [...] travel guide. Working through successive drafts of the cause-and-effect essay – making sure that paragraphs reflect a logical procession of ideas and that assertions are backed by evidence – is hard and inglorious work, but there are no shortcuts" (Wineburg/Martin 2004, S. 45).

Der Blick auf die mit narrativer Kompetenz verbundenen Überlegungen der Geschichts- und Fremdsprachendidaktik zeigt, dass sie noch ein ganzes Stück weit davon entfernt sind, der (bilingualen) Unterrichtspraxis einen systematischen Lehrgang mit einer sinnvollen Lernprogression zur Verfügung stellen zu können. Arbeiten, die den Geschichtsunterricht aus linguistischer Perspektive untersuchen, bieten eine Abfolge von Textsorten, welche im Hinblick auf historisches Schreiben im bilingualen Unterricht eine unterrichtliche Operationalisierung des Lernziels narrative Kompetenz unterstützen können. Sie enthalten zwar eine Lernprogression, die zur Anwendung kommenden *teaching-learning cycles* sind aber nicht fachspezifisch. Insgesamt nehmen sie auch den Zusammenhang zwischen historischem Lesen, Denken und Schreiben nicht genau genug war. Die Integration von *literacy* und *history* gelingt somit bisher weder der Sprachwissenschaft noch der Geschichts- oder Fremdsprachendidaktik auf überzeugende Weise. Die Unterrichtsprinzipien, die Monte-Sano, de la Paz und Felton zur Integration von Literalität und Geschichte vorschlagen (Abb. 2.25), stellen hier eine weiterführende Perspektive dar. Ihre Untersuchungen sowie ihr Lehrgang zum *argument writing* sind eine wertvolle Stütze für die Praxis des bilingualen Geschichtsunterrichts, da sie eine Vielzahl von Modellierungsmaßnahmen und Lerngerüsten in Interventionsstudien erprobt haben, die historische Schreibprozesse unterstützen und eine Lernprogression ermöglichen (vgl. Kapitel 4.6: 2-5, 10). Für die Planung von Schreibprozessen im bilingualen Geschichtsunterricht sind folgende Überlegungen wichtig:

Historisches Schreiben im bilingualen Geschichtsunterricht
Die Schreibprozesse basieren auf analytischem historischen Lesen und Denken und fördern dieses gleichzeitig: Lesen und Denken durch Schreiben unterrichten; Fokus auf historische Denkkonzepte und Progression in den Schülervorstellungen (z. B. historische Lesestrategien, zentrale Merkmale historischer Narrativität); domänenspezifische Konkretisierung von *teaching-learning cycles*.
Sie bewegen sich von der Alltagssprache zur Fachsprache, von den nacherzählenden zu den argumentierenden Genres: zunehmende Konzentration auf *explaining and arguing genres* bzw. auf *argument writing* ab Jahrgangsstufe 9; Fokus auf *language of time, cause, and evaluation*.
Ihnen liegen im zunehmenden Maße historische Fragen zugrunde, die mehrere Antworten zulassen: Untersuchung einer Mehr-/Vielzahl von Quellen/Darstellungen; *evidence-based historical writing*.
Zur Unterstützung ihrer Schreibprozesse benötigen die Lernenden ein gut entwickeltes historisches Hintergrundwissen, das ihr historisches Denken unterstützt: gegenstandsbezogenes Wissen über das Thema, über einen größeren Zeitabschnitt, über Geschichte allgemein (Wiederholung? Vertiefung? Vernetzung?); narrative Bezugsrahmen; Wissen über Veränderungen in der Zeit.
Die Heranführung der Lernenden an die Schreibprozesse erfolgt durch cognitive apprenticeship: Modellierung fachspezifischen Denkens und Schreibens; Einsatz von Lerngerüsten, die historisches Denken fördern (Lesehilfe, Schreibzirkel mit Planungs- und Formulierungshilfe).

Abb. 4.10: Zur Planung von Schreibprozessen

4.6 Fachspezifisches *Modelling/Scaffolding* im bilingualen Geschichtsunterricht (Schreiben)

Die folgenden Beispiele bauen auf den Hinweisen in Kapitel 3 auf oder ergänzen und erweitern diese – manche hätten auch dort ihren Platz finden können.

1. Vorschläge für Plakate zur Visualisierung der Genres im bilingualen Klassenraum

Recording genres				
Genre	Social purpose	Task/example	Stages	Explanation/stages
autobiographical recount	to retell the events of your life	Write an account of your life.	orientation, record of events	**account of events:** account for events as they unfolded over time **background:** summarise previous historical events that are significant **deduction:** assess historical significance of events **evaluation of person:** explain historical significance of a person's life **orientation:** locate a person in time and space **record of events:** sequence events as they unfolded over time
biographical recount	to retell the events of another person's life	Write about the life of …	orientation, record of events, (evaluation of a person)	
historical recount	to retell events in the past	Describe the chain of events that led up to …	background, record of events, (deduction)	
historical account	to account for why events happened in a particular sequence	Describe and explain the sequence of events that occurred during …	background, account of events, (deduction)	

Abb. 4.11: *Recording genres* nach Coffin (2006, S. 27-64), adaptiert

Explaining genres			
Genre	Social purpose	Stages	Explanation/stages
factorial explanation (Why did the First World War end in 1918?)	to explain the reasons or factors that contribute to a particular outcome	outcome, factors, (reinforcement of factors)	**outcome:** identify historical outcome **factors:** explain causes of historical outcome **reinforcement of factors:** emphasise/evaluate factors
consequential explanation (What was the effect of the First World War on German society?)	to explain the effects or consequences of a situation	input, consequences, (reinforcement of consequences)	**input:** identify historical phenomena leading to change **consequences:** explain effects of historical phenomena **reinforcement of consequences:** emphasise/evaluate consequences

Abb. 4.12: *Explaining genres* nach Coffin (2006, S. 68-75), adaptiert

<table>
<tr><th colspan="4">Arguing genres</th></tr>
<tr><th>Genre</th><th>Social purpose</th><th>Stages</th><th>Explanation/stages</th></tr>
<tr><td>exposition (To what extent was the 1920s a decade of hope?)</td><td>to support an interpretation through a series of arguments and supporting evidence</td><td>(background), thesis, arguments, (counter-arguments), reinforcement of thesis</td><td rowspan="3">anti-thesis:
articulate alternative interpretation
arguments:
explain evidence that supports thesis
background:
provide context for historical issue
counter-arguments:
explain evidence that does not support thesis
issue:
state alternative interpretations of the past
perspectives:
elaborate evidence
position:
overall interpretation or thesis
position challenged:
outline interpretation to be argued against
rebuttal arguments:
use evidence to counter position
reinforcement of thesis:
reaffirm and strengthen the thesis
thesis:
put forward the main argument/overall position</td></tr>
<tr><td>discussion (To what extent was the 1920s a decade of hope?)</td><td>to consider a range of alternative arguments/views about an issue</td><td>(background), issue, arguments/perspectives, position</td></tr>
<tr><td>challenge (The 1920s – a decade of hope?)</td><td>to argue against an interpretation</td><td>(background), position challenged, rebuttal arguments, anti-thesis</td></tr>
</table>

Abb. 4.13: *Arguing genres* nach Coffin (2006, S. 92), adaptiert

2. *Teaching Historical Reasoning and Writing* – Folgerungen aus der Interventionsstudie von de la Paz für die Unterrichtspraxis

Susan de la Paz (2005) hat eine experimentelle Studie vorgelegt, in der sie die Auswirkungen darzulegen versucht, die ein Geschichtsunterricht auf Schüler/innen haben kann, der historisches Denken vermitteln will. Die Experimentalgruppe in ihrer Untersuchung erhielt 12 Tage Unterricht in *historical reasoning* und 10 Tage im Schreiben eines argumentativen historischen Aufsatzes. Im Vergleich mit der Kontrollgruppe waren die Aufsätze der Experimentalgruppe von signifikant besserer Qualität – sie waren länger, überzeugender formuliert und korrekter im Hinblick auf die historischen Inhalte. Aus mit den Lernenden der Experimentalgruppe geführten Interviews schlussfolgert de la Paz, dass sich ihr Verständnis für die Verwendung von Quellenbelegen (*evidence*) zur Stützung von Behauptungen verbesserte, sie aber auch ein tieferes Verständnis dafür entwickelten, warum Historiker/innen zu unterschiedlichen Interpretationen von historischen Geschehnissen kommen. Aus ihrer Studie lassen sich – ähnlich wie aus dem RLH-Ansatz der Universität Stanford – Unterrichtsprinzipien ableiten, die einen effektiven bilingualen Geschichtsunterricht charakterisieren:

<table>
<tr><th colspan="2">Best practices in history instruction</th></tr>
<tr><td>Reading and writing are always connected</td><td>Schreiben ermöglicht uns die Klärung und Organisierung unserer Gedanken. Ein Curriculum, das historisches Denken in den Vordergrund stellt, muss den Lernenden Gelegenheiten geben, eine Vielzahl von Quellen und Darstellungen zu lesen und über diese zu schreiben</td></tr>
</table>

Use of document sets	Jedes Thema wurde unter Verwendung von Dokumentensets unterrichtet, die aus dem Verfassertext im Geschichtsbuch und mindestens zwei Quellen bestanden, die widerstreitende Perspektiven repräsentierten. Dadurch, dass die Schüler/innen einer Mehrzahl von Sichtweisen auf ein historisches Ereignis ausgesetzt waren, fiel es ihnen einfacher zu verstehen, dass ein Teil des historischen Lernens darin besteht, mit konfligierenden Interpretationen umgehen zu können.
Historical question to focus inquiry	Jedem historischen Thema lag eine zentrale Frage zugrunde. Diese Fragen halfen den Lernenden dabei, bessere Argumentationen zu verfassen. Die thesenförmigen Antworten zu diesen Fragen strukturierten die Aufsätze der Schüler/innen.
Appropriate scaffolds and handouts to support student learning	Die Schüler/innen benötigten einfache Strukturen, um ihr Verständnis von komplexen Ideen entwickeln zu können. Zu diesem Zweck kam eine Reihe von *Scaffolding*-Maßnahmen zum Einsatz. Zum Beispiel wurden zwei *mnemonic devices* eingesetzt: ***S.T.O.P.: S**uspend judgment, **T**ake a side, **O**rganize (select and number) ideas, and **P**lan more as you write;* ***D.A.R.E.: D**evelop a topic sentence, **A**dd supporting ideas, **R**eject an argument for the other side, and **E**nd with a conclusion.*
Multiple opportunities to practice new skills	Der Lehrplan wiederholte die Denk- und Schreibstrategien auch bei anderen Themen, um den Lernenden eine Vielzahl von Gelegenheiten zu geben, die neu zu erlernenden Fertigkeiten zu üben.
Gradual release of responsibility	Die Verantwortung für das Denken und Analysieren ging nach und nach von den Lehrkräften auf die Schüler/innen über. Die Intervention begann damit, dass die Lehrkräfte die Strategien zuerst modellierten, dann die Lernenden in kleinen Gruppen anleitenden, als sie begannen, die Strategien selbst anzuwenden. Schließlich lernten die Schüler/innen, die Strategien eigenständig anzuwenden.

Abb. 4.14: Prinzipien effektiver Instruktion nach De La Paz (2005) und teachinghistory. org/issues-and-research/research-brief/19392

Handreichungen für die Schüler/innen, die den Schreibprozess vorbereiten sollten, sahen wie folgt aus:

Thinking about historical documents I (middle school students)	
1. Who said or wrote this document? Author ⇒	What was the author's purpose? Do the reasons make sense? Do you find evidence of bias? (Word choice? Only one view?)
2. Compare details Look for conflicting views ⇒	Is an author inconsistent? Is a person described differently? Is an event described differently? What is missing from the author's argument? What can you infer from reading across sources?
3. Make notes on what seems believable from each source	Remember to consider (1) author and (2) details from each source as you make notes.

Abb. 4.15: Schritte beim Lesen von historischen Quellen und Darstellungen – basierend auf De La Paz (2005) und teachinghistory.org/issues-and-research/research-brief/19392

In dieser Intervention verbesserten sich die Schüler/innen der Experimentalgruppe zwar im Anfertigen von argumentierenden Aufsätzen, sie verfassten aber keine Argumentationen, die auf Quellenbelegen basierten (*evidence-based arguments*). In einer späteren Version aus einer weiteren Studie mit Lernenden der Jahrgangsstufe 11 (De La Paz/Felton 2010) enthält die Handreichung folgende Aspekte, die im Rahmen der Intervention nach und nach erweitert wurden, um sie an die kognitiven Fähigkeiten älterer Schüler/innen anzupassen, aber auch, um das Schreiben einer quellengestützten Beweisführung zu fördern. Meine Zusammenstellung beinhaltet die Erweiterungen bereits:

Thinking about historical documents II (11th-grade students)			
1.	Consider the author	• What do you know about the author? (occupation, credentials, position of author may give hints about trustworthiness) • Consider how the author came to know about the events: Was s/he an eyewitness? Did s/he have firsthand information? Was s/he relying on hearsay? • When was the source document written? (after the event occurred or much later?) Compare with the timeline.	How does the author's viewpoint have an effect on her/his argument? Her/his motivation in writing the document influences its content. To what extent does s/he seem biased or provide a full account of the events?
2.	Understand the source documents	• What values does the source reflect? • What assumptions lie behind the argument?	What kind of world view does the source show?
3.	Criticise the source documents	Look within: a) What evidence does the author give? b) Are there any factual errors? c) Is anything missing from the argument? Look across sources: a) What ideas are repeated throughout the readings? b) What are the major differences in ideas? c) Are there any inconsistencies?	Does the evidence prove what it claims to prove?
4.	Create a more focused understanding	• Decide what is open to interpretation • Decide what is most reliable and credible	How does each source develop your understanding of the historical event?

Abb. 4.16: *Historical reasoning strategies* nach De La Paz/Felton (2010, S. 181f.), adaptiert

Was die Qualität der Schülerprodukte angeht, so unterscheiden De la Paz/Felton vier Niveaus im Hinblick auf die Qualität der Argumentation. Dabei stellen sie die Stützung von Behauptungen und die Auseinandersetzung mit Argumenten, die gegen die eigene Interpretation sprechen, in den Vordergrund. Beides kann in überzeugender Form nur auf der Basis einer soliden Lektüre der Quellen erfolgen:

Levels of argument quality			
Level 1	Level 2	Level 3	Level 4
Claims No claim is advanced	Claim appears in a list or a quote without any explanation	Claim is paraphrased, explained or grounded in a historical quote	Claims builds on or substantiates another claim

Rebuttals No opposing claims are presented	Opposing claims are presented but not addressed	Opposing claims are addressed with simple counter-claims	Opposing claims are addressed with elaborated counter-claims or critique

Abb. 4.17: Argumentative Qualität der Schüleraufsätze nach De La Paz/Felton (2010, S. 185)

Die Zeit, die Lehrkräfte für die Modellierung von Analyseprozessen mit historischen Quellen und Darstellungen aufwenden, zahlt sich aus, da sie Lernenden ein vertieftes Verständnis für die fachspezifische Wissenserzeugung ermöglichen und Schreibprozesse vorbereiten:

> „Our results suggest that students developed sophisticated task representations for writing because they experienced firsthand how reading and writing strategies converge to accomplish clearly defined goals in historical writing […]. We believe that scaffolding historical reasoning enhances writing because students read documents with the purpose of identifying and contrasting conflicting viewpoints" (De la Paz/Felton 2010, S. 190).

Meine Erfahrungen zeigen, dass Schüler/innen dadurch in zunehmendem Maße verstehen, dass historisches Lesen und Schreiben verbundene Prozesse darstellen und dass das Lesen von Quellen/Darstellungen somit eine wichtige Vorbereitung des Schreibprozesses darstellt.

3. *Evidence-Based Historical Writing*

Schreibtätigkeit alleine reicht nicht aus, um *evidence-based essay writing* zu unterrichten. Aber welche Unterrichtsaktivitäten helfen Lernenden dabei, historische Denk- und Schreibfertigkeiten zu entwickeln? Chauncey Monte-Sano (2008b; teachinghistory.org/issues-and-research/research-brief/24487) geht aufgrund ihrer Untersuchungsergebnisse davon aus, dass Lernende, die Unterricht erhalten haben, der sich durch fünf spezifische Qualitäten auszeichnet, effektivere Aufsätze schreiben, die eine argumentative Beweisführung enthalten:

How to support evidence-based essay writing in the bilingual classroom
1. Approach history as evidence-based interpretation. 2. Read historical texts and consider them as interpretations. 3. Support reading comprehension and historical thinking. 4. Put students in the role of developing interpretation and supporting them with evidence. 5. Use direct instruction, guided practice, independent practice and feedback to teach evidence-based writing.
In the bilingual classroom
• Students should write frequently. Think about the demands of the writing tasks you use (historical thinking, German and English language) and have students write analytical essays and historical arguments, not just descriptive or summary pieces. • Teach students to write historical arguments where they make claims and support them with evidence. • It is important to segment and model this task. For example, teach students how to write thesis statements and then share and discuss models of effective theses. • Reading multiple sources/historical accounts is essential to teaching evidence-based historical writing. Have students write analyses of single sources/accounts and also look across sources/accounts to answer a question. • Select texts carefully so students can encounter models of historical argument and see how sources are the raw materials for making evidence-based arguments.

- Use tools/scaffolds to make these ways of thinking visible and routine for students. (For example, the acronym SOAP reminds students to question a source according to these criteria: **S**ource, **O**ccasion, **A**udience and **P**urpose.)

Abb. 4.18: *Evidence-based essay writing* nach Monte-Sano (2008b; teachinghistory.org/issues-and-research/research-brief/24487), adaptiert

4. Lesen durch Schreiben unterrichten I: *Annotations and Mini-Writes*

Laut Chauncey Monte-Sano (2008a; teaching-history.org/teaching-materials/teaching-guides/23554) besteht typischer Geschichtsunterricht aus dem Lesen eines Schulbuchtextes mit der anschließenden Bearbeitung von Fragen am Ende des Kapitels oder Unterkapitels. Lesen und Schreiben sind dabei getrennte Prozesse und sorgfältiges Lesen findet oftmals nicht statt. Das Schreiben längerer historischer Aufsätze findet – wenn überhaupt – nur am Ende einer Unterrichtseinheit statt. Monte-Sano plädiert dafür, Schreibübungen in Form von Anmerkungen und kleinen Schreibaufträgen stärker in Unterrichtseinheiten zu integrieren, da diese den Lernenden ein Verständnis des Inhaltes ermöglichen.

Wenn Schüler/innen während des Lesens Anmerkungen machen (z. B. Wörter unterstreichen, kleine Notizen, Fragen oder Ideen an die Ränder schreiben), findet eine stärkere Interaktion mit dem Text statt, die für Interpretationsprozesse förderlich ist. Die Annotationen, die eine Mischung aus Fragen, Bezügen zu anderen Texten, Klarstellungen, Zusammenfassungen, Definitionen und Interpretationen darstellen, machen Lesen zu einem Sinnbildungsprozess, der zum genauen Hinschauen und zum Argumentieren mit dem Text führt – nicht das Sammeln und Suchen von Informationen steht im Vordergrund. Lesen ist ein Interaktionsprozess mit Texten, in dem Bedeutung konstruiert wird, Randnotizen sind ein wichtiger Aspekt dieser Interaktion. Deshalb ist auch ein Feedback über die Randnotizen sehr wichtig: Wenn Schüler/innen ihre Argumente nicht belegen können, liegt das häufig daran, dass sie keine (oder zumindest keine hilfreichen) Randnotizen beim Lesen der Texte angefertigt haben. Das „Denken mit dem Stift in der Hand" bedarf einiger Übung und Erfahrung. Mit einer Overheadfolie oder einem Präsentationsprogramm kann die Lehrkraft modellieren, wie Schüler/innen eine historische Quelle oder Darstellung mit Annotationen versehen können, die ihr historisches Verstehen verbessern: Fragen stellen und beim Lesen beantworten, Textabschnitte zusammenfassen, die Perspektive der Autorin/des Autors bedenken, die Wortwahl analysieren, Verbindungen zwischen der Quelle/der Darstellung und der Zeit, in der sie geschrieben wurde, herstellen, etc. Eine gute Modellierung zeigt den Lernenden, wie Expert(inn)en an Quellen und Darstellungen herangehen, aber auch, dass Lehrer/innen davon profitieren können und es für sie auch notwendig ist, Fragen an Texte zu stellen und sich mit ihnen intensiv auseinanderzusetzen. Wenn Schüler/innen damit beginnen Annotationen und *mini-writes* anzufertigen, beobachte ich häufig, dass sie sich zu sehr auf das Leseverständnis konzentrieren und dementsprechend Begriffe definieren und die wichtigen Ideen des Textes zusammenfassen. Der Sinn dieser Schreibübungen liegt aber im Verständnis der Autor(inn)en und ihrer Zeit. Um die Lernenden über *summary writing* hinauszubringen, ist es immer wieder notwendig, sie dazu aufzufordern, die Perspektive der Verfasser/innen, den Zweck des Textes und die historische Kontextualisierung von Quelle/Darstellung und Leben der Autor(inn)en zu berücksichtigen. Wenn Schüler/innen sich nur vage auf Quellen und

Darstellungen in ihren *mini-writes* beziehen, ist es gut, sie zu bitten, eine bestimmte Textpassage zu zitieren und ihre Interpretation zu erklären.

Writing to learn history: Annotations and mini-writes (Monte-Sano)
Vorbereitung • Auswahl einer historischen Fragestellung, die im Rahmen der Unterrichtseinheit untersucht/beantwortet werden soll. Sie sollte offen für Interpretationen sein, über das Zusammenfassen von Informationen hinausgehen und einen guten Fokus für einen abschließenden Aufsatz bieten; • Auswahl von Quellen und Darstellungen, welche den Lernenden eine Untersuchung der Fragestellung ermöglichen; • Identifikation der Aspekte, die den Lernenden dabei helfen, die jeweilige Quelle/Darstellung zu verstehen, aber auch die übergeordnete Fragestellung; • Erstellung von Wegweisern zum Erstellen der Annotationen und von Arbeitsaufträgen für *mini-writes*, welche die Aspekte der Quellen/Darstellungen beleuchten, die den Lernenden ein Verständnis der Zeitumstände, historischen Akteure, Ereignisse und Probleme ermöglichen, die für die Beantwortung der Fragestellung zentral sind; • zur Arbeit an den Annotationen und zum Austausch von *mini-writes* bieten sich Partner- oder Gruppenarbeit an. Durchführung • Modellierung, wie man am besten Annotationen anfertigt; • Übungsphasen, in denen Schüler/innen individuell, in Partnerarbeit oder in Gruppen Annotationen anfertigen; • Übungsphasen, in denen Schüler/innen *mini-writes* individuell anfertigen und ihre Schlussfolgerungen und Ergebnisse dann mit Partnern oder der ganzen Klasse teilen; • es ist wichtig, die Schüler/innen aufzufordern, zu erklären, warum sie zu bestimmten Interpretationen/Schlussfolgerungen gekommen sind, indem sie diese am Textmaterial belegen müssen; • die Schüler/innen sollten einen abschließenden Aufsatz schreiben, in dem sie die übergeordnete Fragestellung der Unterrichtseinheit beantworten. Wenn diese Aufgabe durch die Annotationen und *mini-writes* gut vorbereitet wurde, können diese den Lernenden als *scaffolds* dienen.

Abb. 4.19: Vorbereitung und Durchführung von Schreibübungen nach Monte-Sano (2008a; teaching-history.org/teaching-materials/teaching-guides/23554)

Annotating kann auch in Verbindung mit einem Arbeitsblatt zu den historischen Lesestrategien vorbereitet werden. Dieses stellt eine Weiterentwicklung der historischen Lesestrategien aus den Untersuchungen von de la Paz und Felton dar:

I READ (Monte-Sano, de la Paz, Felton)				
While reading the source documents, complete these tasks/ask these questions:				
Identify the author's argument in response to the historical question. • Which side is s/he on? • What is her/his response to the historical question?	**R**ead each paragraph and ask about the main idea. • What is the author writing about in this paragraph? • How does this idea relate to or answer the historical question?	**E**xamine the author's reliability. • Who wrote this document and what judgments can we make about her/him? • Why did s/he write this?	**A**ssess the influence of context. • How might place have influenced the writing of this document? • What else was going on at this time in history?	**D**etermine the quality of the author's facts and examples. • What facts or examples does s/he give? • Where do they come from? • How do they support her/his argument?

… and add notes to the source documents according to these guidelines:				
• Put a big box above the source and fill it with the author's main argument. S/he believes/ thinks/ argues …	• Underline words and sentences that tell you the author's main idea. **AND/OR** • Write the main idea in 3-4 words next to each paragraph.	• Put stars next to information about the author, her/his purpose, type of document, audience, and occasion for writing. **AND DECIDE:** • *Write down 1 reason to doubt the author and 1 reason to trust her/him.*	• Put arrows next to information about the context: dates of documents, location, and historical events. • Make a timeline. **AND DECIDE:** • *Given what else was happening at this time/ place, write down why her/ his argument does/does not make sense.*	• Put circles around facts and examples the author uses to support her/his argument. **AND DECIDE:** • *Write down why her/his facts and examples are/are not convincing.*

Abb. 4.20: I READ nach Monte-Sano/De La Paz/Felton (2014, S. 178ff.), adaptiert

Während I und R den Lernenden aus den in der Schule üblichen Lesemethoden bekannt sind, stellen sie E, A, und D vor andere Anforderungen. Manchen fällt anfänglich die Unterscheidung zwischen E und D schwer, vielen bereitet A die größten Schwierigkeiten, da sie hier ihr historisches Hintergrundwissen mit den Quellen und ihren Autor(inn)en verbinden müssen. Für E und A benötigen sie ausreichende Informationen oder Zeit für eigene Recherchen. Wichtig an der hier in einer adaptierten Form präsentierten Lesehilfe ist, dass sie die Lernenden dazu auffordert, Entscheidungen/Urteile zu fällen und ihre Argumentation mit Quellenbelegen und historischem Hintergrundwissen zu stützen. Sorgfältige Annotationen (für I sollte über der Quelle Platz sein, für R daneben, für E, A und D darunter) stellen eine solide Vorbereitung auf das Schreiben von historischen Aufsätzen dar.

5. Lesen durch Schreiben unterrichten II: *Writing essays to promote analytical reading and thinking*

Schreibaufgaben sollten Geschichte als einen Untersuchungsprozess repräsentieren, der Lernenden die Möglichkeit gibt, ihre eigenen Interpretationen zu entwickeln. Die Aufgabenstellung sollte die Aufmerksamkeit der Schüler/innen auf spezifische Aspekte der Texte lenken und ihnen Praxismöglichkeiten in den historischen Lesestrategien, im Einnehmen verschiedener Perspektiven und der materialgestützten Beweisführung (Stützung ihrer Ideen durch Belege aus den Quellen und Darstellungen) geben. Monte-Sano (2008a, S. 19ff.) unterscheidet zwei sinnvoll aufeinander aufbauende Arten von Schreibaufgaben: (1) Die schriftliche Auseinandersetzung mit einer Quelle oder Darstellung oder Texten einer Autorin/eines Autors (*expository essays*). Diese Form von Schreibaufgabe gibt Lernenden die Möglichkeit, einen Text zu verstehen und mit ihm zu interagieren. Sie können gut vor Klassendiskussionen geschaltet werden, weil der Schreibprozess den Lernenden hilft, die Texte besser zu verstehen, was sich wiederum positiv auf die Qualität der Diskussion auswirkt. Die Aufgaben sollten die Untersuchung von *evidence* ins Zentrum der Auseinandersetzung der Lernenden mit der Vergangenheit rücken, nicht ihre persönlichen Ansichten und ihnen verdeutlichen, dass sie innehalten, sich „verlangsamen" sollten, um zu denken, sorgfältig zu lesen und dann erst die historischen Quellen und Darstellungen zu interpretieren. Nachdem mehrere solcher *expository essays* über verschiedene Quellen/Darstellungen geschrieben wurden, kann zu einer weiteren Schreibaufgabe übergegangen werden: (2) Die interpretative Synthese von komplexeren Themen unter Verwendung einer größeren Anzahl von Quellen/Darstellungen (*synthetic interpretations of multiple documents*). Als Hausaufgabe erlaubt sie Lernenden, ihre Gedanken in Hinblick auf ein Thema zusammenzubringen, über das sie schon eine ganze Zeit gelesen, geschrieben und diskutiert haben. Sie erfordert den Vergleich von verschiedenen Quellen/Darstellungen (*corroboration*), die mit einem Thema zusammenhängen. Sie erfordert neben dem Lesen auch eine Zusammensicht der historischen Quellen und Darstellungen. Die vorausgehenden kleineren Schreibaufgaben bilden das *scaffolding* für die interpretative Synthese. Der anhaltende Fokus auf bestimmte historische Themen gibt den Lernenden die Chance, ein historisches Problem/eine historische Frage aus multiplen Perspektiven zu betrachten, signifikante kontextuelle Faktoren zu erforschen und dabei ihr inhaltliches Wissen zu vertiefen. Die Lernenden können bei der Synthese auf ihre vorangegangen kleineren Aufsätze und *mini-writes* zurückgreifen, die Feedback, Annotationen und Anmerkungen enthalten. Drei spezifische Feedbackmuster sind wichtig, um – falls notwendig – die Lernenden auf die Quellen und Darstellungen zurückzuverweisen: *historical accuracy, demand for evidence, interpretive disagreement* (Ebd.). Kommentare, die diesen Feedbackmustern folgen, können sorgfältiges Lesen mit akkurateren oder überzeugenderen Interpretationen verbinden. Die Schülerinterpretationen müssen ein solides Fundament haben, das sich in der Rückbindung ihrer Argumentation an die Quellen und Darstellungen zeigt. Als Lehrkraft gilt es zu kommunizieren, dass ihre Ideen geschätzt werden, aber das nur *evidence-based interpretations* akzeptabel sind. Fragen, Feststellungen und Kommentare von Lehrenden sollten die Zeit, den Raum und die Gattung/das Genre der Quellen und Darstellungen betonen, sie sollten den Lernenden vermitteln, dass ihre Annahmen über die Welt beim historischen Verstehen nicht immer funktionieren, weil die Vergangenheit sich von der Gegenwart unterscheidet. Das fordert die natürliche Neigung der Schüler/innen heraus, die Vergangenheit ausgehend von ihren heutigen Annahmen zu bewerten und zeigt einen alternativen Denkweg auf. Dadurch lässt sich Expertendenken in Geschichte sichtbar machen und die Lernenden können zum kontextualisierten Lesen geführt werden.

In den Untersuchungen von Chauncey Monte-Sano zeigt sich, das Geschichtsunterricht dann besonders effektiv ist, wenn Lesen und Schreiben ineinander verwoben sind und eine starke Verbindung zum Fach Geschichte aufweisen. Ein solcher Geschichtsunterricht bietet ein reichhaltiges, tief in historischen Inhalten verwurzeltes Literalitätsprogramm, in dem sich historisches Denken/Argumentieren und *literacy skills* überlagern:

> „Students who demonstrated historical reasoning in their writing also consistently supported their interpretations with evidence. Students who demonstrated argumentation skills in their writing made claims and supported them with evidence" (ebd., S. 28).

Unterrichtspraktiken, welche historische Lese-, Schreib- und Denkstrategien betonen, unterstützen auch den Erwerb von *literacy* (Monte-Sano 2008c). Wie Schüler/innen lesen, beeinflusst ihr Schreiben und wie sie schreiben, ist ein Indikator für ihr Lesen. Lesen und

Schreiben sind verbundene – nicht separate – Prozesse, die im historischen Denken wurzeln. Lesen, Schreiben und Denken sollten also auch im bilingualen Geschichtsunterricht keine diskreten, unverbundenen Aktivitäten darstellen, sondern sich gegenseitig unterstützende Prozesse. Im bilingualen Geschichtsunterricht geht es also nicht nur um *exploratory talk* (Moate 2010, S. 42), sondern insbesondere auch um *exploratory reading, writing, and thinking*. Für die bilinguale Lehrkraft, die inhaltliches und sprachliches Lernen miteinander verbinden soll, bedeutet ein solcher Unterricht einen hohen Arbeitsaufwand, der nur bewältigt werden kann, wenn regelmäßig Zeiträume gefunden werden, in denen ein Feedback über die Schreibprozesse der Schüler/innen erfolgen kann. Auch hier bietet sich eine Verknüpfung mit dem Englischunterricht bzw. eine Auslagerung von Teilen des Arbeitsaufwands in diesen an.

6. Die Autorinnen und Autoren von Schulbuchtexten sichtbar machen

Verfassertexte in Schulgeschichtsbüchern „verdecken" in der Regel ihre Autorenschaft, was den interpretativen Charakter der Schulbuchsynthesen für Schüler/innen häufig „unsichtbar" macht. Richard Paxton (2002; teachinghistory.org/issues-and-research/research-brief/24323) ist in einer Studie der Hypothese nachgegangen, dass ein(e) sichtbare(r) Autor(in) die Leseprozesse der Schüler/innen verändern würde. Würde sie/er auch ihre historischen Verstehens- und Schreibprozesse beeinflussen? Während die Kontrollgruppe einen typischen Schulbuchtext über die Ermordung Caesars und sechs, aus unterschiedlichen Perspektiven verfasste Quellen bearbeitete, war der Schulbuchtext in der Experimentalgruppe so verändert, dass er zwar dieselben Informationen enthielt, er hatte aber eine(n) sichtbare(n) Autor(in). Beide Gruppen sollten im Anschluss an die Lektüre der Materialien ein- bis zweiseitige Aufsätze schreiben. Paxton kam zu folgenden Ergebnissen: Schüler/innen der Experimentalgruppe sagten erstens mehr als doppelt so viel über die Quellen als die der Kontrollgruppe; sie bezogen sich zweitens mehr als dreimal so häufig auf die Autor(inn)en; die Wahrscheinlichkeit, dass sie drittens versuchten mit den Autor(inn)en zu interagieren, war mehr als doppelt so hoch; sie schrieben viertens längere, substantiellere Aufsätze, stellten mehr Fragen und dachten tiefgründiger über die historischen Ereignisse nach. Interessanterweise regte der *visible author effect* auch eine interaktivere Auseinandersetzung mit dem Quellenmaterial bzw. dessen Autor(inn)en an (Spekulationen über die Verlässlichkeit der Autor(inn)en und Überlegungen zu den verschiedenen Perspektiven). Während der traditionelle Schulbuchtext passive, leicht negative Äußerungen der Schüler/innen hervorrief, produzierte die Sichtbarkeit der Autorin/des Autors Fragen und Engagement (Beispiel: „To those of us looking back at the ancient past, Julius Caesar remains one of the most controversial figures. I, for one, have a hard time deciding if he was a great leader, or a terrible dictator. Other historians have the same problem. Let's see what you think."). Paxtons Ergebnisse sprechen für eine Veränderung der vielkritisierten Verfassertexte in Schulgeschichtsbüchern. Die eigenständige Überarbeitung von Verfassertexten in bilingualen Lehrwerken, um die Autor(inn)en sichtbarer zu machen, lässt sich aufgrund des hohen Zeitaufwandes nur gelegentlich durchführen. Als Experiment kann ich es aber durchaus empfehlen: Die durch sie ausgelöste Irritation führt zu interessanten Diskussionen und ruft mehr Engagement hervor. In der Unterrichtspraxis ist allerdings der von Beck und McKeown entwickelte *Questioning the Author*-Ansatz einfacher umzusetzen.

7. Die Autorität des Geschichtsbuchs in Frage stellen

Eine weitere Möglichkeit, mit der „Allwissenheit" des Geschichtsbuchs umzugehen, bietet Robert Bain (2006; teachinghistory.org/best-practices/teaching-with-textbooks/20571). Die effektive Verwendung von Schulgeschichtsbüchern ist laut Bain ein komplizierter und paradoxer Instruktionsprozess, der in der Lehrerausbildung und der Fortbildungspraxis häufig ignoriert wird (ebd., S. 2081). Wie kann man Schüler/innen dazu bringen, Darstellungen in Geschichtsbüchern als *eine*, aber nicht *die* Darstellung eines Themas/Ereignisses zu sehen? Schüler/innen haben bei den meisten der im Geschichtsunterricht behandelten Themen nicht genug eigenes Wissen, um die Darstellung im Geschichtsbuch zu kritisieren. Die häufig auch hierzulande in der Debatte um Kompetenzorientierung auftauchende falsche Dichotomie von *facts versus thinking skills* (ebd., S. 2090) greift beim historischen Lernen oftmals nicht, beides bedingt sich gegenseitig:

> "Thus, it is not enough for students to learn to engage in reasoned, disciplined criticism of textbooks [...] Rather, students learning to criticize textbooks must know specifically what knowledge authors collapsed and excluded. [...] Because students had experience with specific documentary evidence, they read the relevant pages in the textbook with substantive questions about whom the authors used to create their interpretation and to what end. [...] Separating or privileging procedural over substantive knowledge places students at a disadvantage when confronting the historical authority of either teachers or textbooks by encouraging facile or pedantic criticism" (ebd., S. 2105f.).

Bains Vorgehensweise im Unterricht war wie folgt:

Questioning textbook authority	
1. *Students build detailed knowledge before ever opening the textbook*	Für eine Unterrichtseinheit über die Pest im 14. Jahrhundert stattete Bain seine Klasse mit ca. 40 Quellen aus, die von Holzschnitten, über päpstliche Bullen und Glasmalereien bis zu offiziellen Dokumenten reichten. Über mehrere Wochen lasen die Schüler/innen die Quellen, schrieben über sie in ihren Heften/Mappen, diskutierten sie in Gruppen und schrieben schließlich eigene historische Darstellungen über die Pest auf der Grundlage ihrer Quellenbelege. Danach setzten sie sich mit der Darstellung der Pest in ihrem Geschichtsbuch auseinander. Aber immer noch fand kein kritisches Lesen der Darstellung im Geschichtsbuch statt!
2. *Now experts, students criticise the textbook*	Die folgende Aufgabenstellung führte dann zu einer kritischen Diskussion: *Write a letter to the authors of the text, assessing their representations of the plague. Do you think it is an effective representation? Why or why not?* Mit dieser Aufforderung zur Kritik begannen die Schüler/innen die Darstellung im Geschichtsbuch zu kritisieren (begrenzte Details, Eurozentrismus, vereinfachte Analyse, mangelnde Kontextualisierung).
3. *Students question other classroom authorities*	Auch nach dieser Analyse gab es noch eine weitere Autorität, welche die Schüler/innen nicht kritisierten – seine eigene. Daraufhin erklärte Bain den Lernenden, dass er die Quellenauswahl getroffen habe und fragte sie, inwiefern seine Sichtweise auf das Thema die Auswahl beeinflusst haben könnte.

Abb. 4.21: Die „Autorität des Geschichtsbuchs in Frage stellen" nach Bain (2006; teachinghistory.org/best-practices/teaching-with-textbooks/20571)

Bains dreischrittige Methode kann für viele historische Themen angewendet werden. Das Geschichtsbuch bildet dann nicht die Wissensgrundlage für die folgende Quellenarbeit, sondern die historischen Darstellungen der Schüler/innen stellen die Basis für eine kritische Auseinandersetzung mit dem Geschichtsbuch dar. Für die Lernentwicklung der Schüler/innen, am Ende der Mittelstufe und in der Oberstufe, stellt eine solche methodische Vorgehensweise einen gewaltigen Schritt dar. Sie sollte auch im bilingualen Geschichtsunterricht mindestens einmal im Schuljahr zum Tragen kommen.

8. Wie können Schüler/innen historische Fragen für eigene Forschungsvorhaben entwickeln?

Ab der Jahrgangsstufe 9 empfehle ich den Einsatz von jahresübergreifenden Forschungsprojekten im bilingualen Geschichtsunterricht, welche die Schüler/innen in eigenständigen Hausarbeiten dokumentieren, die eine Klassenarbeit ersetzen können. Diese dienen der Entwicklung narrativer Kompetenz, aber auch der Vorbereitung auf die Oberstufe bzw. Universität. Während die Themenfindung meistens kein großes Problem darstellt, ist die Entwicklung einer geeigneten, für die Lernenden zu bewältigenden historischen Fragestellung eine komplexere Angelegenheit. Da sie sich meistens mit vorgegebenen Fragen auseinandersetzen müssen, ihr „Vorwissen" bei neuen Themen häufig nicht ausreicht, um „echte" historische Fragen zu stellen, fällt es einigen Lernenden nicht leicht, ihr ausgewähltes Thema mit einer passenden Fragestellung zusammenzubringen, es anhand einer solchen zu strukturieren und auch einzuschränken. Wie können Schüler/innen lernen, eigene historische Fragestellungen zu entwickeln? Ich versuche darauf zu achten, dass die Lernenden im bilingualen Geschichtsunterricht im Rahmen von Unterrichtsaktivitäten möglichst viele Fragen stellen und wir auch über die Qualität von Fragen diskutieren, damit die Lernenden nach und nach ein Gefühl dafür bekommen, was denn das spezifisch historische an den Fragestellungen im Geschichtsunterricht ist. Während die lesestrategischen Fragen die Untersuchung von Quellen und Darstellungen anleiten, geht es hier um analytische Fragen, welche im Rahmen einer historischen Darstellung beantwortet werden sollen – sie bilden gewissermaßen das thematische Strukturierungskonzept ab (z. B. Längs- oder Querschnitt, Fallanalyse, historischer Vergleich). Neben der Modellierung und Diskussion solcher Strukturierungskonzepte bietet hier die Arbeit mit den historischen Denkkonzepten (siehe Kapitel 5) einen großen Fundus für die Schreibprozesse der Schüler/innen bzw. der Entwicklung ihrer historischen Fragen:

Developing historical questions
Good historical questions uncover important issues and motives which shaped events, ideas and actions. They are analytical, they look at causes and effects and focus on HOW and WHY, not so much on WHO, WHAT, WHERE and WHEN. Good historical questions: • address at least one of the big six historical thinking concepts (historical significance, evidence, continuity and change, cause and consequence, historical perspectives, and the ethical dimension); • are open-ended (not having a simple yes or no answer); • are argumentative (can be answered in multiple ways, different interpretations based on the evidence are possible); • are specific (not too broad to handle in a research paper!). Bad Questions: • Who were the Romans? When did the Roman Empire collapse? Better Question: • Why did the Roman Empire collapse? <u>Make better historical questions out of bad ones</u> Read the questions and the explanations of what is wrong with them. Then change the questions to make them more acceptable as historical questions.

1. What events led to the rise of Napoleon Bonaparte? (This question leads to a description of key events, not necessarily to an explanation of how these events contributed to Napoleon's rise. If you only look at the events, you may fail to explain them.)

Better historical question: ...

2. How has art changed over time? (Without a time frame, this topic is too broad to make a reasonable argument. What usually happens then, is that you describe art over time rather than explain how it changed.)

Better historical question: ...

3. Should the USA have dropped the atomic bomb on Japanese cities at the end of WWII? (This question is not analytic but evaluative. In answering this question you might only try to persuade the reader to agree with your moral judgment, instead of analyzing the causes.)

Better historical question: ...

Abb. 4.22: Historische Fragen entwickeln – erstellt unter Verwendung von Ideen von John Schmidt und Jeff Treppa (historicalthinker.com; teachinghistory.org/teaching-materials/teaching-guides/25516)

9. Wie können Schüler/innen Hypothesen formulieren und zur Strukturierung ihrer Aufsätze verwenden?

Aufsätze zu historischen Themen haben meistens eine bestimmte Struktur, die Schüler/innen vor drei Aufgaben stellt: die Erstellung eines einleitenden Abschnitts, der deutlich die Fragestellung des Aufsatzes entwickelt und eine Hypothese (bzw. Antwort) formuliert; die inneren Abschnitte dienen dann der Beweisführung im Hinblick auf die Hypothese/Antwort (*evidence base*); der abschließende Abschnitt fasst die Ergebnisse zusammen und präsentiert eine Antwort auf die Frage bzw. Schlussfolgerungen im Hinblick auf die Hypothese. Wie auch immer der Aufbau genau aussieht, das Formulieren einer klaren Hypothese stellt eine entscheidende Aufgabe für die Lernenden dar, da deren Untersuchung/Erklärung unter Verwendung von Belegen aus Quellen und/oder Darstellungen den Aufsatz strukturiert. Den meisten Lernenden fällt es schwer, eine Komponente von historischen Aufsätzen, wie das *thesis statement*, in abstrakter Form zu lernen. Insofern ist es angebracht, das Formulieren von Hypothesen an konkreten historischen Beispielen zu üben. Jonathan Burack (teachinghistory.org/teaching-materials/teaching-guides/22206) hat ein solches Beispiel anhand des *Haymarket Square bombing* in Chicago in 1886 entwickelt, das eine Vielzahl von Materialien enthält, die Lehrkräfte, ihrem jeweiligen Thema entsprechend, anpassen können. Hier reicht der Raum nur für eine Schülerhandreichung mit ein paar allgemeinen Erläuterungen aus:

What is a thesis statement?

This lesson's goal is to teach you what a thesis statement is and how to use a thesis statement in writing a DBQ essay. DBQ stands for Document-Based Question. In a DBQ essay, a task used in American schools, you use your background knowledge and the evidence in a set of source documents to answer a question about a historical event.

A thesis statement is a brief statement of what you will try to prove or explain in your essay.

A history essay does not only list facts. It is a logical argument or clear step-by-step explanation answering a question about the past. The thesis statement is your initial answer to that question. *It makes a claim that the rest of your essay must back up with related ideas, quotes, details and explanations of the details.*

A thesis is not just any descriptive statement, it has to make a claim or state a position someone will accept by reading your essay. Your claim should specifically answer the question being posed. If the thesis statement is too broad, you will not be able to back it up or explain it convincingly in a short essay. In a DBQ essay, your thesis statement must also be one you can prove and support using the set of sources you have been given.

There are three tasks that a good thesis statement must perform. Your thesis statement should:
1. Make a claim you can back up with evidence and with your general background knowledge. The claim must not be too broad or vague. It should be related closely to the evidence provided by the sources you will write about.
2. Address ALL aspects of the essay question. A common error is to answer a question that was not asked or to answer only part of the question that was asked. Your thesis statement should respond to each part of the DBQ or other essay question.
3. Act as a guide in helping you to organize the entire essay. A good thesis statement can help you decide what the key parts of your essay will be and in what order.

Abb. 4.23: Hypothesenbildung im bilingualen Geschichtsunterricht nach Jonathan Burack (teachinghistory.org/teaching-materials/teaching-guides/22206), adaptiert

10. *H2W Tool*

Monte-Sano, de la Paz und Felton (2014) haben weitere nützliche *disciplinary literacy tools* und *writing supports* entwickelt, die den Lernenden als Handreichung zur Verfügung gestellt werden können, um sie bei ihren Schreibprozessen zu unterstützen. Für ihren Ansatz schlagen sie folgende Phasen vor:

Unterrichtsphasen beim Einsatz des *How to write tool*
1. Prepare students to learn
2. Model how to read and write like a historian
3. Support students' practice
4. Provide additional, more challenging forms of practice
5. Promote independence

Abb. 4.24: Unterrichtsphasen nach Monte-Sano/De La Paz/Felton (2014, S. 18)

Für die Komposition von historischen Aufsätzen, die auf kontroversen Fragestellungen und zwei unterschiedlichen Sichtweisen auf diese beruhen (repräsentiert durch Quellen), haben sie die folgende Gliederung mit Arbeitsanweisungen für die Schüler/innen erarbeitet. Bevor die Lernenden ihre Aufsätze schreiben, sollen sie diese mithilfe der Kriterien erst einmal stichwortartig planen:

How to write your essay
Introduction: (1) Give a short summary of the event or issue (include who, what, when, and where). (2) Explain the historical question in one sentence. (3) Clarify why people disagreed about the event or issue. (4) Present your answer to the historical question. *Supporting paragraph:* (1) Put forward the strongest reason that supports your answer. (2) Select a quote or other evidence that will convince readers of your argument and write down who/where this evidence comes from. (3) Show clearly how your quote or evidence supports your argument. (4) Explain your assessment of (a) the author's reliability, (b) the influence of context, and (c) the quality of the facts and examples the author uses to support his view. *Supporting paragraph:* (1) Introduce another reason to support your argument and repeat the steps above. *Rebuttal paragraph:* (1) Put forward the strongest reason that refutes your argument but explains the opposite perspective. (2) Select a quote or other evidence that supports this perspective. (3) Rebut the opposing evidence by explaining your assessment of (a) the author's reliability, (b) the influence of context, and (c) the quality of the facts and examples the author uses to support his view. *Conclusion:* (1) Restate your answer to the historical question by comparing the source documents and explaining why your perspective is more convincing than the other one. Try to connect your ideas to what was happening in the historical context. Explain how the historical context supports your view.

Abb. 4.25: *H2W tool* nach Monte-Sano/De La Paz/Felton (2014, S. 181), adaptiert

Neben den Planungs- stellen sie aber auch Formulierungshilfen für die einzelnen Abschnitte zur Verfügung (ebd., S. 182). Sie bieten auch Beispiele dafür, wie Lehrkräfte Elemente des Planungsprozesses erklären bzw. für die Lernenden modellieren können (ebd., S. 57). Zur Selbsteinschätzung ihrer Schreibprodukte empfehlen sie einen *reflection guide*. Dieser enthält folgende Kriterien, die zur Erarbeitung eines Selbsteinschatzungsbogens (*I am good at/I am working on*) herangezogen werden können:

Reflection guide: Kriterien zur Selbsteinschätzung
Introduction: My introduction contains all the necessary parts and sets the controversy up well. *Supporting Paragraph 1:* I used H2W to give a reason, a quote, an explanation, and a judgment to support my argument. My ideas are convincing and support my argument. *Supporting Paragraph 2:* I gave a 2nd reason, … (see supporting paragraph 1). *Rebuttal Paragraph:* I stated a reason against my view that supports the other side. I rejected a quote by identifying a problem in the other side's line of reasoning. My rebuttal rejects the opposing argument well. *Conclusion:* I compared both views, explained why my argument is best and linked my ideas to the historical context. My conclusion ends with evidence that considers both perspectives but sticks to my point of view.

Abb. 4.26: Kriterien für einen Selbstdiagnosebogen nach Monte-Sano/De La Paz/Felton (2014, S. 188f.), adaptiert

Der Analysebogen für Lehrkräfte enthält folgende Kriterien:

Analysis of student writing (Kriterien)
Introduction: shares relevant historical background; clarifies why people disagree; answers the historical question *Supporting Paragraph(s):* supports the argument with evidence; explains how evidence supports argument; assesses relevant ideas, evidence, or source *Rebuttal Paragraph:* shares evidence for the opposing perspective; explains how evidence supports argument; refutes opposing evidence by explaining a problem with source quality or evidence *Conclusion:* answers the historical question; compares the source documents; explains why student's interpretation or perspective is more convincing; connects her/his ideas to what was happening in the historical context *Comment:* ...

Abb. 4.27: Feedbackbogen für Lehrer/innen nach Monte-Sano/De La Paz/Felton (2014, S. 190), adaptiert

Zu diesem Materialpaket gehört noch IREAD, das weiter oben (4.) besprochen wird. Die Struktur von H2W ist etwas formalistisch und restriktiv, zumal häufig nur zwei Quellen, zwei kontroverse Sichtweisen gegenübergestellt werden, konnte aber bei Lernenden der Jahrgangsstufe 8 gut eingesetzt werden (ebd., S. 24). Ich halte das Modell für sehr gut geeignet, um Schüler/innen im bilingualen Geschichtsunterricht der Mittelstufe ab der Jahrgangstufe 8/9 an disziplinäre Lese-, Denk- und Schreibstrategien heranzuführen. Lehrer/innen können es an ihre Bedürfnisse anpassen und *Scaffolds* nach und nach, mit zunehmender Beherrschung der Strategien durch die Lernenden, entfernen. Fortgeschrittene Schüler/innen können zusätzliche *supporting* oder *rebuttal paragraphs* schreiben, *struggling writers* können auch weniger schreiben, neben der Einleitung und dem Schluss vielleicht nur einen Abschnitt, der ihre Argumentation stützt. Neben den Hilfen zur Planung und zum Schreiben von Aufsätzen haben auch Beispielaufsätze eine wichtige Modellierungs- und Stützfunktion, die bilinguale Lehrkräfte den Lernenden zu Beginn des Lehrgangs zur Verfügung stellen sollten (vgl. ebd., S. 185ff. für Beispiele). Monte-Sano, de la Paz und Felton bieten auch einen Lehrgang zu Themen der amerikanischen Geschichte an, dessen Lektüre und Erprobung ich bilingualen Lehrkräften nur empfehlen kann, da er hervorragend die zu vermittelnden Lese-, Denk- und Schreibstrategien modelliert – und auch zeigt, wie Lehrer/innen diese für die Schüler/innen modellieren können. Bei knappen Zeitressourcen kann dieser Lehrgang in den Englischunterricht ausgelagert werden.

11. Arbeiten mit der SOLO-Taxonomie

Wie können Schreibprodukte der Schüler/innen im bilingualen Geschichtsunterricht formativ und summativ bewertet werden, und zwar so, dass den Lernenden ihre Kompetenzentwicklung verdeutlicht werden kann? Die SOLO-Taxonomie (Biggs/Collis 1982; Biggs/Tang 2007) beschreibt fünf Levels der zunehmenden Komplexität im Verständnis von Lernenden im Hinblick auf ein Thema und soll für jedes Fachgebiet anwendbar sein:

SOLO-Taxonomie (Biggs/Collis/Tang)		
Structure of **O**bserved **L**earning **O**utcomes	PRESTRUCTURAL UNISTRUCTURAL MULTISTRUCTURAL RELATIONAL EXTENDED ABSTRACT	Komplexität steigt

Abb. 4.28: Die SOLO-Taxomie

Die einzelnen Levels können z. B. anhand der Textsorte Erörterung wie folgt erläutert werden (vgl. auch Atherton 2011e): (a) *prestructural:* Die Argumentation hat keine Organisation und macht keinen Sinn, die Schüler/innen haben nur unverbundene Teilinformationen erworben; (b) *unistructral:* Einfache und offensichtliche Verbindungen werden hergestellt, aber ihre Bedeutung wird nicht verstanden; (c) *multistructural:* Mehrere Verbindungen zwischen den Argumenten werden hergestellt, aber die Hintergründe werden nicht erfasst, ebenso wenig die Bedeutung der einzelnen Argumente für das Ganze; (d) *relational:* Das Verhältnis der einzelnen Argumente zueinander und ihre Gewichtung sowie ihre Bedeutung für das Ganze wird erfasst; (e) *extended abstract:* Darüber hinaus werden Beziehungen zu anderen Themengebieten hergestellt (Generalisierung, Transfer).

Da es sich um ein fächerübergreifendes Instrumentarium handelt, hat die SOLO-Taxonomie aber auch deutliche Mängel. Sie bedarf der Einbettung in historische Lese-, Schreib- und Denkstrategien, damit die Schüler/innen begreifen können, dass die Operatoren in der Oberstufe (oder die Diskursfunktionen aus der bilingualen Theoriebildung) eine disziplinspezifische Auffüllung benötigen, um die geschichtsspezifische Bedeutung der geforderten Handlungen erfassen zu können. Wie könnte eine geschichtsspezifische SOLO-Taxonomie aussehen? Kann man die historischen Lesestrategien in Verbform den Niveaus der Taxonomie zuordnen, also z. B. *sourcing* und *close reading* dem Level *relational, contextualize* und *corroborate* dem Level *extended abstract*? Das scheint mir ein ziemlich müßiges Unterfangen zu sein. Sinnvoller erscheint es mir, den RLH-Ansatz mit der SOLO-Taxonomie zu verbinden. Die Taxonomie enthält dann Graduierungsparameter für die einzelnen Lesestrategien als Feedback- oder Bewertungsvorgaben für Schreibprozesse im bilingualen Geschichtsunterricht, die auf *document-based lessons* aufbauen: Die Schüler/innen haben sich mit einer Vielzahl von Quellen und/oder Darstellungen auseinandergesetzt und sollen abschließend einen historischen Aufsatz zur zentralen Fragestellung der Unterrichtseinheit verfassen. Auf den letzten beiden Niveaus der SOLO-Taxonomie würden Schüler/innen dann historische Darstellungen verfassen, die eine quellengestützte Beweisführung ihrer Interpretationen demonstrieren. Es ist davon auszugehen, dass die Fähigkeiten der Schüler/innen im Umgang mit den vier historischen Lesestrategien sich nicht gleichzeitig entwickeln. Meine Unterrichtserfahrungen zeigen, dass Kontextualisierung und Quellenvergleich die Strategien sind, deren kompetente Beherrschung längere Praxiserfahrungen voraussetzt. Bei der Quellenkritik und dem genauen Lesen sind schneller Lernzuwächse zu erreichen. Hier ein Vorschlag für den Einsatz im bilingualen Geschichtsunterricht, der bedarfsgemäß abgewandelt werden kann:

Historical reading strategy	pre-structural	uni-structural	multi-structural	relational	extended abstract
				evidence-based interpretation	
sourcing	Student does not use source information	Student refers to some of the given source information	Student refers to several aspects of the given source information and uses it to identify the authors' perspectives on the historical event/ question	Student refers to the given source information, adds to it and uses it to identify the authors' perspectives and to evaluate their purpose in producing the source document	Student refers to the given source information, adds to it and uses it to identify the authors' perspectives and to evaluate their purpose in producing the source document and the source's reliability by considering genre, audience and purpose
contextualization	Student does not situate the documents and their events in time and place	Student situates some documents and their events in time and place	Student situates several documents and their events in time and place	Student situates documents and their events in time and place, explains how historical context influences the content of the document	Student situates documents and their events in time and place, explains how historical context influences the content of the document, recognizes that documents are products of particular points in time, differentiates between past and present

close reading	Student does not analyse the contents and the language of the documents	Student analyses some of the claims the authors make and some of the evidence they use	Student analyses several of the claims the authors make and several pieces of evidence they use	Student identifies the authors' claims about an event, evaluates the evidence and reasoning the authors use to support claims	Student identifies the authors' claims about an event, evaluates the evidence and reasoning the authors use to support claims, analyses author's word choice, understands that language is used deliberately and can indicate an author's perspective
corroboration	Student does not ask questions about important details across multiple sources/accounts	Student asks questions about important details across some of the sources/accounts	Student establishes what is probable by comparing several documents to each other	Student establishes what is probable by comparing the documents to each other, recognises disparities between accounts	Student establishes what is probable by comparing the documents to each other, recognises and explains disparities between accounts, analyses reliability

Abb. 4.29: Die SOLO-Taxonomie in Verbindung mit historischen Lesestrategien

12. Zeitleisten als Hilfsmittel zur Kontextualisierung und zum Vergleich

Im chronologischen Durchgang durch die Geschichte begegnet den Lernenden ein großer Scherbenhaufen von historischen Informationen, den sie häufig in ihren mentalen Modellen nicht wieder sinnvoll zusammensetzen können, da den Informationssplittern der Kontext und die Verbindung zu größeren historischen Themen und Entwicklungen fehlt. Deshalb fehlt ihnen oftmals auch ein „Gefühl" für ein historisches Zeitalter und sie verbinden die individuellen Ereignisse nicht mit größeren Bewegungen und Themen innerhalb des größeren Zeitabschnitts. Dieses Strukturproblem des Geschichtsunterrichts betrifft natürlich auch die bilinguale Variante und kann in dieser, wenn sie denn wirklich stärker interkulturell ausgerichtet ist, zu einer weiteren Vervielfältigung des Scherbenhaufens führen, da die Vielfalt der Themen, Entwicklungen und Zusammenhänge noch komplexer wird. Diese Problematik beeinflusst nicht nur das Verständnis historischer Themen, sie kann auch die kritische Analysefähigkeit der Schüler/innen deutlich einschränken. Ohne das notwendige Hintergrundwissen fällt es den Lernenden schwer, die für das historische Denken notwendigen Zusammenhänge herstellen zu können. Sie benötigen ein sicheres Verständnis der Chronologie, um eine kausale Argumentation oder eine eigene historische Narration produzieren zu können. Dabei heißt ein „sicheres Verständnis von Chronologie" nicht, dass sie Namen, Daten und Ereignisse über viele Jahrhunderte hinweg memorisieren und rezitieren können, sondern dass sie die Verbindungen und Muster in der Abfolge erkennen können. Wenn Schüler/innen Geschichte nicht nur rekonstruieren, sondern auch dekonstruieren sollen, benötigen sie zur Analyse historischer Interpretationen sowohl ein sicheres Wissen, über den Zeitabschnitt, der interpretiert wird, als auch über die Zeit, aus welcher die Interpretation stammt. Im Editorial von *Teaching History 156* (September 2014) bezeichnen die Herausgeber/innen ein solches

Verständnis von Chronologie als nützliche Bezugsrahmen zur Wissensorganisation (Foster u. a. 2014, S. 2; vgl. auch Blow 2011; Blow/Lee/Shemilt 2012). Eine gute Möglichkeit, um am Ende der Mittelstufe, also in den Jahrgängen 9 oder 10, *residual knowledge* (und Schülervorstellungen) in Aktion zu sehen, bietet eine Sortieraufgabe, die ich häufiger anwende. Sie besteht aus einer ziemlich grobschlächtigen Auswahl von 65 Schlagwörtern, welche die Schüler/innen auf DinA4-Blättern erhalten und in eine zeitleistenähnliche Struktur bringen sollen. Ich habe festgestellt, dass gerade die fragwürdige und verbesserungswürdige Form dieser alten Idee zu interessanten Diskussionen innerhalb der Schülergruppen und nach der Sortierung auch zwischen den Gruppen führt. Die Schüler/innen kritisieren auch die Auswahl und Struktur und bringen eigene Begriffe und Strukturierungsvorschläge ein. Sollten sie das nicht tun, da sie die Autorität/Qualität der von der Lehrkraft getroffenen Auswahl nicht anzweifeln, bietet sich eine Impulsfrage an: *How would you change your teacher's selection?* Außerdem lässt sich die zweisprachige Verfügbarkeit der ausgewählten Begrifflichkeiten diagnostizieren und eventuell noch einmal aufarbeiten. Deshalb habe ich diese Form weiter beibehalten.

Task: Try to build some kind of timeline out of this mess!
red colour: 20th Century (Contemporary Era); Prehistory; Ancient World; Late Modern Period; Neolithic Age (New Stone Age); Middle Ages; Early Modern Period; Old Stone Age; (Early) Ancient Civilizations. *in a different colour:* 2x republic; polis; cold war; hunters and gatherers; settled; Rome; GDR; absolutism; Glorious Revolution; investiture; nationalism; Weimar Republic; Ancient Greece; Marxism; nomads; fascism; Thirty Years' War; Great Depression (world economic crisis); France; theocracy; feudal system (the system of give and take); enlightenment; seizure of power; parliament; German Empire; agriculture; domestication of plants and animals; FRG; renaissance; Ancient Egypt; World War I; 2x Empire; USA; monarchy; bringing Germany into line; reformation; discovery of the New World; Great Britain; Russian Revolution; separation of powers; capitalism; rights of man; World War II; socialism; imperialism; colonialism; Athens – the birthplace of democracy; feudalism; witch-hunting; witch trials; industrial revolution; estates of the realm; three estates; French Revolution; German division; globalization.

Abb. 4.30: Zeitleiste – Sortieraufgabe

Wie können wir systematisch darauf hinarbeiten, dass Schüler/innen möglichst polythetische narrative Bezugsrahmen (Shemilt) entwickeln können? Elise Fillpot (teachinghistory.org/ teaching-materials/teaching-guides/24347) empfiehlt den kontinuierlichen Einsatz von Zeitleisten:

Teaching with timelines in bilingual history lessons
1. Mit der Arbeit an der Zeitleiste sollte zu Beginn des Schuljahres begonnen werden. Sie wird über das Schuljahr hinweg erweitert. Kontinuität ist hier das Zauberwort! Die Auswahl des Ortes (ausreichender Platz für Erweiterungen?) und des verwendeten Materials (Gestaltung: Zeichnungen durch Schüler/innen? Kopien? Wie können Zusammenhänge verdeutlicht werden? Welche Begriffe werden in Englisch und Deutsch auf der Zeitleiste festgehalten?) ist wichtig. 2. Nach der Erarbeitung von signifikanten Ereignissen oder Personen sollte die Klasse gefragt werden, ob sie diese in die Zeitleiste aufnehmen wollen und warum. 3. Zu Beginn des Unterrichts sollte regelmäßig auf die Zeitleiste eingegangen werden (Rückblick auf die in den vorangegangenen Stunden erarbeiteten Aspekte). Dazu können die Schüler/innen erst stumm an der Zeitleiste entlang gehen bzw. davor sitzen, dann können einzelne die Aufgabe übernehmen, Einträge auf der Zeitleiste in eine eigene historische Erzählung zu

verwandeln. Sie können dabei über ein bestimmtes Thema oder einen bestimmten Zeitabschnitt reden. Ein Beispielvideo dafür findet sich auf www.youtube.com/user/Bringing historyhome#p/u/8/HIXsh0YjTuw. Für die Schreibprozesse der Lernenden stellt die Zeitleiste ein Instrument zur Kontextualisierung und Orientierung dar.

4. Je mehr Elemente eine Zeitleiste enthält, desto besser. Sie mag dann zwar etwas chaotisch sein, reflektiert aber umso besser die Lernentwicklung und das Engagement der Lernenden. Wenn die Schüler/innen außerhalb der Schule auf Dinge treffen, die mit Geschichte zu tun haben, können diese auch integriert werden.
5. Die Zeitleiste sollte einen ständigen Bezugsrahmen für die Arbeitsprozesse im bilingualen Geschichtsunterricht darstellen: Neue Informationen/Quellenbelege können mit dem bereits erarbeiteten und auf der Zeitleiste festgehaltenen Aspekten in Beziehung gesetzt werden.

Abb. 4.31: Arbeit mit Zeitleisten im bilingualen Geschichtsunterricht nach Ideen von Elise Fillpot (teachinghistory.org/teaching-materials/teaching-guides/24347), adaptiert

13. Veränderungen in der Zeit erzählerisch verknüpfen – ein Unterrichtsbeispiel aus der Jahrgangsstufe 9: Länder mit kolonialer Vergangenheit heute

Wenn wir den Unterricht „vom Ende her denken“, wie das in der mit der Kompetenzorientierung einhergehenden *Outcome*-Orientierung gefordert wird, so äußert sich erfolgreiches historisches Lernen auch darin, dass Schüler/innen historische Erzählungen konstruieren können, die einerseits sinnvoll und verständlich sind, andererseits aber auch fachspezifischen Regeln der Interpretation und Beweisführung in ihrer Argumentation folgen. Auch im bilingualen Geschichtsunterricht muss den Lernenden Raum gegeben werden, diese Kompetenz zu entwickeln. Zur Entwicklung und „Messung“ dieser Kompetenz bietet sich im Rahmen von Projekt- oder auf Lernaufgaben basierenden Unterricht die eigenständige Erarbeitung von Aufsätzen (mit oder ohne Präsentation) an. Die der abschließenden schriftlichen Darstellung/Präsentation vorausgehenden Arbeitsschritte bringen Schüler/innen in selbstständig zu bewältigende Performanz-Situationen, in denen sie fachliche und überfachliche Kompetenzen aufbauen können. Den Unterricht „vom Ende her denken“ bedeutet aber auch, ihn stärker in die Hände der Schüler/innen zu geben und sie eigenverantwortlich und selbstgesteuert arbeiten zu lassen. Neben auf von der Lehrkraft ausgewählten Quellen und Darstellungen beruhenden Schreibaufgaben, sollten die Schüler/innen auch eigene Recherchen durchführen. Ein dafür geeignetes Beispiel stellt die Untersuchung von Ländern mit kolonialer Vergangenheit dar. Die Schüler/innen erarbeiten eigenverantwortlich in arbeitsteiliger Gruppenarbeit Aufsätze, welche die Grundlage für eine Präsentation darstellen können, zu von ihnen selbst ausgewählten Ländern. Dabei ist es ihre Aufgabe, die koloniale Vergangenheit, gegenwärtige Probleme und mögliche zukünftige Entwicklungen eines Landes in einer historischen Erzählung sinnvoll zu verknüpfen. Wenn der bilinguale Geschichtsunterricht die narrative Kompetenz von Lernenden fördern möchte, ist ein verstärkter Einsatz von historischen Längsschnitten ein guter Weg dahin, da Schüler/innen bei der Auseinandersetzung mit solchen Aufgaben Veränderungen in der Zeit erzählerisch verknüpfen müssen und sämtliche Kompetenzbereiche gefordert sind. Bei der thematischen Auseinandersetzung mit dem Imperialismus und der Entstehung des Ersten Weltkrieges stellen Schüler/innen der Klasse 9 eigentlich immer die Frage nach der heutigen Situation in den ehemaligen Kolonien der Europäer. Das ist ein guter Aufhänger für ein sich daran anschließendes Projekt, das Geographie, Politik & Wirtschaft und Geschichte miteinander verbinden kann. Inhaltlich kann dabei jede Gruppe frei den Aufbau ihrer Ausarbeitung/Präsentation bestimmen, gewisse Eckpunkte sollten aber gemeinsam stichwortartig auf einem Zettel festgehalten werden. Das kann dann z. B. wie folgt aussehen:

Countries with a colonial past today
1. Geography • Location of the country, position on the map? • Are there any important geographical features/characteristics? • Natural resources? • Climate? Effects of climate change? 2. Social Studies • Social and economic situation of the country (poor/rich)? • What kinds of problems are troubling the country? • Type of government? Participation? 3. History • Colonial past of the country? • How did it become independent/free? • Which of the country's current problems are related to its past as a country once ruled by a colonial power? How? Why? • Future prospects?

Abb. 4.32: Veränderungen in der Zeit erzählerisch verknüpfen – Beispiel für eine Lernaufgabe

5 Historisches Denken

Die in den beiden vorausgehenden Kapiteln beschriebenen Lese- und Schreibprozesse sind eng mit historischen Denkprozessen verbunden. Lesen, Schreiben und Denken sind sich gegenseitig stützende Prozesse, die hier nur zur übersichtlicheren Darstellung von mir getrennt worden sind. Wenn historisches Denken hier auch als letzte Komponente historischen Lernens behandelt wird, so bilden die historischen Denkkonzepte doch die Grundlage für Lesen und Schreiben im bilingualen Geschichtsunterricht. Sie stellen ein Fundament oder einen Bezugsrahmen dar, auf dem oder um den herum sich die von der Theoriebildung zum bilingualen Unterricht geforderte „fremdsprachige (oder auch zweisprachige) Diskursfähigkeit" aufbauen lässt. Als „Denkzeuge" (Günther-Arndt) bilden sie die Basis für fachsprachliche und fremdsprachliche Lernprozesse im bilingualen Geschichtsunterricht, dessen Ziel eine domänenspezifische Diskurs- oder Problemlösefähigkeit darstellen sollte, die ich hier in Anlehnung an die nordamerikanische Forschung als *disciplinary literacy* beschrieben habe. Die Fremdsprachendidaktik weist darauf hin, dass Worte Werkzeuge sind, die nicht nur zum Sprechen und Schreiben wichtig sind, sondern auch zum Denken und zum Organisieren von Ideen. Denken werde nicht durch Sprache ausgedrückt, sondern verdanke der Sprache seine Existenz. Konzeptualisierung im bilingualen Geschichtsunterricht findet statt, indem Schüler/innen ihr Denken versprachlichen. Hilft neues Vokabular den Lernenden dabei, ihre bereits existierenden Ideen, für die sie noch keine Worte hatten, auszudrücken – oder gibt es ihnen neue Ideen, die sie vorher noch nicht gedacht haben? Welche Rolle spielt die Sprache bei der Entwicklung von historischem Verstehen und dessen Ausdruck? Hilft ein spezielles Vokabeltraining bzw. eine besondere Spracharbeit im bilingualen Geschichtsunterricht nicht nur dabei, ein Verständnis auszudrücken, sondern auch dieses zu entwickeln? Sprache ist für Historiker/innen aber nur ein Werkzeug, weshalb es im bilingualen Geschichtsunterricht nicht um Sprache an sich geht, sondern um die historische Denkfähigkeit von Lernenden und inwiefern diese durch Sprache entwickelt werden kann (von begrenzteren zu wirkungsvolleren Verständnissen). Die Verbindung zwischen *history* und *literacy* ist eine reziproke, da Schwierigkeiten beim Lesen und Schreiben von historischen Texten Schwierigkeiten im historischen Denken darstellen. Laut James Woodcock kann ein variables, vielfältiges Vokabular Lernenden z. B. ein besseres Verständnis und eine elaboriertere Erklärungsfähigkeit im Hinblick auf die Komplexität von Kausalanalysen ermöglichen:

Does the linguistic release the conceptual? (causal reasoning)
Die Gewichtung von Ursachen anhand ihrer Wichtigkeit stellt ohne *Scaffolding* und Kriterien eine ziemlich obskure Angelegenheit für Schüler/innen dar: *„Clearly, language and the concept of the process are at the heart of understanding relative importance: simply saying that one event 'caused' another does nothing to help us to understand how important that cause was. [...] Those words which were identified as denoting importance did provide insight into the nature of 'importance' because such words often also powerfully suggested connections between and influence on events"* (ebd., S. 9f.).

Die Verbindung zwischen dem Linguistischem und dem Konzeptuellen kann durch die Sprache, die für die historische Denktätigkeit benötigt wird, sichtbar gemacht werden. Führt das Erlernen neuer Worte zu neuen Verständnissen? Woodcock kommt zu folgendem Ergebnis:
„the positions [...] are not mutually exclusive. [...] it does not matter the extent to which a word provides a new idea or a new means of expression: both are vital [...]. Words are tools for precise, nuanced thinking, understanding and communication. [...] if students have a refined and diverse vocabulary, and develop expertise and confidence in its use, they will be able to think and communicate in a more sophisticated manner, and that can only make them better historians" (ebd., S. 14).

Abb. 5.1: Woodcock (2005) zum Verhältnis von Sprache und Denken bei Kausalanalysen

Insofern ist Spracharbeit ein wichtiger Bestandteil von Geschichtsunterricht, gerade auch in der bilingualen Variante, die zu einer Diskursfähigkeit in Schul- und Fremdsprache führen soll. Diese Spracharbeit ist aber meines Erachtens nicht überzeugend an Operatoren oder überfachlichen akademischen Diskursfunktionen und fremdsprachendidaktischen Textverarbeitungsmethoden festzumachen. Die Überlegungen zur Bildungssprache, einer wissenschaftsnahen Sprache, die nicht die Fachsprache darstellt, in der aber Sprache als Formseite von Inhalten erfahrbar und manipulierbar werden soll, zu den Diskursfunktionen als Schaltstellen zwischen Sprache und Denken und dem textsortengebundenen Schreiben sollen zu einer stärkeren fachlichen Anreicherung des bilingualen Unterrichts führen. Können sie das aber, wenn das fachspezifische Denken in ihnen nur als Platzhalter auftaucht, das durch Inhalte und Bildungsstandards aus den kompetenzorientierten Kerncurricula aufgefüllt werden muss? Wenn der bilinguale Unterricht in seiner Lerntheorie auf die Gedanken von Vygotskij und Bruner zurückgreift, welche die schulische Interaktion als einen Prozess begreifen, in denen Expert(inn)en Noviz(inn)en anleiten, dann benötigt er eine deutliche Beschreibung des Experten-Denkens und des Novizen-Denkens. Ich bin in meiner Unterrichtspraxis zu der Überzeugung gelangt, dass Kompetenzorientierung und Spracharbeit einer Ausrichtung an den fachspezifischen historischen Denkkonzepten bedürfen. Diese bilden den Ankerpunkt für die Spracharbeit im bilingualen Geschichtsunterricht und die historischen Lese- und Schreibstrategien.

Peter Seixas und Tom Morton (2013) haben in Anlehnung an die britischen Forschungen zu Schülervorstellungen sechs historische Denkkonzepte identifiziert, die einen Bezugsrahmen bilden, der Lernenden zum einen dabei helfen kann, darüber nachzudenken, wie Historiker/innen Spuren der Vergangenheit in Geschichte umwandeln, sie zum anderen aber auch darin unterstützt, Geschichte nach und nach selbstständig zu konstruieren. Diese Konzepte sind relevant für ganz einfache Geschichten, solche die Kinder erzählen, aber auch für ganz fortgeschrittene Texte, die ausgebildete Historiker/innen mit spezialisiertem Training schreiben könnten. Deshalb lässt dieser Bezugsrahmen Lernprogression zu: Schüler/innen können die Konzepte verwenden, um ihrer Abhängigkeit von leicht verfügbaren, alltäglichen Vorstellungen zu entkommen, um die wirkungsvollsten intellektuellen Werkzeuge zum Verständnis von Geschichte zu nutzen, die unsere Kultur zur Verfügung stellt. Die Probleme, die hinter den „großen sechs" genannten historischen Denkkonzepten stehen (*1. Historical Significance; 2. Evidence; 3. Continuity and Change; 4. Cause and Consequence; 5. Historical Perspectives; 6. The Ethical Dimension*), verdeutlichen Probleme, die dem Konstruktionsprozess von Geschichte inhärent sind. Wenn sie sorgfältig durchdacht und analysiert werden, enthüllt jedes historische Denkkonzept eine Spannung oder Schwierigkeit, die sich nicht vollständig auflösen lässt. Naive historische

Denker/innen bemerken normalerweise nicht einmal die Probleme, die der Konstruktion von Geschichte inhärent sind (ebd., S. 3). Wenn die Konzepte der Geschichte innewohnende Probleme enthüllen, dann kann die Konfrontation mit diesen zum Erwerb von Kompetenzen führen: „How succesfully students grapple with the tensions, complexities, and problems embedded in historical thinking concepts is a basis for measuring their progress toward competency in historical thinking" (ebd., S. 4). Morton und Seixas verstehen die historischen Denkkonzepte somit nicht als *skills* oder *outcomes*, sondern eher als Denkgewohnheiten bzw. Kompetenzen. Die Konzepte funktionieren nicht unabhängig voneinander, sie stellen Aspekte des historischen Denkprozesses dar, die zusammenarbeiten. Den Zweck ihres Buches sehen Morton und Seixas in der Erkundung dieser Denkkonzepte, der damit verbundenen Probleme und der Entwicklung von Wegweisern, die Lernenden dabei helfen können, eine „höhere" Kompetenz im historischen Denken zu erreichen (Ebd.). Unter historischem Denken verstehen sie bestimmte Denkprinzipien, die von der Zunft im Laufe der Zeit entwickelt wurden, um disziplinäre Fragestellungen anzugehen: Wie bzw. woher wissen wir, was wir über die Vergangenheit wissen? Wie können wir Wissen über etwas darstellen, das nicht mehr vorhanden ist? Welche Beziehungen bestehen zwischen uns heute und den Menschen, die in der Vergangenheit lebten? Was sollen wir glauben, wenn zwei historische Darstellungen desselben Ereignisses miteinander im Konflikt stehen? Welcher Art ist die Beziehung zwischen Historikerinnen und Historikern und der Vergangenheit, über die sie reflektieren, lesen oder schreiben? Die sechs historischen Denkkonzepte machen aber keinen Sinn ohne historische Inhalte. So wie die Denkkonzepte keinen Sinn ohne historische Inhalte machen, können historische Inhalte nicht ohne ein Verständnis der historischen Denkkonzepte als etwas anderes als eine Serie von unverbundenen Informationshäppchen verstanden werden, die auswendig gelernt werden müssen. Konzepte und Inhalte sind beim historischen Lernen voneinander abhängig (ebd., S. 5f.).

Um Lehrenden die Planung der Lernprogression und Lernenden den Erwerb der Denkkonzepte zu erleichtern, versuchen Seixas und Morton einen Lernweg zu markieren, der Wegweiser zur Verfügung stellt, welche wichtige Ideen, die mit jedem der sechs Konzepte verbunden sind, darstellen. Diese Wegweiser stellen gewissermaßen Eingänge/Zugänge zum Denken von Expert(inn)en dar, wobei nicht erwartet wird, dass Schüler/innen die Arbeit erfahrener Historiker/innen replizieren, die ihr Handwerk in einem langjährigen Reifungsprozess erworben und verfeinert haben: „But, as in any apprenticeship, the masters provide the models" (ebd., S. 8). Während mögliche Startpunkte von Lernenden als limitierende Verständnisse aufgeführt werden, wird die Erzeugung wirkungsvollerer Verständnisse durch praxisbezogene Modellaktivitäten erläutert. Die Wegweiser zeigen mögliche Wege an, legen Schüler/innen aber nicht auf einen fest. Sie bauen darauf auf und stellen gewissermaßen vereinfachte (und insofern vielleicht auch schultauglichere) Formen der Lernprogressionsmodelle aus der britischen Forschung dar. Das Modell von Morton und Seixas ermöglicht die metakognitive Rückbindung von Unterrichtspraxis und Geschichtstheorie und kann somit zur Schließung der oft beklagten Lücke zwischen Theorie und Praxis historischen Lernens beitragen. Die folgenden Abschnitte beginnen mit den Wegweisern zum Erwerb historischer Denkkonzepte (adaptiert, in der englischsprachigen Originalform finden sich diese als ausdruckbare Vorlagen für den Klassenraum auf einer CD-ROM, die den Buch von Seixas und Morton beiliegt) sowie hilfreichem Wortschatz und nützlichen Fragestellungen für den bilingualen Geschichtsunterricht. Sie beschreiben dann Unterrichtsaktivitäten, um die Konzepte den Lernenden vorzustellen und ihnen dabei zu helfen, wirkungsvolle Verständnisse der Wegweiser zu entwickeln und diese zu festigen. Während sich in der Publikation von Seixas und Morton für jeden Wegweiser eine oder mehrere Unterrichtsaktivitäten finden (häufig zur kanadischen Geschichte), gibt es hier aus Platzgründen nur jeweils zwei Beispiele. Abschließend werden ein praxiserprobtes Unterrichtsbeispiel mit Materialien oder Materialhinweise für den bilingualen Geschichtsunterricht präsentiert, die Schüler/innen darin unterstützen können, Kompetenz im Umgang mit den historischen Denkkonzepten zu erwerben. Dabei stellen die historischen Denkkonzepte die Grundlage für Diagnostik, Förderung und Differenzierung im Unterricht dar. Neben den Publikationen von Seixas/Morton und Denos/Case (2006) bietet auch die Website des *Historical Thinking Project* (historybenchmarks.ca; historicalthinking.ca), dessen Förderung leider in 2014 eingestellt wurde, eine Vielzahl von hilfreichen Unterrichtsmaterialien und Blogs von Lehrkräften, die ihre Erfahrungen und Unterrichtsideen im Hinblick auf die historischen Denkkonzepte darstellen. Eine weitere Anlaufstelle bietet das Onlinearchiv der Zeitschrift *Teaching History* der britischen *Historical Association*. Da es in Großbritannien eine langjährige Tradition im Umgang mit historischen Denkkonzepten gibt, finden sich in den Zeitschriftenbeiträgen eine Vielzahl anregender Ideen und Unterrichtsmaterialien für den (bilingualen) Geschichtsunterricht.

5.1 Historische Bedeutsamkeit/Signifikanz – Wie entscheiden wir, was wir über die Vergangenheit lernen sollten?

Wie entscheiden Historiker/innen, über was sie forschen und schreiben? Wie entscheiden wir, mit welchen Ereignissen und Menschen – aus der Vielzahl derer, die jemals geschehen sind und gelebt haben – sich Schüler/innen im Geschichtsunterricht auseinander setzen sollen? Was macht ein Ereignis, das sich vor 200 Jahren ereignete oder eine Person, die vor 500 Jahren lebte, historisch bedeutsam? Auf diese Fragen gibt es nicht unbedingt einfache Antworten. Sollten wir die Entscheidung also in der Verantwortung der Historiker/innen und der Lehrplanverfasser/innen belassen? Morton und Seixas sind der Meinung, dass Schüler/innen die Verantwortung dafür übernehmen sollten, zu verstehen, wie und warum bestimmte historische Ereignisse, Menschen und Entwicklungen bedeutsam genug für sie sind, um etwas über sie zu lernen. Vor der Einführung von historischer Bedeutsamkeit als historisches Denkkonzept werden Schüler/innen häufig auf das Geschichtsbuch beim Nachdenken über Bedeutsamkeit zurückgreifen: Wenn es im Geschichtsbuch steht, muss es bedeutsam sein. Warum sollten sie es sonst dort aufführen? Diese Logik ist zum Teil berechtigt, legt die Schüler/innen allerdings auf eine völlig passive Haltung angesichts der Autorität der Schulbuchtexte fest. Wenn Schüler/innen lernen, kritisch darüber nachzudenken, was historisch bedeutsam ist, lernen sie nicht nur die Ergebnisse der Arbeit von Historikerinnen und Historikern kennen, sondern sie lernen auch, wie sie triftig entscheiden können, was historisch relevant ist (Seixas/Morton 2013, S. 14). Historische Bedeutsamkeit ist nicht fix und unveränderbar, sie verändert sich in Relation zu den sich wandelnden gesellschaftlichen und kulturellen Problemen/Orientierungsbedürfnissen. Sie drückt somit eine flexible Beziehung zwischen uns und der Vergangenheit aus. Um historische Bedeutsamkeit selbst festlegen zu können, müssen Schüler/innen genug über den in Frage kommenden Zeitabschnitt wissen, um mögliche Verbindungen zu heutigen Orientierungsbedürfnissen zu sehen. Nur dann können sie historische Erzählungen konstruieren, durch die historische Bedeutsamkeit erzeugt wird (ebd., S. 21). Die Entstehung historischer Bedeutsamkeit liegt in der Verknüpfung von Vergangenheit und Gegenwart. Wenn Schüler/innen wissen, dass historische Bedeutsamkeit in Relation zur Orientierungsbedürfnissen der Gegenwart konstruiert wird, erklärt das auch, warum und wie Bedeutsamkeit sich mit der Zeit verändern kann oder in Anhängigkeit von der Perspektive unterschiedlicher Gruppen variieren kann (ebd., S. 22f.).

5.1.1 Wegweiser zum Erwerb des Denkkonzepts

<table>
<tr><th colspan="2">Historische Bedeutsamkeit/Signifikanz</th></tr>
<tr><td colspan="2">WEGWEISER 1: Verursachung von Wandel
Wenn Ereignisse, Menschen oder Entwicklungen zu Veränderungen (Wandel) geführt haben, dann besitzen sie historische Bedeutsamkeit. Sie hatten weitreichende Konsequenzen für viele Menschen (über einen längeren Zeitraum hinweg).</td></tr>
<tr><td>Beispiel für ein begrenzendes Verständnis:
Bei der Bestimmung von historischer Bedeutsamkeit verlässt die/der Lernende sich auf das Geschichtsbuch, die Lehrkraft oder persönliche Vorlieben.</td><td>Beispiel für ein wirkungsvolles Verständnis:
Bei der Erklärung von historischer Bedeutsamkeit zeigt die/der Lernende, wie Ereignisse, Menschen oder Entwicklungen Wandel verursachten.</td></tr>
<tr><td colspan="2">WEGWEISER 2: Verdeutlichung anhaltender/gegenwärtiger Probleme (Gegenwartsbezug)
Wenn Ereignisse, Menschen oder Entwicklungen aufschlussreich/enthüllend sind, da sie ein Licht auf Probleme in Vergangenheit und Gegenwart werfen, dann besitzen sie historische Bedeutsamkeit.</td></tr>
<tr><td>Beispiel für ein begrenzendes Verständnis:
Bei der Bestimmung von historischer Bedeutsamkeit beschränkt sich die/der Lernende auf die Größe der Auswirkung einzelner Ereignisse, Personen oder Entwicklungen.</td><td>Beispiel für ein wirkungsvolles Verständnis:
Bei der Erklärung von historischer Bedeutsamkeit zeigt die/der Lernende, was Ereignisse, Menschen oder Entwicklungen über Probleme in der Vergangenheit oder im heutigen Leben verdeutlichen.</td></tr>
<tr><td colspan="2">WEGWEISER 3: Identifizierung von Kriterien
Historische Bedeutsamkeit ist konstruiert. Deshalb werden bestimmte Kriterien für historische Bedeutsamkeit benötigt. Ereignisse, Menschen und Entwicklungen erfüllen diese Kriterien, wenn sie einen bedeutsamen Platz in einer historischen Erzählung einnehmen.</td></tr>
<tr><td>Beispiel für ein begrenzendes Verständnis:
Die/der Lernende kann nicht erkennen, anhand welcher Kriterien historische Bedeutsamkeit in Geschichtsbüchern oder anderen historischen Darstellungen konstruiert wird.</td><td>Beispiel für ein wirkungsvolles Verständnis:
Die/der Lernende kann erklären, durch welche Kriterien historische Bedeutsamkeit in Geschichtsbüchern oder anderen historischen Darstellungen konstruiert wird.</td></tr>
<tr><td colspan="2">WEGWEISER 4: Vorläufigkeit
Die Zuschreibung historischer Bedeutsamkeit ist zeit- und interpretationsgebunden.</td></tr>
<tr><td>Beispiel für ein begrenzendes Verständnis:
Bei der Bestimmung von historischer Bedeutsamkeit nimmt die/der Lernende an, dass diese einem Ereignis, einer Person oder einer Entwicklung innewohnt und somit feststeht und unveränderbar ist.</td><td>Beispiel für ein wirkungsvolles Verständnis:
Bei der Erklärung von historischer Bedeutsamkeit zeigt die/der Lernende, wie variabel die Zuschreibung von historischer Bedeutsamkeit im Verhältnis zu Zeit, Gruppe und Interpretation sein kann.</td></tr>
</table>

Abb. 5.2: Wegweiser „Historische Bedeutsamkeit“ nach Seixas/Morton (2013, S. 24), adaptiert

5.1.2 Nützliche Begriffe und Fragen

Wortschatz
change: become/make different, replace sth with sth new/different (verb); the act or result of sth becoming different, the process of replacing sth with sth new/different (noun) **construction of historical significance:** making connections among evidence and themes to create meaning within a historical narrative **durability:** the length of time a change lasts **historical significance:** the importance of sth or sb that/who had an effect in the past **perspective:** how one sees , interprets and understands reality **profundity:** depth, intensity or quality of a change **revealing:** telling/showing you sth that you did not know before
Fragestellungen
Did it (an event, a person, a development) result in change? Why should we bother to learn about X? Why does everyone remember Y? **Is it revealing?** What does it/s/he "reveal" to us about issues and concerns that are important today? **How is historical significance established by means of a story?** Who or what does the author of these narration think is historically significant? Why does s/he include X but not Y? What did s/he leave out or downplay? Why do people tell different stories about X? Why do today's textbooks include more material on X than did those of 50 years ago?

Abb. 5.3: Begriffe und Fragen nach Seixas/Morton (2013, S. 12-39), adaptiert

5.1.3 Unterrichtsaktivitäten

Linda Levstik und Keith Barton haben darauf hingewiesen, dass Schüler/innen sich nicht immer selbst als Teil von Geschichte sehen. Deshalb ist es eines der ersten und wichtigsten Ziele, ihnen zu vermitteln, worum es im Fach Geschichte geht und welche Beziehung Geschichte zu ihrem Leben hat. Ein Verständnis von Geschichte beginnt mit der eigenen Vergangenheit der Schüler/innen. In der Beschäftigung mit dieser können sie ein Verständnis davon entwickeln, welchen Platz sie in der Vergangenheit einnehmen, und gleichzeitig können sie mit wichtigen Elementen historischer Forschung bekannt gemacht werden. Die grundlegendste historische Frage lautet: Wie hat sich meine eigene Vergangenheit auf mein heutiges Leben ausgewirkt? Dabei geht es nicht darum, dass die Schüler/innen sich an alles erinnern, was ihnen jemals passiert ist, sondern um ein Nachdenken über die Vergangenheit im Hinblick auf Bedeutsamkeit: Welche fünf Dinge hatten den größten Einfluss auf dein heutiges Leben? Sofern Geschichte die Auswirkungen der Vergangenheit auf die Gegenwart untersucht, macht eine solche Aufgabe die Schüler/innen darauf aufmerksam, was es heißt, historische Fragen zu stellen. Das Wissen über die eigene Lebensgeschichte stellt eine basale Form historischen Verstehens dar. Eine Liste wichtiger Ereignisse aufzustellen, fällt Lernenden aber nicht leicht, da sie – je nach Alter – mit einer solchen Frage noch nicht konfrontiert wurden. Wie sollen sie entscheiden, was wirklich wichtig war? Hier ist es wichtig, sie dabei zu unterstützen, folgende Fragen zu beantworten: Wie haben sich Ereignisse in der Vergangenheit auf mein heutiges Leben ausgewirkt? Wäre mein Leben anders, wenn diese Ereignisse nicht geschehen wären? Wie soll man aus einer Liste von Ereignissen, Personen und Entwicklungen, die heraussuchen, die am bedeutsamsten sind?

Die Konstruktion von historischen Erzählungen beinhaltet Bewertungen über historische Bedeutsamkeit. Schüler/innen benötigen viele Gelegenheiten, um über die Bedeutung und Relevanz von Geschichte nachzudenken. Dieser Reflexionsprozess überträgt die

Verantwortung zur Bedeutungskonstruktion auf die Schüler/innen und verwickelt sie in kritisches Denken (Levstik/Barton 2011, S. 34ff.). Damit Schüler/innen aus Geschichte Sinn bilden können, müssen die verstehen, worum es in der Geschichte geht und sich selbst in der Geschichte verorten können. Menschen können aus neuen Erfahrungen nur Sinn bilden, wenn sie sie mit dem vergleichen/verbinden können, was sie bereits wissen. Ohne eine solche Verbindung ist es unwahrscheinlich, dass Schüler/innen die Geschichte verstehen, der sie in der Schule begegnen. Wie können wir aber im Fach Geschichte an das Vorwissen der Schüler/innen anknüpfen? Wie können wir der Forderung nachkommen, die Themen auf die Situation der Lernenden zu beziehen? Lehrer/innen müssen entscheiden, wie sie die Erfahrungen der Schüler/innen mit wichtigen historischen Inhalten verbinden. Leider ist es aber nicht immer offensichtlich, wie diese Verbindung hergestellt werden kann, da viele historische Themen keine deutliche Verbindung zu der Erfahrung der Schüler/innen haben. Wenn Geschichte auf Geschehnisse begrenzt ist, die viele Jahre oder Jahrhunderte zurückliegen, gibt es für die Schüler/innen kaum die Möglichkeit, Verbindungen zu ihren eigenen Erfahrungen herzustellen. Die eigene Geschichte oder Familiengeschichten bieten eine Verbindung zwischen dem Hintergrund der Schüler/innen und wichtigen historischen Themen an. Die Personalisierung des Zugangs zur Geschichte durch die Verbindung mit der eigenen Geschichte bzw. Familiengeschichte stellt eine wichtige Möglichkeit dar, Schüler/innen mit größeren historischen Erzählungen zu verbinden. Geschichte kann Lernenden dabei helfen, sich selbst als Teil von historischen Erzählungen zu sehen, die größer als ihr eigenes Leben sind (ebd., S. 45ff.). Historische Bedeutsamkeit ist somit ein zentrales Denkkonzept, um Lernenden sinnbildende Zugänge zur Geschichte zu ermöglichen und gerade auch in der Anfangsphase des Geschichtsunterrichts enorm wichtig.

Wegweiser 1: *Survivor in a Hot-Air Balloon*
Zweck: Die Schüler/innen werden mit den Kriterien für historische Bedeutsamkeit vertraut gemacht (nach Beendigung der Unterrichtseinheit).
Vor der Stunde wählt die Lehrkraft Ereignisse, Menschen oder Entwicklungen aus, die in der zuletzt behandelten Unterrichtseinheit vorkamen. Sie stellen „Passagiere" in einem Heißluftballon dar, welche die Schüler/innen gemäß ihrer historischen Bedeutsamkeit einordnen sollen. Die Klasse wird in Kleingruppen eingeteilt, deren Anzahl der Menge der „Passagiere" im Heißluftballon entsprechen sollte. Die Diskussion beginnt mit der folgenden Ankündigung der Lehrkraft: *You are in a hot-air balloon that is losing height rapidly and will soon crash because it is overweight! Your task is to choose three (or more) passengers to get rid of so the others can survive. Who will you choose to save? The passengers are …* Dann wird die Auswahl der „Passagiere" den Lernenden bekannt gegeben. Sie erhalten eine Erklärung darüber, welche Schritte die Klasse unternehmen wird, um über die relative historische Bedeutsamkeit jedes Passagiers zu entscheiden. Nur die historisch bedeutsamsten Passagiere bleiben im Heißluftballon. Jede Gruppe erhält einen Passagier und den Arbeitsauftrag, Gründe dafür zu finden, warum ihr Passagier historisch bedeutsam genug ist, um im Heißluftballon bleiben zu dürfen. Ein Gruppenmitglied jeder Gruppe präsentiert deren Argumentation den Rest der Klasse. Dann stimmt die Klasse darüber ab, um zu entscheiden, welche Passagiere bedeutsamer sind als die anderen. In einem abschließenden Unterrichtsgespräch wird dann noch einmal über die Gründe nachgedacht, warum die Schüler/innen sich entschieden haben, einige Passagiere zu retten, andere aber nicht.

Abb. 5.4: Unterrichtsaktivität nach Seixas/Morton (2013, S. 29f.), adaptiert

Wegweiser 2 bis 4: *Recognising how historical significance is contingent on giving the event, person or development a place within a historical narrative*
Wenn das Kriterium *revealing* eingeführt wird, ist es wichtig, dass die Schüler/innen verstehen, dass Historiker/innen die Bedeutsamkeit von Ereignissen, Personen oder Entwicklungen konstruieren. Historische Bedeutsamkeit ist relativ und kontingent, sie ist nicht einem Ereignis, einer Person oder einer Entwicklung inhärent. Hier bietet sich als erster Schritt der Vergleich von Verfassertexten in Schulbüchern an: In deutschen Geschichtsbüchern gibt es bei der Behandlung der Geschichte Roms immer ein Kapitel zu „Römer und Germanen", während britische Geschichtsbücher die *Invasion of Britain* thematisieren. Der Vergleich eines deutschen Geschichtsbuchs mit Steve Lancasters *The Roman Empire* (1991) in Partnerarbeit ist hier z. B. sehr gewinnbringend: Warum die einen das und die anderen jenes behandeln, kann für die Schüler/innen hier gut deutlich werden. Sie können herausfinden, dass beide Länder u. a. das historisch bedeutsam finden, was die Römer mit ihnen bzw. ihren Vorfahren zu tun hatten. Die Vorstellung, dass Erkenntnisse, über die in Geschichtsbüchern berichtet wird, auf bestimmten Interessen und Perspektiven beruhen, kann an dieser Stelle für Lernende sehr transparent werden und eine nachhaltige Auseinandersetzung mit dieser Idee auslösen. Eine weitere gute Möglichkeit stellt der Vergleich der Darstellung der Sowjetunion während des Zweiten Weltkrieges in englischen und amerikanischen Schulbüchern dar (Materialhinweise dazu in Nicholls/Foster 2005). Für solche und ähnliche Themen bietet das Georg-Eckert-Institut für internationale Schulbuchforschung in Braunschweig einen großen Fundus. Viele Schulbücher enthalten heute Zeitleisten. Der Vergleich unterschiedlicher Zeitleisten deutschsprachiger und ausländischer Lehrwerke kann auch zu einem tieferen Verständnis des Denkkonzepts führen und die Variabilität von historischer Bedeutsamkeit verdeutlichen: *What do you notice is the same/different about these timelines? What might explain these differences?* Den nächsten Schritt, der im bilingualen Geschichtsunterricht spätestens in der Oberstufe erfolgen sollte, stellt dann der Vergleich von Ausschnitten aus „echten" historischen Erzählungen dar. Dadurch können Schüler/innen z. B. herausfinden, wie bzw. inwiefern die Auswahl von Historikerinnen und Historikern im Hinblick auf historische Bedeutsamkeit ihre unterschiedlichen Perspektiven widerspiegelt.

Abb. 5.5: Unterrichtsaktivitäten, Fragen nach Seixas/Morton (2013, S. 34)

5.1.4 Unterrichtsbeispiel für die Jahrgangsstufe 8: *Important Renaissance Men and Women – Why should we bother to learn about them today?*

Die empirische Erforschung des Geschichtsunterrichts geht davon, aus, dass Schüler/innen eher einen „personalisierenden Zugang" zur Geschichte haben. Diesen nutzt das folgende Unterrichtsbeispiel zu bedeutenden Persönlichkeiten der Renaissance, um über die Genres *biographical account* und *historical recount* etwas hinauszugehen, da die Aufgabenstellung sich nicht im Nacherzählen erschöpft, sondern die Lernenden auffordert, die historische Bedeutsamkeit der von ihnen behandelten Person zu bestimmen. Während sie Informationen zu den Lebensdaten der Persönlichkeiten in Büchern oder auch im Internet nachlesen können, müssen sie sich also zusätzlich mit den Kriterien *resulting in change* und/oder *revealing* beschäftigen, die eigene Überlegungen erfordern. Die Erarbeitung kann in Einzel-, Partner- oder Gruppenarbeit erfolgen, die Ergebnisse können in Form eines Aufsatzes oder einer Präsentation dargestellt werden.

Important Renaissance Men and Women – Why should we bother to learn about them today?
Die Schüler/innen werden mit einer Auswahl von Personen konfrontiert, aus der sie eine auswählen. Hier ein paar Vorschläge:

Henry the Navigator (1394–1460); Isabella I of Castile (1451–1504); William Shakespeare (um 1564-1616); Christopher Columbus (1451–1506); Hernán Cortés (1485–1547); Filippo Brunelleschi (1377–1446); Isabella d'Este (1474–1539); Leonardo da Vinci (1452–1519); Albrecht Dürer (1471–1528); Lucrezia Borgia (1480-1519); Johannes Gutenberg (um 1400–1468); Nicolaus Copernicus (1473–1543); Francis Drake (um 1540–1596); …
Tasks: Write a biographical account of your chosen person's life. Use the library and the internet to find information about that person. Do not forget to list your sources! Try to get a sense of the historical era: What was it like to be alive at that time? What was different to today? After completing your research, try to decide on the historical significance of that person. The following questions may help you: Did her/his actions result in change? Does s/he reveal aspects of issues and concerns of the past that are still important to us today? Why should we bother to learn about that person?

Abb. 5.6: Historische Bedeutsamkeit – Unterrichtsbeispiel

5.2 Evidenz/Belegbarkeit (Quelleninterpretation) – Woher wissen wir das, was wir über die Vergangenheit wissen?

Vor der Einführung von historischem Denken im Unterricht gehen Schüler/innen bei der Analyse von Quellen häufig nicht weiter als zu fragen, was die Quelle sagt bzw. welche Informationen/Fakten sie ihr entnehmen können (*reading for information*). Wenn sie aber verstehen, dass Geschichte auf der Interpretation von Quellen beruht, können sie die Zweckmäßigkeit besser erkennen, ihre eigenen Quelleninterpretationsfähigkeiten zu entwickeln (*reading for evidence*). Schüler/innen sollten aber nicht nur lernen, wie sie zu Schlussfolgerungen über/aus Quellen kommen, sondern auch wie sie diese mit den Aussagen anderer Quellen und Darstellungen vergleichen können.

5.2.1 Wegweiser zum Erwerb des Denkkonzepts

Evidenz/Belegbarkeit (Quelleninterpretation)	
WEGWEISER 1: Quellengestützte Interpretation Geschichte ist Interpretation, die auf Schlussfolgerungen aus historischen Quellen basiert.	
Beispiel für ein begrenzendes Verständnis: Die/der Lernende zeigt ein ungeprüftes Vertrauen in die Zuverlässigkeit aller Quellen, als würden diese einen direkten Zugang zur Vergangenheit bieten.	**Beispiel für ein wirkungsvolles Verständnis:** Die/der Lernende versteht, dass Aussagen über die Vergangenheit (Interpretationen) aus Quellen abgeleitet werden können.
WEGWEISER 2: Nützlichkeit hängt von der Fragestellung ab Wenn gute Fragen an Quellen gestellt werden, können sie zu Belegmaterial *(evidence)* werden.	
Beispiel für ein begrenzendes Verständnis: Die/der Lernende weiß nicht, wie er nützliche Fragen an eine Quelle stellen kann, die ihr/ihm bei einer historischen Untersuchung weiterhelfen.	**Beispiel für ein wirkungsvolles Verständnis:** Die/der Lernende stellt nützliche Fragen, die aus der Quelle Belegmaterial für ihre/seine historische Untersuchung machen.
WEGWEISER 3: Quellenkritik Quellenkritik (*sourcing*) beginnt häufig bevor eine Quelle gelesen wird, und zwar mit Fragen nach der Autorenschaft, dem Entstehungszusammenhang, dem Zweck und den Adressaten. Sie erfordert eine Einschätzung der Verlässlichkeit der Quelle und somit den Rückschluss auf die Absichten, Werte und die Weltsicht der Verfasserin oder des Verfassers.	

Beispiel für ein begrenzendes Verständnis:	Beispiel für ein wirkungsvolles Verständnis:
Die/der Lernende versäumt es, Fragen über die Entstehung und Verlässlichkeit der Quelle zu stellen.	Zu Beginn einer Quellenanalyse stellt die/der Lernende kritische Fragen zur Entstehung und Verlässlichkeit der Quelle.
WEGWEISER 4: Kontextualisierung Eine Quelle kann nur sinnvoll mit Bezugnahme auf den historischen Kontext (Lebensverhältnisse, Weltanschauungen, etc.), in dem sie entstanden ist, analysiert werden. Wir müssen wissen, in welcher Beziehung Quellen zu der Gesellschaft standen, in der sie produziert wurden.	
Beispiel für ein begrenzendes Verständnis: Die/der Lernende fällt gegenwartsbezogene Urteile über die Sprache und den Inhalt von Quellen, ohne die historischen Zeitumstände zu berücksichtigen, in denen diese verfasst worden sind.	**Beispiel für ein wirkungsvolles Verständnis:** Die/der Lernende *kontextualisiert* Quellen, das heißt, sie/er geht auf die zur Zeit ihrer Entstehung herrschenden Lebensverhältnisse und Weltanschauungen ein und stellt eine Beziehung zwischen Quelle und Gesellschaft her.
WEGWEISER 5: Quellenvergleich Schlussfolgerungen aus einzelnen Quellen haben für sich genommen keinen/keinen großen Aussagewert. Sie sollten immer mit anderen Quellen und Darstellungen verglichen werden.	
Beispiel für ein begrenzendes Verständnis: Die/der Lernende stellt Behauptungen auf der Grundlage einer einzelnen Quelle auf.	**Beispiel für ein wirkungsvolles Verständnis:** Die/der Lernende stützt Behauptungen mit einer Vielzahl von Quellenbelegen. Dabei gleicht sie/er Folgerungen aus einer einzelnen Quelle mit Informationen aus anderen Quellen und Darstellungen ab und überlegt, wie sicher oder unsicher die Schlussfolgerungen sind.

Abb. 5.7: Wegweiser „Evidenz/Belegbarkeit“ nach Seixas/Morton (2013, S. 49), adaptiert

5.2.2 Nützliche Begriffe und Fragen

Wortschatz und Formulierungshilfen
account: a written description or explanation of (past) events; a historical narrative or story **context:** the circumstances at the time the source was created; the society and its way of thinking about and understanding life (beliefs, attitudes, etc.); the historical events taking place at the time **corroboration:** crosschecking; comparing and contrasting one or more sources with an interpretation, providing evidence that supports or refutes an interpretation **evidence:** when a source is analysed it becomes evidence, a relevant piece of information for historical inquiries **inference:** conclusion based on "reading between the lines" of a source **interpretation:** an account of the past based on inferences from sources **source:** a trace, relic, record, document, written account, oral testimony, archaeological artifact, etc. from the past that is useful for historical inquiry **sourcing:** asking questions related to the author, purpose and audience of a source **trace:** a leftover from the past This clearly shows that … From [detail] we can infer that … This [detail] suggests that … It does not say so, but … is probably the case, because [detail] …
Fragestellungen
Who made this source? What kind of source is this? How was it made? When and where was it created? **Memory Aid: S**ource: Where does it come from (date/place/author)? **O**bjective: Why was it written? **U**sefulness: How useful is it for what you need? **R**eliability: How reliable is it for what you need? **C**ontext: What were the conditions and worldviews existing at the time when the source was created? **E**vidence: How can you use this source as evidence?

Abb. 5.8: Begriffe und Fragen nach Seixas/Morton (2013, S. 43ff.), adaptiert

5.2.3 Unterrichtsaktivitäten

Einführung des Denkkonzepts: *I left a trace*
Zweck: Diese Übung hilft den Lernenden dabei, die zentrale Rolle von Überresten aus der Vergangenheit für die Konstruktion von Geschichte zu verstehen.
Die Schüler/innen sollen Dinge, die sie in den letzten 24 Stunden getan haben und die für eine Erwähnung in der Klasse angemessen sind, kurz auf einem Zettel notieren. Nach der Erklärung, was ein Überrest/eine Spur ist, erhalten die Schüler/innen folgende Arbeitsaufträge: (a) *Make a list of traces that might have been left of your life in the past 24 hours (including digital traces); (b) Identify which traces were purposeful and which were accidental; (c) Offer an opinion about whether the traces are likely to be preserved.* Aus den Antworten der Schüler/innen lassen sich Bezüge herstellen, um Worte wie *historical record, relic* und *testimony* einzuführen und das Verständnis von Überrest/Spur zu erweitern. Die folgenden Fragen können verwendet werden, um von diesem konkreten Beispiel zu breiteren Fragen im Hinblick auf historisches Wissen und die Rolle, die Überrete/Spuren dabei spielen, überzugehen: *Were there any things you did that left no trace or that left only traces that would not be preserved? What does this suggest about the historical record? What would future historians think about you if they were able to study your traces? How much would future historians be able to learn about our society by studying only your traces? What other kinds of traces, relics, testimony, and records would help historians learn about our society?*

Abb. 5.9: Unterrichtsaktivität nach Seixas/Morton (2013, S. 50)

Wegweiser 5: *Activities that involve corroboration*
Zweck: Nur sehr wenige Schüler/innen werden später professionelle Historiker/innen. Sie leben aber in einer Welt des Informationsüberflusses, in welcher es schwer sein kann, plausible von unhaltbaren Behauptungen zu trennen. Die kritische Fähigkeit von Historikerinnen und Historikern, die informative Spreu vom Weizen zu trennen, kann auch Schüler/innen dazu befähigen, mit der Flut von fragwürdigen Informationen in ihrem täglichen Leben umzugehen.
Am Beginn steht die Modellierung der historischen Lesestrategie *corroboration* und der Einschätzung von Gewissheit. Dann können folgende Fragen an unterschiedliche Quellen gestellt werden: *What is similar/different about these sources? Why are they similar or different? Does this source confirm what I have already learned? Does it extend what I know about the topic? Does it challenge what I have already examined? Do I have enough evidence on this? Can I move on?* Andere Fragen beschäftigen sich mit der Bedeutsamkeit/Relevanz von Quellen: *What makes this source an important piece of evidence?* Nützliche Satzanfänge zum Denken und Schreiben über *corroboration*: *Source X supports what I have learned so far because it …* *Source X goes even further than source Y in showing that …* *Source X contradicts the evidence of Source Y by suggesting that …* *These pictures show different effects of …* Eng verbunden mit *corroboration* ist das Nachdenken über den Grad der Gewissheit. Die Schüler/innen sollten verstehen, dass Historiker/innen nicht immer die definitive Antwort auf Fragen zur Geschichte geben können, da es nicht immer genug Quellen gibt, sie nicht das preisgeben, was die Historiker/innen wissen wollen oder sich widersprechen. Lernende benötigen dementsprechend Adverbien, die Ungewissheit ausdrücken, wie *probably, likely,* und *possibly* sowie Verben, wie *suggests* oder *implies.* Nützliche Satzanfänge zum Ausdrücken von Graden der Gewissheit: *These sources lead me to believe that … These sources clearly show … It is highly likely (based on the sources) that… These sources clearly show … but we are still uncertain about …* Unterrichtsaktivitäten, die *corroboration* beeinhalten: **Vergleich einer historischen Darstellung mit Quellen:** Schüler/innen können sich mit der historischen Darstellung eines Ereignisses, etc. auseinandersetzen und diese dann mit Quellen zum Thema vergleichen. Mögliche Untersuchungsfragen: *What kind of evidence is this based on? Is this really how it happened? How can you tell?* **Den Wissensaufbau durch Quellen voranstellen:** Die umgekehrte Vorgehensweise gibt den Lernenden eine Vielzahl von Quellen zu einem bestimmten Thema, fordert sie auf, diese zu

interpretieren und ein Verständnis des Themas zu entwickeln, bevor sie eine historische Darstellung/einen Verfassertext aus dem Geschichtsbuch lesen und auf der Basis ihres aus den Quellen gewonnenen Wissens zum Thema kritisieren sollen. Eine abschließende Aufgabe kann darin bestehen, einen Brief an der Verlag/den Herausgeber zu schreiben, in dem die Schüler/innen ihre Kritik ausdrücken. Die Herausforderung für Lehrkräfte bei dieser Aufgabenstellung ist das Auffinden brauchbarer Quellen.
Vergleich von historischen Darstellungen/Verfassertexten in unterschiedlichen Geschichtsbüchern: Eine weitere Möglichkeit besteht darin, den Lernenden widersprüchliche Darstellungen eines Ereignisses, einer Person oder Entwicklung zu präsentieren. Mithilfe einer Vielzahl von Quellen sollen sie dann entscheiden, welche Darstellung ihrer Meinung nach triftiger/besser ist.
Auf der Basis von Quellen erstellen die Schüler/innen eigene Darstellungen/Interpretationen: Eine fortgeschrittene Variante im Hinblick auf ein Verständnis des Denkkonzepts stellt eine offene Untersuchung dar, in der die Schüler/innen aus einer Vielzahl von Quellen eigene Darstellungen entwickeln müssen.

Abb. 5.10: Unterrichtsaktivitäten nach Seixas/Morton (2013, S. 62f.), adaptiert

5.2.4 Unterrichtsbeispiel zur Diagnostik und Förderung (Jahrgangsstufen 9/10): *Validating Historical Claims – King Arthur*

Das folgende Unterrichtsbeispiel eignet sich gut zur Diagnose von Schülervorstellungen, und zwar im Hinblick darauf, wie sie vorgehen, um auf der Basis ihres historischen Hintergrundwissens und historischer Quellen zu prüfen, wie valide eine historische Behauptung ist. Das Beispiel kann im Rahmen der Festigung der historischen Lesestrategien angewendet werden, aber auch vor deren Einführung als Momentaufnahme historischen Denkens der Schüler/innen dienen. Das zur Kontextualisierung notwendige Hintergrundwissen können die Lernenden selbstständig erarbeiten, es kann aber auch vorher im Unterricht thematisiert werden. Meistens suchen Schüler/innen, die noch nicht so erfahren im Umgang mit den historischen Lesestrategien sind, zwar nach den geforderten Hintergrundinformationen, die eher spärlich ausfallen, versuchen aber nicht Informationen über die Verfasser der Quellen herauszufinden. Hier wäre dann ein Hinweis durch die Lehrkraft angebracht, dieser kann natürlich auch schon in die Aufgabenstellung aufgenommen werden (*What can you find out about the sources' authors?*). Die letzte Frage soll dazu führen, dass die Lernenden ihre Denkprozesse zur vorausgehenden Frage ausführlich darlegen.

Validating historical claims: King Arthur

The claims
Account A
About 500 AD there lived a very brave king of the Britons called Arthur. He fought the Saxons and won all his battles. In his twelfth battle at Mount Badon he killed 960 Saxons himself.
Account B
About 500 AD a leader of the Britons fought the Saxon invaders and defeated them several times. One of his battles was at Badon Hill. He became a hero.
Account C
About 500 AD there lived a King called Arthur and his knights fought a big battle at Mount Badon. Arthur wore heavy armour with a picture of Mary, mother of Jesus, on it. This helped to make him feel very brave when he rode into battle. At the battle he killed many Saxons.
The historical sources
Source 1. Written in 540 AD by a British monk called Gildas:
Some Britons were murdered by the Saxons, some were made slaves. Some fought back under a leader called Ambrosius. Sometimes the Britons won the battles and sometimes the Saxons won.

There was a big battle at Badon Hill. I know about this because I was born in the year it happened.
Source 2. Written in 800 AD by a Welsh monk called Nennius:
The war leader was called Arthur. His twelfth battle was on Mount Badon. At the battle Arthur killed 960 Saxons on his own. He won all the battles he fought.
Source 3. Written in 1125 AD by a monk called William:
At the battle of Mount Badon, Arthur killed 900 Saxons all on his own. He had a picture of Mary, mother of Jesus, on his armour.
Tasks
Search for background information on the Roman and Saxon invasion and settlement.
Make a choice between the stories on the basis of the sources and your background knowledge and explain it. (Do not forget to use the historical reading strategies!)
Were any clues from the sources particularly helpful/unhelpful to you in coming to your decision? If so, please explain why.

Abb. 5.11: Unterrichtsbeispiel nach Ashby (2005, S. 35f.), adaptiert

5.3 Kontinuität und Wandel – Wie können wir die Komplexität der Vergangenheit verstehen?

Für ein Verständnis und die Weitergabe dessen, was in der Vergangenheit über Regionen, Zivilisationen und Jahrhunderte hinweg geschah, benötigen wir Vereinfachungen. Eine Liste von Ereignissen, in der chronologischen Reihenfolge, in der sie sich ereigneten, stellt häufig einen Startpunkt dar, um eine Ordnung in die Ereignisse der Vergangenheit zu bringen und ihr Verständnis zu ermöglichen. Solche Zeitleisten bringen aber die Gefahr mit sich, dass sie Schüler/innen eine Vorstellung von Geschichte als Serie diskreter, unverbundener Ereignisse oder Veränderungen vermitteln. Eine Vorstellung von Wandel als – sowohl in der Geschwindigkeit als auch in der Richtung variierender – Prozess kann durch sie kaum erreicht werden. Sie führen auch zu keinem Verständnis davon, dass Wandlungsprozessen häufig eine Vielzahl von Kontinuitäten unterliegt. Vor der Einführung von historischen Denkkonzepten bleibt Lernenden im Hinblick auf historischen Wandel häufig nur die Frage, wann etwas geschehen ist. Die Auseinandersetzung mit Kontinuität und Wandel ermöglicht ihnen aber eine differenziertere Sichtweise auf Wandlungsprozesse, die mal schneller, mal langsamer verlaufen und ihre Richtung verändern können. Wandel kann eine Erzählung von Fortschritt, Stillstand oder Niedergang sein. Ob Historiker/innen Kontinuität, Wandel oder beides in der Vergangenheit finden, hängt davon ab, wo sie hinsehen und welche Fragen sie stellen (Seixas/Morton 2013, S. 76ff.). Wie sehen aber Jugendliche historischen Wandel? Sehen sie ihn genauso wie gegenwärtigen Wandel oder sehen sie Geschichte anders, als Serie von Ereignissen und Daten? Empirische Studien zu diesen Fragen sind rar. Nehmen Jugendliche, die ihr ganzes Leben in Deutschland verbracht haben und die mit der kontinuierlichen Entwicklung neuer technologischer Konsumprodukte im Verlauf ihres kurzen Lebens aufgewachsen sind (Wandel), an, dass Wandel immer schnell, tiefgreifend und anhaltend erfolgt? Finden Jugendliche, die ihr Leben in stabilen und sicheren Demokratien verbracht haben (Kontinuität), es schwierig, plötzlichen politischen Aufruhr zu verstehen? Verstehen sie sich als Teil von gesellschaftlichen und kulturellen Wandlungsprozessen oder nehmen sie eher an, dass die heutigen Überzeugungen dieselben wie die gestrigen sind und identisch mit den morgigen sein werden (vgl. ebd., S. 82)?

5.3.1 Wegweiser zum Erwerb des Denkkonzepts

Kontinuität und Wandel	
WEGWEISER 1: Die Verbundenheit und Gleichzeitigkeit von Kontinuität und Wandel Kontinuität und Wandel sind eng miteinander verbunden und beide können gleichzeitig existieren. Chronologien können dieses Zusammenspiel über längere Zeiträume demonstrieren.	
Beispiel für ein begrenzendes Verständnis: Die/der Lernende versteht nicht, dass Kontinuität und Wandel gleichzeitig auftreten können.	**Beispiel für ein wirkungsvolles Verständnis:** Die/der Lernende nutzt Chronologien/Zeitleisten, um die Verbundenheit/Gleichzeitigkeit von Kontinuität und Wandel zu zeigen.
WEGWEISER 2: Komplexität von Wandel Wandel ist ein Prozess mit sich ändernden Geschwindigkeiten und Richtungen. Er kann als Fluss beschrieben werden, der Trends und Wendepunkte (Änderung der Richtung oder Geschwindigkeit) aufweist.	
Beispiel für ein begrenzendes Verständnis: Die/der Lernende sieht Wandel in der Vergangenheit als eine Serie einzelner Ereignisse (Ereignis = Wandel; kein Ereignis = Kontinuität).	**Beispiel für ein wirkungsvolles Verständnis:** Die/der Lernende kann die sich verändernde Geschwindigkeit/Richtung von Wandel beschreiben und Wendepunkte erkennen.
WEGWEISER 3: Auswirkungen von Wandel auf gesellschaftliche Gruppen Die Bezeichnungen „Fortschritt" und „Niedergang" sind grobe Werkzeuge, mit denen Wandel im Hinblick auf Kulturen oder Gesellschaften bewertet wird. Wandel kann Fortschritt für eine bestimmte Gruppe von Menschen bedeuten, aber den Niedergang für eine andere.	
Beispiel für ein begrenzendes Verständnis: Die/der Lernende charakterisiert Wandel als Fortschritt oder Niedergang für alle Menschen einer Kultur/Gesellschaft.	**Beispiel für ein wirkungsvolles Verständnis:** Die/der Lernende beschreibt Wandlungsprozesse differenziert und zeigt, dass Fortschritt für eine gesellschaftliche Gruppe den Niedergang für eine andere bedeuten kann.
WEGWEISER 4: Kriteriengeleitete Einteilung von Zeitabschnitten Die Periodisierung stellt eine Organisationshilfe beim Denken über Kontinuität und Wandel dar. Diese basiert auf einem Interpretationsprozess, in dem Historiker/innen entscheiden, welche Ereignisse oder Entwicklungen einen Zeitabschnitt in der Geschichte darstellen sollen.	
Beispiel für ein begrenzendes Verständnis: Die/der Lernende geht davon aus, dass historische Zeitabschnitte feststehen.	**Beispiel für ein wirkungsvolles Verständnis:** Die/der Lernende kann Kriterien angeben, um einen Zeitabschnitt in der Geschichte zu markieren. Sie/er kann erklären, warum alternative Festlegungen plausibel sein können.

Abb. 5.12: Wegweiser „Kontinuität und Wandel" nach Seixas/Morton (2013, S. 86), adaptiert

5.3.2 Nützliche Begriffe und Fragen

Wortschatz
change: becoming different; an alteration (e.g., evolutionary erosion or sudden collapse, gradual building or revolutionary upheaval) **chronicle**: a written record of events in the order in which they happened; a timeline **continuity:** not changing, staying the same **decline:** the erosion of conditions, to become smaller, fewer, weaker, etc. **periodisation:** the process of using themes to divide history into chunks of time with beginning and end dates **progress:** the betterment of conditions, the process of improving or developing **general historical terms:** decade, century, etc. **the name of particular periods relevant to your course:** Industrial Revolution, First World War **terms for describing duration:** short-term, long-term **terms for describing pace and pattern:** turning point, abrupt, choppy, jerky, explosive, gradual, gentle, drawn-out, sluggish **vocabulary for describing the quality of change:** sustainable, planned, or intended versus unintended or chaotic, progressive versus regressive, contested or resisted versus welcomed or popular, revolutionary versus reactionary

vocabulary for describing types of change: economic, environmental, political, technological, social, cultural **vocabulary for describing the impact of change on different peoples:** widespread, extensive, broad-based, deep, or transformative versus narrow, superficial, shallow, or modest
Fragestellungen
How did X change during this time and how did it stay the same? Has our (school, city, entertainment, work, food, or family lifestyle) really changed in the last 100 years? What would a time traveler coming to X from 100 years ago find the most similar/different? What kind of change was X? What were the turning points in the history of X? The more things change, the more they stay the same. How true is this for X during Y? When and how did things get better/worse? How big a step forward was X, or was it a series of big and little steps? Were there any steps backwards? Why do historians divide up the past into periods? What are the advantages and disadvantages of doing this? What would a timeline for technological change in X look like? What would a timeline of the last X years look like? To what extent would it be a time of progress or decline?

Abb. 5.13: Begriffe und Fragen nach Seixas/Morton (2013, S. 77, 88ff.), adaptiert

Analytical vocabulary for describing change and continuity
Describing the nature/significance of change: symbolic, explosive, negligible, radical, theoretical, latent, practical, overt, embryonic, steady, profound, superficial, temporary, momentary, enduring, imperceptible, abrupt, violent
Describing a process of change: rejuvenate, intensify, escalate, mutate, transform, adapt, sprout, bloom, mature, swell, shrink, shrivel, reverse, retreat, undo, decay
Describing patterns of change and continuity: revive, repurpose, restore, re-imagine, remain, repeat, reconfigure, re-establish, rupture, parallel, imitate, borrow, bequeath, disrupt, break, antecedent, erode, echo, subvert, stretch

Abb. 5.14: Vokabular zur Analyse von Kontinuität und Wandel nach Foster (2013, S. 15)

5.3.3 Unterrichtsaktivitäten

Wegweiser 1 und 2: *Creating a class timeline*
Zweck: Diese Unterrichtsaktivität soll den Lernenden ermöglichen zu sehen, wie variabel Wandel in der Geschwindigkeit und der Richtung sein kann und wie Kontinuität und Wandel koexistieren können.
Schüler/innen sollten häufiger eigene Zeitleisten anfertigen und nicht nur fertige aus dem Geschichtsbuch oder von einem Poster, das in der Klasse hängt, kopieren. Sie können begleitend zum Unterricht eine individuelle Zeitleiste führen, die sie von Zeit zu Zeit ergänzen, oder man macht daraus eine gemeinsame Klassenaktivität. Eine Zeitleiste an den Wänden des Klassenraums hat den Vorteil, dass sie eine ständige visuelle Erinnerung an das vorausgegangene Lernen darstellt, während die Klasse eine oder mehrere Unterrichteinheit(en) bearbeitet. Zur Erstellung der Zeitleiste vgl. die Überlegungen von Elise Fillpot (4.6: 12, Abb. 4.31).

Abb. 5.15: Unterrichtsaktivität nach Seixas/Morton (2013, S. 91), adaptiert

Festigung des Denkkonzepts: *History as a car trip*
Zweck: Diese Übung gilt der Festigung des Verständnisses von Kontinuität und Wandel.
Die Idee, Kontinuität und Wandel im Unterricht durch die Entwicklung einer Straßenkarte zu problematisieren, stammt von der Geschichtslehrerin Rachel Foster, die sie als Metapher für Wandlungsprozesse im Rahmen der amerikanischen Bürgerrechtsbewegung einsetzte. Indem Schüler/innen eigene Metaphern für Wandel bilden, können sie ihr Verständnis von Wandlungsprozessen an einem konkreten Beispiel festigen und ausdrücken. Eine gute Metapher kann den Lernenden helfen, die Dimensionen von Wandlungsprozessen und ihre unterschiedlichen Richtungen, Geschwindigkeiten und Charakteristika zu erkennen und zu demonstrieren. Ein Ausflug mit dem Auto beinhaltet Kontinuität (geographische Voraussetzungen, Straßennetz) und Wandel (Baustellen, Umleitungen, Staus, Stoppschilder, eine Kaffeepause). Veränderungen der Richtung, der Geschwindigkeit und der Qualität der Fahrt bieten eine Vielzahl von Möglich-

keiten: Durch die Autoreise-Metapher kann das Zusammenspiel von *agency*, also z. B. der Entscheidungen der Fahrer/innen, und der Begrenzung dieser Entscheidungen, z. B. durch das Straßennetz und Geschwindigkeitsbegrenzungen, verdeutlicht werden.
Zu Beginn wird mit der Klasse darüber geredet, was eine Metapher ist und welchen Kriterien eine „gute" Metapher folgt: (a) Ähnlichkeit mit dem Wandlungsprozess, den die Metapher beschreibt (z. B. fahren Autos mit unterschiedlichen Geschwindigkeiten, genauso wie sozialer Wandel unterschiedliche Geschwindigkeiten aufweisen kann), (b) Einsicht in das Phänomen, (c) Kreativität, (d) Klarheit, (e) Angemessenheit.
Dann wird die Metapher für das Projekt vorgestellt – eine Autoreise als Metapher für den Wandel und die Kontinuität in dem im Unterricht behandelten Zeitabschnitt der Geschichte. Die Schüler/innen sollen eine mit Anmerkungen versehene Karte erstellen, indem sie Geschriebenes und Visuelles kombinieren. Folgende Fragen sollten mit den Lernenden besprochen werden und die Ergebnisse sollten für alle sichtbar aufgehängt werden:
What might speed up or slow down a car journey? What might influence the quality of the trip? What might change a car's direction?
Dann erhalten sie Materialien die sie zur Erstellung der *metaphor map*, der Straßenkarte benötigen (Papier, Textmarker).
Diese Übung ist zeitaufwendig und stellt hohe Anforderungen an das Layout. Hier benötigen die Schüler/innen meistens Unterstützung bei der Planung ihrer *metaphor map*, um Probleme mit dem zur Verfügung stehenden Platz auszuräumen.
Für den bilingualen Geschichtsunterricht bietet diese Unterrichtsaktivität eine diagnostische Variante. Foster sieht die Nützlichkeit ihres Metaphern-Experiments (Beispiele für die Schülerprodukte finden sich in Foster 2008, S. 6, 8), die ich aus eigener Erfahrung bestätigen kann, wie folgt: *„Indeed, for me, one of the most significant learning outcomes of the activity related to my learning: specifically my understanding of pupils' understanding. Changing the form of assessment served to change my assessment of them. The experience was a humbling one for it made me realize how, despite my best intentions, I had been mentally labeling pupils based primarily on a very limited form of assessment – their writing. Given the opportunity to express themselves in a different way, many pupils showed a completely different degree and type of historical understanding than evidenced in more traditional assessment. At the very last, using the maps as an assessment was hugely useful as a diagnostic tool for me as a teacher"* (ebd., S. 7).
In einem weiteren Schritt können die Schüler/innen ihre *mental maps* auch verschriftlichen, indem sie ihre visuellen und mündlichen Ideen erklären. Dazu benötigen sie aber (insbesondere im bilingualen Geschichtsunterricht) ein geeignetes analytisches Vokabular, das ihnen hilft, Prozesse, die gleichzeitig Kontinuität und Wandel beinhalten, zu untersuchen (Abb. 5.14).

Abb. 5.16: Unterrichtsaktivität nach Foster (2008) und Seixas/Morton (2013, S. 97f.), adaptiert

5.3.4 Unterrichtsbeispiel ab Jahrgangsstufe 10: *Six months that changed the world* – Margaret MacMillans historische Darstellung über die Pariser Friedensverträge von 1919

Wie können Lehrende Lernenden Prozesse verdeutlichen, in denen gleichzeitig Kontinuität und Wandel vorkommen? Das ist keine leichte Aufgabe. Ich denke, dass hier der Einsatz von historischen Darstellungen im bilingualen Geschichtsunterricht zu einer besseren Anschaulichkeit führen kann als die Verwendung von Schulbuchtexten oder Zeitleisten. Das Zusammenspiel von Kontinuität und Wandel wird im folgenden Beispiel für Schüler/innen gut sichtbar: Margaret MacMillan (2003), eine kanadische Historikerin, hat ein preisgekröntes Buch über die Pariser Verhandlungen in 1919 geschrieben, in dem sie zeigt, wie und inwiefern die damals getroffenen Entscheidungen Auswirkungen auf unsere heutige Gegenwart haben. In deutschsprachigen Geschichtsbüchern wird meistens nur der Versailler Vertrag als problematische Last für die Weimarer Republik thematisiert. Dabei bilden die in Paris getroffenen Neuordnungsversuche, die über die deutsche Problematik hinausgehen, eine wichtige Grundlage für Schüler/innen, um krisenhafte Erscheinungen unserer gegenwärtigen Welt zu verstehen und ein wirkungsvolleres Denken im Hinblick auf Kontinuität und Wandel zu entwickeln. MacMillans Buch bietet insofern eine hilfreiche historische Narration für den bilingualen Geschichtsunterricht, die sich wie eine Blaupause für gegenwärtige politische und soziale Krisen auf dem Balkan, im Nahen Osten oder anderswo liest. Ihre Darstellung der Pariser Friedensverhandlungen von 1919 stellt somit einen guten Startpunkt dar, um die heutige Welt zu verstehen, sie stellt aber auch Bezüge zum Wiener Kongress von 1815 her. In dieser Zeitspanne von knapp 200 Jahren haben sich die politischen Verhältnisse, z. B. auch durch neue Grenzziehungen, deutlich schneller verändert (Wandel) als die kulturellen Identitäten (Kontinuität). Zur Vorbereitung einer Gruppenarbeit zu unterschiedlichen Problembereichen/Ländern/Gebieten empfiehlt es sich, Textausschnitte von MacMillan gemeinsam zu lesen:

M. MacMillan: Paris 1919. Six Months That Changed The World, New York 2003
Folgende Textausschnitte bieten sich an: *„For six months in 1919, Paris was the capital of the world ...The world has never seen anything quite like it and never will again. (p. XXV) [...]* *Four years of war shook forever the supreme self-confidence ... the expectations were enormous. (p. XXVI)* *Even before the guns fell silent ... the first president of Israel. (p. XXVII) [...]* *The peacemakers [...] had carefully studied the only available example – the Congress of Vienna ... They were thus not completely free agents. (pp. XXVIII-XXX) [...]* *In their months in Paris the peacemakers ... brought their own national interests with them, but they also brought their likes and dislikes. (pp. XXX-XXXI) [...]* *Later it became commonplace to blame everything that went wrong in the 1920s and 1930s on the peacemakers ... We are still asking those questions" (pp. 493-494).* **Tasks:** Analyze MacMillan's historical account for examples of continuity and change between 1919 and today, as well as between 1919 and 1815. Were the three world leaders in any position to affect the course of change according to MacMillan? How?/Why not?

Abb. 5.17: Textausschnitte aus MacMillan (2003, S. XXVff., 493f.)

Nach der Sammlung der Beispiele für Kontinuität und Wandel in einer Tabelle und ihrer gemeinsamen Diskussion (eventuell muss eine Aufarbeitung/Wiederholung der Ergebnisse des Wiener Kongresses erfolgen) kann ein Gruppenpuzzle erfolgen, in dem sich drei Gruppen arbeitsgleich mit Russland beschäftigen und drei mit dem Völkerbund:

Russia:

1. Read chapter 6 (pp. 63–82) of MacMillan's book and sum up her main argument.
2. Was the new Soviet regime in Russia the harbinger of a new world order (= change) or simply a murderous despotism in new clothing (= continuity)?

The League of Nations:

1. Read chapters 7 & 8 (pp. 83–106) of MacMillan's book and sum up her main argument.
2. The League of Nations set up a Mandate System, whereby former colonies in the Arab world, as well as those in the Pacific and Africa, were placed under the control of others. Was that merely a bit of window dressing to describe old-fashioned land grabbing (= continuity), or was it a new departure in international relations (= change)?

Nach dieser Einstiegsphase können dann in einer arbeitsteiligen Gruppenarbeit Präsentationen zu den folgenden Themen erarbeitet werden:

The Balkans: Yugoslavia, Rumania, Bulgaria, pp. 109–142.

The German Issue, pp. 157–203.

Between East and West: Poland Reborn, Czechs and Slovaks, Austria, Hungary, pp. 207–270.

Middle East: Greece, The End of the Ottomans, Arab Independence, Palestine, pp. 347–455.

Far East: Japan and Racial Equality, China, pp. 306–321.

Dabei sollten folgende Fragestellungen berücksichtigt werden:

> How did the country/region change as a result of the Paris Peace Conference and what remained the same? Did the change result in progress or decline? How? Were there different perspectives on that matter? Are there any connections/continuities between 1815, 1919 and contemporary problems/issues?

5.4 Ursache und Wirkung – Wie erklären wir die Auswirkungen von Entscheidungen und Handlungen in der Vergangenheit?

Das Denken von Lernenden im Hinblick auf die Ursachen von historischen Ereignissen kann häufig insofern begrenzt sein, als sie nur die unmittelbaren Ursachen wahrnehmen – den weißen Ball beim Billiard oder Snooker, der einen anderen Ball trifft und in einer der Taschen des Tisches versenkt. Mit der Einführung der historischen Denkkonzepte in den bilingualen Geschichtsunterricht lernen Schüler/innen weiter zu denken, über das Unmittelbare hinaus. Sie berücksichtigen zunehmend das Zusammenspiel von kausalen Faktoren, die von dem gezielten Einfluss der Entscheidungen historischer Akteure bis zum breiteren Einfluss der vorherrschenden sozialen, politischen, kulturellen und wirtschaftlichen Bedingungen reichen. Schüler/innen können weiterhin erkennen, dass die Bedingungen, Opposition und unvorhergesehene Reaktionen dazu führen können, dass die Absichten eines historischen Akteurs nicht umgesetzt werden oder nicht so wie geplant, was zu einem Verständnis von unbeabsichtigten Folgen/Auswirkungen führen kann (Seixas/Morton 2013, S. 104).

Für ein Verständnis von Ursachen ist es wichtig, nicht nur die Motivation und die Handlung von Individuen oder Gruppen zu untersuchen – auch die historischen Umstände müssen berücksichtigt werden. Der Blick muss über die Individuen hinaus gehen und sich auf die Umstände, in denen sie handeln, richten. Die Konsequenzen menschlicher Handlungen sind eigentlich niemals genau so, wie sie beabsichtigt waren, da Menschen auf Opposition und sich verändernde Umstände treffen. Menschliche Handlungen oder vorherrschende Strukturen – wer hat mehr Einfluss auf historische Ereignisse? Gesellschaftstheoretiker/innen vertreten unterschiedliche Ansichten im Hinblick auf diese Frage:

> „Social theorists have suggested a dichotomy between agency and structure. On the one hand is the exercise of human agency and autonomy; on the other hand are the social structures and constraints within which actions are conceived and played out. How much autonomy do we have? […] Social theorists have dealt persuasively with this dichotomy by emphasizing the dependence of each on the other. Collective human agency is, itself, what produces and reproduces social structures" (ebd., S. 109).

Historiker/innen vertreten hierzu ebenfalls unterschiedliche Ansichten, die sich in den von ihnen konstruierten Erklärungen darüber widerspiegeln, wie und warum die Ereignisse der Vergangenheit sich so entwickelten, wie sie sich entwickelt haben. Für den Geschichtsunterricht bietet sich hier ein Vergleich unterschiedlicher Interpretationen an, die Struktur oder *agency* in den Vordergrund stellen. Die interessantere Frage lautet hier: Wie beeinflussen sich beide gegenseitig? Die Ursachen und Wirkungen eines Ereignisses stellen keine einfache Wegstrecke von Punkt A nach B dar, es handelt sich eher um ein Netz miteinander verbundener Ursachen und Wirkungen, jede mit einer Vielzahl von Einflüssen. Deshalb ist es auch wichtig, dass die Schüler/innen sich mit der Gewichtung von Ursachen auseinandersetzen. Ola Halldén hat in seinen Untersuchungen Belege dafür gefunden, dass Schüler/innen zur Personalisierung neigen, womit er die Erklärung von historischen Ereignissen durch den Rückgriff auf die Handlungen, Reaktionen und Absichten von Individuen meint (Halldén 1998, S. 132). Avishag Reiman ist in ihren Forschungen zu dem Ergebnis gelangt, dass Schüler/innen häufig den unmittelbaren Ursachen eines historischen Ereignisses ein überproportionales Gewicht beimessen, anstatt den historischen Kontext und kontextuelle Ursachen zu berücksichtigen (Reisman 2009, S. 55). Beide plädieren deshalb für einen Unterricht, der Schüler/innen dabei hilft, über den Fokus auf unmittelbare, kurzfristige Ursachen hinauszukommen, um auch größere Zusammenhänge und abstraktere Vorstellungen von Ursachen, also Bedingungen/Strukturen, zu berücksichtigen. Durch das Zusammenspiel von Handlungen und Strukturen werden Ereignisse verursacht. Zufälle oder Unfälle können auch Wandel verursachen. Kontrafaktische Fragen können Schüler/innen dafür sensibilisieren, dass historische Ereignisse nicht unvermeidbar sind und sich Geschichte auch in eine andere Richtung hätte entwickeln können (Seixas/Morton 2013, S. 110ff.).

5.4.1 Wegweiser zum Erwerb des Denkkonzepts

Ursache und Wirkung	
WEGWEISER 1: Kausale Netze Wandel wird durch eine Vielzahl von Ursachen verursacht und bringt seinerseits eine Vielzahl von Auswirkungen/Folgen hervor. Dadurch wird ein komplexes Netz aufeinander bezogener kurzfristiger und langfristiger Ursachen und Wirkungen erzeugt.	
Beispiel für ein begrenzendes Verständnis: Die/der Lernende schreibt Ereignisse einer einzelnen (häufig kurzfirstigen) Ursache zu oder listet Ursachen und Wirkungen auf, ohne die kausalen Beziehungen zu verstehen.	**Beispiel für ein wirkungsvolles Verständnis:** Die/der Lernende kann eine Vielzahl von kurz- und langfristigen Ursachen und Wirkungen eines historischen Ereignisses angeben und begreift ihre komplexe Wechselbeziehung.
WEGWEISER 2: Die Gewichtung von Ursachen Die Ursachen, die zu einem bestimmten historischen Ereignis führten, haben unterschiedliche Einflussgrade, manche sind wichtiger als andere.	
Beispiel für ein begrenzendes Verständnis: Die/der Lernende kann den Einfluss von unterschiedlichen Ursachen nicht gewichten.	**Beispiel für ein wirkungsvolles Verständnis:** Die/der Lernende kann die Ursachen eines bestimmten historischen Ereignisses analysieren und sie im Hinblick auf ihren Einfluss gewichten.
WEGWEISER 3: Persönliche und kontextuelle Faktoren Ereignisse entstehen aus dem Zusammenspiel von zwei Faktoren: Aus dem Handeln der historischen Akteure und aus den (sozialen, wirtschaftlichen, etc.) Verhältnissen, die ihr Handeln beeinflussen.	
Beispiel für ein begrenzendes Verständnis: Die/der Lernende erklärt historische Ursachen und Ereignisse allein durch den Rückgriff auf die Absichten und Handlungen von Menschen oder (personalisierten) Institutionen.	**Beispiel für ein wirkungsvolles Verständnis:** Die/der Lernende erklärt Ursachen und Ereignisse, indem sie/er die Handlungen der historischen Akteure *und* die zeitgenössischen Lebensumstände berücksichtigt.

<table>
<tr><td colspan="2">WEGWEISER 4: Unbeabsichtigte Folgen
Historische Akteure können nicht immer die Auswirkung der Lebensverhältnisse, entgegengesetzter Handlungen und unvorhergesehener Reaktionen vorhersehen. Diese erzeugen unbeabsichtigte Folgen.</td></tr>
<tr><td>Beispiel für ein begrenzendes Verständnis:
Die/der Lernende versteht vergangene Ereignisse als (vohersagbares) Ergebnis der Absichten und Handlungen eines einzelnen Akteurs.</td><td>Beispiel für ein wirkungsvolles Verständnis:
Die/der Lernende kann zwischen be- und unbeabsichtigten Folgen unterscheiden, indem sie/er die Pläne und Handlungen einzelner Akteure im Zusammenhang mit den historischen Verhältnissen und entgegengesetzten Handlungen betrachtet.</td></tr>
<tr><td colspan="2">WEGWEISER 5: Keine Zwangsläufigkeit
Vergangene Ereignisse waren nicht unvermeidlich, genauso wenig, wie es zukünftige sein werden. Die Veränderung einer einzelnen Handlung oder eines einzelnen Umstandes könnte zu einer ganz anderen Entwicklung eines Ereignisses geführt haben.</td></tr>
<tr><td>Beispiel für ein begrenzendes Verständnis:
Die/der Lernende versteht vergangene Ereignisse als zwangsläufig, weil sie/er die Komplexität menschlicher Absichten und Entscheidungen nicht berücksichtigt.</td><td>Beispiel für ein wirkungsvolles Verständnis:
Die/der Lernende kann durch kontrafaktisches Erzählen/Denken zeigen, dass ein historisches Ereignis nicht zwangsläufig eintreten musste.</td></tr>
</table>

Abb. 5.18: Wegweiser „Ursache und Wirkung“ nach Seixas/Morton (2013, S. 115), adaptiert

5.4.2 Nützliche Begriffe und Fragen

Wortschatz und Formulierungshilfen

agency: the power to act, a result of the actions of sb
cause: an action or condition that contributes to a result (that "makes sth happen")
condition: the social, political, economic or cultural circumstances or situation in which people live, work or do things
consequence: an outcome/ a result of sth (actions or conditions) that has happened
structure: another word for conditions within which people of the past lived and acted
unintended consequence: a result that is unexpected and not planned for
verbs to express short-term causes or catalysts: incited, kindled, triggered, sparked
verbs to express long-term causes or underlying conditions: led to, contributed to, made possible, resulted in, encouraged, blocked, prevented
verbs to express relationships among causes and consequences: made worse, accelerated, strengthened, reinforced, increased, weakened, blocked
verbs to describe human intentions: intend, decide, expect, foresee, predict
verbs to describe the influence of conditions: block, slow, strengthen, accelerate, transform

<u>Prompts for causes:</u>
The underlying causes were … A contributing factor was … The problems were exacerbated by … Ultimately, the trigger was …

<u>Prompts for consequences:</u>
The immediate result was … A long-term effect was … An unintended consequence was … Although X had planned for Y, the end result was …

Fragestellungen

What were the short-term and long-term causes of X? What were the consequences of X? What difference did X make to Y? What lay behind X? How did X make a difference? Was X a success? In what ways? What was the impact of X on our local area? How do these two explanations of X differ? Why do they differ? Which explanation of X is better?

<u>Counterfactuals:</u>
What if …? Would X (imagined event) have changed the outcome of Y? What would have been the impact if X had happened? What alternatives did X have, and what might have happened if he/she did Y?

Abb. 5.19: Begriffe und Fragen nach Seixas/Morton (2013, S. 105, 117f., 121ff.), adaptiert

Vocabulary table for causal analysis (Woodcock)					
Woodcock empfiehlt die Auseinandersetzung mit Begriffen zur Kausalanalyse anhand folgender Fragestellungen:					
Word	Does this suggest importance?	Does this suggest timing? (e.g. long term, medium term)	Does this suggest connection with other events?	Does this suggest speed of the event itself? (e.g. happen quickly or build up over time?)	Does this suggest that you are confirming or contradicting an earlier point?
Dabei hat er die Schüler/innen mit folgenden Wörtern konfrontiert:					
contribute	nevertheless	subsequently	however	fundamentally	motivate
exarcerbate	despite	encourage	this led to	underpin	drive
allow	further	develop	in addition	discourage	influence
latent	foundation	this nurtured	prevent	support	permit
trigger	birth	preceding	deter	origins	reflect
incite	beginning	consequently	this was the source	this bred	underlying
spark	element	impede	erupt	foundation	extinguish
significantly	this compelled	the root of	bring about	principally	central

Abb. 5.20: Vokabeln zur Kausalanalyse nach Woodcock (2005, S. 11)

5.4.3 Unterrichtsaktivitäten

Wegweiser 5: *Counterfactuals in the classroom*

Zweck: Diese Übung hilft den Lernenden darüber nachzudenken, dass historische Ereignisse sich nicht zwangsläufig ereignen mussten.

Kontrafaktische Fragen im bilingualen Geschichtsunterricht sollten von wahrscheinlichen Szenarien ausgehen, also eine Grundlage in Entscheidungen und Ereignissen haben, die anders hätten verlaufen können. Beispiel: *What if Martin Luther had been burned at the stake?*

Wenn die kontrafaktische Frage die Leitfrage der Unterrichtseinheit darstellen soll, wird sie zu Beginn der Einheit vorgestellt. Die Schüler/innen können dann eine kurze provisorische Antwort versuchen, sollten aber bemerken, dass ihr Verständnis begrenzt ist. Für eine ausführliche Antwort müssen sie die historischen Ereignisse und die Beziehungen zwischen den Ursachen gut verstehen, Kriterien wie Plausibilität *(Is the answer supported by a realistic consideration of the factors?)* und Vollständigkeit *(Are all important factors, groups, and individuals considered?)* anwenden und ihrer Argumentation durch Quellenbelege Triftigkeit verleihen.

Kontrafaktische Fragen können auch die Basis für einen größeren Arbeitsauftrag bilden, in dem die Schüler/innen im Rahmen von Projektarbeit eine historische Fiktion schreiben oder eine alternative Zeitleiste erstellen. Ein kontrafaktisches Szenario kann auch den Beginn für ein Rollenspiel darstellen. Dazu benötigen die Schüler/innen den historischen Kontext und die Perspektiven von bestimmten historischen Akteuren, um sich vorstellen zu können, wie diese handeln würden – ohne die Grenzen der Plausibilität zu verlassen.

Ein britischer Historiker, der sehr häufig mit kontrafaktischen Szenarios arbeitet, ist Niall Ferguson. Seine Arbeiten bieten sich als vorbereitende Lektüre für die bilinguale Lehrkraft an. So geht er z. B. in *The Pity of War* (Ferguson 1998) vielen kontrafaktischen Fragen zum Ersten Weltkrieg nach und in dem von ihm herausgegebenen Band *Virtual History* (Ferguson 2011) finden sich u. a. Analysen zu folgenden kontrafaktischen Fragen:

What if Britain had stayed out of the First World War? What if Germany had invaded Britain in 1940? What if Nazi Germany had defeated the Soviet Union? How would England look like if there had been no Cromwell? What if there had been no American Revolution?

Abb. 5.21: Unterrichtsaktivität nach Seixas/Morton (2013, S. 126), adaptiert

Festigung des Denkkonzepts: *A model for teaching causal reasoning*

Arthur Chapman (2003, S. 47) gibt folgende Tipps zum Erwerb des Denkkonzepts:
„Start by clarifying concepts and by identifying a vocabulary that will enable analysis [...]. Work up exercises that will allow students to learn to use the vocabulary – wildly unhistorical exercises are as good (if not better) as historical ones. Once there is clarity about concepts, use them to drive investigation and research – students should not be let anywhere near the historical material without their conceptual lenses polished and their questions sharpened. Design open-ended tasks that allow students to model conceptual relationships in concrete ways."

Es hat sich in meinem Unterricht vielfach bewährt, vom Alltagsnahen zum Abstrakten bzw. vom alltäglichen Denken zum Expertendenken überzugehen. Durch diesen Schritt werden die Unterschiede zwischen ihren Vorstellungen zum Denkkonzept und den Ideen von Expert(inn)en sichtbar und gleichzeitig werden Wege deutlich, die vom Denken in Analogien zu dem von Historikerinnen und Historikern führen können. Chapman unterscheidet Ursachen nach folgenden Kriterien (Ebd.): *content (economic, ideological, cultural, etc. causes); time (long-term, short-term causes); role (catalysts, triggers, preconditions); importance (necessary causes: if A had not happened, then B could not have happened, sufficient causes: A happening was enough to make B happen.*

Eine nützliche Analogie zur Erklärung von Auslösern (*triggers*) stellt das Spiel *Buckaroo* dar, in dem die Spieler/innen Ausrüstungsgegenstände auf einen Esel packen, der zu einem bestimmten Zeitpunkt (abhängig vom Gewicht, das bereits auf dem Esel lastet, und der Stelle, auf die das letzte Ausrüstungsteil gelegt wurde) buckelt und alles abwirft.

Neben der Identifizierung von Ursachen ist aber auch ihre Gewichtung ein wichtiger Schritt, was ich an einem Beispiel für die Jahrgangsstufe 7 verdeutlichen möchte:

Cause & Consequence: Why did the Roman Empire collapse?

By about 500 AD the Roman Empire had fallen apart. Why did it collapse?
A cause is a reason why something happens.
A consequence is something that happens because of something else.

Instructions for a diamond nine

In the chart you can find 7 problems faced by the Roman Empire which caused its collapse.
Complete the chart using your notes and your book. To do this you need to do two things:
You will need to add at least two causes of your own.
You will need to add at least one consequence for each cause.
Complete the diamond nine. The idea is to place the causes you consider to be most important towards the top and the least important towards the bottom (you can use numbers). Explain your choice and reasoning.

Causes and Consequences Chart: Why did the Roman Empire collapse?	
Cause	Consequence
Taxes were increased.	
The Roman emperors were greedy.	
Many Roman citizens in the provinces rebelled against their rulers.	
The Roman soldiers wanted more pay.	
Tribes outside the Empire attacked the Roman borders.	
Powerful generals fought among themselves about who should be the next emperor.	
In 73 years, there were 23 emperors. 20 of them were killed.	

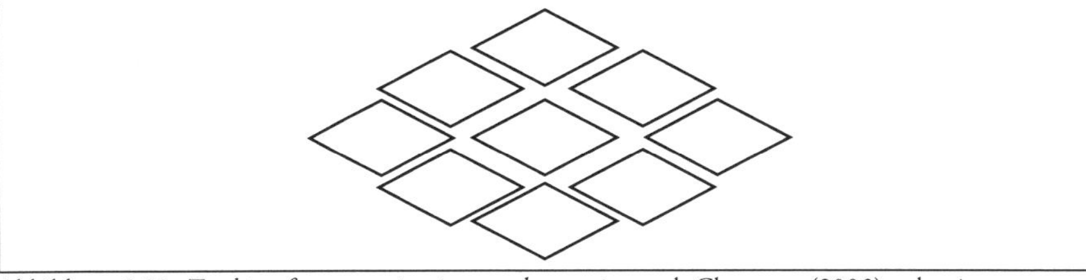

Abbildung 5.22: *Teaching for progression in causal reasoning* nach Chapman (2003), adaptiert

5.4.4 Unterrichtsbeispiel zur Diagnostik ab Jahrgangsstufe 9: *The Battle of Jutland*/Was geschah am Skagerrak?

Vor einer Weile habe ich eine Präsentationsprüfung zum Ersten Weltkrieg im Jahrgang 9 miterlebt. Nachdem die Gruppe von drei Schülern dieses für die Prüfung eigentlich zu große Thema recht schematisch zusammengefasst hatte, nahmen sie abschließend eine Bewertung des Ersten Weltkrieges vor: Dieser wäre „unnötig gewesen" und die von ihnen konstatierte „Kriegsbegeisterung" der damaligen Menschen war ihnen natürlich suspekt. Die Handlungen der vergangenen Akteure erschienen den Jugendlichen als „eher dumm". Die Übertragung des Gegenwartsdenkens auf die Vergangenheit ist ein von der Forschung ausführlich beschriebenes Phänomen, das Lehrkräften im Unterricht häufig begegnet und historischer Empathie entgegensteht. Zu einem Verständnis von Ursache und Wirkung gehört auch ein Verständnis für andersartige bzw. zeit- und kontextbedingte Handlungsmotive. Das folgende diagnostische Beispiel für den bilingualen Geschichtsunterricht haben Dickinson und Lee in ihren Forschungen eingesetzt. Dabei ging es ihnen um einen Teilbereich des historischen Erklärens, nämlich des Verständnisses, warum ein historischer Akteur so handelte, wie er gehandelt hat. Hier geht es um die Handlungen von Admiral Jellicoe, den Kommandanten der britischen Flotte, während der Schlacht um Jütland, eine der ganz wenigen Seeschlachten im Ersten Weltkrieg. Jellicoes Vorgehensweise kann für die Lernenden unverständlich erscheinen, wenn sie sich nicht darüber bewusst werden, dass er gezwungen war, auf die antizipierten – nicht die tatsächlichen – Handlungen des Gegners zu reagieren.

The Battle of Jutland (31 May - 1 June 1916)

Vorbereitung

- Die Schüler/innen erhalten Informationen über die unterschiedlichen Strategien der britischen und deutschen Flotte.

Text

The first stage of the battle began in the afternoon and mainly involved the battlecruisers [Schlachtkreuzer] of each fleet. The British fleet lost two of their ships early in the fighting but eventually the whole German fleet came upon the main part of the British fleet. The Germans were so badly damaged by the guns of the British ships that they turned and tried to get away. Admiral Scheer, the commander of the German fleet, tried to avoid the British fleet and head for home but his ships steamed straight into it for a second time in the early evening. Once again the Germans were in a desperate situation, and once again all their battleships turned away together. This time the German destroyers [Zerstörer] delivered a torpedo attack and laid a smokescreen but were unable to launch their torpedoes at close range. The British commander, Admiral Jellicoe, turned his fleet away to avoid the torpedoes. He had been told by Naval Intelligence that the Germans could successfully conceal their torpedo tracks but this information was wrong.

After that there was no more contact with the German fleet before darkness, and Jellicoe tried to put his fleet between the German ships and their home ports. During the night the German fleet acci-

dentally came upon the tail end of the British fleet. There was some damage on both sides but in the darkness and confusion, the German ships passed by the British lines and could escape. The battle of Jutland was over. Jellicoe's decision to turn away the British ships had shocked some of the officers in the fleet and he was criticized afterwards because the British had lost one of their best chances to achieve a decisive victory.

Questions:

Why did Jellicoe turn the fleet away from the Germans? Give as many reasons as you can.

Does anything puzzle you about Jellicoe's decision at this crucial stage of the battle? If it does, explain why.

Imagine you are Jellicoe talking to a sympathetic listener the day after the battle.

Explain in as much detail as possible what the situation was the moment the Germans launched their torpedoes.

Abb. 5.23: Diagnostische Übung nach Dickinson/Lee (1978, S. 112ff.), adaptiert

Die von Dickinson und Lee eingesetzte historische Darstellung, die ich hier nur in einer stark gekürzten und sprachlich adaptierten Form präsentiere, kann unter folgenden Fragestellungen auch mit einer deutschsprachigen kontrastiert werden: *The Battle of Jutland – a decisive battle of the First World War? How do both accounts weigh the importance of this event? What were the consequences of the Battle of Jutland? How did the British and the Germans interpret the outcome of the Battle?* Hier bietet sich Gerd Krumeichs kurze Zusammenfassung „Was Geschah am Skagerrak?" an (Krumeich 2014, S. 51f.).

5.5 Historische Perspektivität – Wie können wir die Menschen der Vergangenheit besser verstehen?

Zum Einnehmen einer historischen Perspektive gehört der Versuch, durch die Augen von Menschen zu sehen, die in Zeiten und Umständen lebten, die manchmal weit von unserem heutigen Leben entfernt waren. Wie war es wohl, sie zu sein? Vor der Einführung der historischen Denkkonzepte in den Unterricht denken viele Schüler/innen, dass sie sich die Gefühle, Hoffnungen, Träume und Ängste historischer Akteure einfach „vorstellen" können – schließlich haben alle Menschen Gefühle usw. Es stimmt zwar, dass grundlegende menschliche Gefühle ähnlich sind, trotzdem liegen Dekaden, Jahrhunderte oder Jahrtausende des Unterschieds zwischen den Weltsichten dieser Individuen und unseren eigenen:

> "To imagine without consulting any evidence, as students are wont to do, is to guess – a practice that is foreign to the historian and which should be foreign in the history classroom. By teaching students how to take an historical perspective, we enable them to use evidence to make evidence-based inferences about the thoughts and feelings of the characters of history. Students learn to take historical context into account when making inferences, and to seek out multiple perspectives when trying to understand the events of history" (Seixas/Morton 2013, S. 138).

Können wir zu validen Schlussfolgerungen über die Gedanken und Gefühle von Menschen kommen, die vor langer Zeit in einer Welt lebten, die sehr verschieden von unserer war? Manche menschliche Erfahrungen sind universell – wir können eine Verbindung zu anderen aufbauen und sind zur Empathie fähig, weil wir bestimmte emotionale Erfahrungen teilen. Diese vermeintlichen Gemeinsamkeiten mit den Menschen der Vergangenheit können schnell zu unfundierten Annahmen führen, z. B. dass alle Gesellschaften zu allen Zeiten die gleiche Erfahrung/Vorstellung von romantischer Liebe haben (ebd., S. 142). Schüler/innen sollen zu plausiblen Schlussfolgerungen kommen, die auf dem historischen

Kontextwissen und Quellenbelegen beruhen, wobei sie auf „universelle" menschliche Emotionen zurückgreifen können, dabei aber ein wachsames Bewusstsein für die gewaltigen Unterschiede haben sollen, die zwischen der Gegenwart und der Vergangenheit liegen. Der Einsatz von Rollenspielen und das Schreiben fiktiver historischer Texte ist häufiger kritisiert worden, da Schüler/innen hierbei oft auf ihre Imagination und Gefühle auf Kosten historischer Genauigkeit zurückgreifen. Seixas und Morton halten solche Ansätze aber trotzdem für besonders wichtig, damit Schüler/innen die Menschen der Vergangenheit verstehen können. Allerdings betonen sie die Wichtigkeit, diesen Aktivitäten und den daraus hervorgehenden Schlussfolgerungen der Schüler/innen eine solide Bodenhaftung durch den Rückbezug der Schülerargumentationen auf Evidenz/Belegbarkeit zu verleihen (ebd., S. 149).

5.5.1 Wegweiser zum Erwerb des Denkkonzepts

Historische Perspektivität	
WEGWEISER 1: Perspektivität wahrnehmen Es kann große Unterschiede zwischen gegenwärtigen und vergangenen Selbstdefinitionen, Wertvorstellungen und Handlungslogiken geben.	
Beispiel für ein begrenzendes Verständnis: Die/der Lernende nimmt an, dass die Überzeugungen, Werte und Beweggründe von Menschen der Vergangenheit identisch mit den heutigen sind.	**Beispiel für ein wirkungsvolles Verständnis:** Die/der Lernende zeigt Unterschiede zwischen heute vorherrschenden Sicht- und Denkweisen und denen der Vergangenheit auf.
WEGWEISER 2: Überwindung der Gegenwartsfixiertheit Die Übertragung von gegenwärtigen Ideen auf historische Akteure ist möglichst zu vermeiden. Die vorsichtige Bezugnahme auf universelle menschliche Erfahrungen (z. B. Liebe, Tod, Hunger) kann dabei helfen, die Erfahrungen von historischen Akteuren zu „verstehen".	
Beispiel für ein begrenzendes Verständnis: Die/der Lernende beurteilt Menschen der Vergangenheit auf der Basis von heutigen Ideen, was einem Verständnis ihrer eigentlichen Beweggründe im Weg stehen kann.	**Beispiel für ein wirkungsvolles Verständnis:** Die/der Lernende geht vorsichtig vor, wenn sie/er Menschen der Vergangenheit beurteilt und sich auf universelle menschliche Erfahrungen bezieht, um historische Akteure zu verstehen.
WEGWEISER 3: Berücksichtigung des historischen Kontextes Die Perspektiven historischer Akteure können besser verstanden werden, wenn ihre spezifischen Lebensumstände und die vorherrschenden Weltanschauungen berücksichtigt werden.	
Beispiel für ein begrenzendes Verständnis: Die/der Lernende beurteilt Menschen der Vergangenheit als dumm oder seltsam, weil sie/er den historischen Kontext ignoriert.	**Beispiel für ein wirkungsvolles Verständnis:** Die/der Lernende erklärt oder verdeutlicht die Sicht-, Denk- und Handlungsweisen von Menschen in ihrem historischen Kontext.
WEGWEISER 4: Rückschlüsse auf historische Perspektiven basieren auf Quellenbelegen Um sich der Perspektive von historischen Akteuren nähern zu können, sind Rückschlüsse darüber notwendig, wie Menschen in der Vergangenheit gefühlt und gedacht haben. Das heißt nicht, dass man sich mit den Akteuren identifizieren muss. Valide Rückschlüsse beruhen auf Quellenbelegen und historischem Kontextwissen, nicht auf einem besonderen Einfühlungsvermögen.	
Beispiel für ein begrenzendes Verständnis: Die/der Lernende setzt die Perspektivenübernahme mit einer Fantasiereise gleich, ohne Belege aus Quellen oder Darstellungen und historisches Kontextwissen zu berücksichtigen.	**Beispiel für ein wirkungsvolles Verständnis:** Die/der Lernende trifft triftige, auf historischem Hintergrundwissen, Quellen und Darstellungen basierende Rückschlüsse auf die Perspektiven historischer Akteure und berücksicht die Grenzen unseres Verstehens.

WEGWEISER 5: Perspektivenvielfalt Unterschiedliche historische Akteure haben diverse Perspektiven auf die Ereignisse, in welche sie verwickelt waren. Die Untersuchung dieser Perspektiven ist der Schlüssel zum Verständnis von historischen Ereignissen. Dabei ist die Rückbindung der Perspektive an differierende gesellschaftliche Standorte wichtig.	
Beispiel für ein begrenzendes Verständnis: Die/der Lernende nimmt nicht wahr, dass die Menschen der Vergangenheit unterschiedliche Perspektiven auf ihre Gegenwart hatten.	**Beispiel für ein wirkungsvolles Verständnis:** Die/der Lernende kann die unterschiedlichen Perspektiven historischer Akteure wahrnehmen, die an einem gegebenen Ereignis beteiligt waren und Verbindungen zwischen Perspektive und sozialem Standort herstellen.

Abb. 5.24: Wegweiser „Historische Perspektivität" nach Seixas/Morton (2013, S. 148), adaptiert

5.5.2 Nützliche Begriffe und Fragen

Wortschatz und Formulierungshilfen
anachronism: sth (a practice, way of thinking, technology, etc.) that is placed in the wrong period of history, outside of the time period in which it existed **diverse perspectives:** the different ways in which different people of the past viewed historical events **historical actor:** a person who existed/acted in the past **historical perspectives:** the viewpoints of historical actors **making inferences:** developing evidence-based ideas on the thoughts and feelings of historical actors **presentism:** imposing contemporary thoughts, beliefs, and values onto historical actors **taking a historical perspective:** using evidence and historical context to infer the thoughts and feelings of a historical actor This idea might have been popular because … This way of thinking might explain … This source suggests that people at the time were thinking that … If you compare these two sources … This source supports the evidence of … Source X goes even further than Source Y in showing that … Source X contradicts the evidence of Source Y in suggesting that … These pictures show different perspectives on …
Fragestellungen
If someone were transported from [era under discussion] to today, what would s/he make of our actions/this situation? How well do you think you really understand this person/event? What more might you need to know to gain a better understanding? What were the major differences in worldviews between X in the [time period under discussion] and now? What examples support your answer? Look back at your original hypotheses. Were any of them close? How did learning about the context of the time change your thinking? Did any of your first hypotheses suggest that X was strange or lacking in common sense? Why is it difficult to determine the perspectives of people during this time? How can we tell what X was thinking?

Abb. 5.25: Begriffe und Fragen nach Seixas/Morton (2013, S. 139, 150ff.), adaptiert

5.5.3 Unterrichtsaktivitäten

Wegweiser 2 und 3: *Using historical context to avoid presentism*
Wie sollen Schüler/innen im bilingualen Geschichtsunterricht die Gefahren des Anachronismus und der Gegenwartsfixiertheit erkennen und vermeiden? Die Antwort dafür liegt in der Berücksichtigung des historischen Kontextes. An Beispielen kann Lernenden gezeigt werden, dass historisches Kontextwissen den Schlüssel zum Verständnis bestimmter historischer Perspektiven darstellen kann. Dabei sollte es auch um den Wandel von Sprache gehen, da geschriebene Worte in einer historischen Quelle nicht dieselbe Bedeutung wie heute haben müssen.

Abb. 5.26: Unterrichtsaktivität nach Seixas/Morton (2013, S. 153f.), adaptiert

Wegweiser 5/Festigung des Denkkonzepts: *Historical perspectives in role plays*
Zweck: Im Rahmen dieser Unterrichtsaktivitäten können Schüler/innen eine Vielzahl von historischen Perspektiven untersuchen, die historische Akteure im Hinblick auf historische Ereignisse haben können.
<u>Durchführung eines Rollenspiels</u> Zur Durchführung des Rollenspiels wird die Lerngruppe in Kleingruppen eingeteilt und der Arbeitsauftrag wird erklärt. Wichtig ist dabei, dass das Rollenspiel der Lernenden auf *evidence* basiert, indem sie die historischen Bedingungen und individuelle historische Charaktere vorher untersucht haben, um ein Porträt darstellen zu können, das so triftig und plausibel wie möglich ist. Die Schüler/innen sollten vor stereotypen Interpretationen gewarnt werden. Es kann vorkommen, dass die Lernenden (trotz eines soliden Verständnisses der Perspektive und des historischen Kontextes) ihren Charakteren im Rollenspiel Akzente und Verhaltensweisen, die sie für passend halten, unterstellen. Daumenregel: keine Akzente. Die Schüler/innen benötigen ausreichend Zeit und eine solide Materialgrundlage um das Rollenspiel vorzubereiten und einzuüben. Falls nötig, bietet die Lehrkraft in dieser Phase Anleitung und Unterstützung an. Historische Ungenauigkeiten sollten verbessert werden, entweder in der Skriptphase oder nachdem das Rollenspiel vorgeführt wurde. Die Lernenden können mit einer Liste von Fragen ausgestattet werden, die zur Nachbereitung gemeinsam diskutiert werden: *What values or ideas of the time was X reflecting? How did X's understanding of the event vary from Y's understanding of the same event? Why was this? How were X's and Y's beliefs different, and what would explain this? Was this a plausible recreation of the past? What other plausible choices might X have made? Were there any opinions or actions that you found hard to understand? Even though we research carefully, why will our abilities to reflect perspectives accurately always be limited? What else do we need to learn about? What does this whole process suggest to us about history?* <u>*In the Hot Seat*</u> Dieses Rollenspielformat ähnelt einer Talkshow im Fernsehen. Es gibt einen Moderator (Lehrkraft oder Schüler/in) und ein Publikum (Schüler/innen), das Fragen an die Gäste stellt. Die Gäste, die auf dem heißen Stuhl sitzen, sind Schüler/innen in der Rolle von historischen Charakteren. Die Lehrkraft kann zu Beginn auch den Gast spielen, um das Denken und den historischen Kontext eines Menschen aus der Vergangenheit für die Schüler/innen deutlich zu machen. Die Reflexionsphase am Ende kann auf die obigen Fragen zum Rollenspiel zurückgreifen. <u>*Debates and Trials*</u> Die Schüler/innen übernehmen die Rollen von einer Vielzahl von historischen Akteuren, die unterschiedliche Perspektiven repräsentieren, um über eine kontroverse Streitfrage zu debattieren. Der Wettbewerbscharakter der Debatte kann negative Folgen haben, deshalb sollten die Schüler/innen an einem gewissen Punkt der Debatte ihre Rollen wechseln und die Position einer „gegnerischen" Person übernehmen. Alternativ kann auch eine historische Gerichtsverhandlung rekonstruiert werden oder eine „neue" Verhandlung erfolgen, die auf einer von der Lehrkraft vorgebrachten Anschuldigung basiert. Wie bei allen Rollenspielen gilt auch hier, dass der Schlüssel zum Erfolg in der sorgfältigen, dem Rollenspiel vorausgehenden Recherchearbeit und der abschließenden Reflexion liegt. *Evidence* und der historische Kontext bilden die Basis dafür, historische Perspektiven angemessen darstellen zu stellen.

Abb. 5.27: Unterrichtsaktivitäten nach Seixas/Morton (2013, S. 160f.)

5.5.4 Unterrichtsbeispiel ab Jahrgangsstufe 6/7: Tacitus über die Germanen

Die im Folgenden beschriebene Stunde dient dem Erkennen der Standortgebundenheit/ Perspektivität von Quellen. Die Schüler/innen sollen in der Auseinandersetzung mit einem einfachen Text erkennen, dass es subjektive Faktoren (hier: die Neigung zu einem Fußballverein) gibt, die sich auf die Bewertung bzw. Beurteilung eines Geschehens auswirken können. Die Idee mit den Fußballvereinen habe ich von Field (www.schoolhistory.co.uk: Mr. Field, *Bias – What is it? Why did we need to recognise it?*) übernommen. Diese Einsicht sollen sie dann auf eine historische Quelle übertragen und gewinnbringend für die Analyse des Ausschnitts aus Tacitus' Germania verwenden. Wenn

Lernende der unteren Jahrgangsstufen ein fachwissenschaftliches Prinzip (hier: Perspektivität) an einem einfachen lebensweltnahen Beispiel (hier: Fußball) verstehen, können sie es auch in fachwissenschaftlichen Quellen und Darstellungen erkennen (vom Lebensweltnahen zum Abstrakten). Der von mir ins Englische übersetzte und sprachlich vereinfachte Ausschnitt beinhaltet viele negative bzw. abwertende Aspekte, die Tacitus für die Beschreibung der Germanen wählt: Alle Germanen sehen gleich aus, haben keine Ausdauer, können Durst und Hitze nicht ertragen. Das Land, in dem sie leben, ist unheimlich und widerwärtig, selbst die Tiere sind hässlich. Die Männer möchten am liebsten nichts tun, außer essen und schlafen, sie verrichten keine Arbeit. Sie überlassen den Schwächsten die ganze Arbeit usw. Seine Sichtweise der Germanen ist u. a. darauf zurückzuführen, dass Tacitus ein Römer war und die Römer kriegerische Auseinandersetzungen mit den Germanen hatten bzw. versuchten, diese zu unterwerfen. Als ich diese Quelle zum ersten Mal im Rahmen eines Projekts zur Römischen Geschichte im bilingualen Geschichtsunterricht auf Deutsch eingesetzt habe, war ich überrascht, dass der Schüler, der sich mit dieser Quelle befasste, ganz selbstverständlich davon ausging, dass die Germanen hässliche Tiere hatten. Im Hinblick auf die Progressionsmodelle von Ashby, Lee und Shemilt über Schülervorstellungen zu Quellen und historischen Darstellungen bewegte er sich auf der Stufe I. Mithilfe des folgenden Unterrichtsbeispiels können Schüler/innen schnell auf Stufe III denken, was sich erst einmal gut anhört, aber dazu führen kann, dass sie Quellen und Darstellungen, in denen sie *bias* entdecken, für komplett unbrauchbar halten und in einen pessimistischen Relativismus verfallen. Deshalb ist es wichtig, die Frage mit den Lernenden zu erörtern, inwiefern man Tacitus trotzdem verwenden kann, um etwas über die Germanen zu lernen. Wem meine sehr vereinfachte Fassung nicht gefällt, der kann im *Internet Ancient History Sourcebook* der Universität Fordham eine eigene Fassung zusammenstellen.

Stundenverlauf und Materialien
<u>Einstiegsphase:</u> Zu Beginn der Stunde werden die Lernenden im Sinne des *Visible Learning* über die Lernabsichten der Stunde informiert (Hattie 2012, S. 47f.). Es erfolgt der Einstieg über Fragen zum Thema Fußball: *What is your favourite football team? What do you do when they win/lose?* Dann erfolgt die Überleitung zum ersten Text (Material 1), dessen Verteilung und Lektüre sowie Worterläuterungen. Daran schließt sich die Frage an, was die Schüler/innen von der Darstellung des Spiels durch den Fan von Team A (Verein am Tabellenende) halten. Nach der Sammlung von Eindrücken und der Analyse, wie er die einzelnen Teams beschreibt, erfolgt – je nach Verlauf – die Frage, was der Fan hier genau macht. Sollte den Lernenden die einseitige Darstellungsweise des Spielverlaufs trotz deutlicher Niederlage nicht auffallen, bietet sich ein Perspektivenwechsel an: *If you were a supporter of B [Team an der Tabellenspitze], how might you describe the match?* Die Diskrepanz zwischen der Darstellung und dem Ergebnis ist aber so groß, dass auch den Lernenden, die sich nicht für Fußball interessieren, die Problematik deutlich werden sollte. Die Einstiegsphase wird durch eine Definition von *bias* an der Tafel abgeschlossen: *Bias is a strong feeling in favour of or against one group of people (or one side in an argument). It is often based on an unfair judgement.* <u>Erarbeitungsphase:</u> Nach der Überleitung vom heutigen Fußball zur Zeit der Römer wird die Erarbeitungsphase durch Material 2 und die zugehörigen Aufgabenstellungen (siehe Abb. 5.29) strukturiert. Nach dem Austeilen der Materialen werden die Aufgaben gemeinsam besprochen und es werden eventuelle Verständnisfragen geklärt. Dann bearbeiten die Schüler/innen die Quelle von Tacitus nach der Methode *think – pair – share*. Für die Elemente *think* und *pair* stehen ihnen jeweils

10 Minuten zur Verfügung. Falls Paare besonders schnell sind, gibt es eine Zusatzaufgabe. Das Element *share* wird von einer Gruppe bestritten, die anderen Schüler/innen können ergänzen, sofern sie das für notwendig erachten.

Ergebnissicherung:

Das Element *share* stellt eine erste Ergebnissicherung der Quellenarbeit dar, die am Ende der Stunde vertieft werden soll, indem im Plenum zum einen nach den Gründen dafür gefragt wird, warum Tacitus' Darstellung der Germanen so negativ ist (Krieg und Eroberung, Gegner), zum anderen gefragt wird, ob man Tacitus benutzen kann, um etwas über die Germanen zu lernen: *Why could his report on the Teutons be biased? If we want to learn something about the Teutons, can we use Tacitus?* Sollte dafür keine Zeit mehr zur Verfügung stehen, kann das in der folgenden Stunde erfolgen.

MATERIAL 1

This is an account of a football match written by a [Team A] fan.

[Team A] lost 6-0!

"[Team B] were so lucky at the match. The superb and skillful [Team A] players were beaten by the lucky, cheating [Team B] players. The referee was totally biased. He allowed six goals that were all offside. I have never seen so much luck and cheating."

word bank:

account – Bericht, Darstellung; superb – excellent;

skillful – hier: fähig, gut Fußball zu spielen; cheating – (to) cheat = betrügen;

bias – ein starkes Gefühl für oder gegen eine Gruppe von Menschen, voreingenommen sein

(to) allow – zulassen; offside – abseits

MATERIAL 2

The following text is adapted from a book called *GERMANIA*, written by the Roman author TACITUS (AD 55-120):

„All Teutons [Germanen] look the same: defiant [trotzig] blue eyes, redblond hair and strong bodies. They show no endurance [Ausdauer] when they have to work hard. They cannot bear [ertragen] thirst [Durst] or heat. Because of the harsh climate [rauhes Klima] and the barren soil [karger (nicht sehr fruchtbarer) Boden] they are used to coldness and hunger. The general impression [allgemeiner Eindruck] of the country is a creepy [unheimlich] one because of the forests, and it is disgusting [widerwärtig, eklig] because of the swamps [Sümpfe]. Teutonia is rich in animals but most of them are ugly [hässlich]. The Teutons are happy about the large number of animals they have but not about their looks. When the men are not at war, they go hunting. But they prefer [vorziehen, lieber machen] to do nothing, just eat and sleep. They let the women and the old people do all the work. The weakest members [schwächste Mitglieder] of the family look after the house, the farm and the land."

Abb. 5.28: *Bias* – Stundenverlauf und Materialien

Aufgabenstellungen
Folgende Aufgabenstellungen bieten sich zur Entwicklung eines Arbeitsblattes an: *THINK! – Work on your own – time: 10 minutes* *(1) Read the text carefully and answer the following question in English:* *How does Tacitus describe the Teutons?* Folgende Satzanfänge können zur Vorstrukturierung vorgegeben werden: *The men are … The climate is … The land is … The animals are … The women and the old people…*
PAIR! – Work with a partner – time: 10 minutes *(2) Compare your results with your partner. Then work together and answer the following question in English: Is Tacitus fair or does he show bias? Give reasons for your answer.* *prompts:* *We think Tacitus is fair because … We think his report is one-sided because … Tacitus' description [Beschreibung] of the Teutons is … because …* *EXTRA: What could be the reasons for Tacitus' view of the Teutons?*
SHARE! – Present your results to the class *(3) Be prepared to present your results from 1 & 2 to the class. The other students can add information if necessary.*

Abb. 5.29: *Bias* – Aufgabenstellungen (Beispiel)

5.6 Die ethische Dimension – Was können wir aus der Vergangenheit lernen, um die Gegenwart besser verstehen zu können?

Die ethische Dimension des historischen Denkens hilft dabei, historischem Lernen Bedeutung zu verleihen. Dieses Denkkonzept stellt eine deutliche Verbindung zu den Überlegungen zum Geschichtsbewusstsein und der Werturteilsbildung in der deutschen Geschichtsdidaktik dar, wobei es in der nordamerikanischen Diskussion stärker um moralische Urteile geht, also darum, inwiefern vergangene Handlungen ethisch vertretbar waren. Die Erinnerung an Opfer (z. B. der Weltkriege) und Versuche der Wiedergutmachung vergangener Ungerechtigkeiten zeigen gegenwärtige Bemühungen auf, mit der unveränderbaren Vergangenheit zurechtzukommen und Wege in eine friedliche(re) Zukunft zu finden. Als historisches Denkkonzept stellt die ethische Dimension Schüler/innen vor ein schwieriges Problem. Einerseits ist es unmöglich, Quellen und Darstellungen über Menschen zu lesen, die Untaten und unmenschliche Verbrechen begangen haben, ohne Werturteile über diese „schrecklichen" Menschen und ihre „heldenhaften" Gegner zu bilden. Andererseits fordert das Perspektivität-Denkkonzept die Schüler/innen dazu auf, es zu vermeiden, die Vergangenheit anhand gegenwärtiger Werte und Überzeugungen zu beurteilen. Das Fällen von Werturteilen ist somit ein gewagter Balanceakt. Vor der Einführung dieses historischen Denkkonzepts tendieren Schüler/innen häufig dazu, vergangene Handlungen sehr hart zu beurteilen, indem sie die Welt in Schwarz und Weiß einteilen und ihnen die Grauzonen menschlicher Erfahrung entgehen. Anstatt den historischen Kontext zu berücksichtigen, bewerten die Schüler/innen die ethische Dimension vergangener Handlungen gemäß heutiger Standards und Moralvorstellungen – sie moralisieren anstatt zu historisieren. Indem sie mit dem historischen Denken bekannt gemacht werden, lernen sie, die Vergangenheit „fair" zu beurteilen, indem sie ihre und fremde Werturteile durch Sachanalysen und -urteile überprüfen. So können sie auch ihr Geschichtsbewusstsein weiterentwickeln, indem sie Verbindungen zwischen der Vergangenheit, Gegenwart und Zukunft sehen (ebd., S. 170f.).

In unserer weltlichen Gesellschaft sind wir uns über den tiefgehenden Wandel der Moralvorstellungen im Laufe der Zeit bewusst. Es ist allgemein anerkannt, dass die heutigen sozialen Konventionen und Weltsichten andere sind als die vergangener Zeiten. In welchem Ausmaß können wir dann legitimer Weise annehmen, dass der Respekt vor dem menschlichen Leben und vor der Freiheit transhistorische und zeitlose ethische Ausgangspunkte darstellen? Ist es gerechtfertigt, dass wir auf alle Zeiten Standards anwenden, die – in der langen Sicht der menschlichen Erfahrung – erst vor kurzem als universelle menschliche Rechte artikuliert worden sind? Was Historiker/innen leisten können, ist die (Re-)Konstruktion eines historischen Kontextes, um verstehen zu können, warum die Praxis X in der Vergangenheit als akzeptabel angesehen worden ist (z. B. Sklaverei). Nur wenn der Kontext des „Normalen" berücksichtigt wird, in dem die historischen Charaktere operierten, können wir „faire" Werturteile über ihre Handlungen treffen (ebd., S. 176f.).

Autor(inn)en und Historiker/innen verwenden Werturteile in ihren historischen Narrationen. Wenn Schüler/innen wahrnehmen, dass Urteile Interpretation verlangen, dann können sie damit beginnen, kritisch über die ethischen Botschaften nachzudenken, die implizit oder explizit in historischen Narrativen enthalten sind. Nachdem Schüler/innen gelernt haben, wie sie moralische Urteile in historischen Narrationen erkennen können, sind sie besser darauf vorbereitet, ihre eigenen Werturteile über vergangene Handlungen zu „begründen“. Es ist sinnvoll, sie zu ermuntern, immer damit zu beginnen, den historischen Kontext zu berücksichtigen, in dem die historischen Handlungen stattfanden, um ihnen dabei zu helfen, Handlungen „fair“ zu beurteilen. Der historische Kontext kann uns dabei helfen, Einschränkungen im Hinblick auf Entscheidungen und Möglichkeiten zu identifizieren, welche die Handlungen vergangener Menschen begrenzt haben können (ebd., S. 179f.). Unsere Urteile über historische Akteure sollten immer von einem Verständnis darüber gespeist sein, dass ihre Überzeugungen von richtig und falsch deutlich von unseren heutigen abweichen können. Eine faire Einschätzung der ethischen Implikationen von Geschichte kann unsere Verantwortlichkeit dafür verdeutlichen, uns an die Beiträge, Opfer und Ungerechtigkeiten der Vergangenheit zu erinnern und auf sie zu reagieren (ebd., S. 182f.).

5.6.1 Wegweiser zum Erwerb des Denkkonzepts

Die ethische Dimension	
WEGWEISER 1: Historische Erzählungen enthalten Werturteile Verfasser/innen fällen (implizite oder explizite) Werturteile beim Schreiben von historischen Erzählungen.	
Beispiel für ein begrenzendes Verständnis: Die/der Lernende liest historische Darstellungen, um ihnen Informationen zu entnehmen, sie/er hat Schwierigkeiten, ethische Positionen/Werturteile zu erfassen.	**Beispiel für ein wirkungsvolles Verständnis:** Die/der Lernende kann implizite und explizite ethische Standpunkte/Werturteile in historischen Erzählungen (z. B. in Filmen, Ausstellungen, Büchern) identifizieren.
WEGWEISER 2: Kontextualisierung als Fundament für Werturteile Durchdachte Werturteile über vergangene Handlungen berücksichtigen den historischen Kontext der beteiligten Akteure und beruhen auf einer Sachanalyse und einem Sachurteil.	
Beispiel für ein begrenzendes Verständnis: Die/der Lernende trifft unbelegte Werturteile über Handlungen von Menschen in der Vergangenheit. Die Notwendigkeit einer Sachanalyse und eines -urteils wird nicht gesehen.	**Beispiel für ein wirkungsvolles Verständnis:** Die/der Lernende verwendet ihr/sein Wissen über den historischen Kontext, um durchdachte Werturteile über kontroverse Handlungen von Menschen der Vergangenheit zu fällen.
WEGWEISER 3: Gegenwartsfixierte Werturteile Wenn Werturteile gefällt werden, ist es wichtig, vorsichtig in der Anwendung von gegenwärtigen Standards und Moralvorstellungen auf die Vergangenheit zu sein.	
Beispiel für ein begrenzendes Verständnis: Die/der Lernende trifft Werturteile über die Handlungen von Menschen in der Vergangenheit, die auf heutigen Überzeugungen und Moralvorstellungen beruhen.	**Beispiel für ein wirkungsvolles Verständnis:** Die/der Lernende wendet gegenwärtige Standards und Moralvorstellungen im Rahmen von Werturteilen über die Vergangenheit reflektiert an.
WEGWEISER 4: „Faire“ Einschätzung der ethischen Dimension vergangener Handlungen Eine „faire“ Bewertung (unter Berücksichtigung vergangener Vorstellungen von richtig und falsch) der ethischen Auswirkungen von Geschichte kann uns unsere gegenwärtige Verantwortung aufzeigen, an vergangene Ungerechtigkeiten zu erinnern und auf diese zu reagieren.	
Beispiel für ein begrenzendes Verständnis: Bei der Bewertung ethischer (historischer) Fragen sieht die/der Lernende keine Relevanz für die Gegenwart oder identifiziert sich total mit einer Seite.	**Beispiel für ein wirkungsvolles Verständnis:** Die/der Lernende nimmt faire Bewertungen der ethischen Auswirkungen historischer Handlungen vor und kann einen Gegenwartsbezug herstellen, indem sie/er verantwortliche Ideen entwickelt, um an vergangene Taten zu erinnern und auf sie zu reagieren.

<table>
<tr><td colspan="2">WEGWEISER 5: Lernen aus der Geschichte?
Unser Geschichtsbewusstsein kann uns dabei helfen, informierte Urteile über gegenwärtige Probleme zu treffen, aber nur, wenn wir die Grenzen von direkten „Lehren" aus der Vergangenheit berücksichtigen.</td></tr>
<tr><td>Beispiel für ein begrenzendes Verständnis:
Die/der Lernende nimmt Verbindungen von historischen zu gegenwärtigen Problemen nicht wahr oder zieht allzu einfache Lehren aus der Geschichte.</td><td>Beispiel für ein wirkungsvolles Verständnis:
Die/der Lernende nutzt historische Quellen und Darstellungen zur informierten Bewertung gegenwärtiger Streitfragen und Probleme, ohne dabei die Grenzen von „Lehren" aus der Geschichte aus den Augen zu verlieren.</td></tr>
</table>

Abb. 5.30: Wegweiser „Ethische Dimension" nach Seixas/Morton (2013, S. 184), adaptiert

5.6.2 Nützliche Begriffe und Fragen

Wortschatz
debt of memory: an obligation to remember **ethical judgement:** a decision about the ethics of historical actions **historical consciousness:** awareness of the connections between the past, present and future that prepare one to negotiate the present **reparation:** giving or doing sth to make amends for a wrong done/suffering sb caused **restitution:** the act of giving back or replacing sth that was lost or taken away **value judgement:** an opinion that sb forms about historical actors, actions, events, etc. without (or after) thinking about it carefully; it should be based on a thorough analysis of the historical context/situation
Fragestellungen
What is the message of this film/exhibit/cartoon/painting/book? Who are presented as the heroes and who as the villains? To what extent do conditions at the time suggest that we should excuse or forgive the villains? What judgements does the book/film/exhibit convey about key actions? How does it convey those judgements? What are the consequences for those who commit crimes or injustices? Did X (context) justify Y (action)? This practice was common at the time, how should we judge it as we look at it today? Should we excuse it, condemn it or do something else? What heroic actions/contributions/sacrifices/tragedies deserve to be remembered? How should we remember them? How should we judge each other's past actions? What kinds of guidance, if any, does the past provide for the present? What can X teach us to help make sense of Y? Are we condemned to repeat the past? Or could we learn something?

Abb. 5.31: Begriffe und Fragen nach Seixas/Morton (2013, S. 171, 187ff.), adaptiert

5.6.3 Unterrichtsaktivitäten

Wegweiser 1: *Message in the museum*
Zweck: Neben Geschichtsbüchern können auch Ausstellungen im Hinblick auf Werturteile analysiert werden. Seixas und Morton schlagen die unten folgenden Fragen zur allgemeinen Analyse vor. Ein gutes Beispiel für den bilingualen Geschichtsunterricht stellt die Kontroverse über eine Ausstellung im *Canadian War Museum* dar (Seixas/Morton 2013, S. 188f.), da sie Bombenangriffe der kanadischen Luftwaffe auf Deutschland während des Zweiten Weltkrieges thematisiert.
Features: What are the key objects and images? How are they organized? What other features are used (e.g., text explanations, lighting, sound)? **Story:** What story does the exhibition tell? Who are the main figures (individuals and groups) in this story? How are they portrayed? Who is in the margins (left out or given little importance)? **Messages:** Does the exhibition portray messages about injustices, tragedies or crimes? Alternatively, does it portray messages about triumphs, accomplishments or heroism? What are the main messages (if any)? What are the complexities or counter-examples (e.g., flaws in a hero)? **Techniques:** How does the written text convey these messages? How do other features, such as the choice and arrangement of objects and visuals, convey them? **Implicit vs. explicit:** Which parts of the messages are up front and clearly stated (= explicit)? Which parts are suggested by the storyline or techniques (= implicit)? Explain your reasoning.

Abb. 5.32: Fragen zur Erstellung eines Arbeitsblattes nach Seixas/Morton (2013, S. 187f., 206)

Festigung des Denkkonzepts: *Memorials and monuments*
Zweck: Zur Konsolidierung des Denkkonzepts können Schüler/innen verschiedene Formen des Gedenkens (Gedenktafel, Denkmal, Mahnmal, Gedenkstätte, etc.) analysieren oder selber entwickeln. Für solche Projekte, die im bilingualen Geschichtsunterricht einen länderübergreifenden Vergleich nahelegen, bieten Seixas und Morton hilfreiche Arbeitsblätter an.
Analysefragen zum Projekt könnten beispielsweise wie folgt aussehen: *Assess a Memorial* *What (or who) does this memorial commemorate? Who built this memorial? When was it built and why? Describe the appearance of the memorial (e.g., materials, size, composition). What does its appearance suggest to you? What symbols and/or imagery are used in the memorial, if any? Is the location of the memorial important/appropriate? In what ways? What is the purpose of the memorial? What did the creators of the memorial want us to think about or learn from the past? How well does it achieve its purpose? How does it represent the people it commemorates? How do you feel about this memorial? How does the memorial reflect the historical context of the time when it was made or when the events occurred? Are the ethical standards of today different from those at the time it was made? If you were to recreate this memorial, what features would you change, if any?*

Abb. 5.33: Unterrichtsaktivität, Fragen nach Seixas/Morton (2013, S. 200f., 213f.)

5.6.4 Unterrichtsbeispiel ab Jahrgangstufe 11: *The blame game? If war guilt is to be assigned, it should go to … – Historians on the origins of the First World War*

Die Kriegsschuldfrage im Hinblick auf den Ersten Weltkrieg ist ein ergiebiges Thema, insbesondere für den bilingualen Geschichtsunterricht. Meistens wird im Geschichtsunterricht in Verbindung mit den Pariser Friedensverhandlungen und dem Versailler Vertrag noch die Fischer-Kontroverse aus den 1960er Jahren behandelt. Fischers Thesen sind auch in der englischsprachigen Forschung zum Ersten Weltkrieg nicht unumstritten (vgl. z. B. Ferguson 1998). Christopher Clarks Buch *The Sleepwalkers* (2013) hat eine hitzige Debatte über die deutsche Schuld am Ausbruch des Ersten Weltkrieges ausgelöst, in der die ethische Dimension des historischen Denkens für Schüler/innen gut sichtbar wird und sie politische und ethische Standpunkte in der wissenschaftsinternen Diskussion, aber auch in der geschichtskulturellen Diskussion der Feuilletons wahrnehmen können. Die folgenden Materialhinweise, die der Zusammenstellung von Textausschnitten aus den jeweiligen Darstellungen dienen, können im Anschluss an die Fischer-Kontroverse oder auch als Einstieg in diese verwendet werden, indem von der heutigen Diskussion ausgegangen wird, um sich Fragen der deutschen Kriegsschuld, der These des deutschen Sonderwegs oder der nationalsozialistischen Vergangenheit bundesrepublikanischer Historiker zuzuwenden. Je nach Entwicklungsstand der Lerngruppe sollte Clarks Text auch in deutscher Übersetzung vorliegen. Die Auseinandersetzung mit den folgenden Materialien wird viele Fragen aufwerfen, welche die Schüler/innen für weitergehende eigene Nachforschungen nutzen können. Daraus können historische Aufsätze unterschiedlichster Art zu diesem weiten Themengebiet entstehen, die sich auf die historischen Denkkonzepte beziehen: *Write an evidence-based essay on the question of the German Empire's responsibility for the outbreak of the First World War. From Fischer to Clark – Continuity and change in the historical and political debate on Germany's war guilt. How significant are Fritz Fischer's theses today? Should historians write about the history of the origins of the First World War without asking the "war guilt" question?*

Christopher Clark, The Sleepwalkers. How Europe Went to War in 1914, London 2013
The Australian historian Christopher Clark is Professor of Modern History at the University of Cambridge. He is the author of The *Politics of Conversion, Kaiser Wilhelm II* and *Iron Kingdom*. Widely praised around the world, *Iron Kingdom* became a major bestseller. He has been awarded the Officer's Cross of the Order of Merit of the Federal Republic of Germany. His book *The Sleepwalkers* has been a huge success in Germany. It has started a heated debate about the re-evaluation of the German Empire's responsibility for the outbreak of the First World War: *„The exceptionally intricate structure of this crisis [...] there is no reason to believe that it has run its course. (p. XXIVf.) [...] This book thus strives to understand the July Crisis of 1914 as a modern event [...] to reconstruct as vividly as possible the highly dynamic 'decision positions' occupied by the key actors before and during the summer of 1914. (pp. XXVII-XXIX) [...] Germany's decision to embark on an ambitious naval programme [...] The concrete achievements of Weltpolitik after 1897 were [...] modest, especially if we measure them against the imperial predations of the United States in the same years [...]. (pp. 148-151)[...] In what ways did [...] 'militarism' shape the decisions that led Europe to war in 1914? (p. 215) [...] It looks, at first glance, as if we can draw a line between [...] (p. 222)[...] In Russia, Germany and Austria, military policy [...] (p. 224) [...] Whatever the precise order of geopolitical priorities, the Russians were already on the road (p. 486) [...] Where does this leave the question of culpability?" (pp. 560-562).* 1. Why does Clark describe the outbreak of the First World War as the most complex event "of modern times, perhaps of any time so far"? 2. Clark is more concerned with how the war came about than with why. What is the difference according to Clark? What about your history textbook? Does it tell the story of how or why the war came about? Explain your reasoning. 3. How does Clark think about assigning "war guilt"? 4. How does Clark assess the effects of the German naval programme and Weltpolitik? 5. Did militarism lead Europe into war in 1914 according to Clark? Explain. 6. Why does Clark argue against the "Fischer thesis"? How does he see the German responsibility for the outbreak of the war? 7. Which historical thinking concepts does Clark refer to or use? Explain.

Abb. 5.34: Ausschnitte aus Clark (2013, S. XXIVff., 148ff., 215, 222, 224, 486, 560ff.)

Gary Sheffield, The Centenary of the First World War: An unpopular view, in: The Historian 122 (2014)
Gary Sheffield is Professor of War Studies at the University of Wolverhampton. He is a specialist on Britain at War 1914-45 and is one of Britain's foremost historians on the First World War. He wrote the books *Forgotten Victory: the First World War – myths and realities* (2001) and *A Short History of the First World War* (2014). At the start of 2014 he was engaged in the debate around the teaching of the First World War in schools. He has also publically disagreed with other prominent historians on whether Britain was right to enter into the war: *„it is worth mentioning that the debate over the origins of the war has once again become controversial, with Christopher Clark's influential book The Sleepwalkers explicitly arguing that it is wrong to attempt to assign blame to individual powers for the outbreak of the war. This view has aroused considerable opposition among scholarly historians, and the mainstream position, which I share, remains that the leaders of Germany and Austria-Hungary bear the vast bulk of responsibility for unleashing war in the summer of 1914. ..."* 1. How does Sheffield think about assigning "war guilt" in contrast to Clark? 2. According to Sheffield it was important that Britain fought in the First World War. Why? 3. Why does Sheffield describe his own view as "unpopular"?

Abb. 5.35: Ausschnitte aus Sheffield (2014, S. 22-26)

Rede von Gerd Krumeich bei der Diskussionsveranstaltung zum Ersten Weltkrieg im Deutschen Historischen Museum am 14. März 2014

Gerd Krumeich, Jg. 1945, lehrte von 1990 bis 2010 Neuere und Neueste Geschichte an den Universitäten Freiburg i. Br. und Düsseldorf. Er hat zahlreiche Werke zur Geschichte des Ersten Weltkrieges, des Versailler Vertrages und der Nachkriegszeit veröffentlicht:

„Das Buch von Christopher Clark hat offensichtlich bewirkt, dass sich die Welt jetzt anders herum dreht, zumindest die Welt der historisch Interessierten. Weniger als seine so beachtlichen Forschungsergebnisse und seine klaren Thesen hat mich die öffentliche Resonanz auf dieses Buch zuerst in ungläubiges Staunen versetzt und dann sehr nachdenklich gemacht. Warum rennen alle Deutschen hinter Christopher Clark her? ..."

1. How does Krumeich explain Clark's success in Germany?
2. How does Krumeich see the German "war guilt"?

Abbildung 5.36: Ausschnitte aus Krumeichs Rede (auswärtiges-amt/cae/ servlet/ contentblob/672962/ publicationFile/190863/140314_Rede-Krumeich.pdf)

Heinrich A. Winkler, Und erlöse uns von der Kriegsschuld (ZEIT ONLINE 32/2014)

Heinrich August Winkler, Jg. 1938, war Professor für Neuere und Neueste Geschichte an der Humboldt-Universität zu Berlin. Im Historikerstreit Mitte der 1980er Jahre kritisierte er die Ansichten von Ernst Nolte, Andreas Hillgruber und Michael Stürmer, denen er eine Verharmlosung nationalsozialistischer Verbrechen vorwarf. In *Der lange Weg nach Westen* (2000) schildert Winkler den Weg Deutschlands zum Nationalstaat und zur Demokratie und setzt sich dabei mit der Frage nach einem deutschen Sonderweg auseinander:

„Das Buch des australischen Historikers Christopher Clark über den Kriegsausbruch 1914 hat in Deutschland eine Welle des Revisionismus ausgelöst. ..."

1. What is Winkler's position regarding the "war guilt" question?
2. What explains – according to Winkler – the success of Clark's theses in Germany?
3. Why and how does Winkler reject Clark's theses?
4. How does Winkler characterise revisionist historical writing? What are its scientific shortcomings and why is it dangerous?
5. How did German militarism lead to the outbreak of the war according to Winkler?

Abb. 5.37: Ausschnitte aus Winkler (zeit.de/2014/32/erster-weltkrieg-christopher-clark)

Jens Jessen, Das Märchen vom Revisionisten (ZEIT ONLINE 34/2014)

Jens Jessen, Jg. 1955, ist Journalist und Publizist. Seit 2000 ist er Feuilletonchef der Wochenzeitung *Die Zeit*. In der Essaysammlung *Deutsche Lebenslügen. Erkundungen einer bewusstlosen Gesellschaft* (2000) versucht er eine Psychoanalyse der bundesrepublikanischen Gesellschaft. Eine der zentralen deutschen Lebenslügen besteht seiner Meinung nach in der komplizierten Verdrängung der Nazivergangenheit, die er insbesondere in der allgemein akzeptierten Kollektivschuldthese verwirklicht sieht:

„Historiker wie Christopher Clark, die an der Alleinschuld der Deutschen am Ersten Weltkrieg mit guten Argumenten zweifeln, werden zu schlimmen Reaktionären erklärt. ..."

1. Why does Jessen describe revisionist historical writing (as identified and criticised by Winkler) as a fairy tale?
2. Why and how does Jessen criticise the generation of historians who developed the German *Sonderweg* and war guilt theses?

Abb. 5.38: Ausschnitte aus Jessen (zeit.de/2014/34/erster-weltkrieg-christopher-clark)

6 Fazit: Umrisse einer Didaktik des bilingualen Geschichtsunterrichts?

Die fremdsprachendidaktischen Überlegungen zum bilingualen Unterricht werden schon lange von der Forderung begleitet, eine Didaktik dieser Unterrichtsform zu entwerfen. Bisher ist eine solche fächerübergreifende Didaktik, welche die unterschiedlichen, bilingual unterrichteten Fächer integriert, noch nicht einmal in Umrissen entwickelt worden. Ein solches Vorhaben scheitert meines Erachtens auch an der Unterschiedlichkeit der Fächer, deren disziplinspezifische Denkansätze und Kompetenzvorstellungen sich nicht so einfach integrieren lassen. Sollte es aber, wie Diehr und Schmelter (2012, S. 10) fordern, eine eigenständige Didaktik des bilingualen Lehrens und Lernens in jeweils fachspezifischer Ausprägung geben – also auch eine Didaktik des bilingualen Geschichtsunterrichts? Wolfgang Hasberg (2007, S. 55) hat darauf hingewiesen, dass ein solches Unternehmen fragwürdig sei, da es sich beim bilingualen Unterricht um ein Unterrichtsprinzip handele, nicht aber um eine zu vermittelnde Sache. Ich bin auch davon überzeugt, dass eine solche Didaktik nicht benötigt wird. Der in den vorausgehenden Kapiteln beschriebene bilinguale Geschichtsunterricht profitiert sicherlich von den fremdsprachendidaktischen Anstrengungen, Sprache als Formseite von Inhalten bewusster in die Unterrichtsplanung zu integrieren und kognitive und sprachliche Anforderungen genauer zu markieren. Sprache und Denken sollen als integrierte Teile von Fachkompetenz verstanden werden, als zwei Seiten einer Münze. Allerdings bleiben das disziplinspezifische Denken und die damit verbundenen kognitiven Anforderungen bei der Verwendung von Diskursfunktionen vage. Hier erfolgt meistens nur der Hinweis auf die kompetenzorientierten Kerncurricula (z. B. Inhalt = Ägypten, Methode = Bildanalyse), um die kognitive Seite zu beschreiben. Dadurch fehlt der sprachlichen Seite, die in der Unterrichtspraxis durch den Einsatz von *Scaffolding*-Maßnahmen markiert wird, ein maßgebliches Fundament, das in den vorausgehenden Kapiteln als *cognitive apprenticeship/modelling* beschrieben wurde. Sprachliche Hilfestellungen, die vom fachwissenschaftlichen Denken entkoppelt sind, stellen kein echtes *scaffolding* dar. Ohne klare Vorstellungen im Hinblick auf *cognitive apprenticeship/modelling* wird in der bilingualen Unterrichtspraxis schnell jegliche Hilfestellung als *scaffolding* ausgegeben, obwohl es sich dabei häufig um Maßnahmen handelt, die eine Absenkung des fachlichen Anspruchs zur Folge haben. Wenn die bilinguale Theoriebildung auf Vygotskij oder Bruner rekurriert, die Lernen als einen Prozess entworfen haben, in denen Expert(inn)en Noviz(inn)en anleiten, dann sollten das Experten-Denken (verkörpert durch die historischen Lese-, Schreib- und Denkstrategien) und das Novizen-Denken (Schülervorstellungen und Lernprogression im Hinblick auf die historischen Denkkonzepte) stärker in den Mittelpunkt der konzeptuellen Überlegungen rücken. Sollen die Schulsprache Deutsch und Englisch zu fachspezifischen „Denkzeugen“ im bilingualen Unterricht werden, so sind Überlegungen im Sinne einer *disciplinary literacy* notwendig, um sich dem Ziel einer fachbasierten Diskursfähigkeit in zwei Sprachen überhaupt nähern zu können. Der hier von mir vertretene Ansatz basiert auf der Idee, dass historisches Denken – ebenso wie z. B. mathematisches Denken im Mathematikunterricht – das Zentrum des (bilingualen) Geschichtsunterrichts darstellt und Schüler/innen im Rahmen ihrer Schullaufbahn kompetentere historische Denker/innen werden sollten. Ausgehend vom *Schools Council History 13-16 Project* in Großbritannien haben Forscher/innen aus aller Welt mittlerweile substantielle Belege dafür erarbeitet, wie Schüler/innen und Lehrer/innen über Geschichte denken und wie sie Geschichte lernen. Dabei haben sie eine Menge von Argumenten zusammengetragen, warum historisches Denken im Zentrum des historischen Lernens in der Schule stehen sollte. Mittlerweile gibt es auch eine Reihe von Unterrichtsmaterialien, die Lehrenden dabei helfen, historisches Denken zu modellieren, zu unterrichten und zu evaluieren bzw. zu bewerten. Viele (bilinguale) Geschichtslehrer/innen haben aber nur wenig oder keine Erfahrung mit eigenständiger historischer Forschung. Deshalb ist es wichtig, dass in der Ausbildung an den Universitäten und in den Studienseminaren historische Denkkonzepte in ihrer Verbindung zu historischen Lese- und Schreibstrategien gelehrt werden. Es stellt sich auch die Frage, inwiefern die neuen kompetenzorientierten Kerncurricula mit ihrem Fokus auf Inhalts- und Kompetenzbereiche sowie Bildungsstandards historisches Denken explizit genug beschreiben. Eine Einarbeitung historischer Denkkonzepte und mit ihnen verbundener Lese- und Schreibstrategien könnte – nicht nur für die Praktiker/innen in der Schule – zu einer deutlicheren Vorstellung von Kompetenzorientierung führen und auch im Hinblick auf Lernprogression und Graduierung von Kompetenzen weiterführende Perspektiven aufzeigen. Das gilt auch für die in der Abiturprüfung verwendeten Operatoren oder die „sprachbewussteren" Diskursfunktionen aus der bilingualen Theoriebildung. Diese bilden in ihrer jetzigen Form die kognitiv-sprachlichen Anforderungen nicht deutlich genug ab. Hier könnte z. B. die Integration der historischen Lesestrategien (*sourcing, contextualization, close reading, corroboration*) und der sechs großen historischen Denkkonzepte zu einer für alle Beteiligten gewinnbringenden fachlichen Konkretisierung führen. Die Lehrbuchentwicklung für den (bilingualen) Geschichtsunterricht könnte von den hier vorgestellten Publikationen und Projekten aus Großbritannien und Nordamerika immens profitieren und eine neue Qualitätsstufe erreichen. Die von mir hier vorgeschlagenen Maßnahmen lassen sich in die bestehenden Denkgebäude von Fremdsprachen- und Geschichtsdidaktik einbauen, sie stellen nützliche Erweiterungen dar, mit der sich bestehende theoretische Forderungen in der Unterrichtspraxis konkretisieren lassen. Die Förderung historischen Denkens in der Praxis des bilingualen Geschichtsunterrichts ist somit durchaus ein erreichbares Ziel. Ich hoffe, dass die vorausgehenden Überlegungen und Praxisbeispiele Wege dorthin aufzeigen konnten.

Wie kann historisches Denken im bilingualen Geschichtsunterricht gefördert werden?

Modellierung/*Scaffolding* historischer Lese-, Schreib- und Denkstrategien

Komplexe, fachspezifische Lese-, Schreib- und Denkstrategien erfordernde Lern- und Leistungsaufgaben

Förderung historischen Denkens im bilingualen Geschichtsunterricht durch ...

Metakognition/Feedback im Hinblick auf die kognitiv-sprachlichen „Denkzeuge": historisches Hintergrundwissen; Sachanalyse, Sachurteil, Werturteil; historische Denkkonzepte; Lese- und Schreibstrategien; Schülervorstellungen/Denkgewohnheiten	Bewertung/Kompetenzerwerb: Lernprogression im historischen Denken, in der Handhabung der kognitiv-sprachlichen „Denkzeuge" und der Entwicklung von *narrative frameworks*

Abb. 6.1: Elemente zur Förderung historischen Denkens im bilingualen Geschichtsunterricht

7 Literaturverzeichnis

Achugar, Mariana/Schleppegrell, Mary J. (2005): Beyond Connectors. The Construction of Cause in History Textbooks, in: Linguistics and Education 16 (3), S. 298-318.

Achugar, Mariana/Schleppegrell, Mary J./ Oteiza, Teresa (2007): Engaging teachers in language analysis: A functional linguistics approach to reflective literacy, in: English Teaching: Practice and Critique 6 (2), S. 8-24.

Alavi, Bettina (2004): Begriffsbildung im Geschichtsunterricht, in: Uffelmann, Uwe/Seidenfuß, Manfred (Hg.): Verstehen und Vermitteln. Armin Reese zum 65. Geburtstag, Idstein, S. 39-61.

Altmayer, Claus (2001): Rezension von Bredella, Lothar/Meißner, Franz-Joseph/Nünning, Ansgar/Rösler, Dietmar (Hg.) (2000): Wie ist Fremdverstehen lehr- und lernbar? Vorträge aus dem Graduiertenkolleg „Didaktik des Fremdverstehens", Tübingen, in: ZiF (6) 1, S. 1-6, zif.spz.tu-darmstadt.de/jg-06-2/beitrag/fremdverstehen.htm [zuletzt besucht am 27.01.2013].

Ammerer, Heinrich (2012): Geschichtsbewusstsein als grundlegende Kategorie der Geschichtsdidaktik, in: Historische Sozialkunde. Geschichte – Fachdidaktik – Politische Bildung. Zeitschrift für Lehrerfortbildung 42 (2), S. 3-8.

Anderson, Lorin W./Krathwohl, David R. u. a. (2001) (Hg.): A Taxonomy for Learning, Teaching, and Assessing: A Revision of Bloom's Taxonomy of Educational Objectives, New York.

Apsel, Carsten (2012): Coping With CLIL. Dropouts from CLIL Streams in Germany, in: International CLIL Research Journal Vol. 1 (4) [www.icrj.eu/14/article 5.html, zuletzt besucht am 12.04.2014].

Ashby, Rosalyn/Lee, Peter J. (1987): Children's Concepts of Empathy and Understanding in History, in: Portal, Christopher (Hg.): The History Curriculum for Teachers, London/New York/Philadelphia, S. 62-88.

Ashby, Rosalyn (2005): Students' Approaches to Validating Historical Claims, in: Ashby, Rosalyn/Gordon, Peter/Lee, Peter (Hg.): Understanding History. Recent Research in History Education (International Review of History Education Vol. 4), London/New York, S. 21-36.

Ashby, Rosalyn/Lee, Peter J./Shemilt, Denis (2005): Putting Principles into Practice: Teaching and Planning, in: Donovan, M. Suzanne/Bransford, John D. (Hg.): How Students Learn. History in the Classroom, Washington, DC, S. 79-178.

Ashby, Rosalyn/Gordon, Peter/Lee, Peter (2005) (Hg.): Understanding History. Recent Research in History Education (International Review of History Education Vol. 4), London/New York.

Atherton, James S. (2011a): Doceo; Threshold concepts – another angle, in: www.doceo.co.uk/tools/threshold_4.htm [zuletzt besucht am 25.01.2013].

Atherton, James S. (2011b): Doceo; What are not threshold concepts, in: www.doceo.co.uk/tools/thresholds_7.htm [zuletzt besucht am 25.01.2013].

Atherton, James S. (2011c): Doceo; Introduction to Threshold Concepts, in: www.doceo.co.uk/tools/threshold_3.htm [zuletzt besucht am 25.01.2013].

Atherton, James S. (2011d): Doceo; Threshold concepts (the known unknowns), in: www.doceo.co.uk/tools/threshold_6.htm [zuletzt besucht am 25.01.2013].

Atherton, James S. (2011e): Learning and Teaching; SOLO taxonomy, in: www.learningandteaching.info/learning/solo.htm [zuletzt besucht am 21.01.2013].

Bach, Gerhard (2000): Bili-Konjunktur und die Tradition von Innovation, in: Bach, Gerhard/Niemeier, Susanne (Hg.): Bilingualer Unterricht: Grundlagen, Methoden, Praxis, Perspektiven, Frankfurt am Main, S. 12-23.

Badertscher, Hans/Bieri, Thomas (2009): Wissenserwerb im Content and Language Integrated Learning. Empirische Befunde und Interpretationen, Bern/Stuttgart/Wien.

Bain, Robert B. (2000): Into the Breach. Using Research and Theory to Shape History Instruction, in: Stearns, Peter N./Seixas, Peter/Wineburg, Sam (Hg.): Knowing, Teaching & Learning History. National and International Perspectives, New York/London, S. 331-352.

Bain, Robert B. (2005): "They Thought the World Was Flat?": Applying the Principles of How People Learn in Teaching High School History, in: Donovan, M. Suzanne/Bransford, John D. (Hg.): How Students Learn. History in the Classroom, Washington, DC, S. 179-213.

Bain, Robert B (2006): Rounding Up Unusual Suspects: Facing the Authority Hidden in the History Classroom, in: Teachers College Record 108 (19), S. 2080-2114.

Barricelli, Michele (2005): Schüler erzählen Geschichte. Narrative Kompetenz im Geschichtsunterricht, Schwalbach/Ts.

Barricelli, Michele/Sauer, Michael (2006): Was ist guter Geschichtsunterricht? Fachdidaktische Kategorien zur Beobachtung und Analyse von Geschichtsunterricht, in: GWU 57 (1), S. 4-25.

Barricelli, Michele (2008a): "The story we're going to try and tell". Zur andauernden Relevanz der narrativen Kompetenz für das historische Lernen, in: Zeitschrift für Geschichtsdidaktik 7, S. 140-153.

Barricelli, Michele (2008b): Historisches Wissen ist narratives Wissen, in: Landesinstitut für Schule und Medien Berlin-Brandenburg (Hg.): Historisches Wissen ist narratives Wissen. Aufgabenformate für den Geschichtsunterricht in der Sekundarstufe, Ludwigsfelde, S. 7-12.

Barricelli, Michele/Zwicker, Falk (2009): Different words, possible worlds. Zum Problem des code-switching im bilingualen Geschichtsunterricht, in: Zeitschrift für Geschichtsdidaktik Jahresband, S. 12-24.

Beacco, Jean-Claude (2010): Items for a description of linguistic competence in the language of schooling necessary for learning/teaching history (end of obligatory schooling). An approach with reference points, Strasbourg: Council of

Europe, in: www.coe.int/t/dg4/inguistic/source/source2010_ForumGeneva/1_LIS-History2010_en.pdf[zuletzt besucht am 28.10.2011].

Beck, Isabel L./McKeown, Margaret G. (1994): Outcomes of History Instruction: Past-up Accounts, in: Carretero, Mario/Voss, James F. (Hg.): Cognitive and Instructional Processes in History and the Social Sciences, Mahwah, NJ., S. 237-256.

Beck, Isabel L./McKeown, Margaret G. (2006): Improving Comprehension with Questioning the Author. A Fresh and Expanded View of a Powerful Approach, New York.

Beck, Isabel L./McKeown, Margaret G./Kucan, Linda (2008): Creating robust vocabulary: Frequently asked questions and extended examples, New York.

Becker, Axel (2012): Historische Urteilsbildung, in: Barricelli, Michele/Lücke, Martin (Hg.): Handbuch Praxis des Geschichtsunterrichts. Band 1, Schwalbach/Ts., S. 316-325.

Beilner, Helmut (2004): Was kann Herodot den Schülern sagen? Empirische Zugänge zur Arbeit mit Textquellen in der Sekundarstufe I, in: Beilner, Helmut/Langer-Plän, Martina (Hg.): Quellen in Geschichtswissenschaft und Geschichtsunterricht. Exemplarische Zugänge zur Rekonstruktion von Vergangenheit, Neuried, S. 103-126.

Beilner, Helmut/Langer-Plän, Martina (2004a) (Hg.): Quellen in Geschichtswissenschaft und Geschichtsunterricht. Exemplarische Zugänge zur Rekonstruktion von Vergangenheit, Neuried.

Beilner, Helmut/Langer-Plän, Martina (2004b): Einführung, in: Beilner, Helmut/Langer-Plän, Martina (Hg.): Quellen in Geschichtswissenschaft und Geschichtsunterricht. Exemplarische Zugänge zur Rekonstruktion von Vergangenheit, Neuried, S. 3-5.

Bergmann, Klaus (1999): Multiperspektivität, in: Boockmann, Hartmut/Rohlfes, Joachim/Schulze, Winfried (Hg.): Geschichtsunterricht heute. Grundlagen – Probleme – Möglichkeiten. Sammelband: GWU-Beiträge der neunziger Jahre, Seelze-Velber, S. 42-46.

Bergmann, Klaus (2000): Multiperspektivität. Geschichte selber denken, Schwalbach/Ts.

Bergmann, Klaus (2011): Multiperspektivität, in: Mayer, Ulrich/Pandel, Hans-Jürgen/Schneider Gerhard (Hg.): Handbuch Methoden im Geschichtsunterricht. Klaus Bergmann zum Gedächtnis, 3. Auflage, Schwalbach/Ts., S. 65-77.

Bernhardt, Markus (2011): Bilingualität und historisches Lernen. Förderung von historischen Kompetenzen oder soziales Differenzkriterium?, in: Hodel, Jan/Ziegler, Béatrice (Hg.): Forschungswerkstatt Geschichtsdidaktik 09. Beiträge zur Tagung „geschichtsdidaktik empirisch 09", Bern, S. 214-223.

Biggs, John/Collis, Kevin (1982): Evaluating the Quality of Learning: The SOLO Taxonomy, New York.

Biggs, John/Tang, Catherine (2007): Teaching for Quality Learning at University, 3. Auflage, Maidenhead.

Blow, Frances (2011): 'Everything flows and nothing stays': how students make sense of the historical concepts of change, continuity and development, in: Teaching History 145, S. 47-55.

Blow, Frances/Lee, Peter/Shemilt, Denis (2012): Time and chronology: conjoined twins or distant cousins?, in: Teaching History 147, S. 26-34.

Boix-Mansilla, Veronica (2000): Historical Understanding. Beyond the Past and into the Present, in: Stearns, Peter N./Seixas, Peter/Wineburg, Sam (Hg.): Knowing, Teaching & Learning History. National and International Perspectives, New York/London, S. 390-418.

Bonnet, Andreas (2004): Chemie im bilingualen Unterricht: Kompetenzerwerb durch Interaktion, Opladen.

Bonnet, Andreas (2012a): Towards an Evidence Base for CLIL. How to Integrate Qualitative and Quantitative as well as Process, Product and Participant Perspectives in CLIL Research, in: International CLIL Research Journal Vol. 1 (4) [www.icrj.eu/14/article 7.html, zuletzt besucht am 12.04.2014].

Bonnet, Andreas (2012b): CLIL im Fach Chemie – Wachsende Orchidee und Motor der Integration, in: Diehr, Bärbel/Schmelter, Lars (Hg.): Bilingualen Unterricht weiterdenken. Programme, Positionen, Perspektiven, Frankfurt am Main, S. 201-218.

Bonnet, Andreas/Dalton-Puffer, Christiane (2013): Great Expectations? Competence and Standard Related Questions Concerning CLIL Moving into the Mainstream, in: Breidbach, Stefan/Viebrock, Britta (Hg.): Content and Language Integrated Learning (CLIL) in Europe. Research Perspectives on Policy and Practice, Frankfurt am Main, S. 269-284.

Booth, Martin (1987): Ages and Concepts: A Critique of the Piagetian Approach to History Teaching, in: Portal, Christopher (Hg.): The History Curriculum for Teachers, London/New York/Philadelphia, S. 22-38.

Borries, Bodo von (1995): Das Geschichtsbewusstsein Jugendlicher. Erste repräsentative Untersuchung über Vergangenheitsdeutungen, Gegenwartswahrnehmungen und Zukunftserwartungen von Schülerinnen und Schülern in Ost- und Westdeutschland, Weinheim/München.

Borries, Bodo von (1999): Notwendige Bestandsaufnahme nach 30 Jahren? Ein Versuch über Post-68-Geschichtsdidaktik und Post-89-Problemfelder, in GWU 50, S. 272-285.

Borries, Bodo von (2001b): Überlegungen zu einem doppelten – und fragmentarischen – Durchgang im Geschichtsunterricht der Sekundarstufe I, in: GWU 52 (1), S. 76-90.

Borries, Bodo von (2006): Schulbuch-Gestaltung und Schulbuch-Benutzung im Fach Geschichte. Zwischen empirischen Befunden und normativen Überlegungen, in: Handro, Saskia/Schönemann, Bernd (Hg.): Geschichtsdidaktische Schulbuchforschung, Berlin, S. 39-51.

Borries, Bodo von (2008): Historisch Denken Lernen – Welterschließung statt Epochenüberblick. Geschichte als Unterrichtsfach und Bildungsaufgabe, Opladen/Farmington Hills.

Borries, Bodo von (2011): Alters- und Schulstufendifferenzierung („Lernprogression"), in: Mayer, Ulrich/Pandel, Hans-Jürgen/Schneider Gerhard (Hg.): Handbuch Methoden im Geschichtsunterricht. Klaus Bergmann zum Gedächtnis, 3. Auflage, Schwalbach/Ts., S. 113-134.

Boxtel, Carla van/Drie, Jannet van (2004): Historical Reasoning: A Comparison of How Experts and Novices Conceptualize Historical Sources, in: International Journal of History Learning, Teaching and Research 4 (2) (centres.exeter.ac.uk/historyresource/journal8/boxteldrie.pdf) [zuletzt besucht am 10.12.2013].

Boxtel, Carla van (2014): Insights from Dutch Research on History Education. Historical Reasoning and a Chronological Frame of Reference, in: Köster, Manuel/Thünemann, Holger/Zülsdorf-Kersting, Meik (Hg.): Researching History Education. International Perspectives and Disciplinary Traditions, Schwalbach/Ts., S. 236-262.

Breidbach, Stephan (2000): Bilinguale Didaktik zwischen allen Stühlen? Zum Verhältnis von Fremdsprachendidaktik und Sachfachdidaktiken, in: Bach, Gerhard/Niemeier, Susanne (Hg.): Bilingualer Unterricht: Grundlagen, Methoden, Praxis, Perspektiven, Frankfurt am Main, S. 173-184.

Breidbach, Stefan (2007): Bildung, Kultur, Wissenschaft. Reflexive Didaktik für den bilingualen Sachfachunterricht, Münster.

Breidbach, Stefan/Viebrock, Britta (2012): CLIL in Germany – Results from Recent Research in a Contested Filed of Education, in: International CLIL Research Journal Vol. 1 (4) [www.icrj.eu/14/article 1.html, zuletzt besucht am 12.04.2014].

Breidbach, Stefan (2013): Geschichte und Entstehung des Bilingualen Unterrichts in Deutschland: Bilingualer Unterricht und Gesellschaftspolitik, in: Hallet, Wolfgang/Königs, Frank G. (Hg.): Handbuch Bilingualer Unterricht. Content and Language Integrated Learning, Seelze, S. 11-17.

Breidbach, Stefan/Viebrock, Britta (2013a) (Hg.): Content and Language Integrated Learning (CLIL) in Europe. Research Perspectives on Policy and Practice, Frankfurt am Main.

Breidbach, Stefan/Viebrock, Britta (2013b): CLIL: Complementing or Compromising Foreign Language Teaching? Effects and Perspectives of Education Policy Plans, in: Breidbach, Stefan/Viebrock, Britta (Hg.): Content and Language Integrated Learning (CLIL) in Europe. Research Perspectives on Policy and Practice, Frankfurt am Main, S. 11-22.

Bruner, Jerome S. (1960): The Process of Education, Cambridge, Mass.

Bruner, Jerome S. (1977): Preface in: Bruner, Jerome S.: The Process of Education, Cambridge, Mass., S. VII-XVI.

Bruton, Anthony (2011): Are the differences between CLIL and non-CLIL groups in Andalusia due to CLIL? A reply to Lorenzo, Casal and Moore (2010), in: Applied Linguistics 32 (2), S. 236-241.

Caravita, Silvia/Halldén, Ola (1994): Re-Framing the Problem of Conceptual Change, in: Learning and Instruction 4, S. 89-111.

Carretero, Mario/Voss, James F. (1994) (Hg.): Cognitive and Instructional Processes in History and the Social Sciences, Mahwah, NJ.

Chapman, Arthur (2003): Camels, diamonds and counterfactuals: a model for teaching causal reasoning, in: Teaching History 112, S. 46-53.

Clark, Christopher (2013): The Sleepwalkers. How Europe Went to War in 1914, London.

Clemen, Franziska/Sauer, Michael (2007): Förderung von Perspektivendifferenzierung und Perspektivenübernahme? Bilingualer Geschichtsunterricht und historisches Lernen – eine empirische Studie, in: GWU 58 (12), S. 708-723.

Coffin, Caroline (2006): Historical Discourse. The Language of Time, Cause and Evaluation, London/New York.

Collins, Alan/Brown, John Seely/Holum, Ann (1991): Cognitive Apprenticeship: Making Thinking Visible, in: www.21learn.org/arch/articles/brown_seely.html, S. 1-10 [zuletzt besucht am 6.8.2014].

Craik, Fergus I. M./Lockhart, Robert S. (1972): Levels of processing: A framework for memory research, in: Journal of Verbal Learning and Verbal Behavior 11 (6), S. 671-684.

Cummins, James (1979): Linguistic interdependence and the educational development of bilingual children, in: Review of Educational Research 49, S. 222-251.

Cummins, James (1984): Bilingualism and Special Education: Issues in Assessment and Pedagogy, Clevedon.

Dallinger, Sara (2013): Die Einstellung der Eltern zum bilingualen Sachfachunterricht, in: Hollm, Jan u. a. (Hg.): Bilinguales Lehren und Lernen in der Sekundarstufe I: Sprache, Sachfach und Schulorganisation, Landau, S. 268-286.

Dalton-Puffer, Christiane (2007): Discourse in Content and Language Integrated Learning (CLIL) Classrooms, Amsterdam/Philadelphia.

Dalton-Puffer, Christiane (2013): Diskursfunktionen und generische Ansätze, in: Hallet, Wolfgang/Königs, Frank G. (Hg.): Handbuch Bilingualer Unterricht. Content and Language Integrated Learning, Seelze, S. 138-145.

Decke-Cornill, Helene (1999): Einige Bedenken angesichts eines möglichen Aufbruchs des Fremdsprachenunterrichts in eine bilinguale Zukunft, in: Neusprachliche Mitteilungen 52/3, S. 164-170.

De La Paz, Susan (2005): Effects of historical reasoning instruction and writing strategy mastery in culturally and academically diverse middle school classrooms, in: Journal of Educational Psychology 97 (2), S. 139-56.

De La Paz, Susan/ Felton, Mark K. (2010): Reading and writing from multiple source documents in history: Effects of strategy instruction with low to average high school writers, in: Contemporary Educational Psychology 35 (3), S. 174-192.

Denos, Mike/Case, Roland (2006): Teaching about Historical Thinking. A professional resource to help teach six interrelated concepts central to students' ability to think about history, Vancouver.

DESI-Konsortium (2006): Unterricht und Kompetenzerwerb in Deutsch und Englisch. Zentrale Befunde der Studie Deutsch-Englisch-Schülerleistungen-International (DESI), Frankfurt: Deutsches Institut für Internationale Pädagogische Forschung, www.dipf.de/ de/projekte/pdf/biqua/desi-zentrale-befunde.pdf [zuletzt besucht am 08.07.2013].

DESI-Konsortium (2008) (Hg.): Unterricht und Kompetenzerwerb in Deutsch und Englisch. Ergebnisse der DESI-Studie, Weinheim/Basel.

Dickinson, Alaric K:/Lee, Peter J. (1978): Understanding and Research, in: Dickinson, Alaric K./Lee, Peter J. (Hg.) History Teaching and Historical Understanding, London, S. 94-120.

Dickinson, Alaric K./Lee, Peter J. (1984): Making Sense of History, in: Dickinson, Alaric K./Lee, Peter J./Rogers, Peter J. (Hg.): Learning History, London, S. 117-153.

Dickinson, Alaric/Gordon, Peter/Lee, Peter (2001) (Hg.): Raising Standards in History Education. International Review of History Education Vol. 3, London/New York.

Diehr, Bärbel/Schmelter, Lars (2012): Vorwort, in: Dies. (Hg.): Bilingualen Unterricht weiterdenken. Programme, Positionen, Perspektiven, Frankfurt am Main, S. 9-15.

Diehr, Bärbel (2012): What's in a name? Terminologische, typologische und programmatische Überlegungen zum Verhältnis der Sprachen im Bilingualen Unterricht, in: Diehr, Bärbel/Schmelter, Lars (Hg.): Bilingualen Unterricht weiterdenken. Programme, Positionen, Perspektiven, Frankfurt am Main, S. 17-36.

Diehr, Bärbel (2013): Evaluation, Leistungsmessung und Prüfungen im Bilingualen Unterricht, in: Hallet, Wolfgang/Königs, Frank G. (Hg.): Handbuch Bilingualer Unterricht. Content and Language Integrated Learning, Seelze, S. 209-215.

Doff, Sabine (2010): Theorie und Praxis des bilingualen Sachfachunterrichts: Forschungsfelder, Themen, Perspektiven, in: Doff, Sabine (Hg.): Bilingualer Sachfachunterricht in der Sekundarstufe. Eine Einführung, Tübingen, S. 11-25.

Donovan, M. Suzanne/Bransford, John D. (2005): Introduction, in: Donovan, M. Suzanne/Bransford, John D. (Hg.): How Students Learn. History in the Classroom, Washington, DC, S. 1-27.

Drie, Jannet van/Boxtel, Carla van (2007): Historical Reasoning: Towards a Framework for Analyzing Students' Reasoning about the Past, in: citeseerx.ist.psu.edu/viewdoc /download?doi=10.1.1.100.7003&rep =rep1&type=pdf [zuletzt besucht am 10.12.2013].

Drie, Jannet van u. a. (2009): "When was that date?" Building and assessing a frame of reference in the Netherlands, in: Teaching History 137, S. 14-21.

Evans, Jennifer/Pate, Gemma (2007): Does scaffolding make them fall? Reflecting on strategies for developing causal argument in Years 8 and 11, in: Teaching History 128, S. 18-28.

Fang, Zhihui/Schleppegrell, Mary J. (2008): Reading in Secondary Content Areas: A Language-Based Pedagogy, Ann Arbor.

Fang, Zhihui/Schleppegrell, Mary J. (2010): Disciplinary Literacies Across Content Areas: Supporting Secondary Reading Through Functional Language Analysis, in: Journal of Adolescent & Adult Literacy 53 (7), S. 587-597.

Fang, Zhihui (2012): Language Correlates of Disciplinary Literacies, in: Topics in Language Disorders 32 (1), S. 19-34.

Fauconnier, Gilles/Turner, Mark (2002): The Way We Think. Conceptual Blending and the Mind's Hidden Complexities, New York.

Feez, Susan/Joyce, Helen (1998): Text-Based Syllabus Design. ELT Young Children's Courses Series, Sydney.

Fines, John (1983) (Hg.): Teaching History, Edinburgh.

Ferguson, Niall (1998): The Pity Of War, London.

Ferguson, Niall (2011) (Hg.): Virtual History: Alternatives and Counterfactuals, London.

Finkbeiner, Claudia (2002) (Hg.): Bilingualer Unterricht. Lehren und Lernen in zwei Sprachen, Hannover.

Foster, Rachel (2008): Speed cameras, dead ends, drivers and diversions: Year 9 use a 'road map' to problematise change and continuity, in: Teaching History 131, S. 4-8.

Foster, Rachel (2013): The more things change, the more they stay the same: developing students' thinking about continuity and change, in: Teaching History 151, S. 8-17.

Foster, Rachel u. a. (2014): Editorial: Chronology, in: Teaching History 156, S. 2.

Fries, Verena (2013): Begriffsbildung und Begriffslernen, in: Hallet, Wolfgang/Königs, Frank G. (Hg.): Handbuch Bilingualer Unterricht. Content and Language Integrated Learning, Seelze, S. 145-152.

Gautschi, Peter u. a. (2007): Geschichtsunterricht heute. Eine empirische Analyse ausgewählter Aspekte, Bern.

Gautschi, Peter (2009): Guter Geschichtsunterricht. Grundlagen, Erkenntnisse, Hinweise, Schwalbach/Ts.

Gautschi, Peter (2012a): Geschichte lehren. Lernwege und Lernsituationen für Jugendliche, 5. Auflage, Zürich.

Gautschi, Peter (2012b): Lernaufgaben als Schlüsselmerkmal von Kompetenzorientierung, Vortrag auf dem Basismodul 1 der Nachqualifizierung im KoLLeG-Projekt, Wetzlar (23.8.2012).

Gautschi, Peter/Bernhardt, Markus/Mayer, Ulrich (2012): Guter Geschichtsunterricht – Prinzipien, in: Barricelli, Michele/Lücke, Martin (Hg.): Handbuch Praxis des Geschichtsunterrichts. Band 1, Schwalbach/Ts., S. 326-348.

Geiss, Peter (2009): Vom Nutzen und Nachteil des bilingualen Geschichtsunterrichts für das historische Lernen, in: Zeitschrift für Geschichtsdidaktik Jahresband, S. 25-39.

Geiss, Peter (2012): Bilingualer Geschichtsunterricht. Ein Modell für das historische Lernen im *global village*, in: Diehr, Bärbel/Schmelter, Lars (Hg.): Bilingualen Unterricht weiterdenken. Programme, Positionen, Perspektiven, Frankfurt am Main, S. 55-71.

Gnutzmann, Claus/Rabe, Frank (2013): Bilingualer Unterricht: Lehrerbildung in der 1., 2. und 3. Phase, in: Hallet, Wolfgang/Königs, Frank G. (Hg.): Handbuch Bilingualer Unterricht. Content and Language Integrated Learning, Seelze, S. 102-110.

Gogolin, Ingrid u. a. (2011): Förderung von Kindern und Jugendlichen mit Migrationshintergrund FÖRMIG. Bilanz und Perspektiven eines Modellprogramms, Münster.

Grigat, Felix (2011): Bologna als Mobilitätsbremse. Ergebnisse von aktuellen Studien, in: Forschung & Lehre 6, S. 656-657.

Gruner, Carola (2009): Kompetenzorientiertes Lernen im bi-lingualen Geschichtsunterricht, in: Zeitschrift für Geschichtsdidaktik Jahresband 2009, S. 40-51.

Gruner, Carola (2010): Entwicklung historischer Begriffs- und Strukturierungskompetenz im bilingualen Geschichtsunterricht. Analysebeispiele aus einer empirischen Studie, in: Handro, Saskia/Schönemann, Bernd (Hg.): Geschichte und Sprache, Berlin, S. 93-112.

Gruner, Carola (2011): Entwicklung und Förderung historischer Kompetenzen im bilingualen Geschichtsunterricht, in: Hodel, Jan/Ziegler, Béatrice (Hg.): Forschungswerkstatt Geschichtsdidaktik 09. Beiträge zur Tagung „geschichtsdidaktik empirisch 09“, Bern, S. 202-213.

Günther-Arndt, Hilke (2006): Conceptual Change-Forschung: Eine Aufgabe für die Geschichtsdidaktik?, in: Günther-Arndt, Hilke/Sauer, Michael (Hg.): Geschichtsdidaktik empirisch. Untersuchungen zum historischen Denken und Lernen, Berlin, S. 251-277.

Günther-Arndt, Hilke (2010): Hinwendung zur Sprache in der Geschichtsdidaktik – Alte Fragen und neue Antworten, in: Handro, Saskia/Schönemann, Bernd (Hg.): Geschichte und Sprache, Berlin, S. 17-46.

Günther-Arndt, Hilke (2011a): Historisches Lernen und Wissenserwerb, in: Günther-Arndt, Hilke (Hg.): Geschichts-Didaktik. Praxishandbuch für die Sekundarstufe I und II, 5. Auflage, Berlin, S. 23-47.

Günther-Arndt, Hilke (2011b): Methodik des Geschichtsunterrichts, in: Günther-Arndt, Hilke (Hg.): Geschichts-Didaktik. Praxishandbuch für die Sekundarstufe I und II, 5. Auflage, Berlin, S. 151-196.

Günther-Arndt, Hilke (2014): Historisches Lernen und Wissenserwerb, in: Günther-Arndt, Hilke/Zülsdorf-Kersting, Meik (Hg.): Geschichts-Didaktik. Praxishandbuch für die Sekundarstufe I und II, 6. überarbeitete Neuauflage, Berlin, S. 24-49.

Hallam, Roy N. (1970): Piaget and Thinking in History, in: Ballard, Martin (Hg.): New Movements in the Study and Teaching of History, London 1970, S. 162-178.

Hallam, Roy N. (1975): A study of the effect of teaching method on the growth of logical thought with special reference to the Teaching of History, unpublished Ph. D. thesis, Leeds.

Hallam, Roy N. (1979): Attempting to Improve Logical Thinking in School History, in: Research in Education 21 (1), S. 1-24.

Halldèn, Ola (1994): Constructing the Learning Task in History Instruction, in: Carretero, Mario/Voss, James F. (Hg.): Cognitive and Instructional Processes in History and the Social Sciences, Mahwah, NJ, S. 187-200.

Halldén, Ola (1997): Conceptual Change and the Learning of History, in: International Journal of Educational Research 27 (3), S. 201-210.

Halldén, Ola (1998): Personalization in historical descriptions and explanations, in: Learning and Instruction 8 (2), S. 131-139.

Hallet, Wolfgang (1999): Ein didaktisches Modell für den bilingualen Sachfachunterricht: The Bilinguale Triangle, in: Neusprachliche Mitteilungen 52, S. 23-27.

Hallet, Wolfgang (2002): Auf dem Weg zu einer bilingualen Sachfachdidaktik. Bilinguales Lernen als fremdsprachige Konstruktion wissenschaftlicher Begriffe, in: Praxis des neusprachlichen Unterrichts 49/2, S. 115-126.

Hallet, Wolfgang (2005): Bilingualer Unterricht: Fremdsprachig denken, lernen und handeln, in: Der fremdsprachliche Unterricht Englisch 78, S. 2-8.

Hallet, Wolfgang (2011): Lernen fördern Englisch. Kompetenzorientierter Unterricht in der Sekundarstufe I, Seelze.

Hallet, Wolfgang (2013a): Schulentwicklung und Bilingualer Unterricht, in: Hallet, Wolfgang/Königs, Frank G. (Hg.): Handbuch Bilingualer Unterricht. Content and Language Integrated Learning, Seelze, S. 52-59.

Hallet, Wolfgang (2013b): Generisches Lernen im Fachunterricht, in: Becker-Mrotzek, Michael/Schramm, Karen/Thürmann, Eike/Vollmer, Helmut J. (Hg.): Sprache im Fach. Sprachlichkeit und fachliches Lernen, Münster, S. 59-75.

Hallet, Wolfgang/Königs, Frank G. (2013) (Hg.): Handbuch Bilingualer Unterricht. Content and Language Integrated Learning, Seelze.

Halliday, Michael A. K. (1978): Language as Social Semiotic: The Social Interpretation of Language and Meaning, London.

Halliday, Michael A. K. (1993): Towards a language-based theory of learning, in: Linguistics and Education 5/2, S. 131-139.

Hammond, Jennifer (2001) (Hg.): Scaffolding: Teaching and Learning in Language and Literacy, Newtown, NSW.

Hammond, Kate (2014): The knowledge that 'flavours' a claim: towards building and assessing historical knowledge on three scales, in: Teaching History 157, S. 18-24.

Handro, Saskia/Schönemann, Bernd (2010): Geschichte und Sprache – eine Einführung, in: Handro, Saskia/Schönemann, Bernd (Hg.): Geschichte und Sprache, Berlin, S. 3-15.

Handro, Saskia (2013): Sprache und historisches Lernen. Dimensionen eines Schlüsselproblems des Geschichtsunterricht, in: Becker-Mrotzek, Michael u. a. (Hg.): Sprache im Fach. Sprachlichkeit und fachliches Lernen, Münster, S. 317-333.

Hartmann, Ulrike (2008): Perspektivenübernahme als eine Kompetenz historischen Verstehens, Dissertation Universität Göttingen (webdoc.sub.gwdg.de/diss/2008/hartmann/hartmann.pdf [zuletzt besucht am 13.11.2013])

Hartung, Olaf (2013a): Geschichte Schreiben Lernen. Empirische Erkundungen zum konzeptionellen Schreibhandeln im Geschichtsunterricht, Berlin.

Hartung, Olaf (2013b): Sprache und konzeptionelles Schreibhandeln im Fach Geschichte. Ergebnisse der empirischen Feldstudie „Geschichte – Schreiben – Lernen“, in: Becker-Mrotzek, Michael u. a. (Hg.): Sprache im Fach. Sprachlichkeit und fachliches Lernen, Münster, S. 335-351.

Hasberg, Wolfgang (2004): Historisches Lernen im bilingualen Geschichtsunterricht (?), in: Bonnet, Andreas/Breidbach, Stephan (Hg.): Didaktiken im Dialog. Konzepte des Lehrens und Wege des Lernens im bilingualen Sachfachunterricht, Frankfurt am Main, S. 221-236.

Hasberg, Wolfgang (2007): Historisches Lernen – bilingual? Vorgaben für den englischsprachigen Geschichtsunterricht kritisch gelesen, in: Bosenius, Petra/Donnerstag, Jürgen/Rohde, Andreas (Hg.): Der bilinguale Unterricht Englisch aus der Sicht der Fachdidaktiken, Trier, S. 37-63.

Hasberg, Wolfgang (2009): Sprache(n) und Geschichte. Grundlegende Annotationen zum historischen Lernen in bilingualer Form, in: Zeitschrift für Geschichtsdidaktik Jahresband, S. 52-72.

Hattie, John (2009): Visible Learning. A synthesis of over 800 meta-analyses relating to achievement, London/New York.

Hattie, John (2012): Visible Learning for Teachers. Maximizing impact on learning, London/New York.

Hattie, John/Yates, Gregory C. R. (2014): Visible Learning and the Science of How We Learn, London/New York.

Heil, Werner (2010): Kompetenzorientierter Geschichtsunterricht. Geschichte im Unterricht Band 1, Stuttgart.

Heimes, Alexander (2011): Psycholinguistic Thought Meets Sociocultural Theory. Die integrativen Zusammenhänge von Fachmethodik und Fremdsprachenlernen im bilingualen (Geschichts-)Unterricht, Frankfurt am Main.

Heine, Lena (2007): Kognitive Prozesse bilingualer Lerner bei der fremdsprachlichen Verarbeitung von Fachinhalten, Osnabrück: Universität (Dissertation, Microfiche).

Heine, Lena (2010a): Fremdsprache und konzeptuelle Repräsentation: bilingualer Unterricht aus kognitiver Perspektive, in: Doff, Sabine (Hg.): Bilingualer Sachfachunterricht in der Sekundarstufe. Eine Einführung, Tübingen, S. 199-212.

Heine, Lena (2010b): Problem Solving in a Foreign Language. A Study in Content and Language Integrated Learning, Berlin/New York.

Heine, Lena (2012): Mehr als nur Terminologie – Sprache im bilingualen Sachfach Erdkunde als Weg in die Fachlichkeit, in: Diehr, Bärbel/Schmelter, Lars (Hg.): Bilingualen Unterricht weiterdenken. Programme, Positionen, Perspektiven, Frankfurt am Main, S. 91-109.

Helbig, Beate (1998): Lern- und Arbeitstechniken im bilingualen Sachfachunterricht aufgezeigt am Beispiel von Texterschließungstechniken, in: Der Fremdsprachliche Unterricht 32, S. 44-48.

Helbig, Beate (2001): Das bilinguale Sachfach Geschichte: Eine empirische Studie zur Arbeit mit französischsprachigen (Quellen-)Texten, Tübingen.

Henke-Bockschatz, Gerhard (2012): Viel benutzt, aber auch verstanden? Arbeit mit dem Schulgeschichtsbuch, in: Geschichte Lernen Sammelband: Bausteine des Unterrichtens (Hefte 116, 123, 139), Seelze, S. 164-169.

Henkenborg, Peter (2012): Wissen in der politischen Bildung, in: Kühberger, Christoph (Hg.): Historisches Wissen. Geschichtsdidaktische Erkundung zu Art, Tiefe und Umfang für das historische Lernen, Schwalbach/Ts., S. 275-297.

Hicks, David/Doolittle, Peter/Lee, John K. (2004): Social Studies Teachers' Use of Classroom-Based and Web-Based Historical Primary Sources, in: Theory and Research in Social Education 32 (2), S. 213-247.

HKM (Hessisches Kultusministerium) (2002) (Hg.): Lehrplan Englisch, Wiesbaden.

HKM (Hessisches Kultusministerium) (2011a) (Hg.): Bildungsstandards und Inhaltsfelder. Das neue Kerncurriculum für Hessen. Sekundarstufe I – Gymnasium: Moderne Fremdsprachen, Wiesbaden.

HKM (Hessisches Kultusministerium) (2011b) (Hg.): Bildungsstandards und Inhaltsfelder. Das neue Kerncurriculum für Hessen. Sekundarstufe I – Gymnasium: Geschichte, Wiesbaden.

Hollm, Jan u. a. (2013a) (Hg.): Bilinguales Lehren und Lernen in der Sekundarstufe I: Sprache, Sachfach und Schulorganisation, Landau.

Hollm, Jan (2013b): Bilinguales Lehren und Lernen als schulische Innovation aus Sicht der Beteiligten, in: Hollm, Jan u. a. (Hg.): Bilinguales Lehren und Lernen in der Sekundarstufe I: Sprache, Sachfach und Schulorganisation, Landau, S. 167-192.

Jeismann, Karl-Ernst (1980): „Geschichtsbewusstsein". Überlegungen zu einer zentralen Kategorie eines neuen Ansatzes der Geschichtsdidaktik, in: Süssmuth, Hans (Hg.): Geschichtsdidaktische Positionen. Bestandsaufnahme und Neuorientierung, Paderborn, S. 179-222.

Johnson, David W./Johnson, Roger T. (1988): Critical Thinking Through Structured Controversy, in: Educational Leadership 45 (5), S. 58-64.

Keßler, Jörg-U./Schlemminger Gérald (2013): Babylonisches Sprachengewirr: Wie benennen wir unseren Untersuchungsgegenstand?, in: Hollm, Jan u. a. (Hg.): Bilinguales Lehren und Lernen in der Sekundarstufe I: Sprache, Sachfach und Schulorganisation, Landau, S. 15-26.

Kintsch, Walter/van Dijk, Teun A. (1978): Toward a model of text comprehension and production, in: Psychological Review 85 (5), S. 363-394.

Kintsch, Walter (1986): Learning from text, in: Cognition and Instruction 3 (2), S. 87-108.

Kintsch, Walter (1998): Comprehension. A paradigm for cognition, New York.

Klafki, Wolfgang (1985): Neue Studien zur Bildungstheorie und Didaktik, Weinheim.

KMK (Kultusministerkonferenz) (2005): Einheitliche Prüfungsanforderungen in der Abiturprüfung GESCHICHTE (Beschluss der KMK vom 1.6.1979 i. d. F. vom 10.02.2005), in: www.kmk.org/fileadmin/veroeffentlichungen_beschluesse/1989/1989_12_01-EPA-Geschichte.pdf [zuletzt besucht am 24.05.2014].

Königs, Frank G. (2013): Sprachen, Sprachenpolitik und Bilingualer Unterricht, in: Hallet, Wolfgang/Königs, Frank G. (Hg.): Handbuch Bilingualer Unterricht. Content and Language Integrated Learning, Seelze, S. 46-52.

Körber, Andreas (2007): Graduierung: Die Unterscheidung von Niveaus der Kompetenzen historischen Denkens, in: Körber, Andreas/Schreiber, Waltraud/Schöner, Alexander (Hg.): Kompetenzen historischen Denkens. Ein Strukturmodell als Beitrag zur Kompetenzorientierung in der Geschichtsdidaktik, Neuried, S. 415-472.

Körber, Andreas (2012): Graduierung von Kompetenzen, in: Barricelli, Michele/Lücke, Martin (Hg.): Handbuch Praxis des Geschichtsunterrichts, Schwalbach/Ts., S. 236-254.

Köster, Manuel (2013): Historisches Textverstehen. Rezeption und Identifikation in der multiethnischen Gesellschaft, Berlin.

Kollenrott, Anne Ingrid (2008): Sichtweisen auf deutsch-englisch bilingualen Geschichtsunterricht. Eine empirische Studie mit Fokus auf interkulturelles Lernen, Frankfurt am Main.

Krambröckers, Uwe (2002): Der Mehrwert des bilingualen Unterrichts am Beispiel der Unterrichtseinheit „Die Herausforderung des American Dream im 20. Jahrhundert" im Grundkurs 12 Geschichte, in: Informationen für den Geschichts- und Gemeinschaftskundelehrer 64, S. 34-49.

Krechel, Hans-Ludwig (2010): Lern- und Arbeitstechniken im bilingualen Sachfachunterricht, in: Doff, Sabine (Hg.): Bilingualer Sachfachunterricht in der Sekundarstufe. Eine Einführung, Tübingen, S. 154-168.

Krumeich, Gerd (2014): Der Erste Weltkrieg. Die 101 wichtigsten Fragen, 2. Auflage, München.

Kühberger, Christoph (2012a) (Hg.): Historisches Wissen. Geschichtsdidaktische Erkundung zu Art, Tiefe und Umfang für das historische Lernen, Schwalbach/Ts.

Kühberger, Christoph (2012b): Wissen als Teil des historischen Lernens – geschichtsdidaktische Sondierungen – ein Vorwort, in: Kühberger, Christoph (Hg.): Historisches Wissen. Geschichtsdidaktische Erkundung zu Art, Tiefe und Umfang für das historische Lernen, Schwalbach/Ts., S. 7-8.

Kühberger, Christoph (2012c): Konzeptionelles Wissen als besondere Grundlage für das historische Lernen, in: Kühberger, Christoph (Hg.): Historisches Wissen. Geschichtsdidaktische Erkundung zu Art, Tiefe und Umfang für das historische Lernen, Schwalbach/Ts., S. 33-74.

Küppers, Almut/Trautmann, Matthias (2013): It's Not CLIL That Is a Success – CLIL Students Are! Some Critical Remarks on the Current CLIL Boom, in: Breidbach, Stefan/Viebrock, Britta (2013a) (Hg.): Content and Language Integrated Learning (CLIL) in Europe. Research Perspectives on Policy and Practice, Frankfurt am Main, S. 285-296.

Kuhn, Bärbel (2009): Einführung, in: Zeitschrift für Geschichtsdidaktik Jahresband 2009: Geschichte bilingual, S. 6-11.

Lamsfuß-Schenk, Stefanie (2008): Fremdverstehen im bilingualen Unterricht. Eine Fallstudie, Frankfurt am Main.

Lamsfuß-Schenk, Stefanie (2010): Inhalt und Sprache – vom Einfluss des Fremdsprachengebrauchs aus das Lernen im Sachfach, in: Doff, Sabine (Hg.): Bilingualer Sachfachunterricht in der Sekundarstufe. Eine Einführung, Tübingen, S. 213-227.

Lamsfuß-Schenk, Stefanie (2013): Lernmethoden, -techniken und -strategien im Bilingualen Unterricht, in: Hallet, Wolfgang/Königs, Frank G. (Hg.): Handbuch Bilingualer Unterricht. Content and Language Integrated Learning, Seelze, S. 258-264.

Lancaster, Steve (1991): The Roman Empire, Ormskirk.

Lange, Kristina (2011): Historisches Bildverstehen oder Wie Lernen Schüler mit Bildquellen? Ein Beitrag zur geschichtsdidaktischen Lehr-Lern-Forschung, Berlin 2011.

Lange, Kristina (2012): Was ist guter Geschichtsunterricht? Überlegungen zu fachbezogenen Qualitätsmerkmalen aus der Sicht der zweiten Phase der Lehrerausbildung, in: Meyer-Hamme, Johannes/Thünemann, Holger/Zülsdorf-Kersting, Meik (Hg.): Was heißt guter Geschichtsunterricht? Perspektiven im Vergleich, Schwalbach, Ts., S. 161-174.

Langer-Plän, Martina/Beilner, Helmut (2006): Zum Problem historischer Begriffsbildung, in: Günther-Arndt, Hilke/Sauer, Michael (Hg.): Geschichtsdidaktik empirisch. Untersuchungen zum historischen Denken und Lernen, Berlin, S. 215-250.

Laville, Christian (2004): Historical Consciousness and Historical Education: What to Expect from the First for the Second, in: Seixas, Peter (Hg.): Theorizing Historical Consciousness, Toronto, S. 165-182.

Lee, Peter J. (1984a): Why Learn History?, in: Dickinson, Alaric K./Lee, Peter J./Rogers, Peter J. (Hg.): Learning History, London, S. 1-19.

Lee, Peter J. (1984b): Historical Imagination, in: Dickinson, Alaric K./Lee, Peter J./Rogers, Peter J. (Hg.): Learning History, London, S. 85-116.

Lee, Peter/Ashby, Rosalyn (2000): Progression in Historical Understanding among Students Ages 7-14, in: Stearns, Peter N./Seixas, Peter/Wineburg, Sam (Hg.): Knowing, Teaching & Learning History. National and International Perspectives, New York/London, S. 199-222.

Lee, Peter/Ashby, Rosalyn (2001): Empathy, Perspective Taking and Rational Understanding, in: Davis Jr., Ozro Luke/Yeager, Elizabeth Anne/Foster, Stuart J. (Hg.): Historical Empathy and Perspective Taking in the Social Sciences, Lanham/Oxford, S. 21-50.

Lee, Peter/Shemilt, Denis (2003): A scaffold, not a cage: progression and progression models in history, in: Teaching History 113, S. 13-23.

Lee, Peter/Shemilt, Denis (2004): 'I just wish we could go back in the past and find out what really happened': progression in understanding about historical accounts, in: Teaching History 117, S. 25-31.

Lee, Peter J. (2005): Putting Principles into Practice: Understanding History, in: Donovan, M. Suzanne/Bransford, John D. (Hg.): How Students Learn. History in the Classroom, Washington, DC, S. 31-77.

Lee, Peter/Shemilt, Denis (2009): Is any explanation better than none? Over-determined narratives, senseless agencies and one-way streets in students' learning about cause and consequence in history, in: Teaching History 137, S. 42-49.

Lee, Peter/Shemilt, Denis (2011): The concept that dares not speak its name: Should empathy come out of the closet?, in: Teaching History 143, S. 39-49.

Lee, Peter (2014): Fused Horizons? UK Research into Students' Second-Order Ideas in History: A Perspective from London, in: Köster, Manuel/Thünemann, Holger/Zülsdorf-Kersting, Meik (Hg.): Researching History Education. International Perspectives and Disciplinary Traditions, Schwalbach/Ts., S. 170-194.

Leinhardt, Gaea/Beck, Isabel L./Stainton, Catherine (1994) (Hg.): Teaching and Learning in History, Mahwah, NJ.

Leinhardt, Gaea/Young, Kathleen McCarthy (1996): Two Texts, Three Readers: Distance and Expertise in Reading History, in: Cognition and Instruction 14 (4), S. 441-486.

Leisen, Josef (2013): Darstellungs- und Symbolisierungsformen im Bilingualen Unterricht, in: Hallet, Wolfgang/Königs, Frank G. (Hg.): Handbuch Bilingualer Unterricht. Content and Language Integrated Learning, Seelze, S. 152-160.

Levstik, Linda S./Barton, Keith C. (2011): Doing History. Investigating with Children in Elementary and Middle Schools, 4. Auflage, London/New York.

Limón, Margarita (2002): Conceptual Change in History, in: Limón, Margarita/Mason, Lucia (Hg.): Reconsidering Conceptual Change. Issues in Theory and Practice, Dordrecht/Boston/London, S. 259-289.

LISUM (Landesinstitut für Schule und Medien Berlin-Brandenburg) (2002): Leselotse, in: bildungsserver.berlin-brandenburg.de/leselotse.html [zuletzt besucht am 01.05.2014].

Lowenthal, David (2000): Dilemmas and Delights of Learning History, in: Stearns, Peter N./Seixas, Peter/Wineburg, Sam (Hg.): Knowing, Teaching & Learning History. National and International Perspectives, New York/London, S. 63-82.

Lücke, Martin (2012): Multiperspektivität, Kontroversität, Pluralität, in: Barricelli, Michele/Lücke, Martin (Hg.): Handbuch Praxis des Geschichtsunterrichts. Band 1, Schwalbach/Ts., S. 281-288.

Macdonald, Sharon/Fausser, Katja (2000): Towards "European Historical Consciousness". An Introduction, in: Macdonald Sharon (Hg.): Approaches to European Historical Consciousness: Reflections and Provocations, Shaping European History Vol. No. 1, Hamburg, S. 9-30.

MacMillan, Margaret (2003): Paris 1919. Six Months That Changed The World, New York.

Martens, Matthias (2010): Implizites Wissen und kompetentes Handeln. Die empirische Rekonstruktion von Kompetenzen historischen Verstehens im Umgang mit Darstellungen von Geschichte, Göttingen.

Martin, Daisy/Wineburg, Sam (2008): Seeing Thinking on the Web, in: The History Teacher 41 (3), S. 305-319.

Mayer, Ulrich/Pandel, Hans-Jürgen (1976): Kategorien der Geschichtsdidaktik und Praxis der Unterrichtsanalyse, Stuttgart.

Mayer, Ulrich (2004): Wie viel Geschichte braucht der Geschichtsunterricht?, in: Flemming, Jens u. a. (Hg.): Lesarten der Geschichte. Ländliche Ordnungen und Geschlechterverhältnisse. Festschrift für Heide Wunder zum 65. Geburtstag, Kassel, S. 45-64.

Mayer, Ulrich (2005): Qualitätsmerkmale historischer Bildung. Geschichtsdidaktische Kategorien als Kriterien zur Bestimmung und Sicherung der fachdidaktischen Qualität des historischen Lernens, in: Hansmann, Wilfried/Hoyer, Timo (Hg.): Zeitgeschichte und historische Bildung. Festschrift für Dietfried Krause-Vilmar, Kassel, S. 223-243.

MBWW (Ministerium für Bildung, Wissenschaft und Weiterbildung Rheinland-Pfalz) (Hg.) (2001): Bilinguale Züge an Gymnasien, in: Gemeinsames Amtsblatt der Ministerien für Bildung, Wissenschaft und Weiterbildung und für Kultur, Jugend, Familie und Frauen von Rheinland-Pfalz Nr. 7, S. 337-338.

McKeown, Margaret G./Beck, Isabel L. (1994): Making Sense of Accounts of History: Why Young Students Don't and How They Might, in: Leinhardt, Gaea/Beck, Isabel L./Stainton, Catherine (Hg.): Teaching and Learning in History, Mahwah, NJ., S. 1-26.

Mentz, Oliver (2013): Lehrpläne und Curricula für den Bilingualen Unterricht, in: Hallet, Wolfgang/Königs, Frank G. (Hg.): Handbuch Bilingualer Unterricht. Content and Language Integrated Learning, Seelze, S. 87-94.

Meyer, Oliver (2009): Getting it right from the start: Going CLIL – Prep Course, in: What's New Autumn, Berlin: Cornelsen Verlag, S. 9-11.

Meyer-Hamme, Johannes/Thünemann, Holger/Zülsdorf-Kersting, Meik (2012) (Hg.): Was heißt guter Geschichtsunterricht? Perspektiven im Vergleich, Schwalbach, Ts.

Moate, Josephine (2010): The Integrated Nature of CLIL: A Sociocultural Perspective, in: International CLIL Research Journal Vol. 1 (3) [www.icrj.eu/13/article 4.html, zuletzt besucht am 12.04.2014].

Mohan, Bernard (1986): Language and Content, Reading, Mass.

Monte-Sano, Chauncey (2008a): The Intersection of Reading, Writing, and Thinking in a High School History Classroom: A Case of Wise Practice. A paper presented to the Annual Meeting of the American Educational Research Association in New York City on March 25, 2008 [teachinghistory.org/system/files/Monte-Sano_LylePaper.pdf, zuletzt besucht am 01. 10.2014].

Monte-Sano, Chauncey (2008b): Qualities of Effective Writing Instruction in History Classrooms: A Cross-Case Comparison of Two Teachers' Practices, in: American Educational Research Journal 45 (4), S. 1045-1079.

Monte-Sano, Chauncey (2008c): Disciplinary Literacy in History: An Exploration of the Historical Nature of Adolescents' Writing, in: Journal of the Learning Sciences 19 (4), S. 539-568.

Monte-Sano, Chauncey/De La Paz, Susan/Felton, Mark (2014): Reading, Thinking, and Writing about History. Teaching Argument Writing to Diverse Learners in the Common Core Classroom, Grades 6-12, New York/Berkeley.

MSW [Ministerium für Schule und Weiterbildung des Landes Nordrhein-Westfalen] (2011): Bilingualer Unterricht in NRW, Düsseldorf.

Müller-Schneck, Elke (2006): Bilingualer Geschichtsunterricht. Theorie, Praxis, Perspektiven, Frankfurt am Main.

Nicholls, Jason/Foster, Stuart (2005): Interpreting the Past, Serving the Present: US and English Textbook Portrayals of the Soviet Union During the Second World War, in: Ashby, Rosalyn/Gordon, Peter/Lee, Peter (Hg.): Understanding History. Recent Research in History Education (International Review of History Education Vol. 4), London/New York, S.173-187.

Noack, Christian (1994): Stufen der Ich-Entwicklung und Geschichtsbewusstsein in: Borries, Bodo von/Pandel, Hans-Jürgen (Hg.): Zur Genese historischer Denkformen. Qualitative und quantitative empirische Zugänge (Jahrbuch für Geschichtsdidaktik Band 4, Pfaffenweiler, S. 9-46.

Oliveira, Lucaina C. de (2011): Knowing and Writing School History. The Language of Students' Expository Writing and Teachers' Expectations, Charlotte, NC.

Otten, Edgar/Wildhage, Manfred (2003): Content and Language Integrated Learning – Eckpunkte einer „kleinen" Didaktik des bilingualen Sachfachunterrichts, in: Wildhage, Manfred/Otten, Edgar (Hg.): Praxis des bilingualen Unterrichts, Berlin 2003, S. 12-45.

Otto, Albert (1993): The Night of the Broken Glass – Das komparatistische Prinzip aus lernpsychologischer Sicht, in: Neusprachliche Mitteilungen aus Wissenschaft und Praxis 46, S. 34-39.

Pandel, Hans-Jürgen (2007): Geschichtsunterricht nach PISA. Kompetenzen, Bildungsstandards und Kerncurricula, 2. Auflage, Schwalbach/Ts.

Pandel, Hans-Jürgen (2009): Geschichtsbewusstsein, in: Mayer, Ulrich/Pandel, Hans-Jürgen/Schneider, Gerhard/Schönemann, Bernd (Hg.): Wörterbuch Geschichtsdidaktik, Schwalbach, Ts., 2. überarbeitete und erweiterte Auflage, S. 80-81.

Pandel, Hans-Jürgen (2010): Historisches Erzählen. Narrativität im Geschichtsunterricht, Schwalbach/Ts.

Pandel, Hans-Jürgen (2011): Erzählen, in: Mayer, Ulrich/Pandel, Hans-Jürgen/Schneider Gerhard (Hg.): Handbuch Methoden im Geschichtsunterricht. Klaus Bergmann zum Gedächtnis, 3. Auflage, Schwalbach/Ts., S. 408-424.

Pandel, Hans-Jürgen (2012): Quelleninterpretation. Die schriftliche Quelle im Geschichtsunterricht, 4. Auflage, Schwalbach, Ts.

Paxton, Richard J. (2002): The Influence of Author Visibility on High School Students Solving a Historical Problem, in: Cognition and Instruction 20 (2), S. 197-248.

Peel, Edwin A. (1965): Intellectual growth during adolescence, in: Educational Review 17 (3), S. 169-180.

Perfetti, Charles/Rouet, Jean-Francois/Britt, M. Anne (1999): Towards a Model of Documents Representation, in: Oostendorp, Herre van/Goldman, Susan R. (Hg.): The Construction of Mental Representations during Reading, Mahwah, NJ, S. 99-122.

Peters, Jelko (2014): Geschichtsstunden planen (Historica et Didactica Praxis Band 1), St. Ingbert.

Pflüger, Christine (2010): Chancen des bilingualen Geschichtsunterrichts – Überlegungen zu Grundlagen und Zielen frühen bilingualen historischen Lernens, in: Sächsisches Bildungsinstitut (Hg.): Geschichte denken statt pauken in der Sekundarstufe II. 20 Jahre nach der friedlichen Revolution: Deutsche und europäische Perspektiven im gymnasialen Geschichtsunterricht. Zusammengestellt und bearbeitet von Marcus Ventzke, Sylvia Mebus und Waltraud Schreiber, Dresden, S. 49-58.

Pflüger, Christine (2013): Geschichtslehrerausbildung für den bilingualen Unterricht. Erfordernisse, Strukturen, Perspektiven für die erste Ausbildungsphase, in: Popp, Susanne u. a. (Hg.): Zur Professionalisierung von Geschichtslehrerinnen und Geschichtslehrern. Nationale und internationale Perspektiven, Göttingen, S. 223-246.

Pilzecker, Burghard (1997): Quellenarbeit im bilingualen Geschichtsunterricht, in: PRAXIS 44, S. 369-375.

Rautenhaus, Heike (2000): Prolegomena zu einer Didaktik des bilingualen Sachfachunterrichts, Beispiel: Geschichte, in: Bach, Gerhard/Niemeier, Susanne (Hg.): Bilingualer Unterricht: Grundlagen, Methoden, Praxis, Perspektiven, Frankfurt am Main, S. 115-126.

Reisman, Avishag/Wineburg, Sam (2008): Teaching the Skill of Contextualizing in History, in: The Social Studies 99 (5), S. 202-207.

Reisman, Avishag (2009): Teaching the Historical Principle of Contextual Causation: A Study of Transfer in Historical Reading, in: Martens, Matthias u. a. (Hg.): Interpersonal Understanding in Historical Context, Rotterdam, S. 43-60.

Reisman, Avishag (2011): Reading Like a Historian: A Document-Based History Curriculum Intervention in an Urban Classroom, Dissertation, in: https://stacks.stanford.edu/file/druid:vv771bw4976/Reisman_Dissertation_ReadinglikeaHistorian-augmented. pdf [zuletzt besucht am 01.05.2014].

Reisman, Avishag (2012a): The ‚Document-Based Lesson‘: Bringing Disciplinary Inquiry Into High School History Classrooms with Adolescents Struggling Readers, in: Journal of Curriculum Studies 44 (2), S. 233-264.

Reisman, Avishag (2012b): Reading Like a Historian: A Document-Based History Curriculum Intervention in an Urban Classroom, in: Cognition and Instruction 30 (1), S. 86-112.

Reisman, Avishag/Wineburg, Sam (2012): "Text Complexity" in the History Classroom: Teaching to and Beyond the Common Core, in: Social Studies Review 51 (1), S. 20-25.

Richter, Norbert (2002): Bilingualer deutsch-englischer Geschichtsunterricht. Probleme und Erfolge, in: GWU 53 (2), S. 87-108.

Roemer, Urs (2012): Wer ist schuld am Ersten Weltkrieg? Strukturierte Kontroverse als Beispiel für wechselseitiges kooperatives Lernen, in : Geschichte Lernen Sammelband: Bausteine des Unterrichtens (Hefte 116, 123, 139), Seelze, S. 119-124.

Rogers, Peter J. (1979): The New History: theory into practice, London.

Rohlfes, Joachim (2002): Editorial, in: GWU 53 (2), S. 75.

Rouet, Jean-Francois u. a. (1996): Using multiple sources of evidence to reason about history, in: Journal of Educational Psychology 88 (3), S. 478-493.

Rüsen, Jörn (1996): Historische Sinnbildung durch Erzählen, in: Internationale Schulbuchforschung 18, S. 501-544.

Rüsen, Jörn (2001): Zerbrechende Zeit. Über den Sinn der Geschichte, Köln/Weimar/Wien.

Rüsen, Jörn (2008a): Historische Orientierung. Über die Arbeit des Geschichtsbewusstseins sich in der Zeit zurechtzufinden, 2. Auflage, Schalbach/Ts.

Rüsen, Jörn (2008b): Historisches Lernen. Grundlagen und Paradigmen, 2. Auflage, Schwalbach/Ts.

Rumlich, Dominik (2013): Students' General English Proficiency Prior to CLIL: Empirical Evidence for Substantial Differences between Perspective CLIL and Non-CLIL Students in Germany, in: Breidbach, Stefan/Viebrock, Britta (Hg.): Content and Language Integrated Learning (CLIL) in Europe. Research Perspectives on Policy and Practice, Frankfurt am Main, S. 181-201.

Sansom, Chris (1987): Concepts, Skills and Content: A Developmental Approach to the History Syllabus, in: Portal, Christopher (Hg.): The History Curriculum for Teachers, London/New York/Philadelphia, S. 116-141.

Schlemminger, Gérald/Balzereit, Birgit (2013): Englischsprachiger Sachfachunterricht Geschichte. Eine empirische Studie zur gegenwärtigen Situation der Schulpraxis, in: Hollm, Jan u. a. (Hg.): Bilinguales Lehren und Lernen in der Sekundarstufe I: Sprache, Sachfach und Schulorganisation, Landau, S. 110-128.

Schlemminger, Gérald/Buchmann, Mignon (2013): Einstellungen von Schülerinnen und Schülern zum fremdsprachigen Sachfachunterricht, in: Hollm, Jan u. a. (Hg.): Bilinguales Lehren und Lernen in der Sekundarstufe I: Sprache, Sachfach und Schulorganisation, Landau, S. 209-228.

Schleppegrell, Mary J./Achugar, Mariana (2003): Learning language and learning history: A functional linguistics approach, in: TESOL Journal 12 (2), S. 21-27.

Schleppegrell, Mary J./Achugar, Mariana/Oteiza, Teresa (2004): The grammar of history: Enhancing content-based instruction through a functional focus on language, in: TESOL Quarterly 38 (1), S. 67-93.

Schleppegrell, Mary J./Greer, Stacey/Taylor, Sarah (2008): Literacy in history: Language and meaning, in: Australian Journal of Language and Literacy 31 (2), S. 174-187.

Schmelter, Lars (2012): Bilingualer Geschichtsunterricht – (fremd-)sprachliche Herausforderungen bilingualen historischen Lernens, in: Diehr, Bärbel/Schmelter, Lars (Hg.): Bilingualen Unterricht weiterdenken. Programme, Positionen, Perspektiven, Frankfurt am Main, S. 37-54.

Schmölzer-Eibinger, Sabine (2013): Sprache als Medium des Lernens im Fach, in: Becker-Mrotzek, Michael u. a. (Hg.): Sprache im Fach. Sprachlichkeit und fachliches Lernen, Münster, S. 25-40.

Schnotz, Wolfgang (1994): Aufbau von Wissensstrukturen. Untersuchungen zur Kohärenzbildung beim Wissenserwerb mit Texten, Weinheim.

Schönemann, Bernd/Thünemann, Holger/Zülsdorf-Kersting, Meik (2011): Was können Abiturienten? Zugleich ein Beitrag zur Debatte über Kompetenzen und Standards im Fach Geschichte, 2. Auflage, Berlin.

Schönemann, Bernd (2012): Geschichtsbewusstsein – Theorie, in: Barricelli, Michele/Lücke, Martin (Hg.): Handbuch Praxis des Geschichtsunterrichts. Band 1, Schwalbach/Ts., S. 98-111.

Schröder, Helge (2010): Bilingualität als Chance? Erfahrungen aus der schulischen Praxis, in: Geschichte für heute 3, Heft 1, S. 23-30.

Schwab, Götz (2013): Bili für alle? Ergebnisse und Perspektiven eines Forschungsprojekts zur Einführung bilingualer Module in einer Hauptschule, in: Breidbach, Stefan/Viebrock, Britta (Hg.): Content and Language Integrated Learning (CLIL) in Europe. Research Perspectives on Policy and Practice, Frankfurt am Main, S. 297-314.

Seixas, Peter/Morton, Tom (2013): The Big Six Historical Thinking Concepts, Toronto.

SenBJS [Senatsverwaltung für Bildung, Jugend und Sport] (2006a): Rahmenlehrplan für die Sekundarstufe I. Jahrgangstufe 7-10. Hauptschule, Realschule, Gymnasium. Geschichte, Berlin.

SenBJS [Senatsverwaltung für Bildung, Jugend und Sport] (2006b): Rahmenlehrplan für die gymnasiale Oberstufe. Gymnasien, Gesamtschulen mit gymnasialer Oberstufe, Berufliche Gymnasien, Kollegs, Abendgymnasien. Geschichte, Berlin.

Shanahan, Timothy/Shanahan, Cynthia (2008): Teaching disciplinary literacy to adolescents: Rethinking content area literacy, in: Harvard Educational Review 78 (1), S. 40-61.

Shanahan, Timothy/Shanahan, Cynthia (2012): What is disciplinary literacy and why does it matter?, in: Topics in Language Disorders 32 (1), S. 7-18.

Shemilt, Denis (1980): History 13-16 Evaluation Study, Edinburgh.

Shemilt, Denis (1983a): Formal operational thought in history. Some first impressions on the evaluation of Schools Council Project: History 13-16, in: Fines, John (Hg.): Teaching History, Edinburgh, S. 152-156.

Shemilt, Denis (1983b): The devil's locomotive, in: History and Theory 22 (4), S. 1-18.

Shemilt, Denis (1984): Beauty and the Philosopher: Empathy in History and Classroom, in: Dickinson, Alaric K./Lee, Peter J./Rogers, Peter J. (Hg.): Learning History, London, S. 39-84.

Shemilt, Denis (1987): Adolescent Ideas about Evidence and Methodology in History, in: Portal, Christopher (Hg.): The History Curriculum for Teachers, London/New York/Philadelphia, S. 39-61.

Shemilt, Denis (2000): The Caliph's Coin. The Currency of Narrative Frameworks in History Teaching, in: Stearns, Peter N./Seixas, Peter/Wineburg, Sam (Hg.): Knowing, Teaching & Learning History. National and International Perspectives, New York/London, S. 83-101.

Stearns, Peter N./Seixas, Peter/Wineburg, Sam (2000) (Hg.): Knowing, Teaching & Learning History. National and International Perspectives, New York/London.

Staschen-Dielmann, Susanne (2010): Eine integrierte Beurteilung von fachspezifischen und fremdsprachlichen Kompetenzen: Vorschläge für die Leistungsfeststellung im bilingualen Geschichtsunterricht, in: Doff, Sabine (Hg.): Bilingualer Sachfachunterricht in der Sekundarstufe. Eine Einführung, Tübingen, S. 228-241.

Staschen-Dielmann, Susanne (2012): Narrative Kompetenz im bilingualen Geschichtsunterricht. Didaktische Ansätze zur Förderung der schriftlichen Diskursfähigkeit, Frankfurt am Main.

Theis, Rolf (2010): Bilingualer Geschichtsunterricht, in: Doff, Sabine (Hg.): Bilingualer Sachfachunterricht in der Sekundarstufe. Eine Einführung, Tübingen, S. 44-57.

Thürmann, Eike (2010a): Pirate Attacks in the Gulf of Aden! Scaffolding für Präsentationen und textsortenbezogenes Schreiben, in: Der fremdsprachliche Unterricht Englisch 106, S. 39-44.

Thürmann, Eike (2010b): Zur Konstruktion von Sprachgerüsten im bilingualen Sachfachunterricht, in: Doff, Sabine (Hg.): Bilingualer Sachfachunterricht in der Sekundarstufe. Eine Einführung, Tübingen, S. 137-153.

Thürmann, Eike (2012): Lernen durch Schreiben? Thesen zur Unterstützung sprachlicher Risikogruppen im Sachfachunterricht, in: dieS-online Nr. 1, S. 1-28 [geb.uni-giessen.de/geb/volltexte/2012/8668/ zuletzt besucht am 03.03.2013].

Thürmann, Eike (2013a): Spezifische Methoden für den Bilingualen Unterricht/CLIL, in: Hallet, Wolfgang/Königs, Frank G. (Hg.): Handbuch Bilingualer Unterricht. Content and Language Integrated Learning, Seelze, S. 229-235.

Thürmann, Eike (2013b): Scaffolding, in: Hallet, Wolfgang/Königs, Frank G. (Hg.): Handbuch Bilingualer Unterricht. Content and Language Integrated Learning, Seelze, S. 236-243.

Viebrock, Britta (2006): Subjektive didaktische Theorien zum bilingualen Erdkundeunterricht: Ergebnisse einer empirischen Studie, in: Hahn, Angela/Klippel, Friederike (Hg.): Sprachen schaffen Chancen. Dokumentation zum 21. Kongress für Fremdsprachendidaktik der DGFF, München, S. 163-173.

Viebrock, Britta (2007): Bilingualer Erdkundeunterricht. Subjektive didaktische Theorien von Lehrerinnen und Lehrern, Frankfurt am Main.

Viebrock, Britta (2010): Alltagstheorien, methodisches Wissen und unterrichtliches Handeln von Lehrkräften im bilingualen Sachfachunterricht, in: Doff, Sabine (2010a) (Hg.): Bilingualer Sachfachunterricht in der Sekundarstufe. Eine Einführung, Tübingen, S. 107-123.

Viebrock, Britta (2013): Lehrer-/Lernerforschung im Bilingualen Sachfachunterricht, in: Hallet, Wolfgang/Königs, Frank G. (Hg.): Handbuch Bilingualer Unterricht. Content and Language Integrated Learning, Seelze, S. 221-228.

Vollmer, Helmut J. (2000): Bilingualer Sachfachunterricht als Inhalts- und als Sprachlernen, in: Bach, Gerhard/Niemeier, Susanne (Hg.): Bilingualer Unterricht: Grundlagen, Methoden, Praxis, Perspektiven, Frankfurt am Main, S. 51-73.

Vollmer, Helmut J. (2010): Fachkompetenz als fachbasierte Diskursfähigkeit am Beispiel Geographie, in: Doff, Sabine (Hg.): Bilingualer Sachfachunterricht in der Sekundarstufe. Eine Einführung, Tübingen, S. 242-257.

Vollmer, Helmut J. (2011): Schulsprachliche Kompetenzen: Zentrale Diskursfunktionen, in: www.home.nos.de/hvollmer/vollmerDF-Kurzdefinitionen.pdf [zuletzt besucht am 03.03. 2013].

Vollmer, Helmut J. (2013): Das Verhältnis von Sprach- und Inhaltslernen im Bilingualen Unterricht, in: Hallet, Wolfgang/Königs, Frank G. (Hg.): Handbuch Bilingualer Unterricht. Content and Language Integrated Learning, Seelze, S. 124-131.

Vollmer, Helmut J./Thürmann, Eike (2013): Sprachbildung und Bildungssprache als Aufgabe aller Fächer der Regelschule, in: Becker-Mrotzek, Michael u. a. (Hg.): Sprache im Fach. Sprachlichkeit und fachliches Lernen, Münster, S. 41-57.

Voss, James F./Wiley, Jennifer (1997): Developing understanding while writing essays in history, in: International Journal of Educational Research 27 (3), S. 255-265.

Voss, James F./Carretero, Mario (1998) (Hg.): Learning and Reasoning in History. International Review of History Education Vol. 2, London/New York.

Voss, James F./Wiley, Jennifer (2000): A Case Study of Developing Historical Understanding via Instruction: The Importance of Integrating Text Components and Constructing Arguments, in: Stearns, Peter N./Seixas, Peter/Wineburg, Sam (Hg.): Knowing, Teaching & Learning History. National and International Perspectives, New York/London, S. 375-389.

Vygotskij, Lew (2002): Denken und Sprechen. Psychologische Untersuchungen. Herausgegeben und übersetzt von Joachim Lompscher und Georg Rückriem. Mit einem Nachwort von Alexandre Métaux, Weinheim/Basel.

Wannagat, Ulrich (2010): Bilingualer Geschichtsunterricht im internationalen Fokus, Frankfurt am Main.

Wannagat, Ulrich (2013): Sprachlernprozesse im bilingualen Geschichtsunterricht, in: Breidbach, Stefan/Viebrock, Britta (Hg.): Content and Language Integrated Learning (CLIL) in Europe. Research Perspectives on Policy and Practice, Frankfurt am Main, S. 203-218.

Westhoff, Laura M. (2009): Lost in Translation: The Use of Primary Sources in Teaching History, in: Ragland, Rachel G./Woestmann, Kelly A. (Hg.): The Teaching American History Project: Lessons for History Educators and Historians, New York/London, S. 62-77.

Wildhage, Manfred (2002): Verstehen und Verständigung. Möglichkeiten und Grenzen des bilingualen Geschichtsunterrichts, in: Praxis Geschichte 15, Heft 1, S. 4-11.

Wildhage, Manfred (2003): History. Integration fachlichen und fremdsprachlichen Lernens im bilingualen Geschichtsunterricht, in: Wildhage, Manfred/Otten, Edgar (Hg.): Praxis des bilingualen Unterrichts, Berlin, S. 77-115.

Wiley, Jennifer/Voss, James F. (1999): Constructing arguments from multiple sources: Tasks that promote understanding and not just memory for text, in: Journal of Educational Psychology 91 (2), S. 301-311.

Wineburg, Sam (1991a): On the Reading of Historical Texts: Notes on the Breach between School and Academy, in: American Educational Research Journal 28 (3), S. 495-519.

Wineburg, Sam (1991b): Historical problem solving: A study of the cognitive process used in the evaluation of documentary and pictorial evidence, in: Journal of Educational Psychology 83 (1), S. 73-87.

Wineburg, Samuel S. (1994): The Cognitive Representation of Historical Texts, in: Leinhardt, Gaea/Beck, Isabel L./Stainton, Catherine (Hg.): Teaching and Learning in History, Mahwah, NJ, S. 85-135.

Wineburg, Sam/Fournier, Janice (1994): Contextualized Thinking in History in: Carretero, Mario/Voss, James F. (Hg.): Cognitive and Instructional Processes in History and the Social Sciences, Mahwah, NJ, S. 285-308.

Wineburg, Sam (1998): Reading Abraham Lincoln: An expert/expert study in the interpretation of historical texts, in: Cognitive Science 22 (3), S. 319-346.

Wineburg, Sam (2001): Historical Thinking and Other Unnatural Acts. Charting the Future of Teaching the Past, Philadelphia.

Wineburg, Sam/Martin, Daisy (2004): Reading and Rewriting History. Students learn to read critically as they plunge into primary and secondary sources looking for historical fact, in: Educational Leadership 62 (1), S. 42-45.

Wineburg, Sam (2007): Unnatural and essential: the nature of historical thinking, in: Teaching History 129, S. 6-11.

Wineburg, Sam/Martin, Daisy (2009): Tampering with History: Adapting Primary Sources for Struggling Readers, in: Social Education 73 (5), S. 212-216.

Wineburg, Sam/Schneider, Jack (2010): Was Bloom's Taxonomy Pointed in the Wrong Direction?, in: Phi Delta Kappan 91 (4), S. 56-61.

Wineburg, Sam/Martin, Daisy/Monte-Sano, Chauncey (2013): Reading Like a Historian. Teaching Literacy in Middle & High School History Classrooms, New York.

Wittenbrock, Ralf (1995): Geschichte als bilinguales Sachfach? Erfahrungen und Überlegungen an einer binationalen Schule, in: Neusprachliche Mitteilungen 48, S. 107-115.

Woid, Hans (2002): Plädoyer für den bilingualen Geschichtsunterricht, in: GWU 53 (2), S. 76-86.

Wolff, Dieter (2013): CLIL als europäisches Konzept, in: Hallet, Wolfgang/Königs, Frank G. (Hg.): Handbuch Bilingualer Unterricht. Content and Language Integrated Learning, Seelze, S. 18-26.

Wood, David/Bruner, Jerome S./Ross, Gail (1976): The Role of Tutoring in Problem Solving, in: Journal of Child Psychology and Psychiatry 17, S. 89-100.

Woodcock, James (2005): Does the linguistic release the conceptual? Helping Year 10 to improve their causal reasoning, in: Teaching History 119, S. 5-14.

Young, Kathleen McCarthy/Leinhardt, Gaea (1998): Writing from Primary Documents. A Way of Knowing in History, in: Written Communication 15 (1), S. 25-68.

Zülsdorf-Kersting, Meik (2010): Kategorien historischen Denkens und Praxis der Unterrichtsanalyse, in: Zeitschrift für Geschichtsdidaktik 9, S. 36-56.

Zülsdorf-Kersting, Meik (2012): Was ist guter Geschichtsunterricht? Annäherung an eine verschüttete und wieder aktuelle Frage, in: Meyer-Hamme, Johannes/Thünemann, Holger/Zülsdorf-Kersting, Meik (Hg.): Was heißt guter Geschichtsunterricht? Perspektiven im Vergleich, Schwalbach, Ts., S. 7-19.

Zydatiß, Wolfgang (2002): Konzeptuelle Grundlagen einer eigenständigen Didaktik des bilingualen Sachfachunterrichts: Forschungsstand und Forschungsprogramm, in: Breidbach, Stefan/Bach, Gerhard/Wolff, Dieter (Hg.): Bilingualer Sachfachunterricht: Didaktik, Lehrer-/Lernerforschung und Bildungspolitik zwischen Theorie und Empirie, Frankfurt am Main, S. 31-61.

Zydatiß, Wolfgang (2005): Diskursfunktionen in einem analytischen curricularen Zugriff auf Textvarietäten und Aufgaben des bilingualen Sachfachunterrichts, in: Fremdsprachen Lehren und Lernen 34, S. 156-173.

Zydatiß, Wolfgang (2007): Deutsch-Englische Züge in Berlin (DEZIBEL). Eine Evaluation des bilingualen Sachfachunterrichts an Gymnasien. Kontext, Kompetenzen, Konsequenzen. Unter Mitarbeit von Viola Vockrodt-Scholz, Frankfurt am Main.

Zydatiß, Wolfgang (2010a): Scaffolding im Bilingualen Unterricht. Inhaltliches, konzeptuelles und sprachliches Lernen stützen und integrieren, in: Der fremdsprachliche Unterricht Englisch 106, S. 2-6.

Zydatiß, Wolfgang (2010b): Die Überprüfung fächerübergreifender transferfähiger Diskurskompetenzen im bilingualen Sachfachunterricht, in: Doff, Sabine (Hg.): Bilingualer Sachfachunterricht in der Sekundarstufe. Eine Einführung, Tübingen, S. 258-271.

Zydatiß, Wolfgang (2013a): Kompetenzerwerb im Bilingualen Unterricht, in: Hallet, Wolfgang/Königs, Frank G. (Hg.): Handbuch Bilingualer Unterricht. Content and Language Integrated Learning, Seelze, S. 131-138.

Zydatiß, Wolfgang (2013b): Generalisierbare sprachlich-diskursive Kompetenzen im bilingualen Unterricht (und darüber hinaus), in: Breidbach, Stefan/Viebrock, Britta (Hg.): Content and Language Integrated Learning (CLIL) in Europe. Research Perspectives on Policy and Practice, Frankfurt am Main, S. 315-332.